普通高等教育土建类规划教材
中国矿业大学（北京）"地下工程"系列规划教材

基 础 工 程

单仁亮 万元林 编

机械工业出版社

本书以"概念准确，基础扎实，突出应用，淡化过程"为原则，选择最基本、最必要的内容编写，注重与工程实际紧密结合，强化应用能力的培养，以满足土木工程类本科生的专业教学需求。本书共6章，主要内容包括绪论，地基勘察，天然地基上的浅基础的常规设计，柱下条形、筏形和箱形基础，桩基础，墩基础、沉井基础及地下连续墙。为了便于学生自学，加深学生对所学知识的理解，每个章节中均附有例题，各章附有相应的思考题。

本书可作为土木工程专业及相关专业的基础工程课程教材，也可供土木工程从业人员参考。

图书在版编目（CIP）数据

基础工程/单仁亮，万元林编．—北京：机械工业出版社，2015.2（2023.1重印）
普通高等教育土建类规划教材
ISBN 978-7-111-48782-1

Ⅰ.①基… Ⅱ.①单…②万… Ⅲ.①基础（工程）-高等学校-教材 Ⅳ.①TU47

中国版本图书馆CIP数据核字（2014）第286552号

机械工业出版社（北京市百万庄大街22号　邮政编码100037）
策划编辑：马军平　责任编辑：马军平
版式设计：赵颖喆　责任校对：肖　琳
封面设计：张　静　责任印制：邰　敏
中煤（北京）印务有限公司印刷
2023年1月第1版第4次印刷
184mm×260mm・14印张・335千字
标准书号：ISBN 978-7-111-48782-1
定价：39.00元

电话服务　　　　　　　　　网络服务
客服电话：010-88361066　　机 工 官 网：www.cmpbook.com
　　　　　010-88379833　　机 工 官 博：weibo.com/cmp1952
　　　　　010-68326294　　金　书　网：www.golden-book.com
封底无防伪标均为盗版　　　机工教育服务网：www.cmpedu.com

序

地下工程是随着国民经济建设及城市化发展需要应运而生的土木工程类专业的一个重要领域，是高等学校土木工程学科中极其重要而又人才短缺的本科专业方向。

中国矿业大学（北京）的土木工程学科是在原矿山建设工程专业基础上发展起来的，矿山建设工程专业一直是我校的传统优势学科，在1999年专业调整中，矿山建设工程更名为"岩土工程"。2007年以中国矿业大学和中国矿业大学（北京）的岩土工程学科为主建成了"深部岩土力学与地下工程"国家重点实验室。地下工程方向是中国矿业大学（北京）土木工程类专业的传统优势学科，在矿山建设工程、深部地下工程、城市地下工程等领域拥有良好的人才培养软、硬件环境和教学条件、在相关研究领域拥有坚实的研究基础和多项国家级科技奖励、国家级教学研究成果。

鉴于此，在总结多年矿山建设工程和城市地下工程的教学经验和科学研究的基础上，中国矿业大学（北京）力学与建筑工程学院组织了学校长期从事地下工程教学和科学研究的专家，规划和编写了具有矿山建设与地下工程特色的"地下工程"系列规划教材，以促进培养工程实践能力强和创新能力强的应用复合型人才及研究发展型人才，努力探索基于研究的教学和以探索为本的学习机制，引导学生在研究和开发中学习。根据地下工程课程培养体系的要求、课程培养规律和学科知识层次，本系列规划教材分为岩石力学基础教程、土力学简明教程、基础工程、矿山建设工程、城市地下工程等几个方面，全面覆盖了地下工程专业培养体系的范畴，满足学生学习和教师教学的需求。

地下工程是一个复杂的系统工程，因此本系列规划教材注重强调创新的理念——系统性、集成性、过程性、信息性、始终贯穿地下工程的设计、施工与管理的思想；同时，注重理论与工程实际结合，强调解决地下工程的实际问题，努力培养学生的实际动手能力。

本系列规划教材内容精炼、合理，可供土木工程、市政工程、水利水电工程，采矿工程、冶金工程、地质勘探工程等专业本科生、研究生和教师以及相关工程技术人员参考使用。

本系列规划教材由中国矿业大学（北京）单仁亮教授负责总体规划、统筹协调和部分具体的编写工作。

在本系列规划教材编写过程中，得到了中国矿业大学（北京）力学与建筑工程学院、教务处等部门的大力支持与帮助，在此表示最诚挚的谢意！

编 者

前　言

　　基础工程是关于建（构）筑物在设计和施工中有关地基和基础问题的学科，我国地域辽阔，土类众多，某些土类作为地基具有特殊性质而必须有针对性地采取相应的工程措施，因此地基基础问题具有明显的区域性特征。基础工程是土木工程专业的一门必修专业课程，内容涉及工程地质学、土力学、材料力学、理论力学、建筑材料、建筑结构等学科领域，内容广泛，综合性、理论性和实践性很强。

　　本书根据高等院校土木工程专业基础工程教学大纲的要求组织编写，同时兼顾土木工程各专业方向的不同需要，本着"概念准确，基础扎实，突出应用，淡化过程"的原则，选择最基本、最必要的内容，注重与工程实际紧密结合，强化应用能力的培养，以满足土木工程类本科生的专业教学需求。

　　基础工程的设计和施工必须遵守法定的规程、规范。本书在编写过程中，强调地基基础设计原则和规范规定，密切结合国家最新颁布的技术规范、规程，如《建筑桩基技术规范》（JGJ 94—2008）、《建筑抗震设计规范》（GB 50011—2010）、《建筑地基基础设计规范》（GB 50007—2011）、《高层建筑箱形和筏形基础技术规范》（JGJ 6—2011）、《建筑结构荷载规范》（GB 50009—2012）等，及时反映我国有关规范建设和工程实践的新成果。本书力图准确阐述基础工程学中的基本概念、基本原理与基本方法，做到条理清晰、层次分明，强调理论联系实际；内容突出重点，化解难点，深入浅出，循序渐进，图文并茂，力求易读易懂；强调例题的作用，重点难点内容均配有例题，每章均附有思考题，以帮助读者理解和掌握书中理论知识和设计计算过程。

　　本书由中国矿业大学（北京）的单仁亮教授、万元林副教授编写。全书共有6章内容，除第1章绪论外，包括地基勘察（第2章）、天然地基上的浅基础的常规设计（第3章）、柱下条形、筏形和箱形基础（第4章）、桩基础（第5章）、墩基础、沉井基础及地下连续墙（第6章）。本书编写过程中参阅了大量资料、文献和一些院校优秀的基础工程教材，特向各位文献的作者谨表谢意！

　　由于时间仓促，加之编者水平所限，书中难免存在不妥之处，恳望读者批评指正。

目 录

序
前言
第1章 绪论 ………………………………… 1
1.1 地基及基础的概念 …………………… 1
1.2 基础工程学科发展概况 ……………… 2
1.3 本课程的特点与学习要求 …………… 3
思考题 ……………………………………… 4

第2章 地基勘察 …………………………… 5
2.1 概述 …………………………………… 5
2.2 地基勘察 ……………………………… 5
2.2.1 地基勘察的目的与任务 ………… 5
2.2.2 地基勘察的一般要求 …………… 6
2.2.3 勘察等级划分 …………………… 8
2.2.4 勘察的主要方法 ………………… 9
2.2.5 工程地质调查和测绘 …………… 10
2.2.6 地基勘探点的布置 ……………… 11
2.3 地基勘探方法 ………………………… 12
2.3.1 地球物理勘探 …………………… 12
2.3.2 坑探 ……………………………… 13
2.3.3 钻探 ……………………………… 14
2.3.4 触探 ……………………………… 16
2.4 土工试验 ……………………………… 19
2.4.1 室内试验 ………………………… 19
2.4.2 原位试验 ………………………… 20
2.4.3 平板载荷试验 …………………… 20
2.4.4 旁压试验 ………………………… 21
2.4.5 十字板剪切试验 ………………… 22
2.4.6 大型直剪试验 …………………… 23
2.5 地基勘探报告 ………………………… 24
思考题 ……………………………………… 25

第3章 天然地基上浅基础的常规设计 …… 26
3.1 概述 …………………………………… 26
3.1.1 地基基础的设计方法 …………… 26
3.1.2 地基基础的设计原则及基本规定 …………………………………… 27
3.1.3 地基基础设计的荷载取值规定 …… 29
3.1.4 地基基础设计的内容 …………… 29
3.2 浅基础类型 …………………………… 30
3.2.1 刚性基础 ………………………… 30
3.2.2 扩展基础 ………………………… 31
3.2.3 柱下钢筋混凝土条形和柱下十字交叉基础 …………………… 32
3.2.4 筏形基础 ………………………… 33
3.2.5 箱形基础 ………………………… 33
3.2.6 壳体基础 ………………………… 33
3.2.7 基础方案的选用 ………………… 34
3.3 基础埋置深度的确定 ………………… 35
3.3.1 建筑物本身的使用要求、荷载大小及性质 …………………… 35
3.3.2 场地环境条件 …………………… 35
3.3.3 工程地质条件 …………………… 36
3.3.4 水文地质条件 …………………… 37
3.3.5 地基冻融条件 …………………… 38
3.4 地基承载力 …………………………… 41
3.4.1 地基承载力概述 ………………… 41
3.4.2 按理论公式确定土基和岩基承载力 ……………………… 43
3.4.3 根据荷载试验所得的 p-s 曲线来确定地基承载力特征值 f_{ak} …… 45
3.4.4 按动力、静力触探等原位测试方法确定地基承载力 ………… 46
3.4.5 承载力特征值的修正 …………… 46
3.5 确定基础底面尺寸 …………………… 48
3.5.1 作用在基础上的荷载计算 ……… 48
3.5.2 基础底面持力层承载力验算——基础底面积的确定 …………… 49
3.5.3 软弱下卧层承载力验算 ………… 53
3.6 地基变形验算和控制措施 …………… 56
3.6.1 地基特征变形 …………………… 56
3.6.2 地基变形验算的范围 …………… 57
3.6.3 地基变形验算 …………………… 57
3.6.4 减轻建筑物不均匀沉降危害的措施 …………………………… 60

3.7 水平荷载作用下地基与基础的稳定性 …… 64
 3.7.1 基础稳定性验算 …… 64
 3.7.2 地基稳定性验算 …… 65
3.8 刚性基础设计 …… 66
 3.8.1 刚性基础的宽高比概念及高度的确定 …… 66
 3.8.2 刚性基础的类型及构造 …… 67
 3.8.3 刚性基础的底面形状和尺寸 …… 70
3.9 扩展基础设计 …… 71
 3.9.1 扩展基础的构造要求 …… 72
 3.9.2 墙下钢筋混凝土条形基础结构设计 …… 75
 3.9.3 柱下钢筋混凝土独立基础结构设计 …… 79
思考题 …… 86

第4章 柱下条形、筏形和箱形基础 …… 87
4.1 概述 …… 87
4.2 上部结构、基础、地基共同作用的概念 …… 88
 4.2.1 上部结构刚度对基础受力状况的影响 …… 88
 4.2.2 基础刚度对基底反力分布的影响 …… 89
 4.2.3 地基土的刚度和分布对基础受力的影响 …… 90
 4.2.4 上部结构、基础和地基的共同作用 …… 91
4.3 地基模型 …… 92
 4.3.1 文克尔地基模型 …… 92
 4.3.2 弹性半无限空间地基模型 …… 93
 4.3.3 有限压缩层地基模型 …… 95
4.4 文克尔地基上弹性梁的计算 …… 96
 4.4.1 弹性地基上梁的挠曲微分方程及其通解 …… 96
 4.4.2 无限长梁的解答 …… 98
 4.4.3 半无限长梁的解答 …… 101
 4.4.4 有限长梁的解答 …… 102
 4.4.5 短梁的解答 …… 104
4.5 基础分析方法概要 …… 104
 4.5.1 不考虑共同作用分析法 …… 104
 4.5.2 考虑基础-地基共同作用分析法 …… 105
 4.5.3 考虑上部结构-基础-地基共同作用分析法 …… 106
4.6 柱下条形基础 …… 106
 4.6.1 柱下条形基础的结构和构造要求 …… 106
 4.6.2 柱下条形基础的设计步骤 …… 108
 4.6.3 静定分析法 …… 109
 4.6.4 倒梁法 …… 109
 4.6.5 地基上梁的计算方法 …… 111
 4.6.6 柱下十字交叉基础 …… 111
4.7 筏形基础 …… 114
 4.7.1 筏形基础的特点 …… 114
 4.7.2 筏形基础的结构类型 …… 115
 4.7.3 筏形基础的布置、结构和构造要求 …… 116
 4.7.4 筏形基础内力计算 …… 119
 4.7.5 筏形基础的截面设计与强度验算 …… 122
4.8 箱形基础 …… 125
 4.8.1 箱形基础的特点 …… 125
 4.8.2 箱形基础的结构和构造要求 …… 125
 4.8.3 箱形基础的基底反力 …… 127
 4.8.4 箱形基础内力分析 …… 128
 4.8.5 箱形基础的截面设计与强度验算 …… 130
思考题 …… 131

第5章 桩基础 …… 132
5.1 概述 …… 132
5.2 桩的定义与分类 …… 133
 5.2.1 桩的定义 …… 133
 5.2.2 桩的分类 …… 134
5.3 竖向单桩承压工作性能 …… 141
 5.3.1 桩的荷载传递 …… 141
 5.3.2 桩荷载传递的一般规律 …… 143
 5.3.3 单桩的破坏模式 …… 143
 5.3.4 桩侧负摩阻力 …… 144
5.4 竖向单桩的抗压承载力 …… 147
 5.4.1 按桩身材料强度确定单桩竖向力设计值 …… 147
 5.4.2 单桩竖向静载荷试验法 …… 147
 5.4.3 其他现场试验方法 …… 150
 5.4.4 触探法 …… 150
 5.4.5 经验参数法 …… 151

- 5.5 群桩基础及其竖向抗压承载力验算 … 157
  - 5.5.1 群桩基础 … 157
  - 5.5.2 群桩效应 … 158
  - 5.5.3 实体深基础法计算群桩极限承载力 … 160
  - 5.5.4 按单桩竖向承载力作为基桩承载力 … 161
  - 5.5.5 基桩桩顶竖向力的计算 … 162
  - 5.5.6 基桩竖向承载力验算 … 163
  - 5.5.7 桩基软弱下卧层承载力验算 … 164
- 5.6 桩基沉降计算 … 168
  - 5.6.1 实体深基础法 … 169
  - 5.6.2 明德林-盖得斯法简介 … 169
  - 5.6.3 等效作用分层总和法 … 169
  - 5.6.4 桩基变形指标 … 171
- 5.7 桩的抗拔承载力及其确定 … 172
  - 5.7.1 单桩抗拔承载力的计算公式 … 172
  - 5.7.2 单桩抗拔静载荷试验 … 173
- 5.8 桩在水平荷载作用下的性状及承载力 … 173
  - 5.8.1 水平荷载作用下单桩的工作特点 … 173
  - 5.8.2 单桩水平承载力的确定 … 174
  - 5.8.3 桩基水平承载力的验算 … 180
- 5.9 桩基础设计 … 181
  - 5.9.1 调查研究，收集有关资料 … 182
  - 5.9.2 选定桩型、桩长和截面尺寸 … 183
  - 5.9.3 桩数及桩位布置 … 184
  - 5.9.4 桩基承载力和变形验算 … 186
  - 5.9.5 桩身结构设计 … 186
  - 5.9.6 承台的设计计算 … 187
- 5.10 桩基检测 … 192
  - 5.10.1 钻芯法 … 192
  - 5.10.2 声波透射法 … 193
  - 5.10.3 低应变动测法 … 193
  - 5.10.4 高应变动测法 … 193
  - 5.10.5 单桩静载荷试验 … 194
- 思考题 … 194

第6章 墩基础、沉井基础及地下连续墙 … 195
- 6.1 墩基础 … 195
  - 6.1.1 墩基础的特点与应用 … 195
  - 6.1.2 墩的分类 … 196
  - 6.1.3 墩基础设计 … 196
- 6.2 沉井基础 … 197
  - 6.2.1 沉井的特点和适用条件 … 197
  - 6.2.2 沉井的分类 … 198
  - 6.2.3 沉井的构造 … 199
  - 6.2.4 沉井的施工 … 201
  - 6.2.5 沉井下沉过程中可能遇到的问题及处理 … 205
  - 6.2.6 沉井的设计与计算 … 206
- 6.3 地下连续墙深基础 … 207
  - 6.3.1 地下连续墙的概念、特点及其应用 … 207
  - 6.3.2 地下连续墙的常用类型 … 208
  - 6.3.3 地下连续墙的施工 … 209
  - 6.3.4 地下连续墙构造基本要求 … 214
- 思考题 … 214

参考文献 … 215

第1章 绪 论

【本章提要】

主要介绍地基、基础的基本概念,基础工程的发展、有关规范规程和今后有待进一步深入研究的问题,学习本课程的方法。

【本章重点】

地基、基础的概念。

1.1 地基及基础的概念

任何建筑物都建造在一定的地层上,建筑物的全部荷载都由它下面的地层来承担。受建筑物荷载影响的那一部分地层称为地基,建筑物最下部与地基接触的结构部分称为基础(见图1-1)。

地基可分为天然地基与人工地基。未经人工处理就可以满足设计要求的地基称为天然地基。天然地基根据地基土质的不同可分为土质地基、岩石地基、特殊土地基。土质地基按土颗粒级配或塑性指数可划分为碎石土、砂土、粉土和黏性土。岩石地基根据其成因不同可分为岩浆岩、沉积岩、变质岩;根据风化程度可分为未风化、微风化、中等风化、强风化、全风化。我国地域辽阔,工程地质条件复杂,在不同的区域,由于气候条件、地形条件、季风作用在成壤过程中形成具有独特物理力学性质的区域土概称特殊土。我国特殊土地基通常有湿陷性黄土、膨胀土、冻土、红黏土等。如果天然地层土(岩)质过于软弱或存在不良工程地质问题,需要经过人工加固或处理后才能修筑基础,这种地基称为人工地基。

直接承受基础荷载的土(岩)层称为持力层。处于持力层以下的土(岩)层称为下卧层。建筑场地土大多数是成层的,一般土层的强度沿深度增加,而外荷载引起的附加应力沿深度减小,但也有不少情况,持力层不厚,在持力层以下受力层范围内存在软弱土层,其承载力反而低于持力层,该软弱土层称为软弱下卧层(见图1-2)。

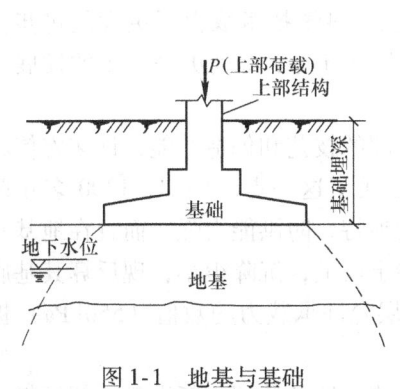

图1-1 地基与基础

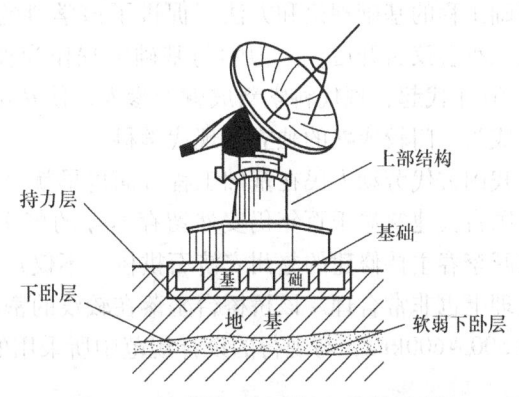

图1-2 持力层、下卧层和软弱下卧层

根据基础埋置深度不同，基础分为浅基础和深基础。通常将埋置深度较浅（一般在数米以内），只需经过挖槽、排水等普通施工程序就可建造，施工条件和工艺简单的基础称为浅基础；将浅层土质不良，需将基础置于较深的良好土层上，并借助特殊施工方法建造的基础称为深基础。基础埋置在土层内深度虽较浅，但在水下部分较深，如深水中桥墩基础，也称为深水基础，在设计和施工中有些问题需要作为深基础考虑。

地基与基础在各种荷载作用下将产生附加应力和变形。为了保证建筑物的正常使用与安全，地基与基础必须具有足够的强度和稳定性，变形也应在允许范围之内。根据地层变化情况、上部结构的要求、荷载特点和施工技术水平，可采用不同类型的地基和基础。

基础工程包括建筑物的地基及基础的设计与施工。工程实践表明：建筑物地基与基础的设计和施工质量优劣，对整个建筑物的质量和正常使用起着根本的作用。基础工程是隐蔽工程，如有缺陷，较难发现，也较难弥补和修复，而这些缺陷往往直接影响整个建筑物的使用甚至安全。基础工程的进度，经常控制整个建筑物的施工进度。基础工程的造价通常在整个建筑物造价中占相当大的比例，尤其是在复杂的地质条件下或深水中修建基础更是如此。因此，对基础工程必须做到精心设计、精心施工。

1.2 基础工程学科发展概况

基础工程是人类在长期的生产实践中不断发展起来的一门应用学科，在世界各文明古国数千年的建造活动中，有很多关于基础工程的工艺技术成就。18 世纪产业革命以后，城建、水利、道路等建设规模的扩大促使人们对基础工程的重视与研究，对有关问题开始寻求理论上的解答。作为基础工程学科理论基础的土力学在这一时期有相当多的成就。如 1773 年法国的库仑根据试验创立了著名的砂土抗剪强度公式，提出了计算挡土墙压力的滑楔理论；1875 年英国的朗肯又从另一途径提出了挡土墙压力的理论，对后来土体强度理论的发展起了很大的促进作用；1885 年法国的布辛内斯克求得了弹性半无限空间表面作用竖向集中力的应力和变形的理论解答；1992 年瑞典的费兰纽斯为解决铁路塌方问题提出了土坡稳定分析法。基础工程随着这些理论和工业技术的发展而有了新的发展。19 世纪中叶，利用气压沉箱法修建深水基础得以实现；20 世纪 20 年代，基础工程领域开始有比较系统、完整的专著问世，1925 年美国太沙基（Terzaghi）出版了第一本土力学专著，较系统地论述了土力学与基础工程的基础理论和方法，促进了该学科的高速发展。1936 年，第一届国际土力学与基础工程会议召开后，土力学与基础工程作为独立的现代科学技术取得了更大的进步。20 世纪 50 年代起，现代科学新成就的渗入，使基础工程理论与技术得到更进一步的发展与充实，成为一门较成熟的独立的现代学科。

我国古代劳动人民在基础工程方面也早就表现出高超的技艺和创造才能，许多宏伟壮丽的中国古代建筑逾千百年仍安然留存至今的事实充分说明了这一点。例如，1300 多年前隋朝工匠李春主持修建的赵州安济石拱桥，不仅建筑结构独特，防洪能力强，而且在地基基础的处理上也非常合理。该桥桥台坐落在较浅的密实粗砂土层上，沉降很小，现反算其基底压力为 500～600kPa，与现行的设计规范中所采用的该土层允许承载力的数值（550kPa）极为接近。

近年来，我国在工程地质勘察、室内及现场土工试验、地基处理、新设备、新材料、新工艺的研究和应用方面，取得了很大的进展。随着电子技术及各种数值计算方法对各学科的逐步渗透，基础工程的各个领域都发生了深刻的变化，许多复杂的工程问题相应得到了解决，试验技术也日益提高。在大量理论研究与实践经验积累的基础上，有关基础工程的各种设计与施工规范或规程等也相应问世或日臻完善。20世纪90年代以来，我国陆续编制及修订了大量的规范规程，如GB 50007《建筑地基基础设计规范》、JGJ 94《建筑桩基技术规范》、JGJ 79《建筑地基处理技术规范》、JTG D63《公路桥涵地基与基础设计规范》、TB 10002.5《铁路桥涵地基和基础设计规范》、GB 50021《岩土工程勘察规范》、JGJ 106《建筑基桩检测基础规范》等。这些规范规程都是基础工程各个领域中取得的科研成果和工程经验的高度概括，反映了近几十年来基础工程的发展水平，为我国基础工程设计与施工做到技术先进、经济合理、安全适用、保护环境、确保质量提供了充分的理论与实践依据。

基础工程既是一项古老的工程技术又是一门年轻的应用学科，发展至今在设计理论、施工技术及测试工作中都存在不少有待进一步完善和解决的问题，伴随着我国现代化建设的进程，大型和重型建筑物的发展将对基础工程提出更高的要求，以下基础工程问题将得到广泛和深入的研究：

（1）开展地基的强度、变形特性的基本理论研究　由于天然地基中土层较复杂，具有明显的非线性和各向异性，应结合岩土力学的新成果、现代计算方法和计算工具的发展，加强地基土的强度、变形的基本理论及计算方法的研究；加强地基土的试验研究，尤其是原位测试的研究；加强对软土、黄土、膨胀土和多年冻土等区域性特殊土的基本理论、特性和处理措施的研究。

（2）进一步开展各类基础形式设计理论和施工方法的研究　采用新材料和新工艺，发展便于施工和使用的新型、轻型基础结构，是基础工程发展的重要方向。采用新的结构理论和符合实际状态的力学分析方法是日益增长的大型、重型基础设计工作的重要环节。根据上部结构、基础及地基的受力和变形协调关系，通过测试和理论分析，提出合理的、与实际比较接近的地基-基础-上部结构共同作用的设计计算关系。加强施工机械化、自动化及各种新技术应用与施工工艺的研究，以提高施工效率、缩短工期和改善劳动条件，为保证工程质量，应进行隐蔽工程可靠及简便的质量检查方法的研究。

（3）设计手段和测试方法将得到进一步的丰富和发展　利用计算机辅助设计系统，优化基础设计，求得技术上先进、经济上合理、施工方便的基础设计方法。应用现代化计算工具和测试手段，开展各类基础和地基土的动力分析的理论研究和科学实验，逐步完善地基基础抗震理论，提高地基基础抗震设计水平。

1.3　本课程的特点与学习要求

本课程是土木工程专业的一门主干课程。许多内容涉及工程地质学、土力学、材料力学、理论力学、建筑材料、建筑结构等学科领域，内容广泛，综合性、理论性和实践性较强，因此，必须很好地掌握上述先修课程的基本内容和基本原理，为本课程的学习打好基础。

我国地域辽阔，分布着各种各样的土类，某些土类作为地基具有特殊性质而必须针对其特殊性采取相应的工程措施。因此，地基基础问题具有明显的区域性特征。此外，天然地层的性质和分布也因地而异，且在较小的范围内可能变化很大，需要通过勘探和测试取得可靠的土层分布及其物理力学性质指标。因此，学习时应注意理论联系实际，通过各个教学环节，紧密结合工程实践，提高理论认识，增强处理地基基础问题的能力。

基础工程的设计和施工必须遵守法定的规程、规范。由于不同行业有不同的专门规范，且各行业间不尽平衡，土木工程专业的学生主要面向建设部、交通运输部等部门，各部门标准也尚未统一。在课堂讲授和理论学习中，应以学科知识体系为主，掌握基础工程设计和施工中的主要内容和基本方法。

思 考 题

1-1 地基、天然地基、人工地基、持力层、下卧层、软弱下卧层各指什么？
1-2 什么是基础、浅基础、深基础？
1-3 与基础工程课程密切相关的规范有哪些？

第 2 章 地 基 勘 察

【本章提要】
主要介绍各种地基勘察的方法和适用条件，以及布置勘察任务，合理利用勘察成果解决地基基础设计和施工中的问题等内容。

【本章重点】
地基勘探的基本方法、土工试验方法。

2.1 概述

岩土工程勘察在工程地质课中称为"工程地质和水文地质勘察"。其主要任务是查明建筑物场地及其附近的工程地质及水文地质条件，为建筑物场地选择、建筑平面布置、地基与基础的设计和施工提供必要的资料。

场地是指工程建筑所处的和直接使用的土地，地基则是指场地范围内直接承托建筑物基础的岩土体。由于涉及的范围不同，勘察工作的侧重点也不一样。场地勘察应广泛研究整个工程建设和使用期间场地内是否有发生岩土体失稳、自然地质及工程地质灾害等问题；地基勘察则为研究地基岩土体在各种静、动荷载作用下所引起的变形和稳定性研究提供可靠的工程地质和水文地质资料。

岩土工程勘察的内容、方法及工程量的确定取决于：
1) 工程的技术要求和规模。
2) 建筑场地地质条件的复杂程度。
3) 岩土层的分布和性质的优劣。

勘察工作通常都是由浅入深，由表及里，随着工程的不同阶段逐步深化。岩土工程勘察工作可分为可行性研究勘察（或称选择场地勘察）、初步勘察和详细勘察三个阶段，以满足相应的工程建设阶段对地质资料的要求。对于地质条件复杂、有特殊要求的重大建筑物地基，尚应进行施工勘察。反之，对地质条件简单，面积不大的场地，其勘察阶段可以适当简化。

本章地基勘察主要是指建筑总平面确定后的施工图设计阶段的勘察（详细勘察），即把勘察工作的主要对象缩小到具体建筑物的地基范围内。由于场地和地基是不可分割的，因而也涉及场地勘察的内容。

2.2 地基勘察

2.2.1 地基勘察的目的与任务

地基勘察的任务是对建筑物地基作出岩土工程评价，为地基基础设计提供岩土参数，并对地基基础设计和施工以及地基加固和不良地质的防治工程提出具体方案和建议。因此，在进行地基勘察之前应详细了解设计意图，全面搜集和研究建筑物场地及邻近地段的已有勘察报告和建筑经验，并取得下列各项资料：

1）比例尺不小于1∶2000的现状地形图及拟建建筑物的平面位置图。

2）拟建建筑物的性质、规模、荷载、结构特点、有无地下室，所采用的基础类型、尺寸、埋置深度，以及对地基基础设计、施工的特殊要求等。

3）拟建场地的历史变迁，地下管线、电缆、地下构筑物的分布情况，以及水准基点的位置与高程。

地基勘察的主要工作内容应符合如下规定：

1）查明场地和地基的稳定性、地层结构、持力层和下卧层的工程特性，土的应力历史，地下水条件及不良地质作用等。

2）提出满足设计、施工所需的岩土参数，确定地基承载力，预测地基变形性状。

3）提出地基基础、基坑支护、工程降水和地基处理设计与施工方案建议。

4）提出对建筑物有影响的不良地质作用的防治方案建议。

5）对抗震设防烈度大于和等于6度的地区，进行场地与地基的地震效应评价。

2.2.2 地基勘察的一般要求

建设项目设计一般分为可行性研究、初步设计和施工图设计三个阶段。为了提供各设计阶段所需的工程地质资料，勘察工作也相应地划分为选址勘察（可行性研究勘察）、初步勘察、详细勘察三个阶段。对工程地质条件复杂或有特殊施工要求的重要建筑物地基，尚应进行预可行性勘察及施工勘察；场地较少且无特殊要求的工程可合并勘察阶段。各勘察阶段的任务和工作内容简述如下。

1. 选址勘察

选址勘察工作对于大型工程是非常重要的环节。其目的在于从总体上判定拟建场地的工程地质条件能否适合工程建设项目。一般指通过几个场址的工程地质资料进行对比分析，对拟选场址的稳定性和适宜性作出工程地质评价。选址勘察应进行下列工作：

1）搜集区域地质、地形地貌、地震、矿产等资料，附近地区的工程地质资料及当地的建筑经验。

2）在收集和分析已有资料的基础上，通过踏勘，了解场地的地层、构造、岩石和土的性质、不良地质现象及地下水等工程地质条件。

3）对工程地质条件复杂，已有资料不能符合要求，但其他方面条件较好且倾向于选取的场地，应根据具体情况进行工程地质测绘及必要的勘探工作。

2. 初步勘察

初步勘察是在选定建设场址的基础上进行的。根据选址报告书了解建设项目类型、规模、建筑物高度、基础形式及埋置深度和主要设备等情况。初步勘察的目的是：对场地内建筑地段的稳定性作出评价，为确定建筑总平面布置、主要建筑物地基基础设计方案及不良地质现象的防治工作方案作出工程地质论证。初步勘察的主要工作如下：

1）搜集本项目可行性研究报告（附有建筑场地的地形图，一般比例尺1∶2000～1∶5000）、有关工程性质及工程规模的文件。

2）初步查明地层、构造、岩石和土的性质、地下水埋藏条件、冻结深度、不良地质现象的成因和分布范围及其对场地稳定性的影响程度和发展趋势。当场地条件复杂时，应进行工程地质测绘和调查。

3）对抗震设防烈度为 7 度和 7 度以上的建筑场地，应判定场地和地基的地震效应。

初步勘察时，在搜集分析已有资料的基础上，根据需要和场地条件还应进行工程勘探、测试和地球物理勘探工作。

3. 详细勘察

详细勘察用于为施工图设计提供资料。此时场地的工程地质条件已基本明确，所以详细勘察的目的是提出设计所需的岩土参数，对建筑地基作出岩土工程评价，为基础设计、地基处理、基坑支护、工程降水和不良地质作用的防治工程等具体方案作出论证和结论。详细勘察的主要工作如下：

1）取得附有坐标及地形的建筑物总平面布置图，各建筑物的地面整平标高、建筑物的性质和规模，可能采取的基础形式、尺寸和预计的埋置深度，建筑物的单位荷载和总荷载、结构特点和对地基基础的特殊要求。

2）查明不良地质现象的成因、类型、分布范围、发展趋势及危害程度，提出评价与整治措施所需的岩土技术参数和整治方案建议。

3）查明建筑物范围内各岩土层的类型、结构、厚度、坡度、工程特性，计算和评价地基的稳定性和承载力。

4）对需进行沉降计算的建筑物，提出地基变形计算参数，预测建筑物的沉降、差异沉降或整体倾斜等变形特征。

5）对抗震设防烈度大于或等于 6 度的场地，应划分场地土的类型和场地类别。对抗震设防烈度大于或等于 7 度的场地，尚应分析预测地震效应，判定饱和砂土和粉土的地震液化可能性，并对液化等级作出评价。

6）查明地下水的埋藏条件，判定地下水对建筑材料的腐蚀性。当需基坑降水设计时，尚应查明水位、其变化幅度和各土层的渗透性。

7）提供为深基坑开挖的边坡稳定计算和支护设计所需的岩土技术参数，论证和评价基坑开挖、降水等对临近工程和环境的影响。

8）为选择桩的类型和长度、确定单桩承载力、计算群桩的沉降及选择施工方法提供岩土参数。

详细勘察的主要手段以勘探、原位测试和室内土工试验为主，必要时可以补充一些物探、工程地质测绘和调查工作。详细勘察中，应按场地类别、建筑物特点及建筑物的安全等级和重要性来布置勘探孔的间距和深度。

岩石和土层的复杂性（或称地层的变化性）及各种工程的特异性，勘察技术与设备的局限性及时间等因素容易导致勘察力度不够，基槽开挖后的地基地质资料与原勘察资料不一定完全相符，所以施工过程中还须进一步勘察，这种勘察也可称为补充勘察。此外，在地基处理或深基础施工过程中，还需进行现场监测。故施工勘察主要是勘察单位与建设单位、设计单位、施工监理单位共同进行的。地基验槽、桩基工程与地基处理的质量效果检验、施工中的岩土工程监测和必要的补充勘察，解决与施工有关的岩土工程问题，为施工阶段地基基础的设计变更提供详细的岩土工程资料。

2.2.3 勘察等级划分

勘察等级应根据建筑物安全等级（或工程重要性等级）、建筑场地等级和地基等级综合确定。

1. 建筑物安全等级

《建筑地基基础设计规范》按照建筑物类型和破坏所造成的后果将建筑物分成三个安全等级，见表2-1。《岩土工程勘察规范》根据工程规模和特征，以及由于工程问题造成工程破坏或影响正常使用的后果，将岩土工程分为三个工程重要性等级，见表2-2。

表2-1 建筑物安全等级

安全等级	破坏后果	建筑类型
一级	很严重	重要的工业与民用建筑物；20层以上的高层建筑；体型复杂的14层以上的高层建筑；对地基变形有特殊要求的重要工业建筑物；单桩荷载在4000kN以上的建筑物
二级	严重	一般的工业与民用建筑物
三级	不严重	次要的建筑物

表2-2 岩土工程重要性划分表

岩土工程重要性等级	工程性质	破坏引起的后果
一级工程	重要工程	后果很严重
二级工程	一般工程	后果严重
三级工程	次要工程	后果不严重

2. 建筑场地等级

《岩土工程勘察规范》根据场地的复杂程度分为三个等级，见表2-3。

表2-3 场地等级划分表

场地等级	特征条件	条件满足方式
一级场地 （复杂场地）	对建筑抗震危险的地段 不良地质作用强烈发育 地质环境已经或可能受到强烈破坏 地形地貌复杂 有影响工程的多层地下水，岩溶裂隙水或其他水文地质条件复杂，需专门研究的场地	符合其中一条及以上者
二级场地 （中等复杂场地）	对建筑抗震不利的地段 不良地质作用一般发育 地质环境已经或可能受到一般破坏 地形地貌较复杂 基础位于地下水位以下的场地	符合其中一条及以上者
三级场地 （简单场地）	抗震设防烈度等于或小于6度，或对建筑抗震有利的地段 不良地质作用不发育 地质环境基本未受破坏 地形地貌简单 地下水对工程无影响	满足全部条件

注：从一级开始，向二级、三级推定，以最先满足的为准。

《建筑抗震设计规范》根据场地的地形、地貌和地质条件，以对建筑抗震是否有利，将地段划分为三类，见表2-4。

表2-4 有利、不利和危险地段的划分

地段类别	地质、地形、地貌
有利地段	稳定基岩，坚硬土，开阔、平坦、密实、均匀的中硬土等
不利地段	软弱土，液化土，条状突出的山嘴，高耸孤立的山丘，非岩质的陡坡，河岸和边坡的边缘，平面分布上成因、岩性、状态明显不均匀的土层（如故河道、疏松的断层破碎带、暗埋的塘浜沟谷和半填半挖地基）等
危险地段	地震时可能发生滑坡、崩塌、地陷、地裂、泥石流等及发震断裂带上可能发生地表错位的部位

3. 地基等级

《岩土工程勘察规范》根据地基复杂程度，将地基划分为三个地基等级，见表2-5。

表2-5 地基等级划分表

地基等级	特征条件	条件满足方式
一级地基 （复杂地基）	岩土种类多，很不均匀，性质变化大，需特殊处理	符合其中一条及以上者
	严重湿陷、膨胀、盐渍、污染的特殊性岩土，以及其他情况复杂，需作专门处理的岩土	
二级地基 （中等复杂地基）	岩土种类较多，不均匀，性质变化较大	符合其中一条及以上者
	除一级地基中规定的其他特殊性岩土	
三级地基 （简单地基）	岩土种类单一，均匀，性质变化不大	满足全部条件
	无特殊性岩土	

注：从一级开始，向二级、三级推定，以最先满足的为准。

4. 勘察等级

《岩土工程勘察规范》根据工程重要性等级、场地复杂程度等级和地基复杂程度等级，将岩土工程勘察等级划分为三个等级，具体划分见表2-6。

表2-6 岩土工程勘察等级划分

岩土工程勘察等级	划分标准
甲级	在工程重要性、场地复杂程度和地基复杂程度等级中，有一项或多项为一级
乙级	除勘察等级为甲级和丙级以外的勘察项目
丙级	工程重要性、场地复杂程度和地基复杂程度等级均为三级

注：建筑在岩质地基上的一级工程，当场地复杂程度和地基复杂程度等级均为三级时，岩土工程勘察等级定为乙级。

2.2.4 勘察的主要方法

勘察的基本方法主要有工程地质调查和测绘、岩土工程勘探和取样、原位测试和试验、室内试验。这些方法具有各自的优势和适用条件，具有很强的互补性，在具体的岩土工程勘察工程中，有可能采用上述全部的工作方法，也可能只用到其中的一部分，应根据实际工程需要进行选择。

2.2.5 工程地质调查和测绘

工程地质调查和测绘一般在勘察的早期阶段进行，也可用于详细勘察阶段对某些专门地质问题进行补充调查。工程地质调查和测绘能在短时间内查明较大范围内的主要工程地质条件，不需要复杂设备和大量资金、材料，而且效果显著。在调查和测绘工作对地面地质情况了解的基础上，常常可以对地质情况作出迅速准确的分析和判断，为进一步勘探及试验工作奠定良好的基础。另一方面，工程地质调查和测绘也可大大减少勘探和试验的工作量，从而为合理布置整个勘察工作、节约勘察费用提供有利条件，尤其是在山区和河谷等地层出露条件较好的地区，工程地质调查和测绘往往成为最主要的岩土工程勘察方法。

测绘的比例尺和精度在可行性研究阶段可选用 1:5 000～1:50 000；初步勘察阶段可选用 1:2 000～1:10 000；详细勘察阶段可选用 1:500～1:2 000；地质复杂时可适当放大比例尺。

1. 工程地质调查和测绘的范围

工程地质测绘和调查的范围一般应包括场地及其附近地段。对于大、中比例尺的工程地质测绘，多以建筑物为中心，其区域往往为一方形或矩形。如果是线形建筑（如公路、铁路路基和坝基等），则其范围为一带状，其宽度应包含建筑物的所有影响范围。

工程地质测绘和调查的范围主要包括下列内容：

1) 查明地形、地貌特征，地貌单元形成过程及其与地层、构造、不良地质现象的关系，划分地貌单元。

2) 查明岩土的性质、成因、年代、厚度和分布，对岩层应查明风化程度，对土层应区分新近沉积土、特殊土的分布及其工程地质条件。

3) 查明岩层产状及构造类型、软弱结构面的产状及性质，包括断层的位置、类型、产状、断距、破碎带的宽度及充填胶结情况，岩土层的接触面及软弱夹层的特性等，第四纪构造活动的行迹、特点及与地震活动的关系。

4) 查明地下水的类型、补给来源、排泄条件，井、泉的位置，含水层的岩性特征、埋藏深度、水位变化、污染情况及其与地表水的关系等。

5) 收集气象、水文、植被、土的最大冻结深度等资料，调查最高洪水位及其发生时间、淹没范围。

6) 查明岩溶、土洞、滑坡、泥石流、崩塌、冲沟、断裂、地震震害和岸边冲刷等不良地质现象的形成、分布、形态、规模、发育程度及其对工程建设的影响。

7) 调查人类活动对场地稳定性的影响，包括人工洞穴、地下采空、大挖大填、抽水排水及水库诱发地震等；

8) 收集建筑物的变形沉降资料及其他建筑经验。

2. 工程地质调查和测绘的主要任务

工程地质调查和测绘的主要任务是在地形地质图上填绘出测区的工程地质条件，其内容应包括测区的所有工程地质要素，即查明拟建场地的地层岩性、地质构造、地形地貌、水文地质条件、工程动力地质现象、既有建筑物的变形和破坏情况及以往建筑经验、可利用的天然建筑材料的质量及其分布等多方面，因此它属于多项内容的地表地质调查和测绘工作。

3. 工程地质测绘方法

工程地质测绘方法有两种，一是相片成图法，二是实地测绘法。相片成图法是利用地面摄影或航空（卫星）摄影相片，在室内根据判读标志，结合所掌握的区域地质资料，将判明的地层岩性、地质构造、地貌、水系和不良地质现象，调绘到单张相片上，并在相片上选择若干地点和路线，去实地进行校对和修正，绘成底图，最后再转绘成图。由于航空、卫星能在大范围内反映地形地貌、地层岩性及地质构造等物理地质现象，可以迅速给人对测区一个较全面整体的认识，因此与实地测绘工作相结合，能起到减少工作量、提高精度和速度的作用。特别是在人烟稀少、交通不便的偏远山区，充分利用航片和卫星照片更具有特殊重要的意义。这一方法在大型工程的初级勘察阶段（选址勘察和初步勘察）效果较为显著，尤其是对铁路和高速公路的选线、大型水利工程的规划选址阶段，其作用更为明显。

实地测绘是工程地质测绘的野外工作方法，它又细分为三种方法：

（1）路线法　沿着一定的路线（应尽量使路线与岩层走向、构造线方向及地貌单元相垂直，并尽量使路线的起点具有较明显的地形、地物标志，此外，应尽量使线路穿越露头较多、覆盖层较薄的地段），穿越测绘场地，把走过的路线正确地填绘在地形图上，并沿途详细观察和记录各种地质现象和标志，如地层界线、构造线、岩层产状、地下水露头、各种不良地质现象，将它们绘制在地形图上。

（2）布点法　布点法是工程地质测绘的基本方法，也就是根据不同比例尺预先在地形图上布置一定数量的观测路线和观测点。观测点一般布置在观测路线上，但观测点的布置必须有具体的目的，如为了研究地质构造线、不良地质现象、地下水露头等。观测线的长度必须能满足具体观测目的的需要。

（3）追索法　它是沿着地层走向、地质构造线的延伸方向或不良地质现象的边界线进行布点追索，其主要目的是查明某一局部的工程地质问题。追索法是在路线法和布点法的基础上进行的，属于一种辅助测绘方法。

2.2.6　地基勘探点的布置

根据场地的类型和建筑物安全等级，就可以按有关规范确定地基勘探点的间距。但是各种规范对勘探点间距的建议值也不尽相同，表2-7所列的数值可供参考。

表2-7　详细勘探勘探点间距　　　　　　　　　　　　　　　（单位：m）

地基等级	建筑物等级		
	一级	二级	三级
三级场地（简单场地）	30～50	40～60	50～70
二级场地（中等复杂场地）	15～30	25～40	35～50
一级场地（复杂场地）	<15	<25	<35

勘探点可分为一般性勘探点和控制性勘探点两种。一般性勘探点以能控制地基的主要受力层为原则，当基础底面宽度不大于5m时，对于条形基础可取基础宽度b的3倍，对于单独基础可取$1.5b$，但不小于5m。控制性勘探点的深度应超过地基变形计算深度，对于条形基础和独立基础，可按表2-8取值。

表 2-8　控制性勘探孔深度　　　　　　　　　　　（单位：m）

基础形式	基础宽度/m				
	1	2	3	4	5
条形基础	6	10	12	—	—
单独基础	—	6	9	11	12

对于箱形、筏形和其他宽度很大的基础，勘探点的深度 z 可按下式确定

$$z = d + \alpha b \tag{2-1}$$

式中　d ——基础埋置深度（m）；

　　　b ——基础宽度（m）；

　　　α ——与土的压缩性有关的经验系数，可参照表2-9取值。

表 2-9　经验系数 α

勘探点类别	土 类				
	碎石土	砂土	粉土	黏性土	软土
控制性勘探点	0.5 ~ 0.7	0.7 ~ 0.9	0.9 ~ 1.2	1.0 ~ 1.5	1.5 ~ 2.0
一般性勘探点	0.3 ~ 0.4	0.4 ~ 0.5	0.5 ~ 0.7	0.6 ~ 0.9	0.8 ~ 1.0

当钻孔在预定深度内遇到基岩时，除了控制性勘探孔应钻进基岩适当深度外，其他钻孔达到确认基岩后就可以终止钻进。若在预定深度内有厚度较大且分布均匀的坚实土层时，控制性钻孔仍应达到规定的深度，一般性探孔则可以适当减小孔深，不必达到规定的深度。

探孔除了测定地基土层的分布外，另一个重要的作用就是采集土样和进行原位测试工作。用以取样和原位测试的探孔，其数量应视地基基础设计等级和土层的复杂程度而定，一般可占探孔总数的 1/4 ~ 1/2，且对于甲级建筑物不少于 3 个。另外，还要求地基内每一主要土层原状土样件数或原位测试点数不应少于 6 个，且厚度大于 0.5m 的夹层或透镜体都应采集土样或进行原位测试工作以鉴定土的特性。

通过勘探点，还要注意调查含水层的埋藏条件，地下水类型及补给、排泄条件，确定各层地下水的水位和变化幅度。对于地下水可能浸湿基础时，还应采取水样，进行腐蚀性评价。

2.3　地基勘探方法

为了查明地基范围内的岩土层构成及其在竖直方向和水平方向上的变化、岩土的物理力学性质、地下水位的埋藏深度及变化幅度，以及不良地质现象及其分布范围等，需要进行地基勘探。地基勘探采用的方法通常有下列几种。

2.3.1　地球物理勘探

地球物理勘探是用物理的方法勘测地层分布、地质构造和地下水埋藏深度等的一种勘探方法。不同的岩土层具有不同的物理性质，如导电性、密度、波速和放射性等，所以可以用专门的仪器测量地基内不同部位物理性质的差别，从而判断、解释地下的地质情况，并测定某些参数。地球物理勘探是一种简便而迅速的间接勘探方法，如果运用得当，可以减少直接勘探（如钻探和坑槽探）的工作量，降低成本，加快勘探进度。

地球物理勘探的方法很多，如地震勘探（包括各类测定波速的方法）、电法勘探、磁法勘探、

放射性勘探、声波勘探、雷达勘探、重力勘探等。其中最常用的是地震勘探和电法勘探。

地震勘探是利用地质介质的波动来探测地质现象的一种物理勘探方法。基本原理是利用爆炸或敲击方法，向岩体内激发地震波，地震波以弹性波方式在岩土体内传播，根据不同介质弹性波传播速度的差异来判断地质现象。根据弹性波的传播方式，地震勘探又可分为直达波法、反射波法和折射波法。地震勘探可以用于了解地下地质构造，如基岩面、覆盖层厚度、风化层、断层等。根据要了解的地质现象的深度和范围的不同，可以采用不同频率的地震勘探方法。在《建筑物抗震设计规范》中，要求按剪切波速的大小进行场地的岩土类型划分，这时就必须进行现场地震勘探以确定岩土中波的传播速度。

电法勘探是研究地下地质体电阻率差异的地球物理勘探方法，也叫电阻率法。该法通常是通过电测仪测定人工或天然电场中岩土体的导电性大小及其变化，再经过专门分析解释从而区分地层、构造以及覆盖层和风化层厚度、含水层分布和深度、故河道、主导充水裂隙方向等。

2.3.2 坑探

坑探，或叫坑槽探，也称为掘探法，是在建筑场地开挖探坑、探井、探槽、探洞直接观察地基土层情况，并从坑中取高质量原状土进行试验分析。坑探的种类有探槽、探坑和探井三种。

探槽是在地表挖掘成的长条状且两壁常为倾斜（上宽下窄）的槽，其横断面有梯形和阶梯状两种。较深的探槽两壁要进行必要的支护以确保安全。探槽一般在覆盖土层小于 3m 时使用。它适用于了解地质构造线、断裂破碎带宽度、地层分界线、岩脉宽度及其延伸方向、采取原状土试样等。

凡挖掘深度不大且形状不一的坑，或者成矩形的较短的探槽状坑，称为探坑。探坑的深度一般为 1~2m，与探槽的目的相同。

探井一般深度大于 3m，其横断面为方形、矩形或圆形，探井的深度不超过地下水位。

在坝址、地下工程、大型边坡等勘察中，当需要详细查明深部岩层性质、构造特征时，可采用竖井或平洞。竖井或平洞的深度、长度、断面按工程要求确定。

对探井、探槽和探洞除文字描述记录外，尚应辅以反映井、槽、洞壁的剖面图、展示图等和底部的岩性、地层分界、构造特征、取样和原位试验位置，代表性部位的彩色照片。图 2-1 是探坑示意图。

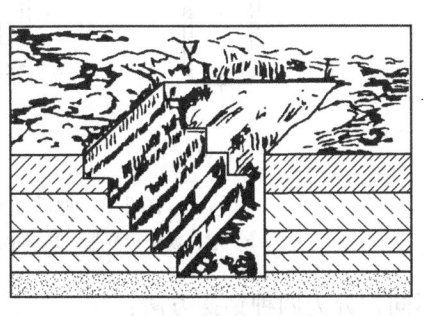 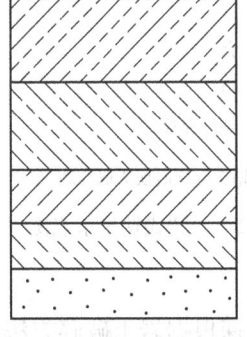

图 2-1 探坑
a) 探坑示意图 b) 探坑地层柱状图

2.3.3 钻探

钻探是用钻探机具在地层中钻孔或冲孔，以鉴别和划分土层，以及沿孔深取原状土样用于室内试验，确定土的物理力学指标，是目前应用最广的勘探方法。

钻探钻孔的直径、深度、方向等，应根据工程要求、地质条件和钻探方法综合确定。为了鉴别和划分地层，终孔直径不宜小于 33mm；为了采取原状土样，取样段的孔径不宜小于 108mm；为了采取岩石试样，取样段的孔径对软岩不宜小于 108mm，对于硬岩不宜小于 89mm。钻孔深度由数米至上百米。钻孔的方向一般是垂直的，也有倾斜的。

土质地基钻探所用的工具有机钻或人力钻。人力钻常以麻花钻、勺形钻、洛阳铲为钻具，借以人力打孔，设备简单，使用方便，应用普及，但只能取结构被破坏的土样，用以查明地基土层的分布，其钻孔深度一般不超过 6m。机钻的种类很多，钻孔直径为 110～200mm，钻探深度从几十米至百米以上。图 2-2 为回转式钻机示意图。

从钻孔中取原状土，需用原状土取样器。原状土取样器为壁厚 1.25～2.0mm 的薄壁取样器，分敞口式和活塞式两种（见图 2-3）。敞口式取样器构造简单，取样操作方便，但上提过程中筒中土样容易脱落。活塞式取样器在取土管内装有一套活塞，活塞上有管杆直通地表。取样前，活塞与取土管的管口齐平；取土时，先固定活塞杆，再将取土管压入土中；切取土样后，固定活塞杆与取样器管杆的相对位置，拔断土样，取出土样。由于活塞上移产生的真空压力托住土样，提升过程中，土样不容易脱落。

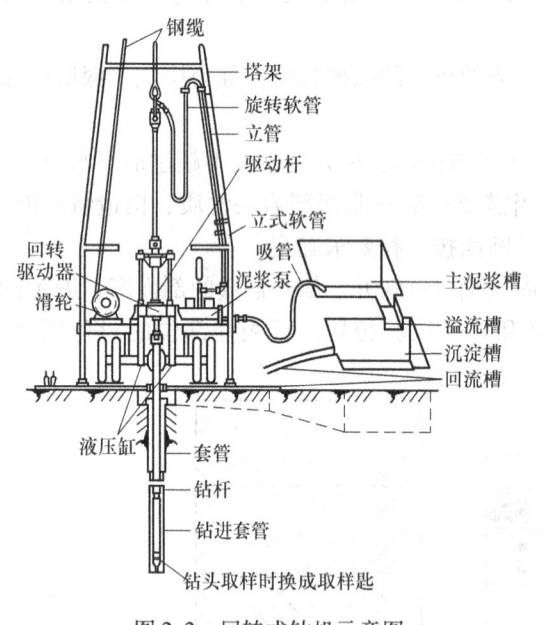

图 2-2 回转式钻机示意图

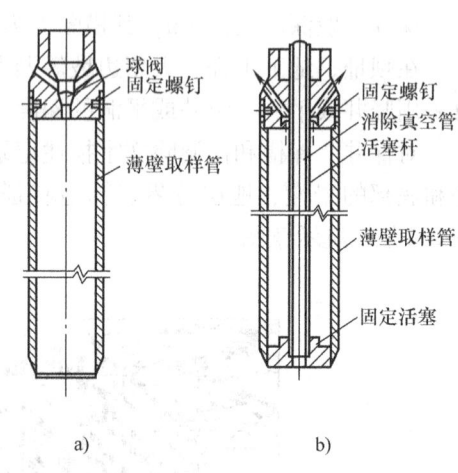

图 2-3 原状土取样器
a) 敞口薄壁取样器 b) 固定活塞薄壁取样器

工程地质钻探根据岩土破碎方法的不同，分为四种钻探方法：

（1）冲击钻探 利用钻具重力和下落过程中产生的冲击力使钻头冲击孔底岩土并使其产生破坏，从而达到在岩土层中钻进的目的。它又包括冲击钻探和锤击钻探。对于硬质岩土层一般采用孔底全面冲击钻进；对于其他土层一般采用圆筒形钻头的刃口借助钻具冲击力切屑土层钻进。

（2）回转钻探　采用底部焊有硬质合金的圆环状钻头进行钻进，钻进时一般施加一定的压力，使钻头在旋转中切入岩土层以达到钻进的目的。它包括岩芯钻探、无岩芯钻探和螺旋钻探。

（3）振动钻探　采用机械动力产生的振动力，通过连接杆和钻具传到钻头，振动力的作用使钻头能更快地破碎岩土层，因而钻进较快。振动钻探适合在土层中，特别是颗粒组成相对较小的土层中采用。

（4）冲洗钻探　利用高压水流冲击孔底土层，使之结构破坏，土颗粒悬浮并最终随水流循环流出孔外的钻进方法。由于是靠水流直接冲洗，因此冲洗钻探无法对土体结构及其他相关特性进行观察鉴别。

上述四种方法各有特点，分别适应于不同的勘察要求和岩土性质，具体可根据表2-10选用。

表2-10　钻探方法的适用范围

钻探方法		钻进地层					勘察要求	
		黏性土	粉土	砂土	碎石土	岩石	直观鉴别、采取原状土样	直观鉴别、采取扰动试样
回转钻探	螺旋钻探	++	+	+	-	-	++	++
	无岩芯钻探	++	++	++	+	++	-	-
	岩芯钻探	++	++	++	+	+	++	++
冲击钻探	冲击钻探	-	+	++	++	-	-	++
	锤击钻探	++	++	++	+	-	++	
振动钻探		++	++	++	+	-	+	++
冲洗钻探		+	++	++	-	-	-	-

注：++表示适用；+表示部分适用；-表示不适用。

钻探方法要求：

1）对要求鉴别地层和取样的钻孔，均应采用回转方式钻探以取得岩土样品。遇到卵石、漂石、碎石、块石等不适合回转钻进的土层时，可改用振动回转方式钻探。

2）在地下水位以上土层中应进行干钻，不得使用冲洗液，不得向孔内注水，但可采用能隔离冲洗液的二重或三重管钻进取样。

3）钻进岩层宜采用金刚石钻头，对软质岩层及风化破碎带应采用双层岩芯管钻头钻进。需要测定岩石质量指标RQD时应采用外径75mm的双层岩芯管钻头。

4）在湿陷性黄土中必须采用螺旋钻头钻进。

钻孔的记录和编录应符合下列要求：

1）野外记录应由经过专业训练的人员承担；记录应真实及时，按钻进回次逐段填写，严禁事后追记。

2）钻探现场可采用肉眼鉴别和手触方法，有条件或勘察有明确要求时，可采用微型贯入仪等定量化、标准化的方法。

3）钻探成果可用钻孔野外柱状图或分层记录表示；岩土芯样可根据工程要求保存一定期限或长期保存，也可拍摄岩芯、土芯彩照纳入勘探成果资料之中。

通过钻探可以达到：

1）鉴别和描述土的表观特征，并划分地层，确定土层的分界面。

2）取原状土样或扰动土样供试验分析。

3）确定地下水位，了解地下水的类型。

4）在钻孔内进行触探试验、旁压试验或其他原位试验。

2.3.4 触探

触探既是一种勘探方法，同时也是一种现场测试方法，但是测试结果所提供的指标并不是概念明确的物理量，通常需要将它与土的某种物理力学参数建立统计关系才能使用。而且这种统计关系因土而异，并有很强的地区性。

触探法具有许多优点，它不但能较准确地划分土层，且能在现场快速、经济、连续测定土的某种性质，以确定地基的承载力、桩的侧阻力和端阻力、地基土的抗液化能力等。因此，数十年来，无论是在试验机具、传感技术、数据采集技术方面，还是在数据处理、机理分析与应用理论的探讨方面，都取得了较大的发展；与此同时，试验的标准化程度也在不断提高，已经成为地基勘探的一种重要手段。

根据触探头入土的方式不同，触探可以分为动力触探和静力触探两大类。

1. 动力触探

动力触探是将一定质量的击锤，从一定高度自由下落，锤击插入土中探头，测定使探头贯入土中一定深度所需要的击数，以击数的多少判定被测土体的性质。根据探头的不同形式，动力触探还可以分为管形探头和圆锥形探头两种类型。

（1）管形探头——标准贯入试验 探头的形状如图2-4所示。采用这种探头的动力触探法称为标准贯入试验（SPT——Standard penetration test）。击锤的质量为63.5kg，落高760mm，以贯入300mm的击数 $N_{63.5}$ 作为贯入指标，是目前勘探中用得很多的一种触探法。

在《建筑地基基础设计规范》中，以 $N_{63.5}$ 作为确定砂土和黏性土地基承载力的一种触探法。在《建筑抗震设计规范》中以它作为判定地基土层是否可液化的主要方法。此外，还可以根据 $N_{63.5}$ 确定砂的密实程度。表2-11是我国《岩土工程勘察规范》及《建筑地基基础设计规范》对砂土密实度的划分表。

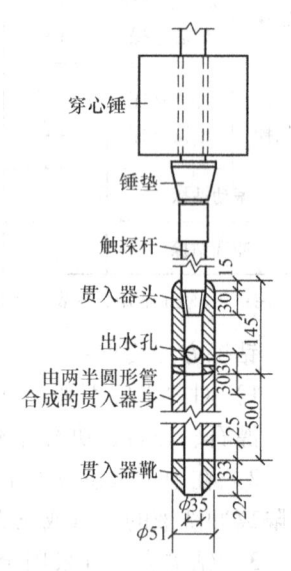

图2-4 标准贯入试验装置

表2-11 按标准贯入试验击数 $N_{63.5}$ 确定砂土密实度

标准贯入锤击数 $N_{63.5}$ 值	密 实 度
$N_{63.5} \leq 10$	松散
$10 < N_{63.5} \leq 15$	稍密
$15 < N_{63.5} \leq 30$	中密
$N_{63.5} > 30$	密实

使用这种方法时,当钻杆长度大于 3m,要考虑贯入过程中的能量损失,对贯入击数需作钻杆长度修正,修正公式如下

$$N_{63.5} = AN \tag{2-2}$$

式中 N——实测锤击数;

A——钻杆长度校正系数,可按表 2-12 采用。

表 2-12 触探杆长度校正系数

钻杆长度/m	≤3	6	9	12	15	18	21
A	1.0	0.92	0.86	0.81	0.77	0.73	0.70

(2)圆锥形探头——圆锥动力触探 这类动力触探试验根据贯入能量的不同,可分为轻型、中型、重型和特重型四类。其规格见表 2-13。

表 2-13 圆锥触探试验的类型

类型	锤质量/kg	落高/mm	探头 锥底直径/mm	探头 锥角	贯入指标	触探杆外径/mm
轻型	10	500	40	60°	贯入 300mm 的锤击数 N_{10}	25
中型	28	800	61.8	60°	贯入 100mm 的锤击数 N_{28}	33.5
重型	63.5	760	74	60°	贯入 100mm 的锤击数 $N_{63.5}$	42~50
特重型	120	1000	74	60°	贯入 100mm 的锤击数 N_{120}	50~63

轻型动力触探也称为轻便触探试验,其设备如图 2-5a 所示,它是用以确定黏性土和素填土地基承载力和基槽检验的一种手段;中型和重型触探器探头的形状见图 2-5b 和 c,它们是评价碎石和卵、砾石地层密实度的有效试验工具。

2. 静力触探

静力触探(CPT——Cone penetration test)是将一定规格的圆锥形金属探头,用静力并按一定的速率压入土中,同时用传感器或直接量测仪表测试土层对探头的贯入阻力,以此来判断、分析、确定地基土的物理力学性质,如砂土的密实度、黏性土的不排水强度、土的压缩模量,以及地基的承载力和液化可能性等。静力触探适用于软土、黏性土、粉土和砂土,主要用于划分土层、估算地基土的物理力学性质指标参数、评价地基土的承载力、估算单桩承载力及判定砂土地基的液化等级等。目前常用的静力触探探头有两种,即单桥探头和双桥探头(见图 2-6)。

单桥探头只能量测贯入过程中锥头所受的总阻力 Q。若锥底面积为 A,则比贯入阻力为

$$p_s = \frac{Q}{A} \tag{2-3}$$

双桥探头则能分别测定锥底的总阻力 Q_p 和侧壁的总摩擦阻力 Q_s,单位面积上的锥头阻力 q_p 和单位面积上的侧壁阻力 q_s 分别为

$$q_p = \frac{Q_p}{A} \tag{2-4}$$

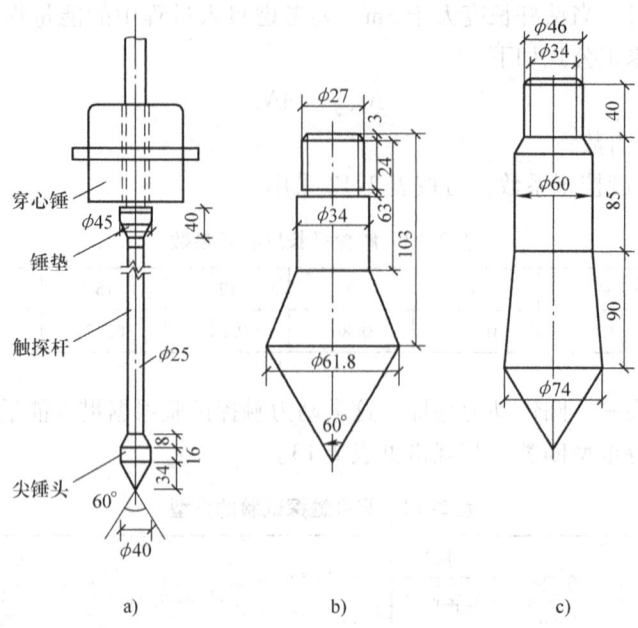

图 2-5 圆锥动力触探装置
a) 轻型触探装置 b) 中型触探器探头 c) 重型触探器探头

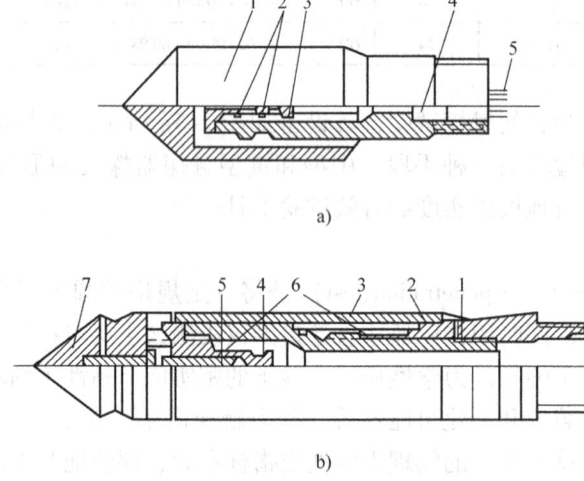

图 2-6 静力触探仪示意图
a) 单桥探头 b) 双桥探头
1—传力杆 2—摩擦传感器 3—摩擦筒 4—锥尖传感器 5—顶柱
6—电阻应变片 7—锥尖头

$$q_s = \frac{Q_s}{S} \tag{2-5}$$

式中 S——锥头侧壁摩擦筒的表面积。

静力触探探头的受力情况与桩相似,因此根据 q_s 和 q_p 可以求出桩身的侧壁阻力和桩端阻力。

在静力触探的整个过程中，探头应匀速、垂直地压入土层中，贯入速率一般控制在 (1.2 ± 0.3) m/min。静力触探探头传感器必须事先进行率定，室内率定非线性误差、重复性误差、滞后误差、温度漂移、归零误差范围应为 $\pm(0.5 \sim 1.0)\%$。在现场进行试验时，应检验现场的归零误差不得超过 3%，它是试验质量的重要指标。触探时，深度记录误差一般为 $\pm 1\%$。当贯入深度大于 30m 时，应量测触探孔的偏斜度，校正土的分层界限。

2.4 土工试验

土工试验是地基勘察的重要组成部分，通过试验，测定地基岩土的各项物理力学特性，提供相应的指标，作为地基计算分析和工程处理的依据。按照试验的环境和方法不同，土工试验可以分成室内试验、原位试验两大类。

2.4.1 室内试验

通常所说的室内试验是指在实验室内对从现场取回的土样或土料进行物理力学性质试验。室内试验的优点是简便、试验条件明确（如试样的边界条件、排水条件等）、试验中的一些因素能够预先控制，所以得到普遍采用。其缺点是试样的体积小，在取样、运输、保存和制样的过程中难免受到不同程度的扰动，因此，有时不能完全代表土体的宏观特性。

地基勘察必须包括的室内试验项目，视地基计算的要求而定，可以参考表 2-14 所列的内容。应该指出，天然生成的土，即使属于同一土层，性质也不完全一致，因此用体积很小的一块土样所测得的指标难以代表整个土层的性质。为了使试验结果有较好的代表性，每项试验都必须从土层的不同部位取样，做若干个或若干组试验，并对结果进行统计分析，然后提出比较有代表性的指标。显然，平行试验的个数越多，试验结果的代表性就越强。通常要求同一项试验的个数不少于 6 个。

表 2-14 基础工程要求的室内土工试验项目

目　的	应用指标	试验项目
定名和状态	1. 土的分类 黏性土和粉土：I_p（塑性指数） 粉土、砂土和碎石土：d（粒径级配） 2. 土的状态 黏性土：e（孔隙比）、I_L（液性指数） 粉　土：e（孔隙比）、w（含水量） 砂　土：e（孔隙比）、D_r（相对密实度）	*土粒比重试验（G_s） *含水量试验（w） *密度试验（ρ） 液限试验（w_L）、塑限试验（w_P）、 颗粒分析试验（筛分法或比重计法）
地基沉降量和沉降随时间发展关系计算	a 或 E_s、C_c、C_e（压缩系数或压缩模量、压缩指数、回弹指数） p_c（先期固结压力）、C_v（固结系数）	*侧限压缩试验（或称固结试验）
用公式确定地基基础承载力，基坑边坡稳定分析和土压力计算	c（黏聚力） φ（内摩擦角）	*三轴剪切试验或直剪试验

(续)

目　的	应用指标	试验项目
基坑降水或排水	k（渗透系数）	*渗透试验
填土质量控制	w_{op}（最优含水量）、ρ_{dmax}（最大干密度）	击实试验

注：*为应该用原状土样的试验项目。

2.4.2　原位试验

原位测试（In-situ test）是指在岩土体原有的位置上，在保持土的天然结构、天然含水量及天然应力状态下测定岩土性质。

原位测试在方法上弥补了室内试验的固有弱点。它可不经钻探取样，直接测定岩土的力学性质，因而比室内土工试验更能真实地反映岩土的天然结构及天然应力状态下的特性。因原位测试可在较大范围内测试岩土体，故测试结果远较土样试验更具代表性，此外可在现场重复进行验证。

原位测试与室内试验相比也有不足之处。如不能根据研究分析的需要灵活地改变应力条件以测定土的力学性质，并由于试验深度受到限制，原位测试的手段对于在深层进行工作的能力是极其有限的。

近十几年来，原位试验技术和应用范围均有很大的发展。前面阐述的触探试验也算是原位试验，不过它所测定的不是土的某种物理、力学性质指标，必须借助于某种经验关系或相关关系才能得到所需的结果。直接测定原位土的物理、力学性质指标，常用的有平板载荷试验、旁压试验、十字板剪切试验、大型直剪试验、压水和注水试验等。

2.4.3　平板载荷试验

平板载荷试验（PLT——Plate load test）是一种模拟实体基础承受荷载的原位试验，用以测定地基岩土体的变形模量、地基承载力及估算建筑物的沉降量等。工程中常认为这是一种能够提供较为可靠成果的试验方法，所以对于重要建筑物地基或复杂地基，特别是碰到松散砂土或高灵敏度软黏土，取原状土样很困难时，均要求进行这种试验。

进行平板载荷试验要在建筑场地选择适当的地点挖坑到要求的深度，在试验岩土体上放置一圆形或方形的承压板，试验时对其逐级加载，测量每级荷载 p 所产生的沉降 s，得到 p-s 曲线，直至出现下列现象之一时即认为地基破坏，可以终止试验。

1）荷载板周围的土有明显侧向挤出。
2）沉降 s 急剧增加；荷载-沉降（p-s）曲线出现陡降。
3）在某一级荷载下，24h 内，沉降速率不能达到稳定。

如果没有出现上述现象，地基仍可继续承载，但当沉降量 s 与荷载板宽度 b（或直径 d）之比 $s/b \geq 0.06$ 时，也可终止试验。

为了便于逐级加载，并计量荷载的大小，一般通过千斤顶给荷载板加载，千斤顶的反力可通过其上方枕木上的压重、横梁两端锚碇桩的锚固力或斜撑等方法来提供（见图 2-7）。

根据每级荷载 p 所对应的沉降量 s，绘制 p-s 曲线，如图 2-7c 所示。曲线的前段 Oa 接近于直线，表明在该阶段地基处于线性变形阶段，没有发生局部塑性破坏。相应的荷载 p_{cr}

称为临塑荷载或比例界限。地基出现破坏的前一级荷载称为极限荷载p_u。

从 p-s 曲线可以用下式求土的变形模量

$$E = \frac{pb(1-\mu^2)}{s}I \qquad (2-6)$$

式中 p——在 p-s 曲线直线段 Oa 上，相应于沉降为 s 时所对应的板底压力（kPa）；

b——荷载板宽度（m）；

μ——土的泊松比（对于饱和土 $\mu=0.50$）；

I——反映荷载板形状和刚度的系数，对刚性方形荷载板，可取 $I=0.88$。

利用平板载荷试验的结果确定地基的承载能力时，可根据 p-s 曲线的特征，按如下标准选用：

1) 当 p-s 曲线有明显直线段时，取直线段的比例界限 p_{cr} 作为地基的承载力基本值 f_0。

2) 当从 p-s 曲线上能够确定极限荷载 p_u，且 p_u 小于 p_{cr} 的 2.0 倍时，采用 p_u 除以安全系数 F_s 作为承载力基本值，F_s 一般可取 2。

3) 当无法采用上述两种标准时，若压板面积为 $0.25 \sim 0.5 m^2$，对于低压缩性土和砂土，可取 $s/b=0.01 \sim 0.015$ 所对应的荷载值作为地基承载力的基本值；对于中高压缩性土，则取 $s/b=0.02$ 所对应的荷载值，作为地基承载力的基本值。

通常要求同一土层必须做 3 个以上的现场平板载荷试验。当试验实测值的极差不超过平均值的 30% 时，取其平均值作为承载力的特征值 f_{ak}。

2.4.4 旁压试验

平板载荷试验的试坑深度等于基础埋深，如果基础埋深很大，则试坑开挖很深，工程量太大，不适用；若地下水位较浅，基础埋深在地下水位以下，则平板载荷试验无法使用。在这类情况下，可使用旁压试验。

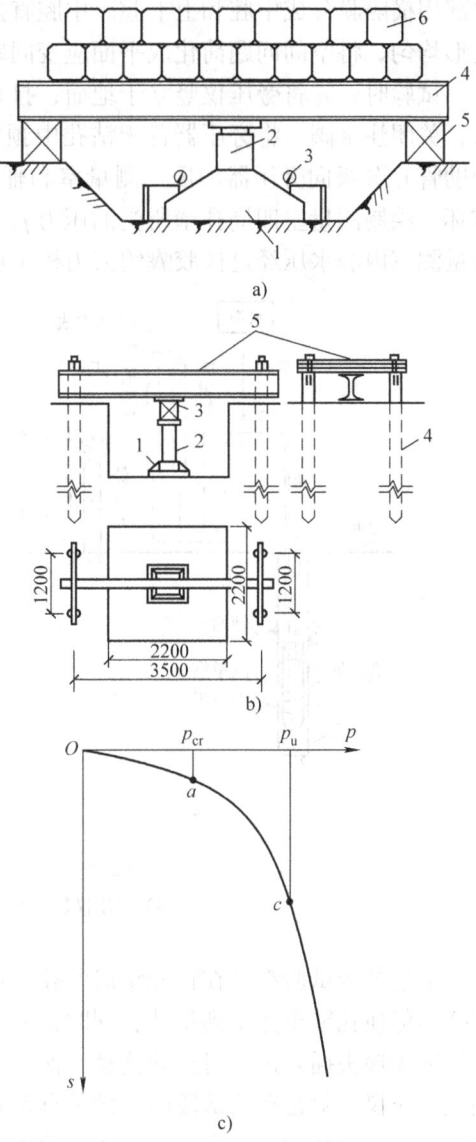

图 2-7 平板载荷试验
a) 压重提供反力的平板载荷试验
1—荷载板 2—千斤顶 3—百分表 4—平台
5—枕木 6—堆重
b) 锚碇木桩提供反力的平板载荷试验
1—荷载板 2—支柱 3—千斤顶
4—锚碇木桩 5—承载横梁
c) p-s 曲线

旁压试验 PMT（Pressmeter test）又称为横压试验，是在钻孔内通过圆柱状旁压器对孔壁施加均匀横向压力，使孔壁土体发生径向变形直至破坏，从而测定较深处土层的变形模量和承载力。

旁压试验所用仪器旁压仪由旁压器、充水系统、加压系统和变形量测系统四部分组成，系统简图如图 2-8a 所示。旁压器是旁压仪的主要部分。它是外径为 56mm 的圆柱形橡胶囊，内部用横隔膜分成中腔和上下腔。中腔直接用以量测，称为量测室；上下腔用以保持中腔的变形均匀，将空间问题简化成平面应变问题，称为辅助室。

试验时，先将旁压仪竖立于地面，打开充水系统的注水阀，向旁压器及管路充水。充满后，关闭注水阀。将旁压器置于钻孔中预定的测试位置。利用加压系统，经测量管（包括辅助管）分级向旁压器加压，测量室和辅助室因内部水压升高而体积膨胀，直至四周土体破坏。绘制测量室四周孔壁所受的压力 p_h 与量测室体积 V 的变化曲线，如图 2-8b 所示。p_h 是量测室内静水压经过橡胶囊约束力校正后的孔壁实际压力。

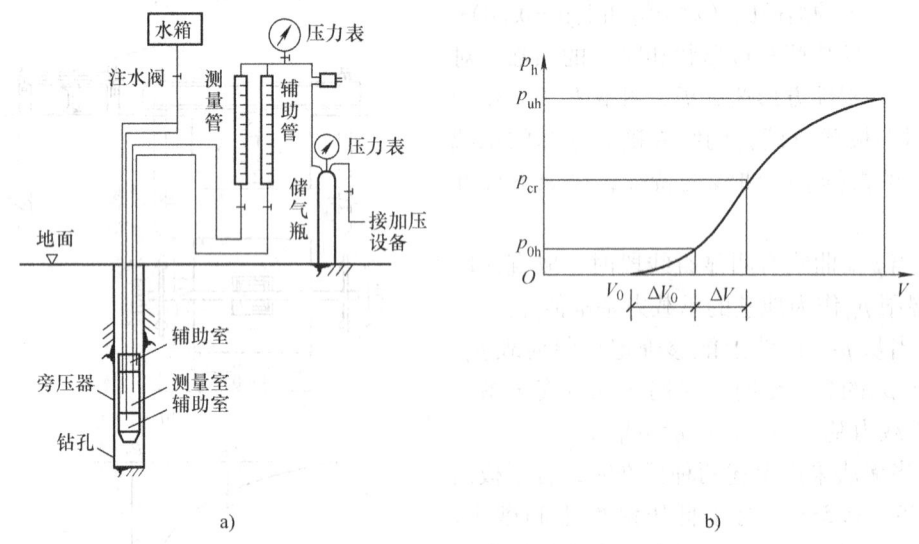

图 2-8 旁压试验装置简图及试验曲线
a）旁压仪装置简图 b）旁压试验的 V-p_h 曲线

上述旁压试验都是在预先钻成的孔内进行的，这类旁压仪称为预钻式旁压仪。实际上，钻孔不但使孔壁土体受到扰动，同时也改变了孔壁土体的应力状态，使旁压试验结果失真。为了减少探头插入过程对土的扰动，保持土体的天然应力状态，20 世纪 70 年代又发展了自钻式旁压仪，就是在测试段的下部带有钻孔切削和冲洗设备，可以自行钻到试验部位，还可以测定土中的孔隙水压力，使旁压试验更趋完善。

2.4.5 十字板剪切试验

现场十字板剪切试验（VST——Vane shear test）是快速测定饱和软黏土不排水抗剪强度的一种简易而可靠的方法。仪器主要由十字板和加载剪切装置及测力装置所组成，如图 2-9 所示。十字板头的常用尺寸见表 2-15，在软黏土中选用 75mm×100mm 或 75mm×120mm 的板头，在较硬的土中则选用 50mm×100mm 的板头较为合适。

十字板剪切试验在钻孔中进行。通过钻杆将十字板头插入拟测试的土层中预定深度处，然后由安放在地面上的加力装置对钻杆施加扭矩，使板头等速扭转，一般要求在 3~10min 内剪损。测得剪损的峰值扭矩 M_{max}，再用下式计算土的不排水抗剪强度 τ_f

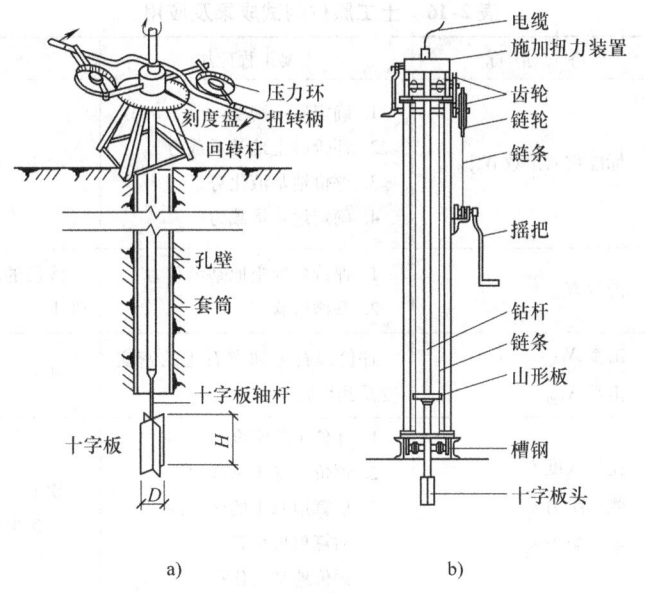

图 2-9 十字板剪切试验装置
a) 简易式 b) 电测式

表 2-15 常用十字板头尺寸

直径/mm	高度/mm	板厚/mm
50	100	2~3
75	100	2~3
75	120	2~3

$$\tau_f = \frac{M_{max}}{\frac{\pi D^2}{2}\left(\frac{D}{3}+H\right)} \tag{2-7}$$

式中 D——十字板的直径（mm）；
H——十字板的高度（mm）。

2.4.6 大型直剪试验

大型直剪试验的原理与室内直剪试验完全相同，差别是利用原位土体进行大尺寸的剪切试验，使试验结果更符合实际情况。此外，还可以用以测定岩体结构面的抗剪强度和岩土与混凝土面的抗剪强度。

原位测试在方法上弥补了室内试验的固有弱点，更能真实反映岩土的天然结构及天然应力状态下的特性。由于它所测试的是较大范围的岩土体，故测试结果远较室内试验的土样更有代表性；此外，可以在现场进行重复验证，并可缩短试验的周期，所以在工程中得到日益广泛的应用。表 2-16 归纳了上述几种原位测试方法所测定的特征指标和工程上用以解决的问题。

表 2-16 土工原位测试成果及应用

测试方法	特征指标	主要工程应用	适用土类
标准贯入试验	标准贯入击数 $N_{63.5}$	1. 确定砂土密度 2. 评价砂土地基承载力 3. 评价地基液化势 4. 确定地基承载力	砂土、粉土、一般黏性土
轻型动力触探试验	击数 N_{10}	1. 评价黏性土地基承载力 2. 基槽检验	浅层的填土、砂土、粉土和黏性土
重型触探试验 特重型触探试验	击数 $N_{63.5}$ 击数 N_{120}	评价碎石土和卵石土的密实度及其承载力	砂土、碎石土、极软岩和软岩
静力触探 单桥探头 双桥探头	比贯入度 P_s 侧壁阻力 q_s 锥底阻力 q_p	1. 评价土的密度 2. 评价地基承载力 3. 估算地基土的压缩性 4. 估算单桩承载力 5. 评价地基液化势	软土、一般黏性土、粉土、砂土、含少量碎石的土
平板载荷试验	变形模量 E 比例界限 p_{cr} 极限荷载 p_u	1. 地基变形计算 2. 评价地基承载力 3. 推算砂土地基沉降量	各种土和软质岩
旁压试验	横向模量 E 横向比例界限 p_{cr} 横向极限荷载 p_u	1. 地基变形计算 2. 评价地基承载力	各种土和软质岩
十字板剪切试验	不排水强度	1. 不排水强度 2. 评价地基承载力 3. 求地基土灵敏度	饱和软黏性土
大型直剪试验	岩土的抗剪强度指标 c、φ 接触面摩擦系数 f	1. 评价地基承载力 2. 评价地基稳定性	粗粒土及含大量粗颗粒的土、软质岩

2.5 地基勘探报告

在工程地质测绘、现场调查、勘探和室内外试验等基础上，经过对资料的综合分析、统计计算和编绘图件，最终可提供地基勘探报告。

岩土工程勘察报告应根据任务要求、勘察阶段、工程特点和地质条件等具体情况编写，并应包括下列内容：

1）勘察目的、任务要求和依据的技术标准。
2）拟建工程的概况。
3）勘察方法和勘察工作布置。
4）场地地形、地貌，地层、地质构造，岩土性质及其均匀性
5）各项岩土性质指标，岩土的强度参数、变形参数、地基承载力建议值。

6) 地下水的埋藏情况、类型、水位变化幅度及规律。
7) 土和水对建筑材料的腐蚀性。
8) 场地稳定性和建筑适宜性的评价。
9) 不良地质现象的整治措施。
10) 地基方案的论证和对设计、施工的建议。

报告应附有必要的图件,包括:
1) 勘探点的平面布置图。
2) 钻孔(探坑和探井)柱状图。
3) 工程地质剖面图。
4) 原位测试成果图表。
5) 室内试验成果图表。
6) 其他必要的专门图件和计算分析图表。

当需要时,尚可附综合工程地质图、综合地质柱状图、地下水等位线图、素描、照片、综合分析图表以及岩土利用、整治和改造方案的有关图表、岩土工程计算简图及计算成果表等。

岩土工程勘察报告应对岩土利用、整治和改造的方案进行论证,并提出建议;对工程施工和使用期间可能发生的岩土工程问题进行预测,提出监控和预防措施的建议;对岩土的利用、整治和改造的建议,宜进行不同方案的技术经济论证,并提出对设计、施工和现场监测要求的建议。

思 考 题

2-1 简述地基勘察有哪几个阶段。
2-2 简述地基勘察与地基勘探的关系。
2-3 简述标准贯入试验及其技术要点。
2-4 平板载荷试验和旁压试验有何异同?
2-5 现场原位试验有哪些?各自的用途是什么?
2-6 地基勘察报告主要包括哪些内容?

第 3 章　天然地基上浅基础的常规设计

【本章提要】
主要介绍了地基基础的设计原则和计算的一般规定，各类浅基础的构造特点和适用条件；地基承载力的确定方法；按地基承载力确定基础底面积的方法及软弱下卧层承载力的验算；建筑物对地基变形的控制要求；刚性基础和扩展基础的构造要求、设计内容和计算方法。

【本章重点】
浅基础埋深确定；地基承载力确定；基础底面积的计（验）算；刚性基础和扩展基础的设计。

3.1　概述

在建筑物的设计和施工中，地基和基础占有很重要的地位，它对建筑物的安全使用和工程造价有着很大的影响，因此，正确选择地基基础的类型十分重要。地基基础设计必须根据建（构）筑物的用途和安全等级、建筑布置和上部结构类型，充分考虑场地和地基的工程条件，结合施工条件和环境保护等要求，合理选择地基基础方案，因地制宜，精心设计，力求基础工程安全可靠、经济合理和施工方便，以确保建（构）筑物的安全和正常使用。

建（构）筑物的安全和正常使用，不仅取决于上部结构的安全储备，还要求地基基础有一定的安全度。因为地基基础是隐蔽工程，所以不论是地基或基础哪一方面出现问题或发生破坏，都很难修复。因此，地基基础设计在建（构）筑物设计中举足轻重。

3.1.1　地基基础的设计方法

随着建筑科学技术的发展，地基基础的设计方法也在不断改进。

1. 允许承载力设计方法

建筑物荷载通过基础传递到地基上，作用在基础底面单位面积上的压力称为基底压力。设计中要求基底压力不能超过地基的极限承载力，而且要有足够的安全度；同时地基变形不能超过建筑物的允许变形值。满足这两项要求，地基单位面积上所能承受的最大压力就称为地基允许承载力。

最早的地基允许承载力是根据工程师的经验或建设者参考建筑场地附近的建筑物的地基承载状况确定的。随着建筑工程的发展，人们不断总结允许承载力与地基土的性状的关系，通过长期经验积累，用规范的形式给出地基允许承载力与土的种类及其某些物理性质指标（如孔隙比、液性指数等）或者原位测试指标（如标准贯入试验等）的关系。有了地基的允许承载力，地基基础设计就很容易进行了。这种完全按经验的设计方法，安全度有多大，不得而知。

2. 极限状态设计方法

允许承载力是一种比较原始的设计方法。随着建筑业的发展,特别是高层、重型建筑的发展,结构不断更新、体型日益复杂。新型结构和复杂体型对沉降和不均匀沉降更为敏感。从以往一些简单的建筑物总结出的地基允许承载力对新型建筑物未必仍能保证其安全使用。因此,对复杂一些的建筑物往往还要单独进行地基变形验算。这样,允许承载力就失去了它原来的意义。实际上,地基稳定和变形允许是对地基的两种不同的要求,要充分发挥地基的承载作用,并不能简单地用一个允许承载力来概括。更好的做法应该是分别验算,了解控制因素,对薄弱环节采取必要的工程措施,才能真正充分发挥地基承载能力,在保证安全可靠的前提下达到最为经济的目的,这也是极限状态设计方法的本质。按极限状态设计方法,地基必须满足如下两种极限状态的要求。

(1) 承载能力极限状态(或稳定极限状态) 承载能力极限状态就是让地基最大限度发挥承载能力,荷载超过此种限度,地基即发生强度破坏而丧失稳定性或发生其他任何形式的危及人们安全的破坏。

$$p \leqslant \frac{p_u}{F_s} \tag{3-1}$$

式中 p_u——地基的极限承载力,或称为极限荷载;
F_s——安全系数。

(2) 正常使用极限状态(或变形极限状态) 正常使用极限状态就是地基受载后的变形小于建筑物地基变形允许值,可表达为

$$s \leqslant [s] \tag{3-2}$$

式中 s——地基的变形;
$[s]$——地基的允许变形值。

用这种设计方法,地基的安全程度都是用单一的安全系数表示,为了与后面第三种方法相区别,也称为单一安全系数的极限状态设计方法。

3. 可靠度设计方法

可靠度设计方法也称以概率理论为基础的极限状态设计方法。

前面所讲的两种方法,都是把荷载和抗力当成一个确定的量,当然,衡量建筑物安全度的安全系数也是一个确定的值。但无论是荷载或者抗力,实际上都有很大的不确定性,很难确定其准确的数值。另外,工程上对安全系数数值的确定,仅仅是根据以往的工程经验,比较粗略,而且不同方法之间要求也不尽相同。所以用确定数量的荷载和抗力以单一的安全系数所表征的设计方法尚有不科学之处,于是可靠度分析方法就逐渐发展起来。

结构可靠度设计方法已经成为一种工程设计的实用方法。《建筑结构可靠度设计统一标准》规定,制定建筑结构荷载规范及钢结构、薄壁型钢结构、混凝土结构、砌体结构、木结构等设计规范均应遵守该标准的规定,说明可靠度设计已经成为我国建筑结构设计的统一依据。

岩土由于是自然界漫长地质年代中天然形成的产物,性质复杂多变,所以岩土的抗力,无论是强度指标还是变形指标,系统的统计资料尚少,短期内完全应用可靠度设计有一定困难。我国《建筑地基基础设计规范》则属于遵循可靠度设计原则的同时,保留自身特点的方法。

3.1.2 地基基础的设计原则及基本规定

基础工程设计的目的是确定一个安全、经济和可行的地基与基础,保证上部结构物的安

全和正常使用，因此，地基基础设计计算的原则是：
1）地基设计应有足够的强度，满足地基承载力的要求。
2）地基的变形满足建筑物正常使用的允许要求。
3）基础本身有足够的强度、刚度和耐久性。
4）地基与基础的整体稳定性有足够保证。
5）在灾害荷载作用（地震、风荷载）时，经济损失最小。

根据地基基础设计的复杂性和技术难度，考虑建筑物的性质、规模、高度和体型，对地基变形的要求，场地和地基条件的复杂程度，以及地基问题对建筑物的安全和正常使用可能造成的影响程度，将地基基础设计划分为三个等级，见表3-1。

表3-1 地基基础设计等级

设计等级	建筑和地基类型
甲级	重要的工业与民用建筑物 30层以上的高层建筑 体型复杂，层数相差超过10层的高低层连成一体的建筑物 大面积的多层地下建筑物（如地下车库、商场、运动场等） 对地基变形有特殊要求的建筑物 复杂地质条件下的坡上建筑物（包括高边坡） 对原有工程影响较大的新建建筑物 场地和地基条件复杂的一般建筑物 位于复杂地质条件及软土地区的二层及二层以上地下室的基坑工程 开挖深度大于15m的基坑工程 周边环境条件复杂、环境保护要求高的基坑工程
乙级	除甲级、丙级以外的工业与民用建筑物 除甲级、丙级以外的基坑工程
丙级	场地和地基条件简单、荷载分布均匀的七层及七层以下民用建筑及一般工业建筑物，次要的轻型建筑物 非软土地区且场地地质条件简单、基坑周边环境条件简单、环境保护要求不高且开挖深度小于5m的基坑工程

对不同等级的设计要求和设计方法有不同的规定。
1）所有建筑物的地基计算均应满足承载力计算的有关规定。
2）设计等级为甲级、乙级的建筑物，应按地基变形设计。
3）设计等级为丙级的建筑物有下列情况之一时应进行变形验算：
① 地基承载力特征值小于130kPa，且体型复杂的建筑。
② 在基础上及其附近有地面堆载或相邻基础荷载差异较大，可能引起地基产生过大的不均匀沉降时。
③ 软弱地基上的建筑物存在偏心荷载时。
④ 相邻建筑距离近，可能发生倾斜时。
⑤ 地基内有厚度较大或厚薄不均的填土，其自重固结未完成时。

4）对经常受水平荷载作用的高层建筑、高耸结构和挡土墙等，以及建造在斜坡上或边坡附近的建筑物和构筑物，尚应验算其稳定性。

5）基坑工程应进行稳定性验算。

6）建筑地下室和地下构筑物存在上浮问题时，尚应进行抗浮验算。

3.1.3 地基基础设计的荷载取值规定

建筑地基基础设计时，所采用的作用效应与相应的抗力限值按如下规定确定：

1）按地基承载力确定基础底面积及埋深或单桩承载力确定桩数时，传至基础或承台底面上的作用效应应按正常使用极限状态下作用的标准组合；相应的抗力应采用地基承载力特征值或单桩承载力特征值。

2）计算地基变形时，传至基础底面上的作用效应应按正常使用极限状态下作用的准永久组合，不应计入风荷载和地震作用；相应的限值应为地基变形允许值。

3）计算挡土墙、地基或斜坡稳定及基础抗浮稳定时，作用效应应按承载能力极限状态下作用的基本组合，但其分项系数均为1.0。

4）在确定基础或桩基承台高度、支挡结构截面、计算基础或支挡结构内力、确定配筋和验算材料强度时，上部结构传来的作用效应组合和相应的基底反力、挡土墙土压力及滑坡推力，应按承载能力极限状态下作用的基本组合，采用相应的分项系数；当需要验算基础裂缝宽度时，应按正常使用极限状态作用的标准组合。

5）基础设计安全等级、结构设计使用年限、结构重要性系数应按有关规范的规定采用，但结构重要性系数不应小于1.0。

3.1.4 地基基础设计的内容

地基基础设计，总是从选择方案开始。而方案的选择要从地基条件、上部结构类型、荷载情况、使用要求、施工期限、材料供应和施工力量加以综合考虑，并根据技术、经济指标及施工条件等因素来进行比较，从中确定最合理的方案。

（1）地基基础设计所需资料

1）建筑物场地的地形图及建筑平面图。

2）拟建范围的工程地质资料。

3）拟建建筑物的平、立、剖面图，作用于基础上的荷载，设备基础资料和各种管道布置图。

4）材料供应情况、施工技术和设备力量。

（2）天然地基上浅基础的设计内容和步骤

1）阅读和分析建筑物场地的地质勘察资料和建筑物的设计资料，进行相应的现场勘察和调查。

2）选择基础材料和结构类型，确定平面布置。

3）选择持力层，决定合适的基础埋置深度。

4）确定地基承载力和作用在基础上的荷载组合，计算基础的初步尺寸。

5）根据地基基础设计等级进行必要的地基计算，包括地基持力层和软弱下卧层（如果存在）的承载力验算，按规定需要进行的变形验算、稳定性验算（对水平荷载为主的建筑物地基），对地下水埋藏较浅，地下室或地下构筑物存在上浮问题时尚应进行抗浮验算，根据验算结果，必要时修改基础尺寸甚至埋置深度。

6）进行基础的结构和构造设计。
7）绘制基础的设计图和施工图。
8）编制工程预算书和工程设计说明书。

3.2 浅基础类型

天然地基上的浅基础，根据基础的形状和大小可分为独立基础、条形基础、十字交叉基础、筏形基础、箱形基础等。根据所用材料的性能可分为刚性基础和柔性基础（见图3-1）。下面按照基础受力特点和基础的平面形状阐述常见的浅基础类型。

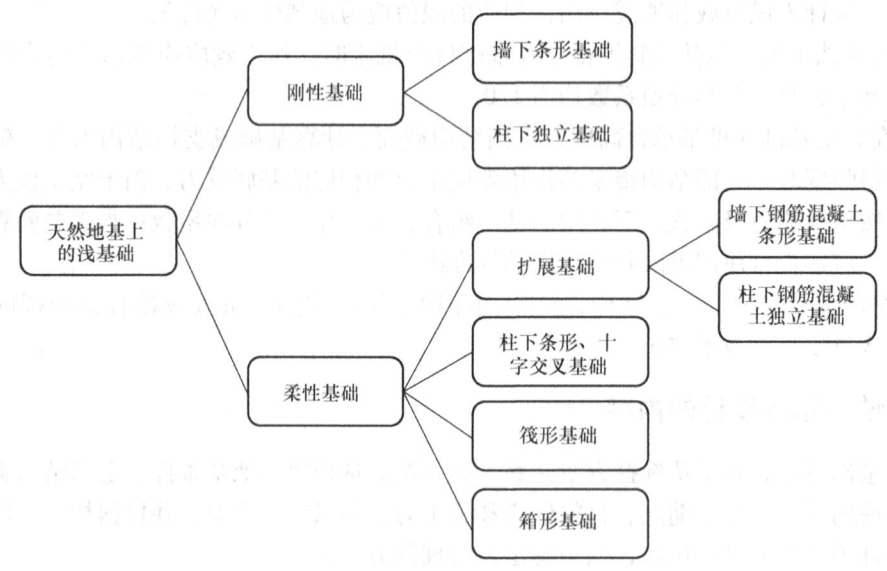

图 3-1 天然地基上的浅基础分类图

3.2.1 刚性基础

刚性基础通常由砖、块石、毛石、混凝土、毛石混凝土、灰土和三合土等材料建造，且不需要配置钢筋，也称为无筋扩展基础。这些材料有较好的抗压性能，但抗拉、抗剪强度不高，设计时要求限制基础的扩展宽度和基础高度的比值，以避免基础内的拉应力和剪应力超过其材料强度。相对而言，基础的相对高度一般都比较大，几乎不发生弯曲变形。

刚性基础可用于六层和六层以下（三合土基础不宜超过四层）的民用建筑和砌体承重的厂房。无筋扩展基础包括墙下无筋扩展基础或柱下无筋扩展基础，如图3-2所示。设计时基底面积按照地基承载力和基础所受荷载确定，基础高度按照宽高比要求和墙或柱的尺寸确定。

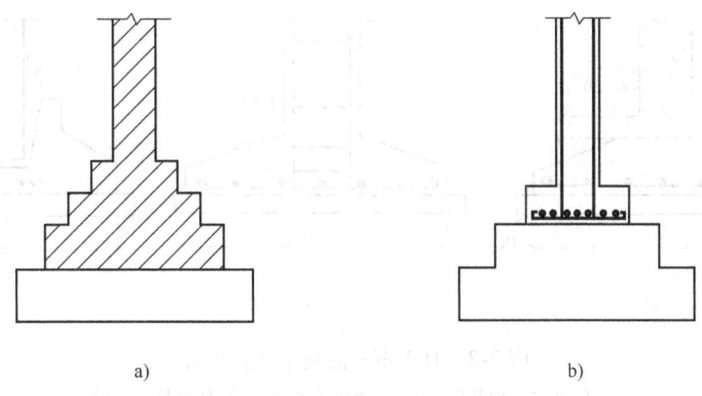

图 3-2 刚性基础（无筋扩展基础）
a）墙下刚性基础 b）柱下刚性基础

3.2.2 扩展基础

当基础所受荷载较大，按地基承载力确定的基础底面尺寸也将扩大，为了满足刚性基础宽高比的要求，相应的基础高度较大，因而基础埋深也较大，往往给施工带来不便，此时，往往需采用扩展基础。扩展基础包括墙下钢筋混凝土条形基础和柱下钢筋混凝土独立基础。这类基础的抗弯和抗剪性能好，可在竖向荷载较大、地基承载力不高以及承受水平力和力矩荷载等情况下使用。由于这类基础的高度不受台阶宽高比的限制，故适宜于需要"宽基浅埋"的场合。例如：当软土地基的表层具有一定厚度的"硬壳层"，并拟利用该层作为持力层时，便可考虑采用这类基础形式。由于扩展基础是钢筋受拉、混凝土受压的结构，即当考虑地基与基础相互作用时，将考虑基础的挠曲变形，因此，相对于刚性基础而言，称扩展基础为柔性基础。

1. 柱下钢筋混凝土独立基础

柱下独立基础也称柱下单独基础。通常框架结构的柱基及高炉、烟囱、水塔的基础都是单独基础（见图 3-3）。柱下独立基础有现浇台阶形基础、现浇锥形基础和预制柱的杯形基础三种形式。现浇台阶形基础的每阶高度宜在 300~500mm。现浇锥形基础的边缘高度不宜小于 200mm。采用装配式钢筋混凝土柱，在现浇基础时应预留安放柱子的孔洞，柱子放入孔洞后，在柱子周围用细石混凝土浇筑。

设计时需要按照基础混凝土的抗冲击承载力验算基础的高度，按照抗弯验算确定基础底板的双向配筋（均为受力钢筋）。

2. 墙下钢筋混凝土条形基础

墙下钢筋混凝土条形基础根据横断面受力条件分为不带肋（见图 3-4a）和带肋（见图 3-4b）两种，其设计属于平面应变问题，只需考虑基础横向受力可能发生的破坏，即基础的高度由横断面混凝土的抗剪切条件来确定，横断面抗弯计算确定基础横向受力钢筋，基础的纵向配置分布钢筋。柱下钢筋混凝土条形基础也可以沿建筑物纵横墙下同时布置，形成墙下十字交叉形扩展基础。

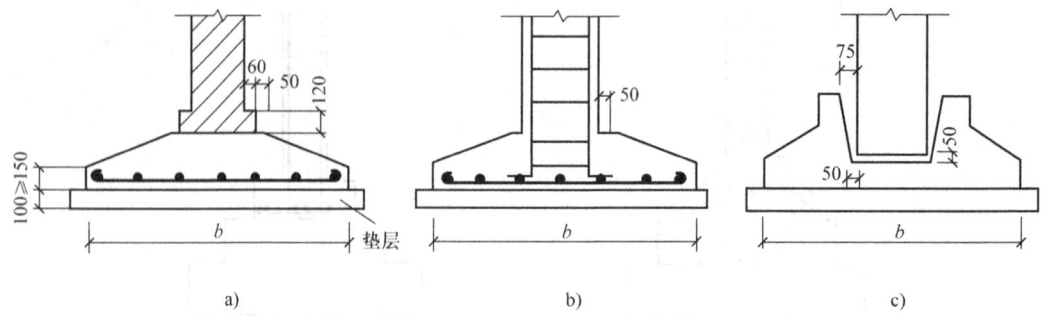

图 3-3 柱下钢筋混凝土独立基础
a）柱下台阶形基础 b）柱下锥形基础 c）柱下杯形基础

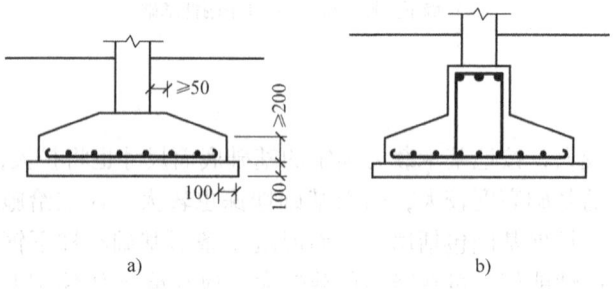

图 3-4 墙下钢筋混凝土条形基础
a）无肋的 b）有肋的

3.2.3 柱下钢筋混凝土条形和柱下十字交叉基础

柱的荷载过大，地基承载力不足时，将柱下钢筋混凝土独立基础底面连接，形成柱下条形基础来承受一列柱的总荷载（见图3-5）。与墙下钢筋混凝土条形基础相比，柱下钢筋混凝土条形基础除了需要考虑基础横断面的受力外，还需要考虑基础纵向的受力问题。

如果采用柱下条形基础仍不能满足要求，可进一步增大基底面积，将基础的横向和纵向两个方向都做成条形基础，这种基础称之为十字交叉基础（见图3-6）。

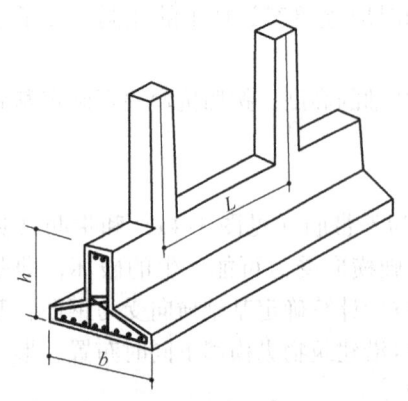

图 3-5 柱下钢筋混凝土条形基础

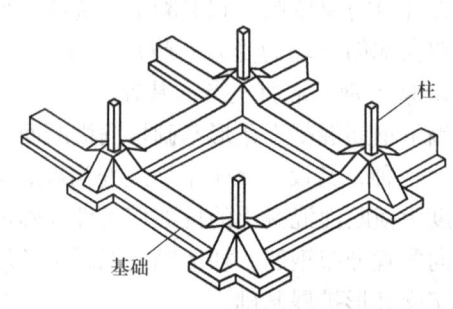

图 3-6 柱下十字交叉基础

3.2.4 筏形基础

当柱子或墙传来的荷载很大，地基土较软弱，用单独基础或条形基础都不能满足地基承载力的要求时，或者地下水位常年在地下室的地坪之上，为了防止地下水渗入室内时，往往需要把整个房屋底面（或地下室部分）做成一片连续的钢筋混凝土板，作为房屋的基础。这种用钢筋混凝土做成的连续整片基础就称为筏形基础（见图 3-7）。

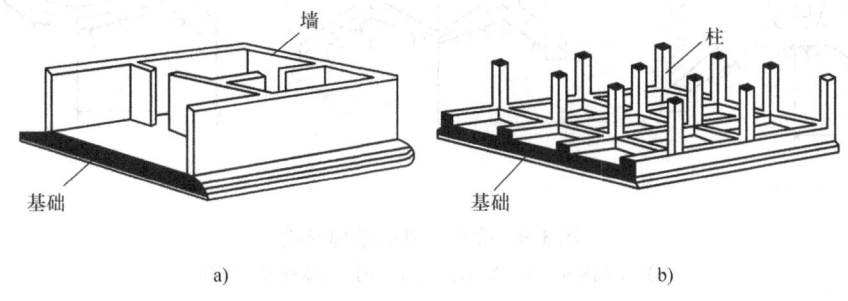

图 3-7　筏形基础
a）平板式　b）梁板式

3.2.5 箱形基础

箱形基础是由钢筋混凝土底板、顶板和内外纵横墙体组成的格式空间结构。其埋深大、整体刚度好。由于箱形基础刚度很大，在荷载作用下，建筑物仅发生大致均匀的沉降与不大的整体倾斜。箱形基础是高层建筑人防工程的基础形式，如图 3-8 所示。

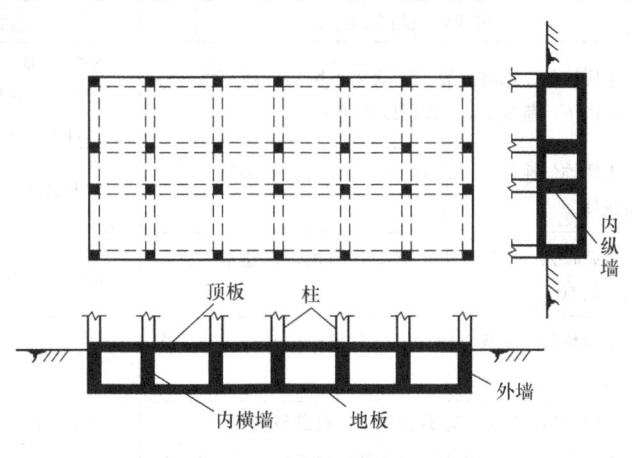

图 3-8　箱形基础

3.2.6 壳体基础

为了改善基础的受力性能，基础的形状可以不做成台阶状，而做成各种形式的壳体，称为壳体基础（见图 3-9）。高耸建筑物，如烟囱、水塔、电视塔等基础常做成壳体基础。

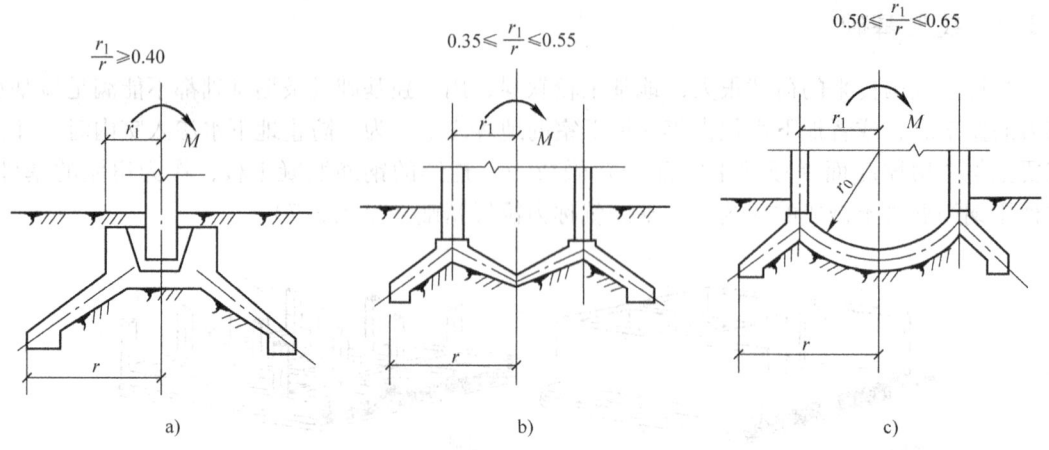

图 3-9 壳体基础的结构形式
a) 正圆锥壳 b) M 形组合壳 c) 内球外锥组合壳

3.2.7 基础方案的选用

基础设计时，一般根据上部结构是墙承重还是柱承重，遵循刚性基础（墙下、柱下）→扩展基础（柱下独立基础、墙下条形→墙下十字形）→柱下条形基础→柱下十字交叉基础→筏形基础（墙下、柱下）→箱形基础（墙下、柱下）的顺序来选择浅基础形式。只有上述选择均不合适时，才考虑采用桩基等深基础形式。表 3-2 给出了几种浅基础类型的选择条件。

表 3-2 各种浅基础类型的选择

结构类型	岩土性质与荷载条件	适宜的基础类型
多层砖混结构	土质均匀，承载力高，无软弱下卧层，地下水位在基础以下，荷载不大（6 层以下建筑）	刚性基础（墙下）；砖基础（5 层及以下建筑）；三合土基础（适用 4 层以下建筑）
	土质均匀性差，承载力较低，有软弱下卧层，基础需浅埋	扩展基础（墙下条形→墙下十字形）
	荷载较大，采用墙下扩展基础面积超过建筑物投影面积的 50%	筏形基础（墙下）
框架结构（无地下室）	土质均匀，承载力较高，荷载相对较小，柱网分布均匀	扩展基础（柱下独立基础）
	土质均匀性较差，承载力较低，荷载较大	柱下条形→柱下十字交叉基础
	土质不均匀，承载力低，荷载大，柱网分布不均匀，采用柱下十字交叉基础面积超过建筑物投影面积的 50%	筏形基础（柱下）
全剪力墙，10 层以上住宅	土质较好，荷载分布均匀	扩展基础（墙下十字形）
	土质一般，荷载分布不太均匀	筏形基础→箱形基础
框架、剪力墙结构（有地下室）	可采用天然地基	筏形基础→箱形基础

3.3 基础埋置深度的确定

基础埋置深度（埋深）一般指设计地面到基础底面的垂直距离。选择合适的基础埋置深度关系到地基的稳定性、施工的难易、工期的长短及造价的高低，是地基基础设计中的重要环节。

在确定基础埋置深度时，必须考虑把基础设置在变形较小、强度较大的持力层上，以保证地基强度满足要求，且不致产生过大的沉降或沉降差。此外还要使基础有足够的埋置深度，以保证基础的稳定性，确保基础的安全。

基础埋深的合理确定必须考虑建筑物条件、基础的形式和构造、作用在地基上的荷载大小和性质、工程地质条件、水文地质条件、地基冻融条件等因素的影响综合确定。

3.3.1 建筑物本身的使用要求、荷载大小及性质

某些建筑物需要具备一定的使用功能或宜采用某种基础形式，这些要求常成为基础埋深选择的先决条件。例如，必须设置地下室或设备层及人防时，通常要首先考虑满足建筑物使用功能上提出的埋深要求。

建筑物外墙会有上、下水，煤气等各种管道穿行，这些管道的标高往往受城市管网的控制，不易改变。应避免这些管道在基础下穿过，影响管道的使用和维修。一般可以在基础上设洞口，且洞口顶面与管道之间要留有足够的净空高度，以防止基础沉降压裂管道，造成事故。当确定冷藏库或高温炉窑基础埋深时，应考虑热传导引起地基土因低温而冻胀或因高温而干缩的不利影响。

当建筑物内采用不同埋深的基础，如单层厂房排架柱基础与临近的设备基础，如果两基础的净距与其底面间的标高差不满足规定要求时，则应按埋深大的基础统一考虑。遇建筑物各部分的使用要求不同或地基土质变化较大，要求同一建筑物各部分基础埋深不同时，应将基础做成台阶形逐步过渡，台阶的宽高比为1:2，每阶高度不超过500mm（见图3-10）。

对于竖向荷载大、地震力和风力等水平荷载作用也大的高层建筑，基础埋深应适当增大，以满足地基承载力、变形和稳定性要求。在抗震设防区，除岩石地基外，天然地基上的箱形和筏形基础的埋置深度不宜小于建筑物高度的1/15；桩箱或桩筏基础的埋深（不计桩长）不宜小于建筑物高度的1/20~1/18。位于岩石地基上的高层建筑，其基础埋深应满足抗滑要求。对于受上拔力的结构基础，应有较大的埋深以满足抗拔要求。

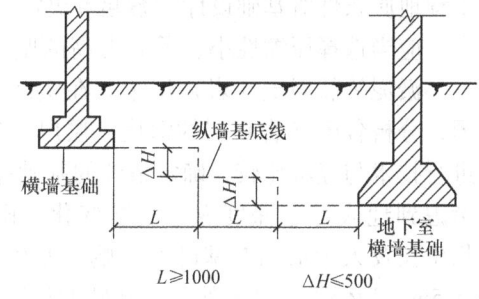

图3-10 建筑物内埋深不同基础间的墙体台阶过渡

3.3.2 场地环境条件

在靠近既有建筑物修建新基础时，为保证相邻的既有建筑物的安全和正常使用，减小对既有建筑物的影响，新建建筑物的基础埋深不宜大于相邻建筑物的埋置深度。当新建建筑物荷重大、楼层高、基础埋深要求大于既有建筑物基础埋深时，为避免新建建筑物对既有建筑

物的影响，设计时应考虑两基础间应保持一定的净距，其数值应根据既有建筑物荷载大小、基础形式、土质情况及结构刚度大小而定，一般可取相邻基础底面高差的 1～2 倍（见图 3-11）。如不能满足这一要求，应采取分期施工，或设临时加固支撑或板桩支撑、设置地下连续墙等措施，或加固既有建筑物地基。

位于稳定土坡坡顶的拟建建筑物，靠近土坡边缘的基础与土坡边缘应具有一定的距离。当垂直于坡顶边缘线的基础底面边长 b 小于或等于 3m 时，其基础底面边缘线至坡顶的水平距离 a（见图 3-12）应符合式（3-3）或式（3-4）的要求，且不得小于 2.5m。如果该距离不满足此要求，应进行地基稳定性验算。

条形基础
$$a \geqslant 3.5b - \frac{d}{\tan\beta} \tag{3-3}$$

矩形基础
$$a \geqslant 2.5b - \frac{d}{\tan\beta} \tag{3-4}$$

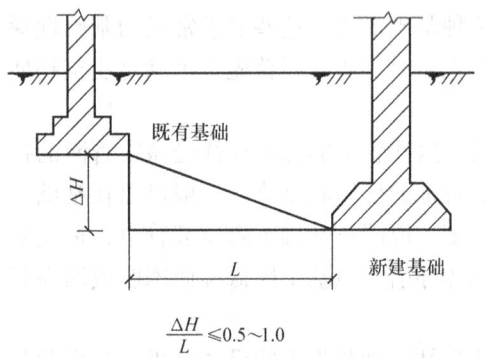

图 3-11 临近既有建筑物的新建基础的埋深

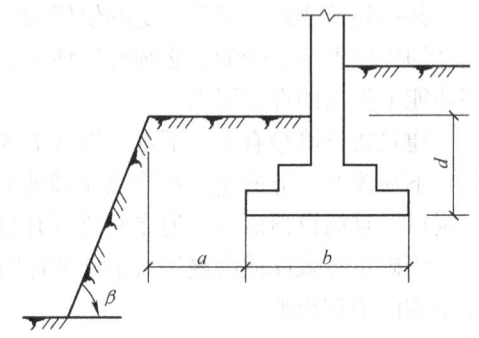

图 3-12 基础底面外边缘线至坡顶的水平距离

3.3.3 工程地质条件

工程地质条件对基础设计方案起着决定性的作用。为了满足建筑物对地基承载力和变形的要求，应当选择压缩性小、承载力高的坚实土（岩）层作为地基持力层，而不要设置在耕植土、淤泥等软弱土（岩）层上。在实际工程中，应根据岩土工程勘察成果报告的地质剖面图，分析各土（岩）层的深度、层厚、地基承载力大小与压缩性高低，结合上部结构情况进行技术与经济比较，确定最佳的基础埋深方案。

考虑到地表一定深度内，气温变化、雨水侵蚀、动植物生长及人为活动对基础的影响，基础埋深不得小于 0.5m；为保护基础不外露，基础大放脚的顶面应低于室外地面至少 0.1m；另外，基础应埋置于持力层面下不少于 0.1m（见图 3-13）。

土质的好坏是相对的，同样的土层，对于轻型的房屋可能满足承载力的要求，适合作为天然地基，但对重型的建筑就可能满足不了承载力的要求而不宜作为天然地基，所以考虑地基的因素时，应该与建造物的性质结合起来。地基因土层好坏不同，大体上可以

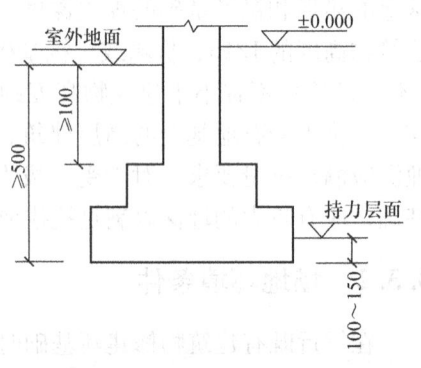

图 3-13 基础的最小埋置深度

分为下列 5 种典型情况。

第一种情况（见图 3-14a）：地基内都是好土（承载力高，分布均匀，且压缩性小），土质对基础埋深影响不大，埋深由其他因素确定。

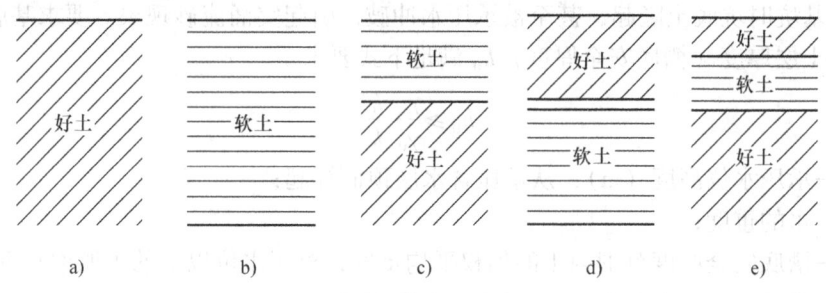

图 3-14 地基土层的组成类型

第二种情况（见图 3-14b）：地基内都是软土，压缩性高，承载力很小，一般不宜作为天然地基上的浅基础。对于低层房屋，如果采用浅基础，则应增加相应的措施，如提高房屋的刚度等。

第三种情况（见图 3-14c）：地基由两层土组成，上层是软土，下层是好土。基础的埋深要根据软土的厚度和建筑物的类型来确定：

1) 软土厚度在 2m 以内时，基础宜埋置到下层的好土上。

2) 软土厚度为 2~5m 时，对于低层轻型的建筑物，可将基础做在软土内，避免大量的开挖土方，但要适当加强上部结构的刚度。对 3~5 层一般混合结构及单层厂房（无起重机设备），以具体情况决定是否以下部土层为持力层。对于重要的建筑物和带有地下室的混合结构，则应将基础做在下面的好土层上。如果地下水位高的话，就应考虑采用桩基。

3) 软土厚度大于 5m 时，对一般荷载不大的 3~5 层以下混合结构、无起重机的单层厂房，以上部土层为持力层，必要时加强上部结构刚度或采用人工地基。对有地下室的房屋及高层建筑，可考虑采用人工地基或桩基，并按软土层具体厚度、施工设备及条件综合考虑。

第四种情况（见图 3-14d）：地基由两层土组成，上层是好土，下层是软土。在这种情况下，应尽可能将基础浅埋，以减少软土层所受的压力。如果好土层很薄，则属于前述第二种情况。

第五种情况（见图 3-14e）：地基由若干层好土和软土交替组成。应当根据各土层的厚度和承载力的大小，参照上述原则选择基础的埋置深度。

覆盖土层较薄（包括风化岩层）的岩石地基，一般应清除覆盖土和风化层后，将基础直接修建在新鲜岩面上；如岩石的风化层很厚，难以全部清除时，基础放在风化层中的埋置深度应根据其风化程度、冲刷深度及相应的承载力特征值来确定；如岩层表面倾斜时，不得将基础的一部分置于岩层上，另一部分置于土层上，以防基础因不均匀沉降而发生倾斜甚至断裂。

3.3.4 水文地质条件

选择基础埋深时应注意地下水的埋藏条件和动态及地表水的情况。当有地下水存在时，基础底面应尽量埋置在地下水位以上，以免施工时排水困难，并可减轻地基的冰冻危害。若基础底面必须埋置在地下水位以下，除应考虑基坑的排水、坑壁围护及保护地基土不受扰动等措施外，还应考虑可能出现的其他施工和设计问题，如出现涌土、流砂现象的可能性，地下水浮托力引起基础底板的内力变化等，并采取相应的措施，保证地基土在施工时不受扰动。当地下水有侵蚀性时，应对基础采取防护措施。

对埋藏有承压含水层的地基，如图3-15所示，选择基础埋深时必须考虑承压水的作用，以免在开挖基坑时坑底土隆起，甚至被承压水冲破，引起突涌流砂现象。要求基底至承压水层顶面间的土层厚度（槽底安全厚度）h_0满足下式要求

$$h_0 \geq \frac{\gamma_w}{\gamma_0} \frac{h}{k}$$

式中　h——承压水位高度（m），从承压含水层顶面算起；

　　　γ_w——水的重度；

　　　γ_0——槽底安全厚度范围内土的加权平均重度，对于水位以下的土取饱和重度；

　　　k——系数，一般取1.0，对于宽基，宜取0.7。

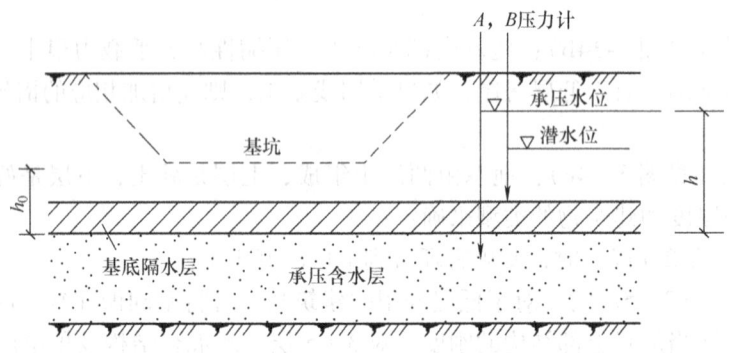

图3-15　基坑下埋藏有承压水的情况

地表流水是影响桥梁墩台基础埋深的因素之一。桥梁墩台的修建，往往使流水面积缩小，流速增加，引起水流冲刷河床，特别是山区和丘陵地区的河流，更应注意考虑季节性洪水的冲刷作用。在有冲刷的河流中，为防止桥梁墩台基础四周及基底的土层被水流掏空，基础必须埋置在设计洪水的最大冲刷线以下一定深度，以保证稳定性。在一般情况下，小桥涵的基础底面应设置在设计洪水冲刷线以下不小于1m。基础的设计冲刷线以下的最小埋置深度不应是一个定值，它与河床地层的抗冲刷能力、计算设计流量的可靠性、选用计算冲刷的方法、桥梁的重要性，以及破坏后修复的难易程度等因素有关。相关内容详见JTG D63—2007《公路桥涵地基与基础设计规范》。

3.3.5　地基冻融条件

1. 地基土的冻胀和融陷

地下一定深度范围内，土层的温度随气候而变化。在寒冷地区，冬季时，上层土中的水因温度降低而冻结。冻结时，土中水体积膨胀，因而整个土层的体积也跟着膨胀，而且冻结的土会产生一种吸力，吸引附近水分渗向冻结区并一起冻结。因此，土冻结后，水分转移，含水量增加，体积膨胀，这种现象称为土的冻胀现象。如果冻土层离地下水位较近，冻结产生的吸力和毛细力吸引地下水，源源不断进入冻土区，形成冰晶体，甚至冰夹层，地面将因土的冻胀而隆起。春季气温回升解冻，冻土层不但体积缩小而且含水量显著增加，强度大幅度下降而产生融陷现象。冻胀和融陷都是不均匀的，如果基底下面有冻土层，就将产生难以

预估的冻胀和融陷变形，影响建筑物的正常使用，甚至导致破坏。

地基土的粒度成分、含水量、地下水位等因素决定了地基土的冻胀性。GB 50007—2011《建筑地基基础设计规范》将地基土按冻胀程度分为不冻胀、弱冻胀、冻胀、强冻胀和特强冻胀共五类，见表3-3。

表3-3 地基土的冻胀性分类

土的名称	冻前天然含水量 $w(\%)$	地下水位距冻结面的距离/m	冻胀等级	冻胀类别
碎（卵）石，砾、粗、中砂（当粒径小于0.075mm颗粒含量大于15%时），细砂（当粒径小于0.075mm含量大于10%时）	$w \leq 12$	>1.0	I	不冻胀
		≤1.0	II	弱冻胀
	$12 < w \leq 18$	>1.0		
		≤1.0	III	冻胀
	$w > 18$	>0.5		
		≤0.5	IV	强冻胀
粉砂	$w \leq 14$	>1.0	I	不冻胀
		≤1.0	II	弱冻胀
	$14 < w \leq 19$	>1.0		
		≤1.0	III	冻胀
	$19 < w \leq 23$	>1.0		
		≤1.0	IV	强冻胀
	$w > 23$	不考虑	V	特强冻胀
粉土	≤ 19	>1.5	I	不冻胀
		≤1.5	II	弱胀冻
	$19 < w \leq 22$	>1.5		
		≤1.5	III	冻胀
	$22 < w \leq 26$	>1.5		
		≤1.5	IV	强冻胀
	$26 < w \leq 30$	>1.5		
		≤1.5		
	$w > 30$	不考虑	V	特强冻胀
黏性土	$w \leq w_P + 2$	>2.0	I	不冻土
		≤2.0	II	弱冻土
	$w_P + 2 < w \leq w_P + 5$	>2.0		
		≤2.0	III	冻胀
	$w_P + 5 < w \leq w_P + 9$	>2.0		
		≤2.0	IV	强冻胀
	$w_P + 9 < w \leq w_P + 15$	>2.0		
		≤2.0		
	$w > w_P + 15$	不考虑	V	特强冻胀

注：1. 碎（卵）石，砾、粗、中砂（粒径小于0.075mm颗粒含量不大于15%），细砂（粒径小于0.075mm的颗粒含量不大于10%）均按不冻胀考虑。
2. 粒径小于0.005mm的颗粒含量大于60%时，为不冻胀土。
3. 碎石类土当填充物大于全部质量的40%时，其冻胀性按填充物土的类别确定。
4. w_P为土的塑限含水量（%），w为冻土层内冻前的天然含水量的平均值。
5. 塑性指数大于22时，冻胀性降低一级。
6. 盐渍化冻土不在本表列。

2. 地基土的冻结深度

地基土的冻结深度主要取决于当地的气象条件，气温越低，低温的持续时间越长，冻结深度就越大。其次，冻结深度还与土的性质以及建筑物所处的环境有关。粗粒土骨架的导热系数比细粒土大，在同样条件下，粗粒土的冻结深度比细粒土大。土中水在冰冻时要放出大量的潜热，含水量越大，冰冻时参与变相的水分越多，释放的潜热越大，故冻结的深度越浅。此外，城市高楼密集，吸收很多热量；工业设施、交通车辆和人类活动都要排放很多热量，导致气温升高，称为"热岛效应"。这些都会对冰冻深度有所影响。

常年不融化的冻土称为永久冻土。随着季节变化而冰冻、融化相互交替变化的冻土称为季节性冻土。季节性冻土地基设计时，设计冻结深度应按下式计算

$$z_d = z_0 \psi_{zs} \psi_{zw} \psi_{ze} \tag{3-5}$$

式中 z_0——标准冻结深度（m），采用在地表平坦、裸露、城市之外的空旷场地中，不少于10年实测最大冻结深度的平均值，按规范中"中国季节性冻土标准冻深线图"采用；

ψ_{zs}——土的类别对冻深的影响系数，黏性土取1.0，细砂、粉砂、粉土取1.2，中、粗、砾砂取1.3，碎石土取1.4；

ψ_{zw}——土的冻胀性对冻深的影响系数，不冻胀取1.0，弱冻胀取0.95，冻胀取0.9，强冻胀取0.85，特强冻胀取0.8；

ψ_{ze}——环境对冻深的影响系数，村、镇、旷野取1.0，城市近郊取0.95，城市市区取0.90。

3. 季节性冻土地区基础的最小埋置深度

在季节性冻土地区，如果基础埋置深度太浅，基底下存在较厚的冻胀性土层，可能因为土的冻融变形，导致建筑物开裂甚至不能正常使用。因此，在选择基础埋深时，必须考虑冻结深度的影响。当然，如果以设计冻结深度作为基础的埋置深度，则可以免除土的冻胀对建筑物的影响。不过，在北方严寒地区，冻结深度很大，按这一要求，基础都要埋置很深。实际上基底以下保留有不厚的冻土层，只要冻结时不产生过大的冻胀力而导致基础被抬高、解冻时不产生过量的融陷就可以。这样，考虑地基土的冻胀性，基础的最小埋置深度可由下式计算

$$d_{min} = z_d - h_{max} \tag{3-6}$$

式中 z_d——季节性冻土地区地基的设计冻结深度；

h_{max}——基础底面下允许残留冻土层的最大厚度，参照表3-4取值。

基底的平均压力越大，地基土越不容易产生冻胀变形，h_{max}就可以越大。冬季采暖的房屋的室内地基土不会冻结，所以内墙和内柱的基础埋深无需考虑冻结深度的影响，而外墙和外柱的基础允许有较大的残留冻土层厚度。需要注意的是，对跨年度施工的建筑，入冬前应对地基采取相应的防护措施；冬季不能正常采暖的建筑，也应该采取一定的保温措施。此外，在计算基底压力时，作用于基础的荷载只能计算结构的永久荷载，临时性的可变荷载不能计入，而且宜乘以一个小于1的荷载系数，以考虑偶然出现的最不利情况，确保基底上的竖向力能够平衡冻胀力。

4. 冻胀性地基的防冻措施

在冻胀、强冻胀、特强冻胀地基上，应采用下列防冻害措施：

表 3-4　建筑基底下允许残留冻土层厚度 h_{max}　　（单位：m）

冻胀性	基础形式	采暖情况	基底平均压力/kPa						
			90	110	130	150	170	190	210
弱冻胀土	方形基础	采暖	—	0.94	0.99	1.04	1.11	1.15	1.20
		不采暖	—	0.78	0.84	0.91	0.97	1.04	1.10
	条形基础	采暖	—	>2.50	>2.50	>2.50	>2.50	>2.50	>2.50
		不采暖	—	2.20	2.50	>2.50	>2.50	>2.50	>2.50
冻胀土	方形基础	采暖	—	0.64	0.70	0.75	0.81	0.86	—
		不采暖	—	0.55	0.60	0.65	0.69	0.74	—
	条形基础	采暖	—	1.55	1.79	2.03	2.26	2.50	—
		不采暖	—	1.15	1.35	1.55	1.75	1.95	—
强冻胀土	方形基础	采暖	—	0.42	0.47	0.51	0.56	—	—
		不采暖	—	0.36	0.40	0.43	0.47	—	—
	条形基础	采暖	—	0.74	0.88	1.00	1.13	—	—
		不采暖	—	0.56	0.66	0.75	0.84	—	—
弱冻胀土	方形基础	采暖	0.30	0.34	0.38	0.41	—	—	—
		不采暖	0.24	0.27	0.31	0.34	—	—	—
	条形基础	采暖	0.43	0.52	0.61	0.70	—	—	—
		不采暖	0.33	0.40	0.47	0.53	—	—	—

注：1. 本表只计算法向冻胀力，如果基侧存在切向力，应采取防切向力措施。
　　2. 本表不适用于宽度小于 0.6m 的基础，矩形基础可取短边尺寸按方形基础计算。
　　3. 表中数据不适用于淤泥、淤泥质土和欠固结土。
　　4. 表中基底平均压力数值为永久荷载标准值乘以 0.9，可以内插。

1）在地下水位以上的基础，基础侧面应回填非冻胀性的中砂或粗砂，其厚度不应小于 100mm。在地下水位以下的基础，可采用桩基础、自锚式基础（冻土层下有扩大板或扩底短桩）或采取其他有效措施。

2）宜选择地势高、地下水位低、地表排水良好的建筑场地。对低洼场地，宜在建筑四周向外一倍冻深范围内，使室外地坪至少高出自然地面 300～500mm。

3）应设置排水设施，防止雨水、地表水、生产废水、生活污水侵入建筑地基。在山区应设截水沟或在建筑物下设置暗沟，以排走地表水和潜水流。

4）在强冻胀性和特强冻胀性地基上的基础应设置钢筋混凝土圈梁和基础梁，并控制建筑的长高比，增强房屋的整体刚度。

5）当独立基础联系梁下或桩基础承台下有冻土时，应在梁或承台下留有相当于该土层冻胀量的孔隙，以防止因土的冻胀将梁或承台拱裂。

3.4　地基承载力

3.4.1　地基承载力概述

1. 地基承载力

地基承受建筑物荷载的作用后，内部应力发生变化。一方面附加应力引起地基土层的变形，造成建筑物沉降；另一方面，引起地基土体剪应力增加。当某一点的剪应力达到土的抗剪强度时，这一点的土就处于极限平衡状态。若土体中某一区域内各点都达到极限平衡状态，就形成极限平衡区，或称塑性区。如荷载继续增大，地基内极限平衡区的发展范围随之不断增大，局部的塑性区发展成为连续贯穿到地表的整体滑动面。这时，基础下一部分土体将沿滑动面产生整体滑动，地基失去稳定。如果这种情况发生，建筑物将发生严重的塌陷、倾倒等灾害性的破坏。

地基承受荷载的能力称为地基的承载力。通常区分为两种承载力，一种称为极限承载力，它是指地基即将丧失稳定性时的承载力；另一种称为允许承载力，它是指地基稳定有足够的安全度并且变形控制在建筑物允许范围内时的承载力。影响地基极限承载力的因素很多，除地基土的性质外，还与基础的埋置深度、宽度、形状有关。允许承载力则还与建筑物的结构特性等因素有关。因此，地基承载力与通常所说的材料的"强度"或构件的"承载力"的概念有很大的区别。

2. 临塑荷载 p_{cr} 和极限承载力 p_u

地基从开始发生变形到失去稳定（即破坏）的发展过程，可用现场载荷试验进行研究。

图 3-16a 是载荷试验测得的典型的 p-s 曲线，包括顺序发生的三个阶段：压密变形阶段（Oa）、局部剪损阶段（ab）和整体剪切破坏阶段（b 以后）。三个阶段之间存在着两个界限荷载。第一个界限荷载标志着地基土从压密阶段进入局部剪损阶段。当荷载小于这一界限荷载时，地基内各点的土体均未达到极限平衡状态。用载荷试验的结果求地基土的变形模量 E，就应当利用 p-s 曲线的 Oa 段。当荷载大于这一界限荷载时，直接位于基础下的局部土体，通常是基础边缘下的土体，首先达到极限平衡状态，地基内出现弹性区和塑性区并存状态。这一界限荷载，称为临塑荷载，用 p_{cr} 表示。第二个界限荷载标志着地基土从局部剪损阶段进入整体破坏阶段。这时，基础下滑动边界范围内的全部土体都处于塑性破坏状态，地基丧失稳定，称为极限荷载，也称为地基的极限承载力，用 p_u

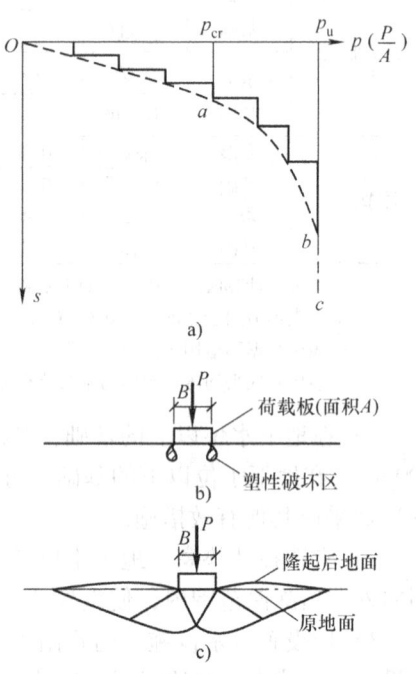

图 3-16 地基从变形到失稳的发展阶段

表示。这两个界限荷载对于研究地基的稳定性有很重要的意义。详细的分析和计算方法将在后面阐述。

3. 竖直荷载下地基的破坏形式

以上描述的地基从压密到失稳过程的 p-s 曲线，仅仅是载荷试验所归纳的一类常见的 p-s 曲线，它所代表的破坏形式，称为整体剪切破坏。但是它并不是地基破坏的唯一形式。在松软土层中，或者荷载板的埋置深度较大时，经常会出现图 3-17a 中所示的 b 型和 c 型 p-s 曲线。b 型曲线的特点是板底的压应力 p 与变形量 s 的关系，从一开始就呈现非线性变化，且随着 p 的增加，变形加速发展，但是直至地基破坏都不会出现曲线 a 那样明显的变形突然急剧增加的现象。相应于 b 型曲线，荷载板下土体的剪切破坏也是从基础边缘开始，且随着基

底压应力 p 的增加,极限平衡区在相应扩大。但是荷载进一步增大,极限平衡区却限制在一定的范围内,不会形成延伸至地面的连续破碎面,如图 3-17c 所示。地基破坏时,荷载板两侧地面只略微隆起,但变形速率加大,总变形量很大,说明地基已破坏,这种破坏形式称为局部剪切破坏。局部剪切破坏的发展是渐进的,破坏面上的抗剪强度不能同时发挥出来,所以地基承载的能力较低。b 型曲线由于没有明显的转折点,只能将曲线上坡度变化比较强烈处的荷载定为极限荷载 p_u。图 3-17a 中的 c 型曲线对应于地基的第三种破坏形式,它与 b 型曲线类似,但是变形的发展速率更快。试验中,荷载板几乎是垂直下切,两侧不发生土体隆起,地基土沿板侧产生垂直的剪切破坏面,这种破坏形式称为冲剪破坏(冲切破坏)。

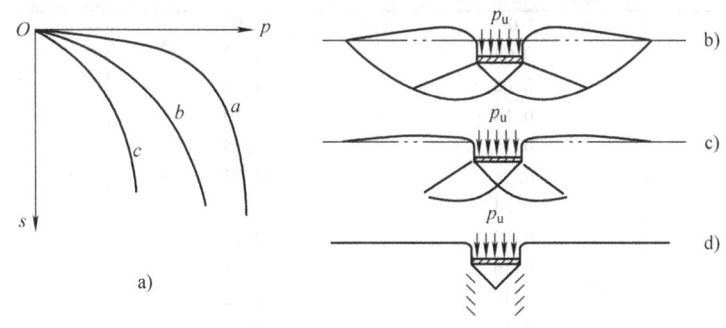

图 3-17 竖直荷载下地基土的破坏形式
a) 破坏的三种模式 b) 整体剪切破坏 c) 局部剪切破坏 d) 冲剪破坏(冲切破坏)
a—整体剪切破坏 b—局部剪切破坏 c—冲剪破坏

整体剪切破坏、局部剪切破坏和冲剪破坏是竖直荷载作用下地基失稳的三种破坏形式。实际产生哪种形式的破坏取决于许多因素,主要是地基土的特性和基础的埋置深度。概括而言,土质比较坚硬、密实,基础埋深不大时,通常将出现整体剪切破坏;如地基土质松软则容易出现局部剪切破坏和冲剪破坏。随着基础埋深增加,局部剪切破坏和冲剪破坏变得更为常见。埋入砂土很深的基础,即使砂土很密实也不会出现整体剪切破坏。

3.4.2 按理论公式确定土基和岩基承载力

除了用太沙基承载力公式、汉森承载力公式来进行土基承载力计算外,《地基基础设计规范》还推荐了如下计算地基承载力的公式。

当偏心距 e 小于或等于 0.033 倍基础底面偏心方向宽度时,根据土的抗剪强度指标确定地基承载力可按下式计算

$$f_a = M_b \gamma b + M_d \gamma_m d + M_c c_k \tag{3-7}$$

式中 f_a——由土的抗剪强度指标确定的地基承载力特征值(kPa);

M_b、M_d、M_c——承载力系数,与基底下一倍基宽深度内土的内摩擦角 φ_k 有关,按表 3-5 确定;

b——基础底面宽度,大于 6m 时按 6m 取值,对于砂土小于 3m 时按 3m 取值;

c_k——基底下一倍短边宽深度范围内土的黏聚力标准值;

γ——基础底面以下土的重度,地下水位以下取浮重度;

d——基础埋深;

γ_m——基础底面以上（埋深范围内）土的加权平均重度，地下水位以下取浮重度。

土的抗剪强度指标 c_k、φ_k，可采用原状土室内剪切试验、无侧限抗压强度试验、现场剪切试验、十字板剪切试验等方法测定。鉴于多数工程施工速度快，地基土较接近于不固结不排水剪切条件，当采用室内试验确定抗剪强度指标时，规范推荐选择三轴压缩试验中的不固结不排水试验。经过预压固结的地基可采用固结不排水试验。

表3-5 承载力系数 M_b、M_d、M_c

土的内摩擦角标准值 φ_k	M_b	M_d	M_c
0°	0	1.00	3.14
2°	0.03	1.12	3.32
4°	0.06	1.25	3.51
6°	0.10	1.39	3.71
8°	0.14	1.55	3.93
10°	0.18	1.73	4.17
12°	0.23	1.94	4.42
14°	0.29	2.17	4.69
16°	0.36	2.43	5.00
18°	0.43	2.72	5.31
20°	0.51	3.06	5.66
22°	0.61	3.44	6.04
24°	0.80	3.87	6.45
26°	1.10	4.37	6.90
28°	1.40	4.93	7.40
30°	1.90	5.59	7.95
32°	2.60	6.35	8.55
34°	3.40	7.21	9.22
36°	4.20	8.25	9.97
38°	5.00	9.44	10.80
40°	5.80	10.84	11.73

注：φ_k 为基底下一倍短边宽深度范围内土的内摩擦角标准值。

岩石地基承载力，可按《建筑地基基础设计规范》推荐的岩基载荷试验方法确定。岩基荷载试验采用圆形刚性承压板，直径 0.3m。由 p-s 曲线确定岩石地基承载力特征值应符合以下规定：

1）对应于 p-s 曲线起始直线段的终点为比例极限。符合终止加载条件的前一级荷载为极限荷载。将极限荷载除以 3 的安全系数，所得值与对应于比例界限的荷载相比较，取小者作为岩石地基承载力。

2）每个场地载荷试验的数量不应少于 3 个，取最小值作为岩石地基承载力特征值。

3）岩石地基承载力不进行深度和宽度修正。

对完整、较完整和较破碎的岩石地基承载力特征值，也可根据室内饱和单轴抗压强度按下式计算

$$f_a = \psi_r f_{rk} \qquad (3-8)$$

式中 ψ_r——折减系数，根据岩体完整程度以及结构面的间距、宽度、产状组合，由地方经验确定，无经验时，对完整岩体可取 0.5，对较完整岩体可取 0.2~0.5，对较破碎岩体可取 0.1~0.2；

f_{rk}——岩石饱和单轴抗压强度标准值（kPa）。

计算时注意上述折减系数值未考虑施工因素及建筑物使用后风化作用的继续。对于黏土质岩，在确保施工期及使用期不致遭水浸泡时，也可采用天然湿度的试样，不进行饱和处理。

对破碎、极破碎的岩石地基承载力，可根据地区经验取值。无地区经验时，可根据平板荷载试验确定。

【例3-1】 某粉土地基如图3-18所示，试应用基础规范理论公式确定地基承载力。

【解】

1）基底下一倍短边宽深度范围内土的内摩擦角标准值 $\varphi_k = 22°$，查表3-5，$M_b = 0.61$，$M_d = 3.44$，$M_c = 6.04$。

2）根据已知条件：

基础底面以下土的重度（基底以下应取浮重度）$\gamma = (18 - 10) \text{kN/m}^3 = 8 \text{kN/m}^3$；

基础宽度 $b = 1.5\text{m}$；

基础底面以上土的加权平均重度（地表以下 $1.0 \sim 1.5\text{m}$ 范围取浮重度）$\gamma_m = \dfrac{17.8 \times 1.0 + (18 - 10) \times 0.5}{1.0 + 0.5} \text{kN/m}^3 = \dfrac{21.8}{1.5} \text{kN/m}^3 = 14.5333 \text{kN/m}^3$

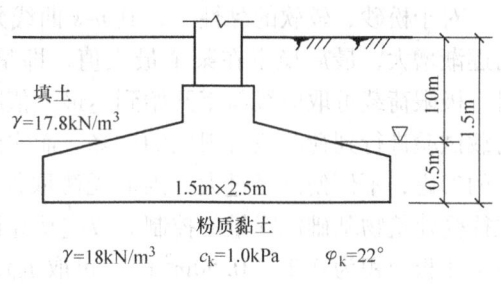

图3-18 【例3-1】图

基底下一倍短边宽度深度范围内土的黏聚力标准值 $c_k = 1.0\text{kPa}$；

基础底面埋置深度 $d = 1.5\text{m}$。

3）将上述数据代入地基承载力理论计算公式进行承载力计算

$$\begin{aligned} f_a &= M_b \gamma\, b + M_d \gamma_m d + M_c c_k \\ &= (0.61 \times 8 \times 1.5 + 3.44 \times 14.5333 \times 1.5 + 6.04 \times 1.0) \text{kPa} \\ &= (7.32 + 74.9920 + 6.04) \text{kPa} \\ &= 88.35 \text{kPa} \end{aligned}$$

3.4.3 根据荷载试验所得的 $p\text{-}s$ 曲线来确定地基承载力特征值 f_{ak}

可以用原位测试法求地基承载力。常见的原位测试方法，如荷载试验、动力和静力触探试验，其测试结果都可以用来推算相应的地基承载力。这些方法在难以取得地基土原状土样的情况下，或为避免原状土样被扰动时最为合适。

对重要的甲级建筑，为进一步了解地基土的变形性能和承载能力，必须做现场的原位荷载试验，以确定地基承载力特征值 f_{ak}。原位荷载试验主要有浅层平板荷载试验和深层平板荷载试验。当确定浅部地基土层的承压板下应力主要影响范围内的承载力时，可采用浅层平板荷载试验；当确定深部地基土层及大直径桩桩端土层在承压板下应力影响范围内的承载力时，可采用深层平板荷载试验。

浅层平板荷载试验的承压板面积不应小于 0.25m^2，对于软土不应小于 0.5m^2，可确定浅部地基土层在承压板下应力主要影响范围内的承载力。深层平板荷载试验的承压板一般采用直径为 0.8m（面积 0.50m^2）的刚性板，紧靠承压板周围外侧的土层高度应不少于 0.8m，可确定深部地基土层在承压板下应力主要影响范围内的承载力。

对于密实的砂土、较硬的黏性土等低压缩性土,其 $p\text{-}s$ 曲线通常有明显的起始直线段和极限值,即呈急进破坏的"陡降型",如图 3-19a 所示。考虑到低压缩性土的承载力一般由强度安全控制,故可取图中的 p_1(比例界限荷载)作为承载力。此时,地基的沉降量很小,能为一般建筑所允许,强度安全储备也足够,因为从 p_1 发展到破坏还有很长的过程。但是,对于少数呈"脆性"破坏的土,发展到破坏(极限荷载)的过程很短,从安全角度出发,当 $p_u < 2p_1$ 时,取 $p_u/2$ 作为地基的承载力。

对于松砂、较软的黏性土,其 $p\text{-}s$ 曲线并无明显的转折点,但曲线的斜率随荷载的增大而逐渐增大,最后稳定在某个最大值,即呈渐进破坏的"缓变型",如图 3-19b 所示,此时,极限荷载可取曲线斜率开始到达最大值时所对应的荷载。但此时要取得最大值,必须把荷载试验进行到荷载板有很大的沉降,而实践中往往因受加载设备的限制,或出于对试验安全的考虑,不便使沉降过大,因而无法取得 p_u 值;此外,对于中高压缩性土,地基承载力往往受建筑物基础沉降量的控制。故应从允许沉降的角度出发来确定承载力。浅层平板荷载当承压板面积为 $0.25 \sim 0.50 \text{m}^2$ 时,可取沉降 $s = (0.01 \sim 0.015)b$(b 为承压板的宽度),深层平板荷载试验可取沉降 $s = (0.01 \sim 0.015)d$($d = 0.8\text{m}$ 为承压板直径)所对应的荷载为地基承载力,但其值不应大于最大加载量的一半。

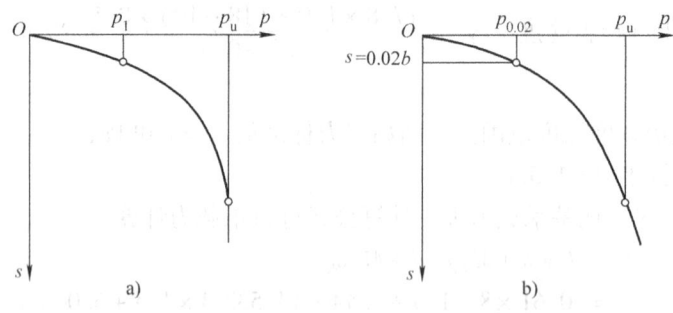

图 3-19 按荷载试验确定地基承载力
a) 低压缩性土 b) 高压缩性土

对同一土层,宜选取 3 个以上的点进行试验,各个试验点所得的承载力极差不超过其平均值的 30% 时,各点所得承载力的平均值就是该土层的地基承载力特征值 f_{ak}。

3.4.4 按动力、静力触探等原位测试方法确定地基承载力

除原位荷载试验外,还可采用标准贯入、动力触探、静力触探、十字板剪切试验和旁压试验等方法可确定地基承载力,在我国也已有丰富的经验。各地应以原位荷载试验数据为基础,积累和建立相应的测试数据与地基承载力的相关关系。这种相关关系具有地区性、经验性,对于大量建设的丙级地基基础是非常适用、经济和迅速的。对于设计等级为甲、乙级的地基基础应按确定地基承载力特征值的多种方法综合确定。

3.4.5 承载力特征值的修正

应该指出,上述确定地基承载力的方法各有长短、互为补充。必要时可以按多种方法综合确定,不过,确定的精确程度宜按建筑物安全等级和地基基础设计等级及地基岩土条件,

结合当地经验适当选择，以免出现不必要的过分严格和随意简化这两种倾向。如果掌握了这些方法，在实践中又能结合当地已有的建筑经验，往往只需通过不多的勘察测试工作，就能比较准确地确定地基承载力。例如，调查了解拟建建筑物附近既有建筑物的情况、基础形式和大小、上部结构的类型和构造、是否存在墙体开裂及其他损伤现象等，对于新建建筑物地基承载力的确定具有很大的参考价值。

由荷载试验或其他原位测试、经验值等方法确定的承载力 f_{ak} 是指基础宽度 $b \leqslant 3m$、埋深 $d \leqslant 0.5m$ 时的承载力。当 $b > 3m$，$d > 0.5m$ 时应对宽度和深度修正，除岩石地基外，修正后地基承载力特征值按下式计算

$$f_a = f_{ak} + \eta_b \gamma (b-3) + \eta_d \gamma_m (d-0.5) \tag{3-9}$$

式中　f_a——修正后的地基承载力特征值（kPa）；
　　　f_{ak}——地基承载力特征值（kPa）；
　　　γ——基础底面以下土的重度，地下水位以下取浮重度（kN/m³）；
　　　b——基础底面宽度，当宽度小于 3m 时按 3m 取值，大于 6m 时按 6m 取值；
　　　γ_m——基础底面以上土的加权平均重度，地下水位以下取浮重度（kN/m³）；
　　　η_b、η_d——基础宽度和埋深的承载力修正系数，按基底以下土的类型查表 3-6 确定；
　　　d——基础埋置深度（m）。

基础埋置深度一般自室外地面算起。在填方整平地区，可自填土地面标高算起，但填方在上部结构施工后完成时，应从天然地面标高算起。对于地下室，如采用箱形基础或筏形基础时，基础埋深自室外地面标高算起；当采用独立基础或条形基础时，应从室内地面标高算起。

表 3-6　承载力修正系数

土 的 类 别		η_b	η_d
淤泥和淤泥质土		0	1.0
人工填土 e 或 I_L 大于等于 0.85 的黏性土		0	1.0
红黏土	含水比 $a_w > 0.8$	0	1.2
	含水比 $a_w \leqslant 0.8$	0.15	1.4
大面积压实 填土	压实系数大于 0.95、黏粒含量 $\rho_c \geqslant 10\%$ 的粉土	0	1.5
	最大干密度大于 2100kg/m³ 的级配砂石	0	2.0
粉土	黏粒含量 $\rho_c \geqslant 10\%$ 的粉土	0.3	1.5
	黏粒含量 $\rho_c < 10\%$ 的粉土	0.5	2.0
e 及 I_L 均小于 0.85 的黏性土		0.3	1.6
粉砂、细砂（不包括很湿与饱和时的稍密状态）		2.0	3.0
中砂、粗砂、砾砂和碎石土		3.0	4.4

注：1. 强风化和全风化的岩石，可参照风化成的相应土类取值，其他状态下的岩石不修正。
　　2. 地基承载力特征值按深层平板荷载试验确定时，$\eta_d = 0$。
　　3. 含水比 a_w 为天然含水量 w 与液限 w_L 的比值。
　　4. e 为土的孔隙比，I_L 为土的液性指数。
　　5. 大面积压实填土是指填土范围大于两倍基础宽度的填土。

【例3-2】 某条形基础宽2.5m，埋深1.8m。地基土为黏性土，天然重度18kN/m³，孔隙比 $e=0.77$，$I_L=0.36$，现场载荷试验结果见表3-7。试确定地基的修正承载力特征值。

表3-7 现场载荷试验结果

承 载 力	第1组	第2组	第3组
临界荷载 p_{cr}/kPa	215	252	233
极限荷载 p_u/kPa	520	705	629

【解】

1) 根据现场载荷试验求地基承载力特征值。

临界荷载的平均值为 $p_{cr} = \dfrac{215+252+233}{3}\text{kPa} = 233.33\text{kPa}$，$(252-215)/233.33 = 15.9\%$，极差不超过平均值的30%。

极限荷载的平均值为 $p_u = \dfrac{520+705+629}{3}\text{kPa} = 618\text{kPa}$，$(705-520)/618 = 29.9\%$，极差不超过平均值的30%。

$$\frac{p_u}{2} = 309\text{kPa} > p_{cr}$$

故取地基承载力特征值 $f_{ak} = 233.33\text{kPa}$。

2) 求宽度和深度修正后的地基承载力。黏性土，$e=0.77$，$I_L=0.36$，均小于0.85，查表得 $\eta_b = 0.3$，$\eta_d = 1.6$。基础宽度 $b=2.5\text{m}<3\text{m}$，不需要进行宽度修正，只需进行深度修正。

$$\begin{aligned}
f_a &= f_{ak} + \eta_d \gamma_m (d-0.5) \\
&= [233.33 + 1.6 \times 18 \times (1.8-0.5)]\text{kPa} \\
&= 270.77\text{kPa}
\end{aligned}$$

3.5 确定基础底面尺寸

3.5.1 作用在基础上的荷载计算

基础的受力情况可以分为四种，如图3-20所示。

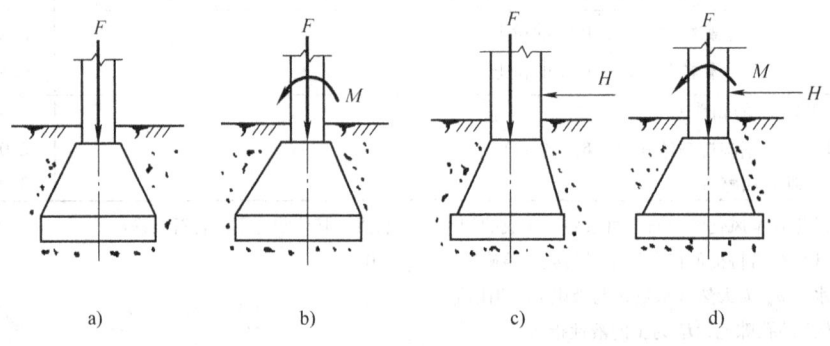

图3-20 基础受力情况分类

图 3-20a 中基础顶面仅受竖向轴心荷载作用；图 3-20b 中基础顶面受竖向偏心荷载作用（可以等效成竖向中心荷载和一个弯矩），或受竖向中心荷载和柱（或墩）传来的弯矩的共同作用；图 3-20c 中基础顶面受竖向轴心荷载和水平力的共同作用；图 3-20d 中基础顶面受到竖向中心荷载、弯矩和水平力的共同作用。一般房屋建筑物的基础主要承受竖向荷载，水平荷载（如土压力、风压力等）所占的比例很小。在后面的地基基础计算或验算中，主要分析前两种情况。

作用在基础底面上的竖向荷载包括梁柱、墙体、屋面、楼面和基础（包括基础台阶上的填土）的自重等永久荷载，以及以人为主体的活荷载等。荷载的计算方法应按荷载规范要求进行。计算荷载时应自建筑物顶部开始，按照传力系统自上而下累计到设计地面。当室内外地坪高程不同时，对于外墙或外柱可累计到室内外设计地面的平均高程（见图 3-21）。

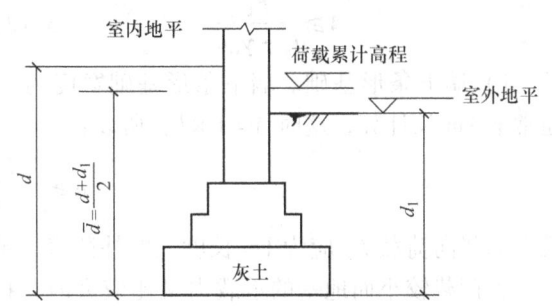

图 3-21 外墙荷载累加高程

计算作用在墙下条形基础上的荷载时，要注意计算段的选取，通常有以下几种情况：

1）墙体没有门、窗，而且作用在墙上的荷载是均布荷载（如一般的内横墙），可以沿墙的长度方向取 1m 长的一段进行计算。

2）对于有门窗的墙体，且作用在墙上的荷载是均布荷载（如一般的外纵墙），可以沿墙的长度方向，取门或窗中线至中线间的一段（等于 1 个开间的长度）算出总荷载，再均分到全段上，得到作用在每米长度上的荷载。

3）对于作用有梁等集中荷载的墙体，应考虑集中荷载在墙内的扩散作用，计算段的选取应根据实际情况选定。

3.5.2 基础底面持力层承载力验算——基础底面积的确定

1. 轴心荷载作用时

当基础承受轴心荷载作用时，要求基础底面持力层满足下式要求

$$p_k \leq f_a \tag{3-10}$$

式中 p_k——相应于作用的标准组合时，基础底面处的平均压力值（kPa）；

f_a——修正后的地基承载力特征值（kPa）；

一般情况下，基础底面处的压力可简化为直线分布，用材料力学方法求得

$$p_k = \frac{F_k + G_k}{A} \tag{3-11}$$

式中 F_k——相应于作用的标准组合时，上部结构传至基础顶面的竖向力值（kN）；

G_k——基础自重和基础上的土重（kN），对于一般实体基础，可近似取 $G_k = \gamma_G A d$，γ_G 为基础及回填土的平均重度，可取 $\gamma_G = 20 kN/m^3$，地下水位以下部分应当扣去水的浮力，即 $G_k = \gamma_G A d - \gamma_w A h_w = 20 A d - \gamma_w A h_w$，$\gamma_w$ 为水的重度，h_w 为基础水下部分的深度；

A——基础底面面积（m^2）。

因此，有

$$\frac{F_k + G_k}{A} \leq f_a$$

$$F_k + G_k \leq Af_a$$

无地下水位影响时

$$F_k + \gamma_G Ad \leq Af_a$$

$$A \geq \frac{F_k}{f_a - \gamma_G d} \quad (3\text{-}12)$$

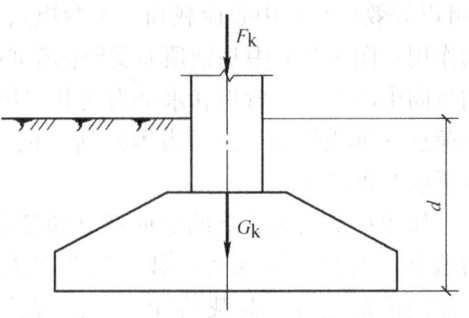

图 3-22 轴心受压基础

1）墙下条形基础。墙下条形基础宽度为 b。通常取 1m 长计算，这时 $A = 1 \times b$，所以：

$$b \geq \frac{F_k}{f_a - \gamma_G d} \quad (3\text{-}13)$$

式中的竖向荷载 F_k 应为 1m 长度上的外荷载，单位是 kN/m。

若荷载较小而地基的承载力又比较大时，按式（3-13）计算所得基础宽度较小。为了保证安全和便于施工，承重墙下的基础宽度不得小于 0.6m，非承重墙下的基础宽度不得小于 0.5m。

2）正方形基础。柱下单独基础常常做成正方形，边长为 b，$A = b^2$，则

$$b^2 \geq \frac{F_k}{f_a - \gamma_G d}$$

$$b \geq \sqrt{\frac{F_k}{f_a - \gamma_G d}} \quad (3\text{-}14)$$

3）矩形基础。底面积 A 应为基础长度 l 与宽度 b 的乘积，即 $A = lb$，轴心荷载作用时一般 $l/b = 1 \sim 1.5$ 为宜。

需要说明，用上述公式计算基础底面宽度 b 时，需要知道地基承载力特征值 f_a，而承载力特征值 f_a 又与基础底面宽度 b 有关。因此，一般采用试算法，即先假定 $b < 3m$，这时仅按基础埋深 d 修正地基承载力特征值。待基底宽度 b 算出之后，再看基础宽度是否超过 3m，若 $b < 3.0m$，说明假设正确，算得的基础宽度即为所求；若 $b > 3.0m$，需要对承载力 f_a 进行宽度的修正，再用有关公式重新计算，求得比较准确的基础宽度。

【例 3-3】 某砖墙承重住宅建筑，内横墙采用钢筋混凝土条形基础，相应于荷载效应标准组合时，上部结构传至基础顶面的竖向力 $F_k = 200$ kN/m，基底下土层为黏性土，$e = 0.83$，$I_L = 0.75$，$f_{ak} = 160$ kPa，$\gamma_m = 19$ kN/m^3，$d = 1.8$ m。求基础宽度。

【解】 1）求修正地基承载力特征值。假定基础宽度 $b < 3$ m，因基础埋深 $d = 1.8$ m > 0.5 m，故地基承载力特征值只需进行深度修正。

查表 3-6，黏性土，$e = 0.83$，$I_L = 0.75$，均小于 0.85，则 $\eta_b = 0.3$，$\eta_d = 1.6$，则

$$f_a = f_{ak} + \eta_d \gamma_m (d - 0.5) = 160 + 1.6 \times 19 \times (1.8 - 0.5)(\text{kPa}) = 199.5 \text{ kPa}$$

2）计算基础宽度。条形基础，无地下水位影响，则

$$b \geq \frac{F_k}{f_a - \gamma_G d} = \frac{200}{199.5 - 20 \times 1.8} \text{m} = 1.22 \text{ m}$$

本题为钢筋混凝土条形基础，取 $b = 1.3\text{m}$。$b < 3\text{m}$，与假设相符，故所求基础宽度为 1.3m。

2. 偏心荷载作用时

当基础承受偏心荷载作用时，除要求满足 $p_k \leq f_a$ 外，还应满足下式要求

$$p_{k\max} \leq 1.2 f_a \tag{3-15}$$

式中 $p_{k\max}$——相应于作用的标准组合时，基础底面边缘的最大压力值（kPa）。

如图 3-23 所示，为简单起见，假设基础只有 x 方向的偏心，偏心距 $e_x = \dfrac{M_k}{F_k + G_k}$。当 $e_x = 0$ 时，即为轴心荷载作用（见图 3-23a）。为了保证基础不致过分倾斜，一般要求偏心距 $e_x < l/6$，l 为偏心荷载作用基础力矩作用方向的边长，即要求基底最小压力值 $p_{k\min} > 0$，以控制基底压力呈梯形分布（见图 3-23b）；当 $e_x = l/6$ 时，$p_{k\min} = 0$（见图 3-23c）。对低压缩性地基上的基础，当考虑短暂作用的偏心荷载时，e 可放宽至 $l/4$，这时基础一侧底面与地基土脱开，压力为零，其他地段仍为线性分布，压力分布如图 3-23d 所示。

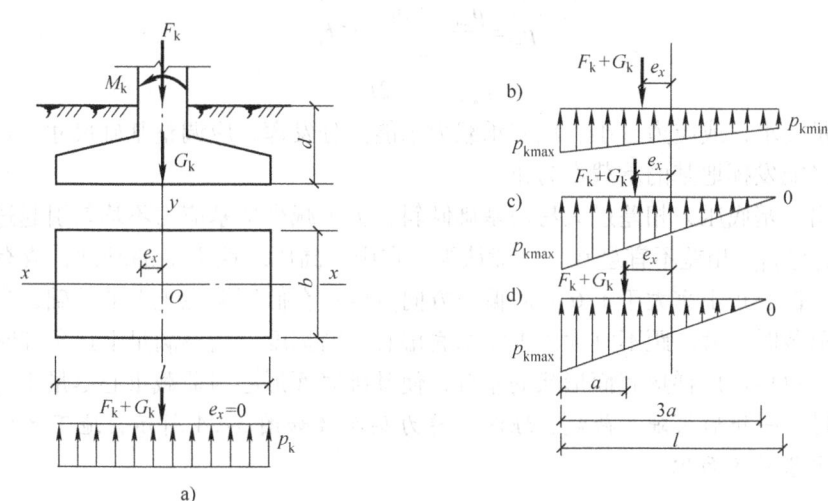

图 3-23 偏心荷载作用下的基础

偏心荷载作用下，基础底面的尺寸一般用逐次渐近法进行计算。计算步骤如下：

1）先不考虑偏心，按轴心荷载条件计算出基础的底面积 A_1（对于单独基础）或基础宽度 b_1（对于条形基础）。

2）根据偏心大小，把底面积 A_1（或 b_1）适当提高 10%~40%，作为偏心荷载作用下基础底面积（或宽度）的第一次近似值，即

$$A = (1.1 \sim 1.4) A_1 \tag{3-16}$$

3）按假定的基础底面积 A，用下式计算基底的最大和最小的边缘压力：

① 当偏心距 $e \leq l/6$ 时

$$p_{\substack{k\max \\ k\min}} = \dfrac{F_k + G_k}{A} \pm \dfrac{M_k}{W} \tag{3-17}$$

式中 $p_{k\min}$——相应于作用的标准组合时，基础底面边缘的最小压力值（kPa）；

M_k——相应于荷载效应标准组合时，作用于基础底面的力矩值，$M_k = (F_k + G_k) e_x$；

W——基础底面的抵抗矩（m^3）。

图 3-23 的矩形基础 $W = bl^2/6$，偏心荷载作用时，$l/b = 1 \sim 3$ 为宜。因此，上式也可表达为

$$p_{kmax \atop kmin} = \frac{F_k + G_k}{A} \pm \frac{6(F_k + G_k)e_x}{bl^2} = \frac{F_k + G_k}{A}\left(1 \pm \frac{6e_x}{l}\right) \quad (3\text{-}18)$$

② 当偏心距 $l/6 < e < l/4$ 时，基础底面与地基土部分脱开，$p_{kmin} = 0$，基底压力重新分布（见图 3-23d），因为

$$\left(\frac{1}{2} \times p_{kmax}\right) \times (3a \times b) = F_k + G_k$$

故

$$p_{kmax} = \frac{2(F_k + G_k)}{3ba} \quad (3\text{-}19)$$

式中 a——合力作用点至基础底面最大压力边缘的距离（m）；

b——垂直于力矩作用方向的基础底面边长（m）。

检查基底应力是否满足偏心载荷作用的两个要求，即应满足

$$p_k = \frac{p_{kmax} + p_{kmin}}{2} \leqslant f_a$$

$$p_{kmax} \leqslant 1.2 f_a$$

如不满足要求，或应力过小、地基承载力未能充分发挥，应调整基础尺寸，直至既满足上述要求，又能发挥地基的承载力为止。

必须指出，基底压力相差过大易使基础倾斜，为了减少地基应力不均匀引起过大的不均匀沉降，p_{kmax} 与 p_{kmin} 相差不宜悬殊。一般认为，在中、高压缩性土上的基础，或有起重机的厂房柱基础，偏心距不宜大于 1/6 基底偏心方向宽度；在低压缩性土上的基础，当考虑短暂作用的偏心荷载时，偏心距不宜大于 1/4 基底偏心方向宽度。当不满足上述条件时，则应调整基础尺寸，也可做成梯形底面形状的基础，使基础底面形心与荷载重心尽量重合。

【例 3-4】 一矩形基础，荷载、埋深、持力层参数如图 3-24 所示，地下水位在基底面以下。试确定基础底面积。

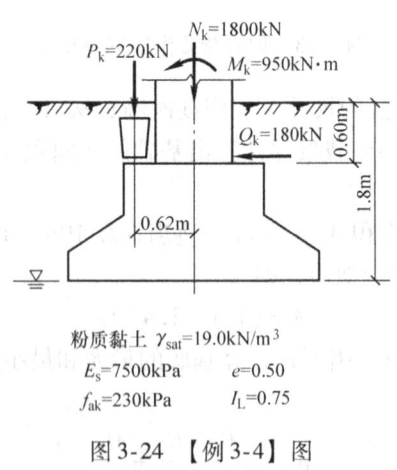

图 3-24 【例 3-4】图

【解】 （1）按轴心荷载作用确定基础底面积 A_1

黏土，$e = 0.50$，$I_L = 0.75$ 均小于 0.85，查表 3-6 得 $\eta_b = 0.3$，$\eta_d = 1.6$。

设 $b \leqslant 3\text{m}$，$f_a = f_{ak} + \eta_d \gamma_m (d - 0.5) = [230 + 1.6 \times 19.0 \times (1.8 - 0.5)]\text{kPa} = 269.52\text{kPa}$。

计算轴心荷载下的基础底面积 A_1：

$$A_1 \geqslant \frac{F_k}{f_a - 20d} = \frac{P_k + N_k}{f_a - 20d} = \frac{220 + 1800}{269.52 - 20 \times 1.8}\text{m}^2 = \frac{2020}{233.52}\text{m}^2 = 8.65\text{m}^2$$

（2）求偏心荷载作用下的基础底面积 A_2

因偏心荷载较大，试将基础底面积增加50%，即 $A_2 = 1.5 A_1 = 12.975\text{m}^2 \approx 13.0\text{m}^2$。

求基础底面长与宽，取 $l = 5.0\text{m}$，$b = 2.6\text{m}$，$l/b = 1.923$ 满足偏心荷载作用的矩形基础长宽比要求。

（3）求基底压力

$$G_k = \gamma_G A d = 20 lbd = 20 \times 5.0 \times 2.6 \times 1.8 \text{kN} = 468\text{kN}$$

竖向力合力　　　$F_k + G_k = (1800 + 220 + 468)\text{kN} = 2488\text{kN}$

基底总力矩　　　$\sum M_k = M_k + (1.8 - 0.60) Q_k + 0.62 P_k$

$$= (950 + 1.2 \times 180 + 0.62 \times 220)\text{kN} \cdot \text{m} = 1302.4\text{kN} \cdot \text{m}$$

偏心距　　$e = 1302.4/2488 = 0.5235$，$l/6 = 5/6 = 0.8333$，可见，$e < l/6$。

基底平均应力　　　$p_k = \dfrac{F_k + G_k}{A} = \dfrac{2488}{13.0}\text{kPa} = 191.38\text{kPa}$

基底最大最小压力　　　$p_{k\max \atop k\min} = \dfrac{F_k + G_k}{A}\left(1 \pm \dfrac{6e}{l}\right)$

$$= 191.38 \times \left(1 \pm \frac{6 \times 0.5235}{5.0}\right)\text{kPa} = {311.60 \atop 71.16}\text{kPa}$$

（4）验算持力层承载力

$$p_k = 191.38\text{kPa} < f_a = 269.52\text{kPa}$$
$$p_{k\max} = 311.60\text{kPa} < 1.2 f_a = 323.42\text{kPa}$$

因此，持力层承载力满足要求。

（5）结论

确定基础底面长 $l = 5.0\text{m}$，宽 $b = 2.6\text{m}$。

3.5.3　软弱下卧层承载力验算

持力层以下受力层范围内，若存在承载力明显低于持力层的软弱下卧层，除按持力层承载力确定或验算基础底面尺寸外，还需要进行软弱下卧层的承载力验算，要求作用在软弱下卧层顶面处的附加应力和自重应力之和不超过它的承载力特征值，即

$$p_z + p_{cz} \leqslant f_{az} \tag{3-20}$$

式中　p_z——相应于作用的标准组合时，软弱下卧层顶面的附加压力值（kPa）；

　　　p_{cz}——软弱下卧层顶面处土的自重应力（kPa）；

　　　f_{az}——软弱下卧层顶面经深度修正后的地基承载力特征值（kPa）。

根据弹性半空间体理论，下卧层顶面土体的附加应力，在基础底面中轴线处最大，向四周扩散呈非线性分布，如果考虑上下土层的性质不同，应力分布规律就更加复杂。一般采用简化方法，参照双层地基中附加应力分布的理论解答，按压力扩散角的概念计算。

当持力层与软弱下卧土层的压缩模量比值 $E_{s1}/E_{s2} \geqslant 3$ 时，基底附加应力向下传递时按某

一角度 θ 向外扩散分布于较大面积上，如图 3-25 所示。根据基底附加应力与软弱下卧层顶面处扩散面上附加应力相等的条件，可将基础底面以下深度为 z 处软弱下卧层顶面的附加应力求出。

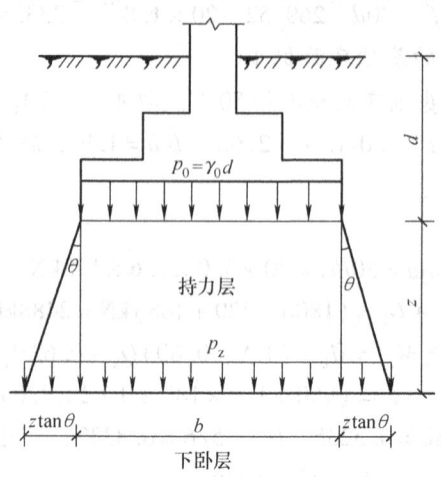

图 3-25 软弱下卧层顶面的应力

条形基础作用在软弱下卧层上的附加应力为

$$p_z = \frac{bp_0}{b + 2z\tan\theta} \tag{3-21}$$

矩形基础作用在软弱下卧层上的附加应力为

$$p_z = \frac{lbp_0}{(b + 2z\tan\theta)(l + 2z\tan\theta)} \tag{3-22}$$

式中　p_0——基底处土的附加应力值（kPa），$p_0 = p_k - \gamma_m d$，γ_m 为基底以上土的重度，多层土时为加权平均重度；

　　　l、b——基础的底面长度和宽度（m）；

　　　z——基础底面到软弱下卧层顶面的距离（m）；

　　　θ——地基压力扩散角。

地基压力扩散角 θ 主要取决于持力层与软弱下卧层的压缩模量之比 E_{s1}/E_{s2}，以及下卧层的埋藏深度。一般是压缩模量之比越大，地基压力扩散角 θ 越大；下卧层埋藏越深，地基压力扩散角 θ 越大。具体数据可查表 3-8。

表 3-8 地基压力扩散角 θ

E_{s1}/E_{s2}	z/b	
	0.25	0.50
3	6°	23°
5	10°	25°
10	20°	30°

注：1. E_{s1}、E_{s2} 分别为上层与下层土压缩模量。
　　2. $z/b < 0.25$ 时取 $\theta = 0°$，必要时宜由试验确定，$0.25 < z/b < 0.5$ 时，用内插法求 θ，$z/b > 0.5$ 时 θ 值不变。

当存在软弱下卧层时，基础宜浅埋，以充分发挥"硬壳层"的作用。为达到浅埋的目的，必要时可改刚性基础为扩展基础，以减小基础高度。

【例 3-5】 已知某柱下单独基础，基底尺寸 $l \times b = 2.6\text{m} \times 1.8\text{m}$，埋深 $d = 1.5\text{m}$，上部荷载传至基础顶面轴向力 $F_k = 800\text{kN}$。第一层：杂填土，厚度 1m，$\gamma = 16\text{kN/m}^3$；第二层（持力层）：黏土，厚度 2.5m，$\gamma_1 = 19\text{kN/m}^3$，$f_{ak1} = 210\text{kN/m}^2$，$\eta_b = 0.3$，$\eta_d = 1.6$，扩散角 22°；第三层（软弱下卧层）：淤泥质土，$\gamma_2 = 17.5\text{kN/m}^3$，$f_{ak2} = 90\text{kN/m}^2$，$\eta_b = 0$，$\eta_d = 1.0$。试验算持力层和软弱下卧层地基承载力是否满足要求。

【解】（1）持力层承载力验算

基底面以上土的加权平均重度 γ_m 为

$$\gamma_m = \frac{\sum \gamma_i h_i}{\sum h_i} = \frac{16 \times 1 + 19 \times 0.5}{1 + 0.5}\text{kN/m}^3 = 17\text{kN/m}^3$$

基础宽度 $b = 1.8\text{m} < 3\text{m}$，地基承载力特征值不需进行宽度修正。

地基承载力特征值为

$$\begin{aligned} f_a &= f_{ak} + \eta_d \gamma_m (d - 0.5) \\ &= [210 + 1.6 \times 17 \times (1.5 - 0.5)]\text{kPa} \\ &= 237.2\text{kPa} \end{aligned}$$

基底平均压应力为 $\quad p_k = \dfrac{F_k + G_k}{lb} = \dfrac{800 + 2.6 \times 1.8 \times 1.5 \times 20}{2.6 \times 1.8}\text{kPa} = 200.94\text{kPa}$

可见，$p_k < f_a$，所以，持力层承载力满足要求。

（2）软弱下卧层承载力验算

软弱下卧层顶面处土的自重应力为 $p_{cz} = (1 \times 16 + 2.5 \times 19)\text{kPa} = 63.5\text{kPa}$

基础底面处的附加应力为 $\quad p_0 = p_k - \gamma_m d = (200.94 - 17 \times 1.5)\text{kPa} = 175.44\text{kPa}$

软弱下卧层顶面处的附加应力为

$$\begin{aligned} p_z &= \frac{lbp_0}{(b + 2z\tan\theta)(l + 2z\tan\theta)} \\ &= \frac{2.6 \times 1.8 \times 175.44}{(1.8 + 2 \times 2\tan 22)(2.6 + 2 \times 2\tan 22)}\text{kPa} \\ &= 57.01\text{kPa} \end{aligned}$$

作用在软弱下卧层顶面处的附加应力和自重应力之和为

$$p_z + p_{cz} = (57.01 + 63.5)\text{kPa} = 120.51\text{kPa}$$

软弱下卧层顶面土的加权平均重度为

$$\gamma_{mz} = \frac{\sum \gamma_i h_i}{\sum h_i} = \frac{16 \times 1 + 19 \times 2.5}{1 + 2.5}\text{kN/m}^3 = 18.14\text{kN/m}^3$$

软弱下卧层顶面处经深度修正后的地基承载力特征为

$$\begin{aligned} f_{az} &= f_{ak} + \eta_d \gamma_{m2}(d + z - 0.5) = [90 + 1.0 \times 18.14 \times (1.5 + 2.0 - 0.5)]\text{kPa} \\ &= 144.42\text{kPa} \end{aligned}$$

可见软弱下卧层顶面处满足 $p_z + p_{cz} < f_{az}$，所以软弱下卧层满足承载力要求。

3.6 地基变形验算和控制措施

3.6.1 地基特征变形

由于不同建筑物的结构类型、整体刚度、使用要求的差异，对地基变形的敏感程度、危害、变形要求也不同。因此，对于各类建筑物，如何控制对其不利的沉降形式（称为"地基特征变形"），使之不会影响建筑物的正常使用甚至使建筑物破坏，也是地基基础设计中必须予以考虑的一个基本问题。

地基特征变形一般分为沉降量、沉降差、倾斜和局部倾斜。

沉降量——在建筑物荷载比较均匀、地基土体也比较均匀时，建筑物或基础下各点的沉降都比较均匀，这种比较均匀的沉降称为沉降量，通常以基础中点的沉降值来代表（见图 3-26a）。沉降量若过大，将影响建筑物的正常使用，如造成上下水、煤气管道的断裂等。

沉降差——相邻两个独立柱基或两个建筑构件之间沉降量的差值，也可以是一个水平设置的构件两端沉降的差值（见图 3-26b）。相邻柱基沉降差过大，就会导致上部结构产生附加应力，严重时将发生裂缝、倾斜甚至破坏。

倾斜——指整个建筑物或基础中心线偏离铅垂线的程度。倾斜主要用以控制高层建筑或高耸建筑物的整体变形，通常用基础两侧的沉降差与基础宽度的比值表示（见图 3-26c）。倾斜容易使建筑结构产生次生应力，危及结构的安全，也会对建筑物的正常使用造成不良的后果。比如，电梯井倾斜将影响电梯的运行，人们发觉建筑物的倾斜后会产生心理恐慌。

局部倾斜——砌体承重结构沿纵墙基础两点的沉降差与其距离的比值（见图 3-26d）。墙体局部倾斜大时，将会产生挠曲变形、开裂，不能正常使用。

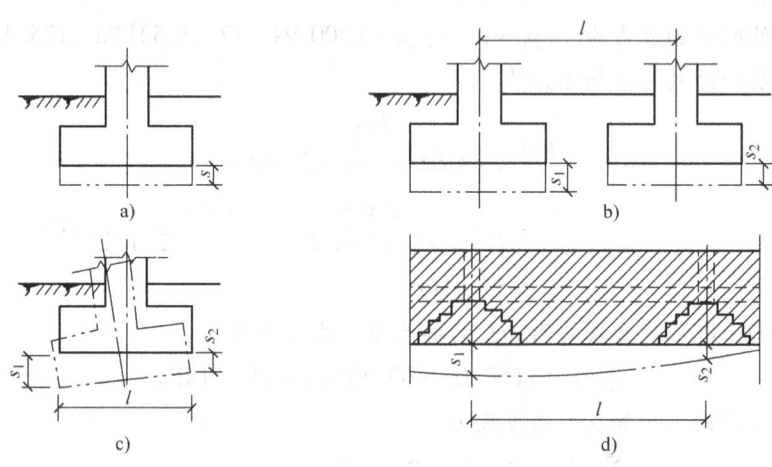

图 3-26 地基特征变形

a）沉降量 s b）沉降差 $s_1 - s_2$ c）倾斜 $\dfrac{s_1 - s_2}{l}$ d）局部倾斜 $\dfrac{s_1 - s_2}{l}$

地基不均匀、荷载差异很大、体型复杂等因素引起的地基变形，对于砌体承重结构应由局部倾斜控制；对于框架结构和单层排架结构、砌体墙填充的边柱列应由相邻柱基的沉降差控制；对于高层建筑和高耸建筑应由倾斜控制；必要时尚应控制平均沉降。

3.6.2 地基变形验算的范围

设计等级为甲级和乙级的建筑物，必须进行地基变形验算。

表3-9中所列范围内设计等级为丙级的建筑物，可不进行地基变形验算。但如有下列情况之一时，仍应进行变形验算：

1) 地基承载力特征值小于130kPa，且体型复杂的建筑。
2) 在基础上及其附近有地面堆载或相邻基础荷载差异较大，可能引起地基产生过大的不均匀沉降时。
3) 软弱地基上的建筑物存在偏心荷载时。
4) 相邻建筑距离近，可能发生倾斜时。
5) 地基内有厚度较大或厚薄不均的填土，其自重固结未完成时。

表3-9 设计等级为丙级可不作地基变形验算的建筑物范围

地基主要受力层情况		地基承载力标准值 f_{ak}/kPa	$80 \leq f_{ak}$ <100	$100 \leq f_{ak}$ <130	$130 \leq f_{ak}$ <160	$160 \leq f_{ak}$ <200	$200 \leq f_{ak}$ <300
		各土层坡度/%	≤5	≤10	≤10	≤10	≤10
建筑类型	砌体承重结构、框架结构（层数）		≤5	≤5	≤6	≤6	≤7
	单层排架结构（6m柱距） 单跨	起重机额定起重量/t	10~15	15~20	20~30	30~50	50~100
		厂房跨度/m	≤18	≤24	≤30	≤30	≤30
	单层排架结构（6m柱距） 多跨	起重机额定起重量/t	5~10	10~15	15~20	20~30	30~75
		厂房跨度/m	≤18	≤24	≤30	≤30	≤30
	烟囱	高度/m	≤40	≤50	≤75		≤100
	水塔	高度/m	≤20	≤30	≤30		≤30
		容积/m³	50~100	100~200	200~300	300~500	500~1000

注：1. 地基主要受力层指条形基础底面下深度为3b（b为基础底面宽度）、独立基础下为1.5b，且厚度均不小于5m的范围（两层以下一般的民用建筑除外）。
2. 地基主要受力层中如有承载力特征值小于130kPa的土层时，表中砌体承重结构的设计应符合软弱地基有关要求。
3. 表中砌体承重结构和框架结构均指民用建筑，对于工业建筑可按厂房高度、荷载情况折合成与其相当的民用建筑层数。
4. 表中起重机额定起重量、烟囱高度和水塔容积的数值指最大值。

3.6.3 地基变形验算

地基特征变形验算公式如下

$$s \leq [s] \tag{3-23}$$

式中 s——地基特征变形计算值；

$[s]$——地基特征变形允许值，可查表3-10获得。

地基特征变形计算值s，可按GB 50007—2011《建筑地基基础设计规范》中建议的应力面积分层总和法计算，也可按土力学教材中建议的其他方法计算。验算地基特征变形时，传到基础顶面的荷载按正常使用极限状态效应的准永久组合计算，不应计入风荷载和地震作用。

由于各类建筑物的结构特点和使用要求不同，对地基变形的反应敏感程度不同，因而验算的变形特征各异，相应的变形允许值也不同。至于变形允许值，涉及的因素很多，诸如建筑物的结构类型特点、使用要求、对不均匀沉降的敏感性及结构的安全储备等，很难用理论分析方法确定。《建筑地基基础设计规范》通过对各类建筑物的实际沉降观测资料的分析和综合，提出了地基的变形允许值，见表3-10。

表3-10 建筑物的地基变形允许值

变形特征		地基土类别	
		中、低压缩性土	高压缩性土
砌体承重结构基础的局部倾斜		0.002	0.003
工业与民用建筑相邻柱基的沉降差	框架结构	$0.002l$	$0.003l$
	砌体墙填充的边排柱	$0.0007l$	$0.001l$
	当基础不均匀沉降时不产生附加应力的结构	$0.005l$	$0.005l$
单层排架结构（柱距6m）柱基的沉降量/mm		(120)	200
桥式起重机轨面的倾斜（按不调整轨道考虑）	纵向	0.004	
	横向	0.003	
多层和高层建筑基础的倾斜	$H_g \leq 24$	0.004	
	$24 < H_g \leq 60$	0.003	
	$60 < H_g \leq 100$	0.0025	
	$H_g > 100$	0.002	
体型简单的高层建筑基础的平均沉降量/mm		200	
高耸结构基础的倾斜	$H_g \leq 20$	0.008	
	$20 < H_g \leq 50$	0.006	
	$50 < H_g \leq 100$	0.005	
	$100 < H_g \leq 150$	0.004	
	$150 < H_g \leq 200$	0.003	
	$200 < H_g \leq 250$	0.002	
高耸结构基础的沉降量/mm	$H_g \leq 100$	400	
	$100 < H_g \leq 200$	300	
	$200 < H_g \leq 250$	200	

注：1. 本表数值为建筑物地基实际最终变形允许值。
2. 有（ ）者仅适用于中压缩性土。
3. l 为相邻柱基的中心距离（mm），H_g 为自室外地面起算的建筑物高度（m）。
4. 倾斜指基础倾斜方向两端点的沉降差与其间距的比值。
5. 局部倾斜指砌体承重结构沿纵向 6～10m 内基础两点的沉降差与其间距的比值。

砌体承重结构的裂缝主要是由局部倾斜过大引起的。该结构对地基的不均匀沉降是很敏感的，其墙体极易产生45°左右的斜裂缝，如果中部沉降大，则墙体正向挠曲，裂缝呈八字形开展；反之，两端沉降大，墙体反向挠曲，裂缝呈反八字形开展。墙体在门窗洞口处刚度削弱，角隅应力集中，故裂缝首先在此产生，如图3-27所示。根据一些实测资料，砖墙可见裂缝的临界拉应变约为 0.05%。

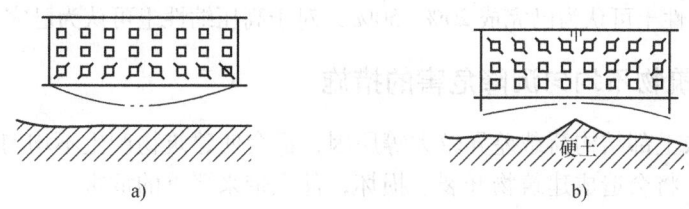

图 3-27 砌体结构裂缝特征
a) 正八字形裂缝 b) 倒八字形裂缝

框架结构相邻柱基的沉降差过大，将引起结构中梁、柱产生较大的次应力，而在常规设计中，梁、柱的截面设计及配筋是没有考虑这种应力影响的。因此，框架结构易因柱基的不均匀沉降而使构件受剪扭损坏，故通常认为填充墙框架结构的相邻柱基沉降差不超过 $0.002l$（l 为柱距）时是安全的。

高耸结构、高层建筑的整体刚度很大，可近似视为刚性结构，其地基变形应由整体倾斜控制，必要时应控制平均沉降量。地基土层的不均匀分布及邻近建筑物的影响是高耸结构和高层建筑产生倾斜的重要原因。这类结构物的重心高，基础倾斜使重心移动而引起的附加偏心矩荷载，不仅使地基边缘的压力增加而影响其倾覆稳定性，而且还会导致结构物本身的附加弯矩。另一方面，其整体倾斜将引起人们视觉上的注意，造成心理恐惧甚至心理压抑。高层建筑的横向整体倾斜允许值主要取决于人们视觉的敏感程度，当倾斜值到达明显可见程度时倾斜大致为 1/250（0.004），而结构损坏时倾斜大致达到 1/150（约 0.007）。考虑到倾斜允许值应随建筑物的高度增加而递减，规范根据基础倾斜引起的建筑物重心偏移使基底边缘压力的增量不超过平均压力的 1/40 这一条件制定允许值。高度在 100m 以上的高耸结构物（主要为高烟囱），主要根据烟囱筒身的附加弯矩和地基土附加压力不致过大，参照我国烟囱设计规范，制定允许值。当地基土均匀，且无相邻荷载影响时，高耸结构物、高层建筑出现的主要变形也可能是沉降，这时要验算的沉降量不超过允许值。

对桥式起重机厂房，当地基产生不均匀沉降后，必然影响起重机的使用并危及安全，所以应验算其纵横向倾斜值并将其控制在允许范围内。

对于表中未包括的其他建筑物的地基变形允许值，可根据上部结构对地基变形的适应能力和使用上的要求确定。

当地基特征变形验算不满足允许值要求时，通常先考虑能否适当调整基础底面尺寸（如增大基底面积或调整基底形心位置）或埋深解决。如仍未满足要求，再考虑是否可从建筑、结构、施工等方面采取有效措施以防止不均匀沉降对建筑物的损害，或改用其他地基基础设计方案。

由于沉降计算方法误差较大，理论计算结果和实际发生的沉降有出入，因此，对于重要的、新型的、体型复杂的房屋和构筑物，或使用上对不均匀沉降有严格要求的结构，应在施工期间及使用期间进行系统的沉降变形观测。观测结果也可用于验证设计计算的正确性，并籍以总结经验，完善设计理论。

在必要情况下，需要分别预估建筑物在施工期间和使用期间的地基变形，以便预留建筑物各部分之间的净空，选择连接方法和施工顺序。一般多层建筑在施工期间完成的沉降量，对于砂土地基可以认为已完成其最终沉降量的80%以上，对于其他低压缩性土可认为已完成50%~80%，对于中压缩性土可认为已完成20%~50%，对于高压缩性土可认为已完成5%~20%。

3.6.4 减轻建筑物不均匀沉降危害的措施

地基不均匀或上部结构荷载差异较大等原因，都会使建筑物产生不均匀沉降；不均匀沉降超过允许限度，将会造成建筑物开裂、损坏，甚至带来严重的危害。

采取必要的技术措施，避免或减轻不均匀沉降危害，一直是建筑设计中的重要课题。由于建筑物上部结构、基础和地基是相互影响和共同工作的，因此在设计工作中应采取综合技术措施，才能取得较好的效果。

1. 建筑设计措施

（1）建筑物体型应力求简单　建筑物的体型应避免平面形状复杂和立面高差悬殊。平面形状复杂的建筑物，如图3-28所示的L形、T形、H形，在其纵横交接处，地基中附加应力叠加，将造成较大的沉降，引起开裂。立面高差悬殊，会使作用在地基上的荷载差异增大，引起较大的沉降差，使建筑物开裂和倾斜，如图3-29所示。

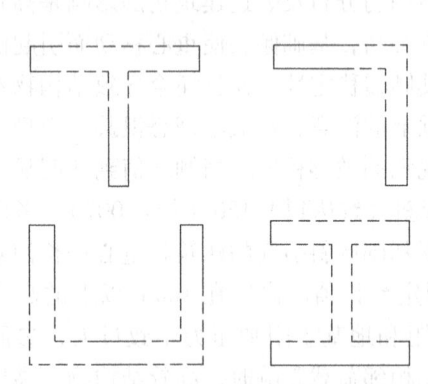 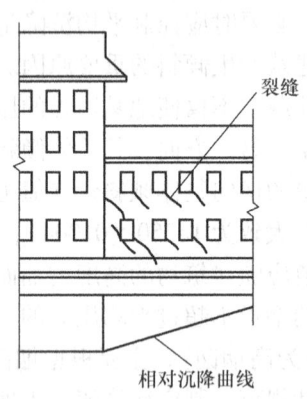

图3-28　平面复杂建筑易因不均匀沉降产生开裂的部位示意图（虚线处）　　图3-29　建筑物高差大而开裂

（2）控制建筑物的长高比　建筑物的长高比是决定结构整体刚度的主要因素。长高比小的建筑物，具有较大的调整不均匀沉降的能力，即使建筑物的沉降很大，也不会产生过大的挠曲，结构不易开裂。长高比大的建筑物，整体刚度差，调整不均匀沉降的能力差，产生的挠曲就大，容易因挠曲过度而开裂，如图3-30所示。经验认为，2、3层及以上的砖承重房屋的长高比不宜大于2.5；对于体型简单、横墙间隔较小、荷载较小的房屋可适当放宽比值，但一般不大于3.0，否则应设置沉降缝。

（3）合理布置纵横墙　地基不均匀沉降的损害主要表现为纵墙的挠曲破坏。因此，一方面要避免纵墙开洞、转折、中断而削弱纵墙刚度；另一方面应尽可能将纵墙与横墙连接，缩小横墙间距，以增加房屋空间刚度，提高调整不均匀沉降的能力。

（4）合理安排相邻建筑物之间的距离　由于邻近建筑物或地面堆载作用，会使建筑物地基的附加应力增加而产生附加沉降。在软弱地基上，建筑物之间距离越近，这种附加沉降越大，越可能使建筑物产生开裂和倾斜。这种影响主要表现为：

1）同期建造的两相邻建筑物之间彼此会影响，特别是当两建筑物轻（低）重（高）差

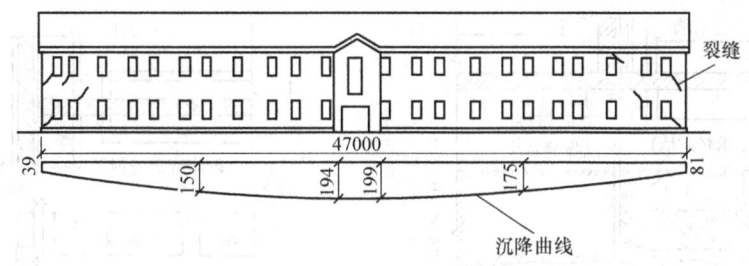

图 3-30 过长建筑物的开裂实例（长高比 7.6）

别较大时，轻（低）建筑物受重（高）建筑物的影响比较大。

2）既有建筑物受临近新建重型或高层建筑物的影响。

为减少相邻建筑物的影响，应使相邻建筑物保持一定的间隔，在软弱地基上建造相邻的新建筑物时，其基础间净距可按表 3-11 采用。

表 3-11 相邻建筑基础间的净距

新建筑的预估平均沉降量 s/mm	被影响建筑的长高比	
	$2.0 \leq L/H_f < 3.0$	$3.0 \leq L/H_f < 5.0$
70 ~ 150	2 ~ 3	3 ~ 6
160 ~ 250	3 ~ 6	6 ~ 9
260 ~ 400	6 ~ 9	9 ~ 12
>400	9 ~ 12	≥12

注：1. 表中 L 为房屋或沉降缝分隔的单元长度（m），H_f 为自基础底面标高算起的房屋高度（m）。
2. 被影响建筑的长高比为 $1.5 < L/H_f < 2.0$ 时，其间净距可适当缩小。

（5）设置沉降缝 用沉降缝可以将建筑物分割成若干独立的沉降单元，这些单元体型简单，长高比小，整体刚度大，荷载变化小，地基相对均匀，自成沉降体系，因此可有效地避免不均匀沉降带来的危害。

沉降缝的位置宜选择在下列部位上：建筑平面的转折部位、建筑高度差异或荷载差异处、长高比过大的砌体承重结构或钢筋混凝土框架结构的适当部位、建筑结构或基础类型不同处、地基土的压缩性有显著差异处或地基处理方法不同处、分期建造房屋的交界处、拟设置伸缩缝处，伸缩缝可兼作沉降缝。

沉降缝应从屋顶到基础把建筑物完全分开，其构造如图 3-31 所示。

沉降缝内不可填塞（寒冷地区为防寒可填松软材料），缝宽以不影响相邻单元的沉降为准，特别应注意避免相邻单元相互倾斜时，在建筑物上方造成挤压损坏。工程中建筑物沉降缝宽度一般可参照表 3-12 选用。

表 3-12 房屋沉降缝宽度

房屋层数	沉降缝宽度/mm
2 ~ 3	50 ~ 80
4 ~ 5	80 ~ 120
>5	≥120

注：当沉降缝两侧单元层数不同时，缝宽按层数大者取值。

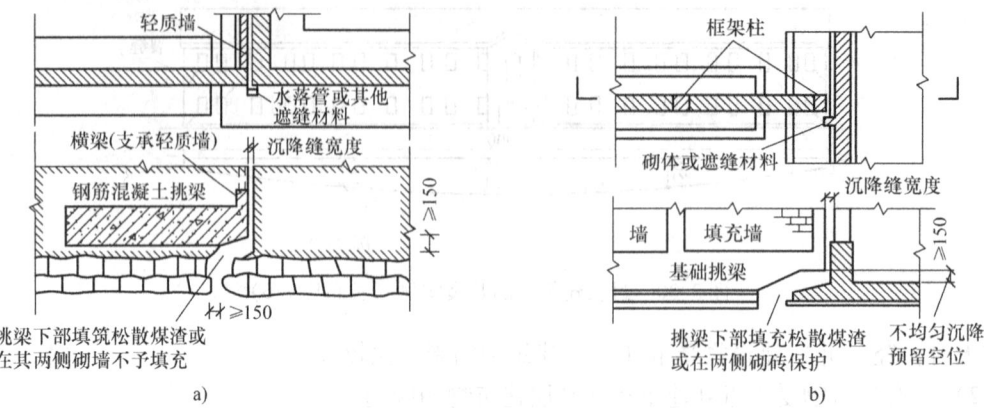

图 3-31 沉降缝构造
a）砖石承重结构条形基础沉降缝构造　b）框架结构沉降缝构造

如果地基很不均匀，或建筑物体型复杂，或高差（或荷载）悬殊造成的不均匀沉降较大，还可考虑将不同的单元拉开一定的距离，中间用能适应自由沉降的构件（如简支或悬挑结构）将它们连接起来，使建筑物分为相对独立的沉降单元，如图 3-32 所示，以减轻建筑物不均匀沉降的危害。

沉降缝的造价较高，且要增加建筑和结构处理上的困难，所以不宜轻率采

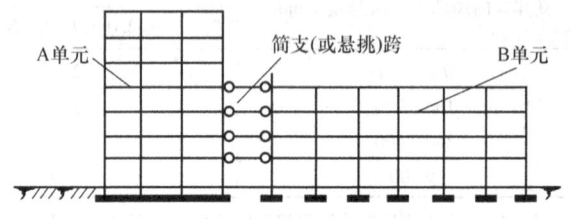

图 3-32 用简支（或悬挑）跨连接单元示意图

用。为了建筑立面易于处理，沉降缝通常与伸缩缝及抗震缝结合起来设置。有防渗要求的地下室一般不宜设置沉降缝。具有地下室和裙房的高层建筑，为减少高层部分和裙房之间的不均匀沉降，常在施工时采用后浇带将两者断开，待两者间后期沉降差能满足设计要求时再连接成整体。

（6）控制与调整建筑物各部分标高　根据建筑物各部分可能产生的不均匀沉降，采取一些技术措施，控制与调整各部分标高，减轻不均匀沉降对使用上的影响：适当提高室内地坪和地下设施的标高；对结构或设备之间部分，适当将沉降大者的标高提高；在建筑物与设备之间预留足够的净空；有管道穿过建筑物时，要预留足够尺寸的孔洞或采用柔性管道接头。

2. 结构措施

（1）减轻建筑物的自重　一般的，建筑物的自重占总荷载的 50%~70%，因此在软土地基上建造建筑物时，应尽量减小建筑物自重，有如下一些措施可以选取：

1）选用轻质墙体材料，如加气砖、多孔砖、轻质隔墙等。

2）选用轻型结构，如预应力钢筋混凝土结构、轻型钢结构（如悬索结构、充气结构等）和其他轻质高强材料结构。

3）采用覆土少、自重轻的基础形式，如空心基础、壳体基础、浅埋基础等。

（2）减小或调整基底的附加压力　设置地下室或半地下室，利用挖除的土重去补偿一

部分甚至全部建筑物的重量,有效地减少基底的附加应力,起到均匀和减小沉降的目的。此外,也可通过调整建筑与设备荷载的部位以及改变基底尺寸的方法,来达到控制与调整基底应力、改变不均匀沉降的目的。

(3) 增强基础刚度 在软弱和不均匀的地基上采用整体刚度较大的十字交叉条形基础、筏形和箱形基础,提高基础的抗变形能力,以调整不均匀沉降。

(4) 采用对不均匀沉降不敏感的结构 砌体承重结构、框架结构对不均匀沉降很敏感。而铰接排架、三角拱等结构,当地基发生不均匀沉降时,不会给结构带来过大的附加应力,可避免结构产生开裂等危害。不过,这类结构形式通常只适用于单层工业厂房、仓库和某些公共建筑。必须注意,即使采用了这些结构,严重的不均匀沉降对于屋盖系统、维护结构、吊车梁及各种纵横联系构件等还是有害的,因此,应考虑采取相应的防范措施,例如,避免用连续吊车梁及刚性屋面防水层、墙内加设圈梁等。

(5) 设置圈梁 设置圈梁可增强砖石承重墙房屋的整体性,提高墙体的抗挠、抗拉、抗剪的能力,是防止墙体裂缝产生与发展的有效措施,在地震区还起到抗震作用。

圈梁有两种,一种是现浇的钢筋混凝土梁,如图 3-33a 所示,宽度一般与墙厚相同,高度不小于 120mm,混凝土强度等级不低于 C20,纵向钢筋不宜少于 4φ8,绑扎接头的搭接长度按受力钢筋考虑,箍筋间距不大于 300mm。另一种是钢筋砖圈梁,如图 3-33b 所示,即在水平灰缝内夹筋形成钢筋砖带,高度为 4~6 皮砖,用 M5 砂浆砌筑,水平通长配筋不宜少于 6φ6,水平间距不宜大于 120mm,分上、下两层设置。

因为墙体可能受到正向和反向的挠曲,一般在建筑物上下各设置一道圈梁,下道圈梁可设在基础顶面,上道圈梁可设在顶层门窗以上(可同时作为过梁)。多层建筑圈梁数可相应增加。圈梁在平面上应成闭合系统,贯通外墙、承重内纵墙和内横墙,以增强建筑物整体性。如果遇到墙体开洞,应在洞的上方增设加强圈梁,按图 3-34 所示的要求处理。

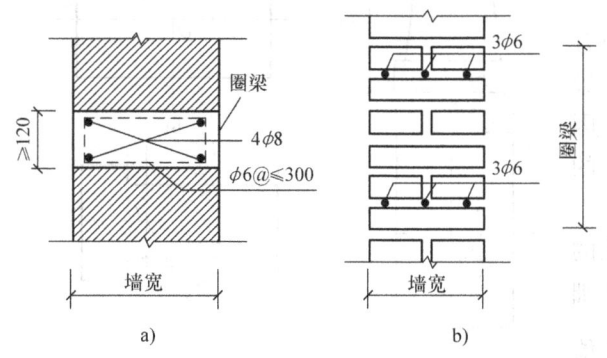

图 3-33 圈梁截面示意图
a) 钢筋混凝土圈梁   b) 钢筋砖圈梁

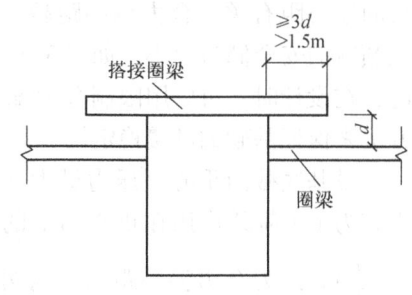

图 3-34 圈梁被墙洞中断时的处理

3. 施工措施

对于灵敏度较高的软黏土,在施工时应注意不要破坏其原状结构,在浇筑基础前须保留约 200mm 覆盖土层,待浇筑基础时再清除。若地基土受到扰动,应注意清除扰动土层,并铺上一层粗砂(或碎石),压实后再在砂(或碎石)垫层上浇筑混凝土。

当建筑物各部分高低差别很大或荷载大小悬殊时,可采取预留施工缝的办法,并按照先高后低、先重后轻的原则安排施工顺序；待预留缝两侧的结构建成且沉降基本稳定后再浇筑封闭施工缝，把建筑物连成整体结构。必要时还要在高或重的建筑物竣工之后，间歇一段时间再建低或轻的建筑物，这样可达到减少部分沉降差的目的。

此外，施工时还需特别注意减少基础开挖时，由于井点排水、施工开挖、施工堆载等可能对邻近建筑物造成的附加沉降。

3.7 水平荷载作用下地基与基础的稳定性

承载力验算，实际上只验算了竖向荷载作用下地基与基础的稳定性，而未涉及水平荷载的作用。对经常承受水平荷载的建筑物，如高层建筑、高耸建筑、水工建筑物、挡土结构物等，地基与基础的稳定问题可能成为地基基础验算的主要问题。

3.7.1 基础稳定性验算

在水平和竖向荷载共同作用下，基础破坏的形式有两种：一种是倾覆或倾斜，另一种是沿基底产生表层滑动。

1. 基础倾覆稳定性验算

除了地基的强度和变形原因外，基础倾覆或倾斜往往发生在承受较大的单向水平推力而其合力作用点又离基础底面的距离较高的结构物上，如挡土墙或高桥台受侧向土压力作用，大跨度拱桥在施工中墩、台受到不平衡的推力，以及在多孔拱桥中一孔被毁等，此时在单向恒载推力作用下，均可能引起墩、台连同基础的倾覆和倾斜。

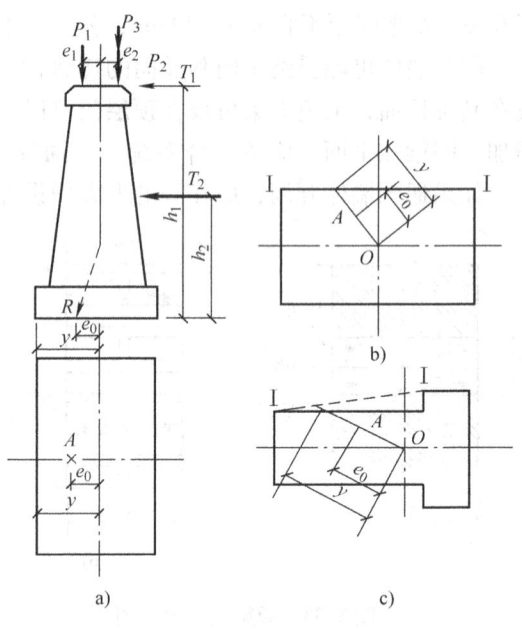

理论和实践证明，基础倾覆稳定性与合力的偏心距有关。合力偏心距越大，则基础抗倾覆的安全储备越小，如图 3-35 所示。因此，在设计时，可以用限制合力偏心距 e_0 的方法来保证基础的倾覆稳定性。

设基底截面重心至压力最大一边边缘的距离为 y（荷载作用在重心轴上的矩形基础 $y = \dfrac{b}{2}$），外力合力偏心距 e_0，则两者的比值 K_0 可反映基础倾覆稳定性的安全度，K_0 称为抗倾覆稳定系数，即

图 3-35 基础倾覆稳定性分析

$$K_0 = \frac{y}{e_0} \tag{3-24}$$

$$e_0 = \frac{\sum P_i e_i + \sum T_i h_i}{\sum P_i}$$

式中 P_i——各竖直分力；

e_i——相应于各竖直分力 P_i 作用点至基础底面形心轴的距离;

T_i——各水平分力;

h_i——相应于各水平分力作用点至基底的距离。

不同的荷载组合,在不同的设计规范中,对抗倾覆稳定系数 K_0 的允许值均有不同要求,一般对主要荷载组合要求 $K_0 \geq 1.5$,对各种附加荷载组合要求 $K_0 \geq 1.1 \sim 1.3$。

2. 基础滑动稳定性验算

基础在水平推力作用下沿基础底面滑动的可能性即基础抗滑动安全度的大小,可用基底与土之间的摩擦阻力和水平推力的比值 K_c 来表示,K_c 称为抗滑动稳定系数(见图3-36),即

$$K_c = \frac{\mu \sum P_i}{\sum T_i} \quad (3-25)$$

式中 μ——基础底面(砌体材料)与地基之间的摩擦系数,可参考表3-13选取。

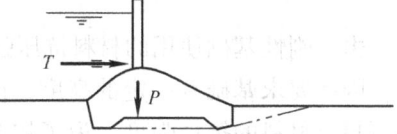

图3-36 基础表层滑动

表3-13 基础与地基土的摩擦系数

土 的 类 别		摩擦系数 μ
黏性土	可塑	0.25~0.30
	硬塑	0.30~0.35
	坚硬	0.35~0.45
粉土	$S_r \leq 0.5$	0.30~0.40
中砂、粗砂、砾砂		0.40~0.50
碎石土		0.40~0.60
软质岩石		0.40~0.60
表面粗糙的硬质岩石		0.65~0.75

求得的抗滑动稳定系数 K_c 值,必须大于规范规定的设计允许值,一般根据荷载性质,$K_c \geq 1.2 \sim 1.3$。

3.7.2 地基稳定性验算

在水平力和竖向力共同作用下地基稳定性验算主要是防止土层深层整体滑动破坏,可按土坡稳定分析方法(即用圆弧滑动面法)来进行验算(见图3-37)。稳定安全系数 F_s 指作用于最危险的滑动面上诸力对滑动中心产生的抗滑力矩与滑动力矩的比值,其值应满足下式要求

$$F_s = \frac{M_R}{M_S} \geq 1.2 \quad (3-26)$$

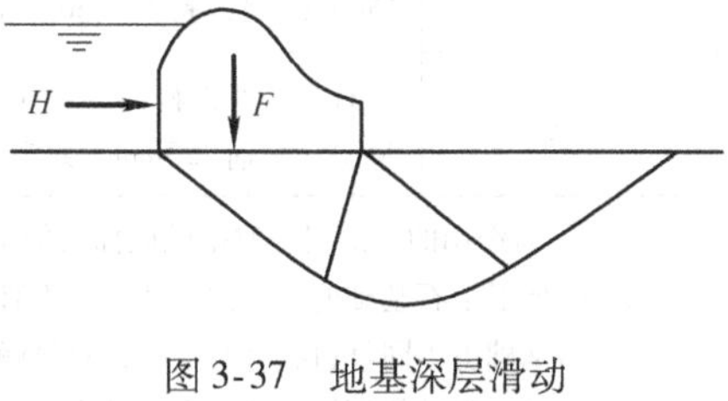

图3-37 地基深层滑动

式中 M_R——抗滑力矩(kN·m);

M_S——滑动力矩(kN·m)。

位于斜坡上的建筑物,如果基础底面外边线与坡顶之间的水平距离不满足要求时,也必须验算地基的稳定性。

3.8 刚性基础设计

刚性基础稳定性好,施工简便,能承受较大的荷载,适用于6层和6层以下的一般民用建筑和砌体承重的轻型厂房(三合土基础不宜超过4层)。超过此范围时,必须验算基础强度。

3.8.1 刚性基础的宽高比概念及高度的确定

由于刚性基础使用的材料抗压强度高,而抗拉和抗剪强度很低,受弯后容易发生弯曲破坏,因此要求基础有一定的高度,使弯曲产生的拉应力不超过材料的抗拉强度。为了控制刚性基础的弯曲拉伸破坏,通常要使基础的外伸长度(台阶宽度)b_t 和基础高度(台阶高度)h(见图3-38)的比值不超过规定的允许比值,而无须进行内力分析和截面强度计算。各种刚性基础所容许的台阶宽度与基础高度比(简称宽高比)b_t/h 值见表3-14。从表可见,刚性角或台阶的宽高比与基础的材料强度和基底应力有关。

从图3-38可以看出,$b_t/h = \tan\alpha$。b_t/h 允许值相应的角度 α 称基础的刚性角。

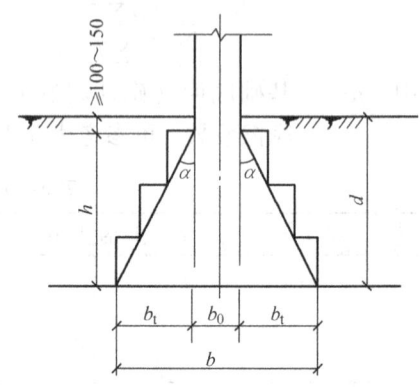

图3-38 无筋扩展基础的刚性角

表3-14 无筋扩展基础台阶宽高比的允许值

基础材料	质量要求	台阶宽高比的允许值		
		$p_k \leq 100$	$100 < p_k \leq 200$	$200 < p_k \leq 300$
混凝土基础	C15 混凝土	1:1.00	1:1.00	1:1.25
毛石混凝土基础	C15 混凝土	1:1.00	1:1.25	1:1.50
毛石基础	砂浆不低于 M5	1:1.25	1:1.50	—
砖基础	砖不低于 MU10,砂浆不低于 M5	1:1.50	1:1.50	1:1.50
灰土基础	体积比3:7或2:8的灰土,其最小干密度:粉土 1550kg/m³,粉质黏土 1500kg/m³,黏土 1450kg/m³	1:1.25	1:1.50	—
三合土基础	石灰:砂:骨料体积比1:2:4~1:3:6,每层约虚铺220mm,夯实至150mm	1:1.50	1:2.00	—

注:1. p_k 为作用的标准组合时基础底面处的平均压力值(kPa)。
    2. 阶梯形毛石基础的每阶伸出宽度,不宜大于200mm。
    3. 当基础由不同材料叠合组成时,对接触部分应进行抗压验算。
    4. 混凝土基础单侧扩展范围内基础底面处的平均压力值超过300kPa时,还应进行抗剪验算,对基底反力集中于立柱附近的岩石地基,应进行局部受压承载力验算。

为了满足刚性角要求,也为了便于施工,刚性基础一般做成台阶形,如图3-39所示。台阶的坡顶和坡顶不应落在刚性角范围内,最好落在刚性角对应的斜线上,超出刚性角斜线则显得不经济。

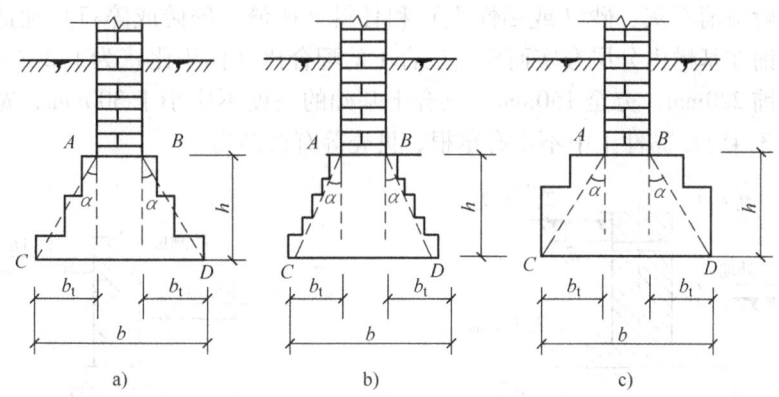

图 3-39 刚性角的合理设计
a) 不安全 b) 正确设计 c) 不经济

根据以上刚性角的限制，可以得到基础高度的计算式

$$h \geq \frac{b_t}{\tan\alpha} = \frac{b - b_0}{2\tan\alpha} \tag{3-27}$$

式中 b_t——基础一侧的悬挑距离；

b——基础底面宽度；

b_0——基础顶面的墙体或柱脚宽度；

$\tan\alpha$——基础刚性角决定的台阶宽高比，根据表 3-13 选用。

按照该式计算的基础高度，还需要满足刚性基础最小高度的构造或施工要求，且基础高度不得超过基础埋深且满足基础大放脚顶面低于室外地面 0.1m 的要求。一般刚性基础多为混合基础，即下部为一种刚性基础，上部又是另一种刚性基础，甚至是多种形式刚性基础的组合，则每一种形式刚性基础都应满足相应的刚性角要求。

3.8.2 刚性基础的类型及构造

1. 灰土基础

我国华北和西北地区，环境比较干燥，且冻胀性较小，常采用灰土基础。灰土是经过消解的石灰和黏性土按一定比例加适量的水拌和并分层夯实而成。其配合比为 3:7 或 2:8，一般采用 3:7，即 3 份石灰 7 份黏性土，通常称为"三七灰土"。每层虚铺 220~250mm，夯至 150mm。夯实时灰土应控制最优含水量，其最小干密度要求为：粉土 1550kg/m³，粉质土 1500kg/m³，黏土 1450kg/m³。灰土基础的高度不应小于 300mm，对墙下条形基础不应小于 500mm，对柱下独立基础其底面尺寸不应小于 700×700mm。

灰土在水中硬化慢，早期强度低，抗水性差；此外，灰土的早期的抗冻性也较差。灰土基础一般只用于地下水位以上。

灰土基础一般与砖、砌石、混凝土等材料配合使用，做在基础的下部，厚度通常是 300~450mm（2 步或 3 步），如图 3-40 所示，台阶宽高比为 1/1.5。由于基槽边角处灰土不容易夯实，所以用灰土基础时，实际的施工宽度应该比计算宽度每边各放出 50mm 以上。

2. 三合土基础

三合土一般由消石灰、砂（或黏性土）和骨料（矿渣、碎砖或碎石）加适量的水充分搅拌均匀后，铺在基槽内分层夯实而成。三合土的配合比（体积比）为 1:2:3 或 1:3:6，在基槽内每层虚铺 220mm，夯至 150mm。三合土基础的高度不应小于 300mm，宽度不应小于 700mm（见图 3-41）。黏性土中不得有草根、贝壳等有机杂物。

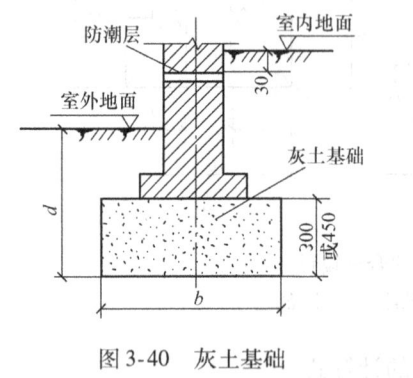

图 3-40　灰土基础

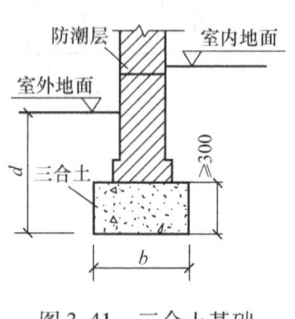

图 3-41　三合土基础

3. 砖基础

砖基础的强度和抗冻性较差，但取材容易，价格低廉，目前仍应用很广泛。砖基础适用于 5 层及 5 层以下混合结构的墙下基础。砖基础所用的砖和砂浆的强度等级，根据地基土的潮湿程度和地区的寒冷程度而有不同的要求。地面以下或防潮层以下的砖砌体，所用材料的强度等级不得低于表 3-15 规定的数值。此外，用石灰及砂制成的灰砂砖和其他轻质砖均不得用于基础。

表 3-15　基础用砖、石料及砂浆的最低强度等级

地基的潮湿程度	烧结普通砖，蒸压灰砂砖		石料	混凝土砌块	水泥砂浆
	严寒地区	一般地区			
稍潮湿的	MU10	MU10	MU30	MU7.5	M5
很潮湿的	MU15	MU10	MU30	MU7.5	M7.5
含水饱和的	MU20	MU15	MU40	MU10	M10

砖的尺寸规整，容易砌成各种形状的基础。基础底面尺寸和基础高度均应符合砖的模数。砖基础大放脚的砌法有两种，一种按台阶的宽高比为 1/2 来砌，称为"两皮一收"砌法（等高式），即每砌两皮砖（120mm），每边内收 1/4 砖长，如图 3-42a 所示；另一种是按台阶的宽高比为 1/1.5 来砌，称为"两皮一收与一皮一收相间"砌法（间隔式），即从基础底面起，先砌两皮砖，内收 1/4 砖长（60mm），再砌一皮砖，内收 1/4 砖长，再砌两皮砖，依此规律，两皮与一皮交替向上砌筑，如图 3-42b 所示。

为了得到一个平整的基槽底面，可在槽底先浇筑 100~200mm 厚的素混凝土垫层；混凝土垫层伸出宽度与其高度之比也应满足刚性混凝土基础刚性角要求，图 3-42 中为（50~100）/100 = 1:2~1:1，符合表 3-13 中的规定。对于低层房屋也可在槽底打两步（300mm）三七灰土，代替素混凝土垫层。

为防止土中水分沿砖基础上升，可在室内地面以下 60mm 左右处的砖基础中铺设防潮

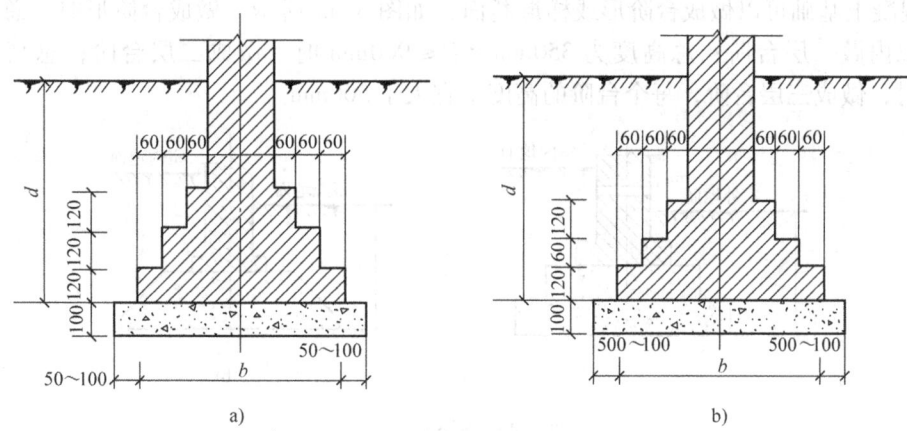

图 3-42 砖基础
a) $b_t/h = 1/2$ b) $b_t/h = 1/1.5$

层,如图 3-43 所示。防潮层可以是 20~30mm 厚掺有防水剂的 1:3 水泥砂浆;也可以铺设沥青油毡。

4. 砌石(毛石)基础

料石、毛石有相当高的抗压强度和抗冻性,是良好的基础材料。特别是在山区,石料可以就地取材,应当充分利用。用作基础的石料要选用质地坚硬、不易风化的岩石,石块的最小厚度不宜小于 150mm,石料的强度等级应满足表 3-15 中的要求。

台阶形的砌石基础每台阶至少有两层砌石,所以每个台阶的高度要求不小于 300mm,一般是 400~600mm,为了保证上一层砌石能压紧下一层砌石,每个台阶伸出的长度不应大于 150(200)mm,如图 3-44 所示。按此要求制作的台阶断面砌石基础,实际的刚性角小于允许的刚性角,因此往往要求基础有比较大的高度。有时为了减少基础的高度,可以把断面做成梯形。

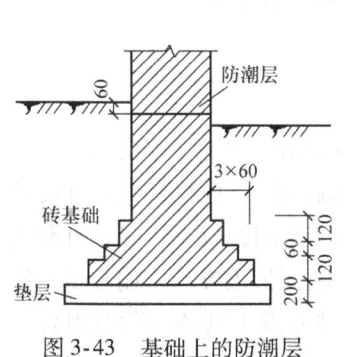

图 3-43 基础上的防潮层

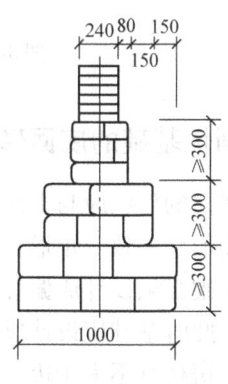

图 3-44 砌石基础

5. 素混凝土基础

混凝土是修筑基础最常用的材料,它的优点是强度高、耐久性好,可浇筑成任意形状的砌体,混凝土强度等级一般不宜小于 C15。对于大体积混凝土基础,为了节约水泥用量,可掺入不多于砌体体积 25% 的片石(称片石混凝土)。

素混凝土基础可以做成台阶形或梯形断面,如图 3-45 所示。做成台阶形时,总高度在 350mm 以内做一层台阶;总高度为 350mm < H ≤ 900mm 时,做成二层台阶;总高度大于 900mm 时,做成三层台阶,每个台阶的高度不宜大于 500mm。

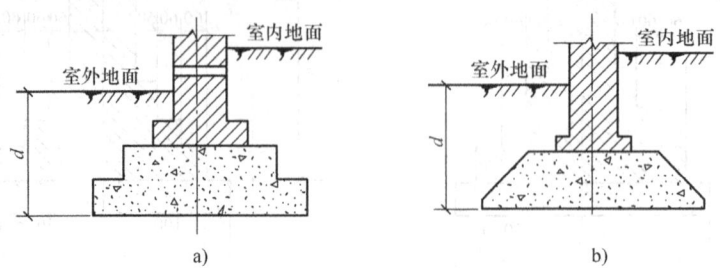

图 3-45 混凝土基础
a) 台阶式 b) 角锥式

采用刚性基础的钢筋混凝土柱,其柱脚高度 h_1 不得小于 b_1(见图 3-46),且不应小于 300mm 以及不小于 20d(d 为柱中纵向受力钢筋的最大直径)。当柱纵向钢筋在柱脚内的竖向锚固长度不满足锚固要求时,可沿水平方向弯折,弯折后的水平锚固长度不得小于 10d,也不应大于 20d。

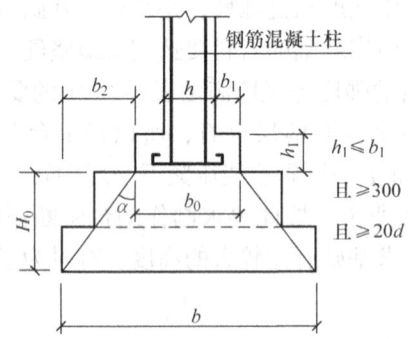

图 3-46 钢筋混凝土柱与刚性基础的连接要求

3.8.3 刚性基础的底面形状和尺寸

基础底面的形状应与上部结构相适应。一般墙下基础为条形,柱下基础为方形或矩形,并与柱截面形状一致。矩形长宽比多为 1~2,最大不超过 3。应尽量把基础设计成轴心受压状态;若基础必须设计成偏心状态,如两相邻柱基或墙基间距较小,或是有起重机的工业厂房柱基等,此时基础应设计成单向偏心,且偏心位于底面长边方向,偏心距一般控制在一定范围,即厂房柱基不大于边长的 1/6。对于低压缩土地基或个别特殊荷载组合,可放宽至边长的 1/4 以内。

为了节省材料和平整,刚性基础底部常浇筑一个垫层,一般用灰土、三合土或素混凝土为材料,厚度大于或等于 100mm。薄的垫层不作为基础考虑,对于厚度为 150~250mm 垫层,可以作为基础的一部分来考虑。但若垫层材料的强度小于基础材料,需对垫层进行抗压验算。

受台阶宽高比的限制，当基底宽度较大时，基础的高度就较大，从而要求基础的埋深就大，反而不经济，这时可以选择刚性角较大的刚性基础类型，如仍不满足，则应选择钢筋混凝土基础。一般情况下，当基底宽度超过2.5m时，不宜采用刚性基础。

【例3-6】 某承重砖墙厚240mm，基础的埋深为1.5m，上部结构传来的竖向压力 $F_k = 200$ kN/m。地基持力层为粉质黏土，天然重度 $\gamma = 17.5$ kN/m³，孔隙比 $e = 0.84$，液性指数 $I_L = 0.76$，地基承载力特征值 $f_{ak} = 150$ kPa，地下水位在基础底面以下。试设计此基础。

【解】 本基础为条形基础，取1m长进行计算分析。

（1）求修正地基承载力特征值

先假定基础宽度 $b \leqslant 3m$。粉质黏土，$e = 0.84$，$I_L = 0.76$，均小于0.85，查表3-6，$\eta_b = 0.3$，$\eta_d = 1.6$，则

$$f_a = f_{ak} + \eta_d \gamma_m (d - 0.5) = [150 + 1.6 \times 17.5 \times (1.5 - 0.5)] \text{kPa} = 178 \text{kPa}$$

（2）条形基础，求基础底面尺寸也就是求基础宽度 b

$$b \geqslant \frac{F_k}{f_a - \gamma_G d} = \frac{200}{178 - 20 \times 1.5} \text{m} = \frac{200}{148} \text{m} = 1.35 \text{m}$$

先取 $b = 1.40$ m（应为半砖长的整数倍），因为1.40m < 3m，符合假设，因此不需要返回进行承载力特征值的宽度修正。

（3）求基底压力，确定台阶宽高比的允许值

$$\text{基底压力} \, p_k = \frac{F_k + G_k}{A} = \frac{200 + 20 \times 1.5 \times 1.0 \times 1.4}{1.4 \times 1.0} \text{kPa} = \frac{242}{1.4} \text{kPa} = 172.86 \text{kPa}$$

可见 $100 \text{kPa} < p_k \leqslant 200 \text{kPa}$。

查表3-12，基础台阶宽高比为：如采用混凝土1:1，采用砖基础1:1.5，采用三合土基础1:2，采用灰土基础1:1.5。

（4）采用砖基础设计

采用最常见的砖基础设计，大放脚砖基础的顶部及底部宽度、高度均必须符合砖的模数要求。选择砖基础大放脚的顶部的宽度等于墙厚240mm，底部宽度为1440mm，按照 $b_t/h = 1:1.5$ 的宽高比，$b_t = (1440 - 240)\text{m}/2 = 600$ mm，则砖基础大放脚部分的高度 $h = 1.5 \times 600 \text{mm} = 900 \text{mm} < d = 1500 \text{mm}$，可以满足基础埋深的要求。

因此，采用砖基础形式，砌筑采用"两皮一收与一皮一收相间"砌法，底部宽度1440mm，大放脚部分高度900mm，大放脚部分的台阶宽高比1:1.5。基础底面下设置100mm的C10素混凝土垫层，垫层每边宽出基础底边100mm（满足 $100 \text{kPa} < p_k \leqslant 200 \text{kPa}$ 条件下，混凝土刚性角1:1的要求），即垫层宽度1640mm，垫层的宽度和高度都不计入基础的宽度和埋深范围之中。

3.9 扩展基础设计

扩展基础指柱下钢筋混凝土独立基础和墙下钢筋混凝土条形基础。由于采用钢筋承担弯曲所产生的拉应力，可以不满足刚性角的要求，基础高度可以较小，但基础需要满足抗弯、抗剪和抗冲切破坏的要求。钢筋混凝土扩展基础的高度由混凝土的抗剪或抗冲切条件确定，基础底板的受力钢筋由基础验算截面的抗弯能力确定；进行基础截面设计时，应采用不计基

础与上覆土重的地基净反力计算。

3.9.1 扩展基础的构造要求

现浇柱下钢筋混凝土独立基础和墙下条形基础一般做成锥形和台阶形,如图3-47所示。主要构造要求如下。

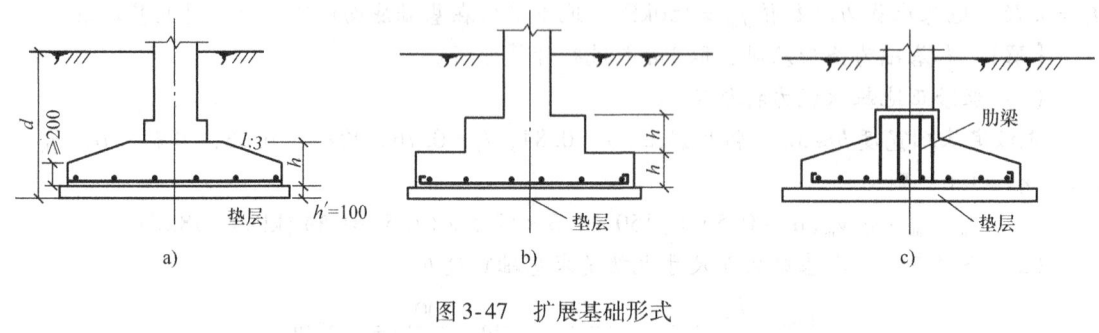

图 3-47 扩展基础形式
a) 锥形　b) 台阶形　c) 加肋梁

1. 垫层

钢筋混凝土基础底板下一般需浇筑一层厚度不宜小于70mm混凝土垫层,一般取100mm;混凝土等级不宜低于C10;每边应宽出基础底板50~100mm。它既是基础底板钢筋绑扎的工作面,又可保证基础底板的质量,并保护地基土不被扰动。

2. 底板

现浇钢筋混凝土基础底板厚度除按计算确定外,还应满足构造要求。锥形基础的边缘高度不宜小于200mm,锥台坡度不宜大于1:3,底板顶部每边应沿柱边放出50mm。台阶形基础每阶高度宜为300~500mm,当基础高度大于或等于600mm,而小于900mm时,基础分两阶;当基础高度大于或等于900mm时,则分为三阶。

扩展基础底板受力钢筋直径不应小于10mm,一般取10~16mm;间距不应大于200mm,也不应小于100mm。受力钢筋的最小配筋率不应小于0.15%。柱下钢筋混凝土独立基础双向配置受力钢筋。墙下钢筋混凝土条形基础横向配置受力钢筋,纵向配置分布钢筋,分布钢筋的直径不应小于8mm,间距不应大于300mm,每延米分布筋的面积不应小于受力钢筋面积的15%。当柱下钢筋混凝土独立基础的边长和墙下钢筋混凝土条形基础的宽度大于或等于2.5m时,底板受力钢筋的长度可取边长或宽度的0.9倍,并宜交错布置(见图3-48a)。

基础混凝土强度等级不应低于C20。当有垫层时,钢筋保护层厚度不应小于40mm,没有垫层时不应小于70mm。

钢筋混凝土条形基础底板在T形及十字形交接处,底板横向受力钢筋仅沿一个主要受力方向通长布置,另一个方向的横向受力钢筋可布置到主要受力方向底板宽度的1/4处,在拐角处底板横向受力钢筋应沿两个方向布置(见图3-48b)。

3. 现浇柱下钢筋混凝土独立基础与柱的连接

现浇柱下独立基础,其插入基础中的钢筋(插筋)的数量、直径及钢筋的种类应与柱内的纵向受力钢筋相同。插入基础中的钢筋,上下至少应有两道箍筋固定。插筋的下端宜做成直钩放在基础底板钢筋网上(见图3-49)。当符合下列条件之一时,可仅将四角的插筋伸

至底板钢筋网上,其余插筋固定在基础顶面下 l_a 或 l_{aE}(有抗震设防要求)处:

1)柱为中心受压或小偏心受压,基础高度大于或等于1200mm。
2)柱为大偏心受压,基础高度大于或等于1400mm。

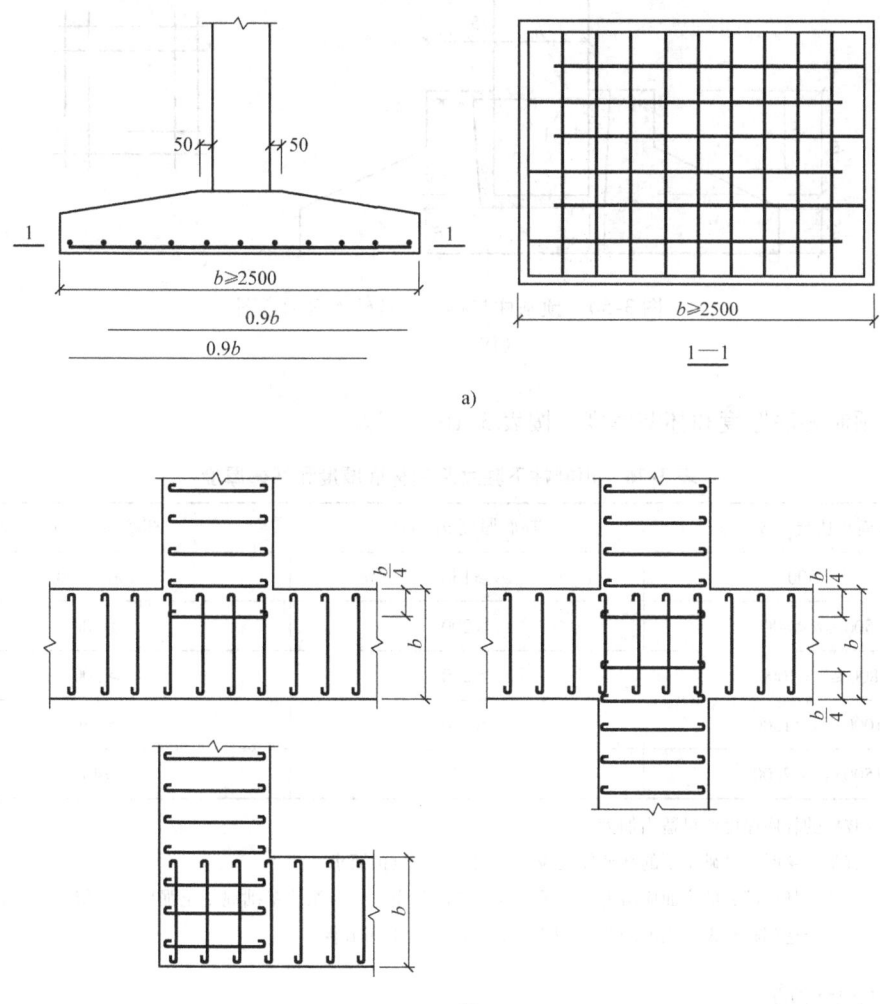

图 3-48 扩展基础底板受力钢筋布置示意图
a)柱下独立基础 b)柱下条形基础

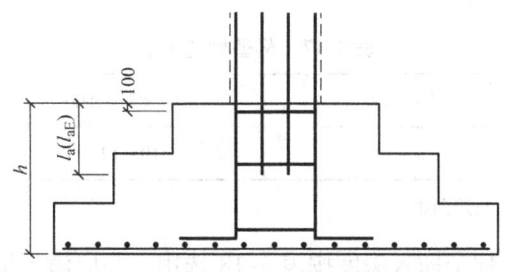

图 3-49 现浇柱下独立基础中的插筋构造示意图

4. 预制杯口基础及其与柱的连接

预制杯形钢筋混凝土基础及其与柱的连接,如图 3-50 所示,主要构造要求如下:

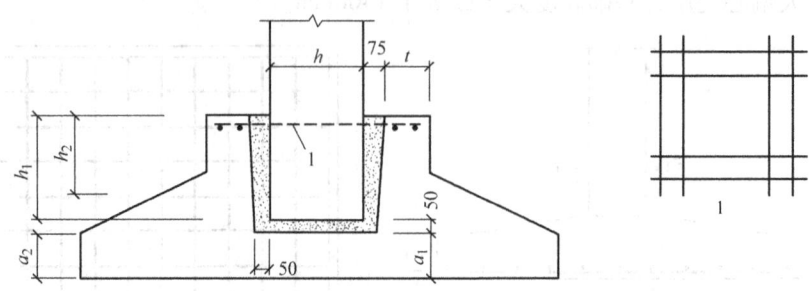

图 3-50 预制柱与杯口形基础连接示意图
(注:$a_2 > a_1$)

(1) 预制杯底厚度和杯壁厚度 按表 3-16 选用。

表 3-16 预制柱下独立基础杯底厚度和杯壁厚度

柱截面长边尺寸 h/mm	杯底厚度 a_1/mm	杯壁厚度 t/mm
$h < 500$	≥150	150~200
$500 ≤ h < 800$	≥200	≥200
$800 ≤ h < 1000$	≥200	≥300
$1000 ≤ h < 1500$	≥250	≥350
$1500 ≤ h < 2000$	≥300	≥400

注:1. 双肢柱的杯底厚度值可适当加大。
  2. 当有基础梁时,基础梁下的杯壁厚度应满足其支承宽度的要求。
  3. 柱子插入杯口部分的表面应凿毛,柱子与杯口之间的空隙,应用比基础混凝土强度高一级的细石混凝土充填密实,当达到材料设计强度的 70% 以上时,方能进行上部吊装。

(2) 杯壁配筋

1) 当柱为中心受压或小偏心受压,且 $t/h_2 ≥ 0.65$ 时,或大偏心受压,且 $t/h_2 ≥ 0.75$ 时,杯壁可不配筋。

2) 当柱为中心受压或小偏心受压,且 $0.5 ≤ t/h_2 < 0.65$ 时,杯壁可按表 3-17 构造配筋。

3) 其他情况下,按计算配筋。

表 3-17 杯壁构造配筋

柱截面长边尺寸/mm	$h < 1000$	$1000 ≤ h < 1500$	$1500 ≤ h < 2000$
钢筋直径/mm	8~10	10~12	12~16

注:表中钢筋置于杯口顶部,每边两根。

(3) 柱子插入深度 柱子插入深度按表 3-18 选用,并应满足锚固长度的要求和吊装时柱子的稳定性要求。

表 3-18 柱子插入预制基础中的深度

矩形或工字形柱				双肢柱
h < 500	500 ≤ h < 800	800 ≤ h < 1000	h > 1000	
h ~ 1.2h	h	0.9h 且 ≥ 800	0.8h 且 ≥ 1000	(1/3 ~ 2/3) h_a，(1.5 ~ 1.8) h_b

注：1. h 为柱截面长边尺寸，h_a 为双肢柱全截面长边尺寸，h_b 为双肢柱全截面短边尺寸。
2. 柱为中心受压或小偏心受压时，插入深度可适当减小，偏心距大于 $2h$ 时，插入深度应加大。

3.9.2 墙下钢筋混凝土条形基础结构设计

墙下钢筋混凝土条形基础一般用于单层或多层砌体结构中，并广泛应用于多层及小高层钢筋混凝土剪力墙结构的房屋中。

墙下钢筋混凝土条形基础的截面设计包括确定底面宽度、高度和底板配筋。底面宽度采用与刚性基础相同的方法，根据地基承载力和对沉降的要求确定。基础底板厚度及配筋需要对基础进行受力情况分析后计算确定。基础受荷载作用时，如同倒置的悬臂梁，如图 3-51 所示，悬臂梁在基底净反力（扣除基础自重及基础上回填土重后相应于荷载效应基本组合时的地基土单位面积反力）作用下，基础底板将发生向上的弯曲变形，截面 I—I 产生设计弯矩 M。当配筋不足时，底板会因弯矩过大而沿截面 I—I 开裂。同时，在基底净反力作用下，截面 I—I 产生剪力 V，截面外侧会产生向上的错动趋势。实验及理论分析表明，在剪力作用下，当基础厚度不够时，底板会产生斜向裂缝。因此，基础底板应有足够的厚度和配筋。

根据以往工程经验，基础高度可初步取基础宽度的 1/8，一般为 700 ~ 1700mm，再经抗剪验算确定。基础底板的受力钢筋面积由基础验算截面的抗弯能力确定，而分布钢筋面积按照受力钢筋面积的一定比例

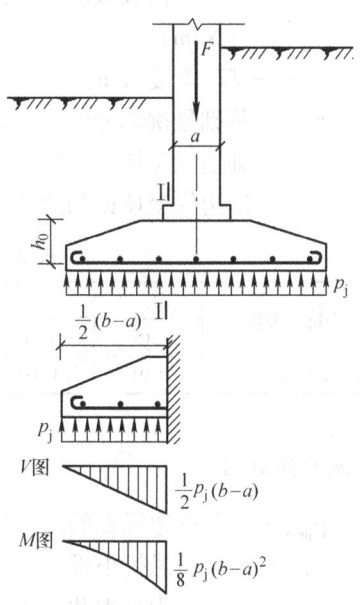

图 3-51 墙下条形基础的验算截面

取值，具体钢筋直径及根数应根据相关钢筋直径和间距要求确定。钢筋混凝土条形基础一般可按平面应变问题处理，在长度方向可取单位长度（一般取 1m）计算。验算时按基底净反力分布，计算危险截面处的剪力 V 和弯矩 M。

1. 根据抗剪能力确定基础高度

墙下钢筋混凝土条形基础内不配置箍筋和弯起钢筋，按受弯构件斜截面的受剪承载力应满足下式要求

$$V_s \leq 0.7\beta_{hs} f_t b' h_0 \tag{3-28}$$

$$\beta_{hs} = \left(\frac{800}{h_0}\right)^{\frac{1}{4}} \tag{3-29}$$

式中 f_t——混凝土轴心抗拉强度设计值（N/mm²），见表 3-19；

h_0——基础的有效高度（mm）;

β_{hs}——受剪切承载力截面高度影响系数，当 $h_0 < 800\text{mm}$ 时，取 $h_0 = 800\text{mm}$，当 $h_0 > 2000\text{mm}$ 时，取 $h_0 = 2000\text{mm}$;

b'——抗剪截面的宽度，对条形基础，一般取 $b' = 1\text{m}$ 进行分析；

V_s——相应于作用的基本组合时，验算截面的剪力设计值，计算荷载不包括基础自重及其上的土重（kN），等于平均净反力乘以Ⅰ—Ⅰ截面左边单元的底面积，轴心荷载时

$$V_s = p_j \times (b_t \times 1) = p_j b_t \tag{3-30}$$

式中 p_j——基底的单位面积净反力（kPa），即不考虑基础自重及其上覆土重时的地基反力，$P_j = \dfrac{F}{b}$;

F——相应于荷载效应基本组合时上部结构传至条形基础顶面单位长度上的竖向力值（kN/m）;

b——基础宽度（m）;

b_t——基础悬挑部分的长度，即基础外缘至墙面的距离，当墙体材料为混凝土时为基础边缘至墙脚的距离，当墙体材料为砖墙，且墙脚伸出不大于1/4砖长时为基础边缘至墙面的距离。

表 3-19 混凝土轴心抗拉强度设计值

轴心抗拉强度	混凝土强度等级							
	C15	C20	C25	C30	C35	C40	C45	C50
$f_t / \text{N} \cdot \text{mm}^{-2}$	0.91	1.10	1.27	1.43	1.57	1.71	1.80	1.89

偏心荷载时

$$V_s = \frac{(p_{j\max} + p_{jb})}{2}(b_t \times 1) \tag{3-31}$$

式中 $p_{j\max}$——基础边缘处的最大地基净反力（kPa）;

p_{jb}——基础悬挑根部的地基净反力（kPa），可根据相似三角形，如图 3-52 所示，表达为最大和最小地基净反力的函数：

$$p_{jb} = p_{j\min} + (p_{j\max} - p_{j\min})\frac{b - b_t}{b} = p_{j\max} - (p_{j\max} - p_{j\min})\frac{b_t}{b} \tag{3-32}$$

式中 $p_{j\min}$——基础边缘处的最小地基净反力（kPa）。

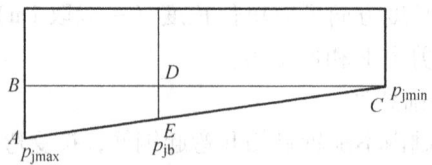

图 3-52 偏心荷载下基础根部地基净反力求解示意图

将受剪承载力公式变形后可以得到

$$h_0 \geqslant \frac{V_s}{0.7\beta_{hs} f_t b'} \tag{3-33}$$

当取 $b' = 1\text{m}$，$h \leqslant 800\text{mm}$ 时，可得

$$h_0 \geqslant \frac{V_s}{0.7f_t} \tag{3-34}$$

计算中，基础长度单位为 m，f_t 的单位为 N/mm²，剪力设计值的单位为 kN，则有效高度的单位为 mm。

基础的有效高度为 h_0。基础的厚度在有效高度的基础上，还要加上混凝土保护层的厚度、一半受力钢筋的直径。根据《钢筋混凝土结构设计规范》，基础中受力钢筋的混凝土保护层厚度不应小于 40mm，无垫层时不应小于 70mm；根据前述的构造要求，受力钢筋直径不小于 10mm，因此，可按如下公式计算基础高度

有垫层时
$$h \geqslant h_0 + 40 + 5 = h_0 + 45 \tag{3-35}$$

无垫层时
$$h \geqslant h_0 + 70 + 5 = h_0 + 75 \tag{3-36}$$

2. 根据抗弯能力计算基础的底板配筋面积

配筋应符合抗弯的要求，墙下条基的最大弯矩 M 发生在悬臂的根部。

轴心荷载时，分布力为均布荷载，则

$$M = (p_j b_t \times 1) \times \frac{1}{2}b_t = \frac{1}{2}p_j b_t^2 \tag{3-37}$$

偏心荷载时，分布力为梯形荷载，则

$$\begin{aligned} M &= (p_{j\max} b_t \times 1) \times \frac{1}{2}b_t - \frac{1}{2}(p_{j\max} - p_{jb})b_t \times 1 \times \frac{1}{3}b_t \\ &= \frac{1}{2}p_{j\max}b_t^2 - \frac{1}{6}(p_{j\max} - p_{jb})b_t^2 \\ &= \frac{1}{3}p_{j\max}b_t^2 + \frac{1}{6}p_{jb}b_t^2 \end{aligned} \tag{3-38}$$

依据力矩平衡（不考虑混凝土本身抗拉强度引起的力矩），则

$$M = (f_y A_s)(0.9 h_0)$$

变形后有：
$$A_s = \frac{M}{0.9 f_y h_0} \tag{3-39}$$

式中 f_y——钢筋抗拉强度设计值，见表 3-20。

如钢筋抗拉强度单位为 N/mm²，h_0 单位为 mm，弯矩的单位为 kN·m，则钢筋截面面积单位为 m²；如将弯矩的单位 kN·m 换算成 10^6 N·mm，则钢筋面积单位为 mm²。

每延米分布钢筋的面积应不小于受力钢筋面积的 1/10。

表 3-20 普通钢筋抗拉强度设计值

轴心抗拉强度	钢筋型号			
	HPB300	HRB335	HRB400	RRB400
f_y/N·mm⁻²	270	300	360	360

【例 3-7】 某砖墙厚 240mm，相应于荷载效应标准组合及基本组合时作用在基础顶面上的轴心荷载分别为 $F_k = 144$kN/m 和 $F = 190$kN/m，基础埋深为 0.5m，地基承载力特征值 $f_{ak} = 106$kPa。试设计该钢筋混凝土条形基础。

【解】 (1) 求修正地基承载力特征值

因基础宽度未知，假定 $b \leqslant 3\text{m}$，不需进行宽度修正。

此基础埋深 $d=0.5\text{m} \leqslant 0.5\text{m}$，不需进行深度修正。所以，$f_a = f_{ak} = 106\text{kPa}$。

（2）根据荷载效应的标准组合计算条形基础底面宽度

$$b \geqslant \frac{F_k}{f_a - 20d} = \frac{144}{106 - 20 \times 0.5}\text{m} = \frac{144}{96}\text{m} = 1.5\text{m}$$

取 $b = 1.5\text{m}$，与假设 $b \leqslant 3\text{m}$ 相符。

（3）确定基础的高度

地基净反力 $\qquad p_j = \dfrac{F}{b} = \dfrac{190}{1.5}\text{kPa} = 126.67\text{kPa}$

基础悬挑部分的长度 $\qquad b_t = (1.5 - 0.24)\text{m}/2 = 0.63\text{m}$

验算截面的剪力设计值 $\qquad V = p_j b_t = (126.67 \times 0.63)\text{kN/m} = 79.80\text{kN/m}$

取混凝土 C20，$f_t = 1.10\text{N/mm}^2 = 1.1\text{MPa}$，假定高度 $h_0 < 800\text{mm}$，则

根据 $V \leqslant 0.7 f_t h_0$，得

$$h_0 \geqslant \frac{V}{0.7 f_t} = \frac{79.8}{0.7 \times 1.10}\text{mm} = 103.6\text{mm}$$

根据钢筋混凝土扩展基础的构造要求，锥形基础的边缘高度不小于 200mm，取 $h = 300\text{mm}$；基础的有效高度 $h_0 = (300 - 45)\text{mm} = 255\text{mm} > 103.6\text{mm}$，且符合有效高度小于 800mm 的假设，满足要求。

（4）确定基础配筋

$$M = (p_j b_t \times 1) \times \frac{1}{2} b_t = \frac{1}{2} p_j b_t^2 = (0.5 \times 126.67 \times 1 \times 0.63 \times 0.63)\text{kN} \cdot \text{m} = 25.14\text{kN} \cdot \text{m}$$

选择 HPB300 级钢筋，查表 3-18，$f_y = 270\text{N/mm}^2$，则

$$A_s = \frac{M}{0.9 f_y h_0} = \frac{25.14}{0.9 \times 270 \times 255}\text{m}^2 = 405.7\text{mm}^2$$

配垂直于基础长度方向的受力钢筋 $\phi 12@200$，则：①配筋面积为 $A_{s1} = (0.25 \times 3.1415 \times 12^2 \times 5)\text{mm}^2 = 565.5\text{mm}^2 > 521.6\text{mm}^2$；②配筋率 $\rho = \dfrac{\frac{1}{4}\pi 12^2 \times 5}{300 \times 1000} = 0.188\% \geqslant 0.15\%$。满足配筋面积和配筋率的要求。

配纵向分布钢筋 $\phi 8@250$，1.5m 条形基础宽度上配置 7 根钢筋，则 1m 宽度上配筋为 4 根，$A_{s2} = (0.25 \times 3.1415 \times 8^2 \times 4)\text{mm}^2 = 201.0\text{mm}^2 > 565.5\text{mm}^2 * 15\% (= 84.825\text{mm}^2)$，满足不小于受力钢筋面积 15% 的要求。

本题为砖墙，墙脚伸出 1/4 砖长，即 60mm，相应部分高度为 120mm，锥形基础的上平台宽出墙脚 50mm，即上平台的宽度为 $[240 + 2(60 + 50)]\text{mm} = 460\text{mm}$。

垫层厚度 100mm，每侧伸出基础底边 50mm。设计结果如图 3-53 所示。

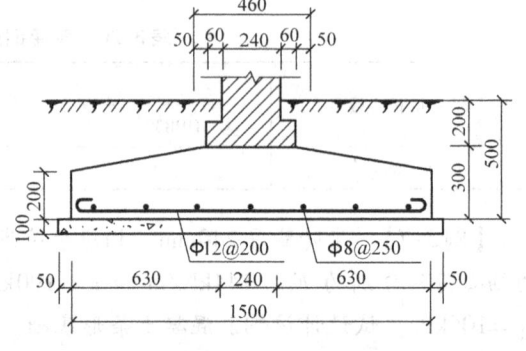

图 3-53 墙下条形基础设计图

3.9.3 柱下钢筋混凝土独立基础结构设计

柱下钢筋混凝土独立基础受荷载作用时，处于典型的局部受压状态。依据实验结果，柱下独立基础受荷载作用后可能出现以下破坏形式。

基底在设计净反力作用下，底板在纵横双向均可能发生向上的弯曲，基础底部受拉，顶部受压，当荷载增大到一定程度时，在危险截面内的设计弯矩会超过底板的抗拉强度，导致底板产生弯曲破坏，因此底板需要配置足量钢筋。当基底面积较大，而基础厚度较薄时，基础受荷载作用后，可能沿柱边或台阶变截面处产生 45°方向的斜拉裂缝，形成冲切角锥体，即产生冲切破坏现象，因此底板需要有足够的厚度，如图 3-54a 所示。如果基础一边的尺寸较小，45°斜线超过了基础底面范围，则基础只能发生剪切破坏，如图 3-54b 所示。

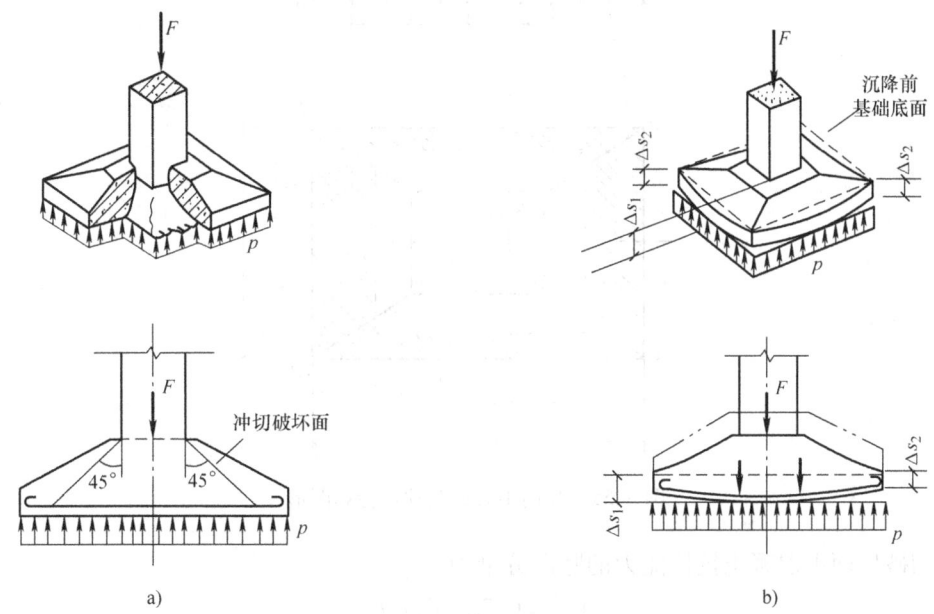

图 3-54 钢筋混凝土独立基础的破坏形式
a) 冲切破坏 b) 受弯破坏

与墙下钢筋混凝土条形基础一样，在进行柱下钢筋混凝土独立基础设计时，一般先由地基承载力和变形要求确定基础底面的尺寸，然后再进行基础截面的设计验算。基础截面的设计验算内容包括抗冲切验算、抗弯验算，有时还需要进行局部受压承载力验算。由抗冲切验算确定柱边基础的高度和变阶处的高度，由抗弯验算确定基础底板的双向配筋。

1. 抗冲切验算确定基础高度

柱下钢筋混凝土独立基础高度由混凝土抗冲切承载力确定。在柱荷载作用下，如果基础高度（或阶梯高度）不足，将沿柱周边（或阶梯高度变化处）产生冲切破坏，形成 45°斜裂面。为保证基础不发生冲切破坏，必须使冲切面外的由地基净反力产生的冲切力小于或等于冲切面处混凝土的抗冲切力，从而确定基础高度或台阶高度的最小允许值。

（1）竖向轴心荷载作用 如图 3-55 所示，在竖向轴心荷载 F 作用下，基底的净反力为 p_j。基底冲切锥范围以外，净反力 p_j 在破坏锥面上引起的冲切荷载为 F_l，则

$$F_l = A_c p_j \tag{3-40}$$

式中 A_c——基础底面上冲切锥范围以外的底面面积（图 3-55 中阴影面积，m^2），由图得

$$A_c = lb - (l_0 + 2h_0)(b_0 + 2h_0) \tag{3-41}$$

式中参数如图 3-55 所示，h_0 为基础底板的有效高度（m）。

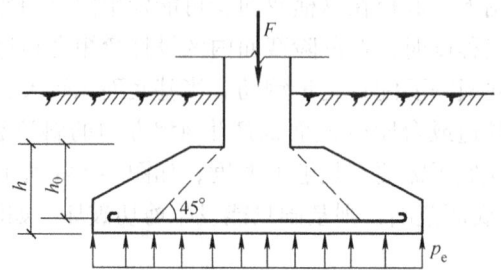

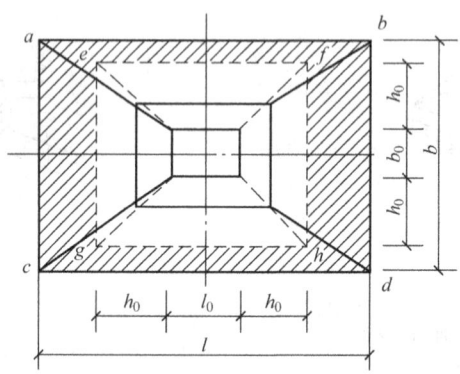

图 3-55 竖向中心荷载冲切验算图形

冲切破坏面上混凝土抗拉能力的竖向分量为

$$[V_p] = 0.7\beta_{hp} f_t (b_p h_0) \tag{3-42}$$

式中 β_{hp}——受冲切承载力截面高度影响系数；

f_t——混凝土抗拉强度设计值（kPa）；

b_p——冲切锥体破坏面上边周长与下边周长的平均值（m）。

$$b_p = 2\left[\frac{l_0 + (l_0 + 2h_0)}{2} + \frac{b_0 + (b_0 + 2h_0)}{2}\right]$$

$$= 2(l_0 + b_0 + 2h_0) \tag{3-43}$$

$b_p h_0 = 2h_0(l_0 + b_0 + 2h_0) = (l_0 + 2h_0)(b_0 + 2h_0) - l_0 b_0$，因此，该项实际上就是冲切锥体的水平投影面积，即图中矩形 $efhg$ 的面积扣除柱子的面积。

为了防止冲切破坏，要求

$$F_l \leq [V_p] \tag{3-44}$$

根据式（3-42）和式（3-44）可以得到

$$F_l \leq 0.7\beta_{hp} f_t b_p h_0 \tag{3-45}$$

$$h_0 \geq F_l / (0.7\beta_{hp} f_t b_p) \tag{3-46}$$

若式（3-45）或式（3-46）成立，表示该基础不会发生冲切破坏；若不成立，则要加大基础的高度 h，直至满足要求。

对于阶梯形的扩展基础，破坏锥体可能自柱边或变阶处发生，要对每一台阶进行验算。

（2）偏心竖向荷载作用　图 3-56 表示锥形扩展基础受偏心荷载作用，基底净反力的分布为梯形，基础在长边 l 方向有偏心距 M。最大边缘压力为 $p_{j\max}$，最小边缘压力为 $p_{j\min}$。

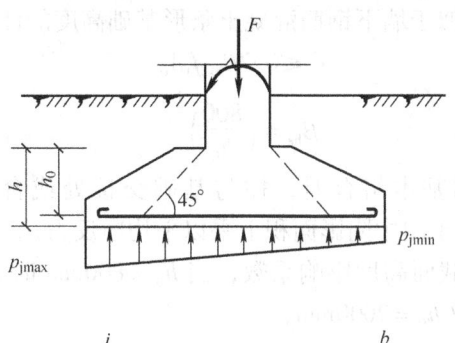

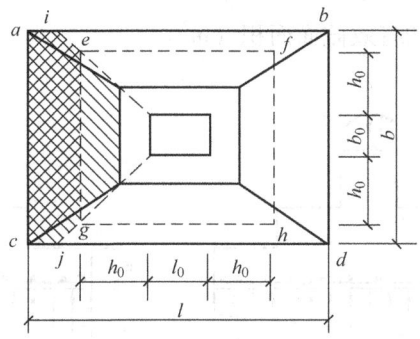

图 3-56　偏心荷载冲切验算图

当 $b > b_0 + 2h_0$ 时，冲切破坏锥体底面全部落在基础底面范围内。对于偏心矩形基础，偏心方向的长度大于另一边，因而容易发生冲切破坏的斜面位于靠近 $p_{j\max}$ 的一侧。将冲切锥以外的基础底面在 e、g 点 45°画线到基础边线，得到面积 A_{aiegjc}，该部分底面上由地基反力引起的冲切荷载为

$$F_l = p_j A_{aiegjc} = p_j \times \left[\left(\frac{l}{2} - \frac{l_0}{2} - h_0 \right) \times b - \left(\frac{b}{2} - \frac{b_0}{2} - h_0 \right)^2 \right] \tag{3-47}$$

考虑到安全和简化，建议用 $p_{j\max}$ 代替 p_j，则有

$$F_l = p_{j\max} \times \left[\left(\frac{l}{2} - \frac{l_0}{2} - h_0 \right) \times b - \left(\frac{b}{2} - \frac{b_0}{2} - h_0 \right)^2 \right] \tag{3-48}$$

冲切破坏面上混凝土抗拉力的竖向分量为

$$[V_p] = 0.7 \beta_{hp} f_t \left[\frac{1}{2}(b_0 + b_0 + 2h_0) h_0 \right] = 0.7 \beta_{hp} f_t (b_0 + h_0) h_0 \tag{3-49}$$

若 $F_l \leq [V_p]$，则基础高度对冲切破坏是安全的；反之，则可能产生冲切破坏，必须加大基础的高度。

设计时一般先按经验假定基础高度，得出 h_0，然后按照上述公式进行验算，直至抗冲切力大于冲切力为止。

如果基础底面全部落在 45°冲切破坏锥体底边以内时，则成为刚性基础，无需进行冲切验算。

2. 抗剪切验算确定基础高度

当基底短边尺寸小于或等于柱宽加两倍基础有效高度，而长边尺寸大于柱宽加两倍基础有效高度时，就不会出现冲切破坏，而发生剪切破坏，应按剪切破坏进行计算（见图 3-57）。这时的基础高度计算方法类似于墙下钢筋混凝土条形基础高度的计算，可表达为

$$V_s \leqslant 0.7\beta_{hs} f_t A_0 \tag{3-50}$$

$$\beta_{hs} = \left(\frac{800}{h_0}\right)^{\frac{1}{4}} \tag{3-51}$$

式中　V_s——相应于作用的基本组合时，柱与基础交接处或台阶变阶处的剪力设计值（kN），其值等于图中阴影面积上乘以平均净反力；

　　　β_{hs}——受剪切承载力截面高度影响系数，当 $h_0 < 800\text{mm}$ 时，取 $h_0 = 800\text{mm}$，当 $h_0 > 2000\text{mm}$ 时，取 $h_0 = 2000\text{mm}$；

　　　A_0——验算截面处的有效截面面积（m^2）。

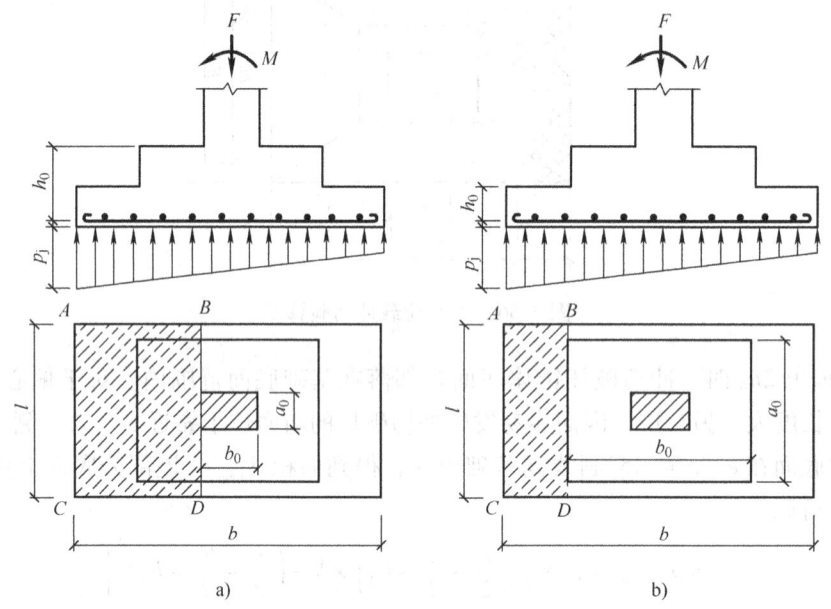

图 3-57　偏心荷载抗剪切验算
a）柱与基础交接处　b）基础变阶处

3. 柱下钢筋混凝土独立基础弯曲破坏验算——确定底板双向配筋

柱下钢筋混凝土独立基础底面的双向配筋应按抗弯计算确定。基础底板在荷载效应基本组合时的净反力作用下，如同固定于台阶根部或柱边的倒置悬壁板，基础沿柱的周边向上弯曲。一般矩形基础的长宽比小于 2，属于双向受弯构件，弯矩控制截面在柱边缘处或变阶处，其破坏特征是裂缝沿柱角至基础角将基础底面分裂成四块梯形面积。近似地将地基反力按对角线划分，沿基础长宽两个方向的弯矩，等于梯形基底面积上地基净反力所产生的力矩，如图 3-58 所示。

当基础为轴心受压时，作用在底面 A_{acji} 上的反力对截面 I—I 引起的弯矩为

$$M_I = p_j \times A_{ijnm} \times \frac{1}{4}(l - l_0) + 2(p_j \times A_{aim}) \times \frac{2}{3} \times \frac{1}{2}(l - l_0) \tag{3-52a}$$

$$A_{ijnm} = \frac{1}{2}(l - l_0) b_0 \tag{3-52b}$$

$$A_{aim} = \frac{1}{2}(l - l_0) \times \frac{1}{2}(b - b_0) = \frac{1}{8}(b - b_0)(l - l_0) \tag{3-52c}$$

将式（3-52b）、式（3-52c）代入式（3-52a），简化得

$$M_I = \frac{p_j}{24}(l - l_0)^2 (2b + b_0) \tag{3-53}$$

同理，作用在面积 A_{jkdc} 上的反力对截面 II—II 的弯矩为

$$M_{II} = \frac{p_j}{24}(b - b_0)^2 (2l + l_0) \tag{3-54}$$

当基础为偏心受压时，弯矩的求解是一个稍复杂的问题。当基础长宽比接近时，可按双向板计算。为简化计算，假定基础沿柱边嵌固，则分成四块挑出的梯形悬臂板。弯矩为梯形底面上作用一个梯形分布力。求解弯矩有两种方法：

方法一：对于弯矩 M_I，对于截面 I—I 以左基底净反力为 p_j，取平均值 $(p_{jmax} + p_j)/2$，对于截面 II—II 以下的部分，基底压力取 $(p_{jmax} + p_{jmin})/2$，则

$$M_I = \frac{p_{jmax} + p_j}{48}(l - l_0)^2 (2b + b_0) \tag{3-55}$$

$$M_{II} = \frac{p_{jmax} + p_{jmin}}{48}(b - b_0)^2 (2l + l_0) \tag{3-56}$$

方法二：当矩形基础台阶的宽高比小于或等于 2.5、偏心距小于或等于 1/6 基础宽度 l 时，截面 I—I、II—II 的弯矩为

$$M_I = \frac{1}{48}(l - l_0)^2 [(2b + b_0)(p_{jmax} + p_j) + (p_{jmax} - p_j) b]$$

$$= \frac{p_{jmax} + p_j}{48}(l - l_0)^2 (2b + b_0) + \frac{p_{jmax} - p_j}{48}(l - l_0)^2 b \tag{3-57}$$

$$M_{II} = \frac{1}{48}(2l + l_0)(p_{jmax} + p_{jmin})(b - b_0)^2 \tag{3-58}$$

式中 M_I、M_{II}——截面 I—I 及 II—II 处相应于作用的基本组合时的弯矩设计值；

l、b——基础底面的边长，如图 3-58 所示；

p_{jmax}、p_{jmin}——相应于作用的基本组合时的基础底面边缘最大和最小地基单位面积净反力设计值；

p_j——相应于作用的基本组合时在截面 I—I 处基础底面的地基净反力设计值。

从上面不同方法得出的 M_I、M_{II} 可以看出，方法一得出的 M_I 偏小 [取平均值 $(p_{jmax} + p_j)/2$ 对截面 I—I 计算力矩显然偏小]，与方法二相比缺少一项；而两种方法得出的 M_{II} 相同。

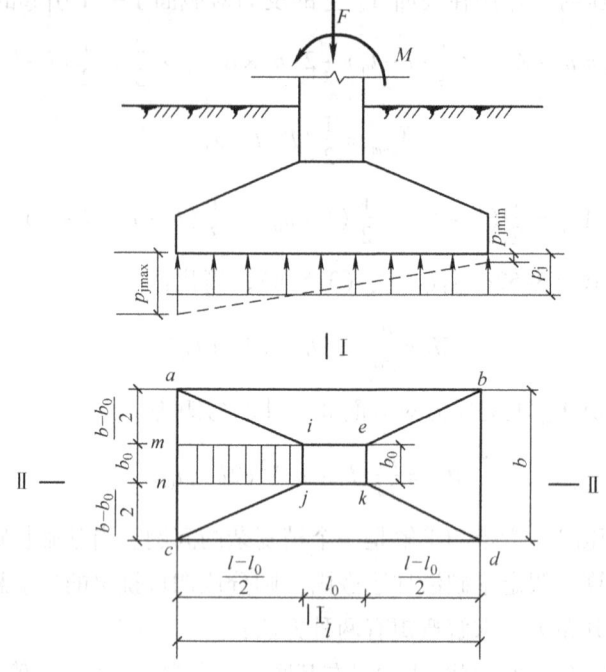

图 3-58 偏心荷载下基础弯矩计算

基础各截面的弯矩求得后,就可以求所需的受力钢筋面积了。垂直于截面 I—I 的受力钢筋面积按下式计算

$$A_{sI} = \frac{M_I}{0.9 f_y h_0} \tag{3-59}$$

这是基础长度方向的配筋面积。对于短边方向的受力钢筋,因需放置在长边方向的配筋之上,因此,钢筋位置高出长边方向钢筋 1 倍的钢筋直径 d(假设两个方向钢筋直径均为 d),因此,垂直于截面 II—II 的受力钢筋面积应按下式计算

$$A_{sII} = \frac{M_{II}}{0.9 f_y (h_0 - d)} \tag{3-60}$$

应该指出,一般柱的混凝土强度等级较基础的混凝土强度等级要高,因此,基础设计除了按以上方法验算其高度、计算底板配筋外,尚应验算基础顶面的局部受压承载力。

【例 3-8】 一荷载设计值 $F = 700\text{kN}$、$F_k = 520\text{kN}$ 的柱基,柱截面尺寸为 $350\text{mm} \times 350\text{mm}$,相当于室内地面的基础埋置深度为 1.8m,地基承载力 $f_a = 145\text{kPa}$,基础拟采用 HPB300 级钢筋,混凝土强度等级为 C25,基底铺设 C10 素混凝土垫层 100mm。试设计基础。

【解】 (1) 根据地基承载力特征值,求基础底面积

$$A \geqslant \frac{F_k}{f_a - \gamma_G d} = \frac{520}{145 - 20 \times 1.8}\text{m}^2 = \frac{520}{109}\text{m}^2 = 4.77\text{m}^2$$

荷载为轴心荷载,无偏心距,取方形基础底面,则 $l = b \geqslant \sqrt{4.77}\text{m} = 2.18\text{m}$。
取 $l = b = 2.2\text{m}$,$A = 2.2 \times 2.2 \text{m}^2 = 4.84 \text{m}^2$。

(2) 根据抗冲切承载力,计算基础底板厚度

本题为轴心荷载作用，则

基底净反力 $$p_j = \frac{F}{A} = \frac{700}{4.84}\text{kN/m}^2 = 144.63\text{kN/m}^2$$

方柱边长 $$l_0 = b_0 = 0.35\text{m}$$

以柱边向基底45°方向形成冲切锥体，假设冲切锥体位于基础底面内，锥体以外在基底面上形成的冲切力为

$$F_l = p_j[l \times b - (l_0 + 2h_0)(b_0 + 2h_0)] = 144.63[4.84 - (0.35 + 2h_0)^2]$$

假设基础高度小于800mm，C25混凝土的抗拉强度 $f_t = 1.27\text{N/mm}^2 = 1.27\text{MPa}$，45°冲切锥体混凝土的抗冲切承载力为

$$[V_p] = 0.7\beta_{hp}f_t(b_p h_0) = 0.7 \times 1 \times 1.27 \times 10^6 \times [(0.35 + 2h_0)^2 - 0.35^2] \times 10^{-3}$$
$$= 889 \times [(0.35 + 2h_0)^2 - 0.1225]$$

按照 $F_l \leq [V_p]$ 的抗冲切要求，有

$$144.63 \times [4.84 - (0.35 + 2h_0)^2] \leq 889 \times [(0.35 + 2h_0)^2 - 0.1225]$$

求解得 $h_0 \geq 267.35\text{mm}$。

基底有垫层，保护层厚度最小取40mm，基础高度 $h = h_0 + 40 + 5 \geq (267.35 + 45)\text{mm} = 312.35\text{mm}$，取 $h = 350\text{mm}$，$h_0 = 305\text{mm}$，满足基础高度小于800mm且冲切锥体在基础底面内的假设。采用锥形扩展基础，边缘高度取200mm。

(3) 配筋计算

1) 计算柱边的弯矩。

$$M_I = \frac{p_j}{24}(l - l_0)^2(2b + b_0) = \frac{144.63}{24} \times (2.2 - 0.35)^2 \times (2 \times 2.2 + 0.35)\text{kN} \cdot \text{m}$$
$$= 97.97\text{kN} \cdot \text{m}$$

2) 计算钢筋面积。HPB300级钢筋，$f_y = 270\text{N/mm}^2$。

$$A_{sI} = \frac{M_I}{0.9f_y h_0} = \frac{97.97 \times 10^3}{0.9 \times 270 \times 10^6 \times 0.305}\text{m}^2 = 1.322 \times 10^{-3}\text{m}^2 = 1322\text{mm}^2$$

3) 计算钢筋根数。取钢筋直径为 $d = 12\text{mm}$（构造要求受力钢筋直径不宜小于10mm），则钢筋根数为

$$n_I = \frac{1322}{\frac{1}{4}\pi d^2} = 11.69$$

取12根。验算配筋率满足大于15‰的要求。

同理，计算另一个方向的受力钢筋，$M_{II} = M_I$。

$$A_{sII} = \frac{M_{II}}{0.9f_y(h_0 - d)} = \frac{97.97 \times 10^3}{0.9 \times 270 \times 10^6 \times (0.305 - 0.012)}\text{m}^2 = 1.376 \times 10^{-3}\text{m}^2 = 1376\text{mm}$$

取钢筋直径为12mm，则钢筋根数为

$$n_{II} = \frac{1376}{\frac{1}{4}\pi d^2} = 12.17$$

取12根。验算配筋率满足大于15‰的要求。

因此，纵横向均为直径12mm的HPB300级钢筋，即Φ12@140，双向配置。

思 考 题

3-1 试述刚性基础和扩展基础的区别。

3-2 常用浅基础形式有哪些?

3-3 何谓基础的埋置深度?当选择基础埋深时,应考虑哪些因素?

3-4 何谓地基承载力特征值、修正地基承载力特征值?如何确定地基承载力特征值?

3-5 确定地基承载力的方法有哪些?如何验算地基承载力?

3-6 何谓软弱下卧层?如何进行软弱下卧层承载力验算?

3-7 如何确定轴心荷载和偏心荷载作用下基础底面尺寸?

3-8 什么情况下需进行地基变形验算?变形控制特征有哪些?

3-9 如何进行刚性基础?

3-10 如何进行扩展基础的设计?

3-11 基础底面积计算、内力与配筋计算、变形计算如何进行上部荷载取值?

3-12 场地土层分布及土性指标如下:①填土,厚度0.8m,重度$\gamma = 17.70 \text{kN/m}^3$;②粉土,厚度2.0m,重度$\gamma = 19.40 \text{kN/m}^3$,黏粒含量15%,$f_{ak1} = 160 \text{kPa}$,$E_{s1} = 15 \text{MPa}$;③淤泥质土,厚度1.5m,重度$\gamma_t = 16.50 \text{kN/m}^3$,$f_{ak2} = 90 \text{kPa}$,$E_{s2} = 5 \text{MPa}$;④中密砂土。墙下条形基础,地面以上荷载$F_k = 188 \text{kN/m}$,基础埋深1.5m,地下水位1.5m,基底宽度1.4m。试验算第②、③层地基土的承载力是否满足荷载要求。

3-13 某住宅楼,东西方向长72.3m,南北宽12.4m,6层,总高17.6m。地基土为粉土,土质良好,经深度修正的地基承载力特征值$f_a = 250 \text{kPa}$。上部结构传至基础上的荷载$F_k = 200 \text{kN/m}$。室内地面标高±0.000m,室外地面标高为-0.450m,基底高程-1.600m。若墙厚为240mm,试设计刚性条形基础。

3-14 如图3-59所示,某办公楼室内地面标高为±0.000m,室外地面标高为-0.500m,外墙钢筋混凝土条形基础底板标高-2.500m,相应于荷载效应基本组合时,上部结构传至基础顶部的轴心荷载$F = 335 \text{kN/m}$(荷载标准值$F_k = 248 \text{kN/m}$),砖墙厚360mm,地基承载力特征值$f_{ak} = 150 \text{kPa}$,土的重度$\gamma = 18.80 \text{kN/m}^3$。

(1)确定基础底面宽度b,并验算地基承载力(宽度小于3m,深度修正系数取1.6)。

(2)计算截面Ⅰ—Ⅰ的剪力,确定基础的有效高度和高度。

(3)确定基础底板每延米内的受力钢筋、纵向分布钢筋的根数和间距。

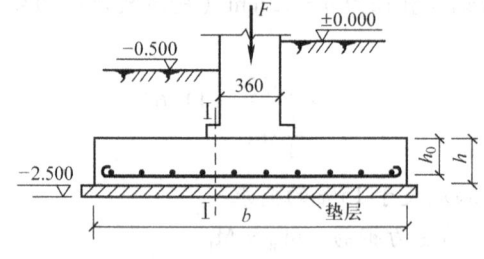

图3-59 思考题与习题3-15图

第4章 柱下条形、筏形和箱形基础

【本章提要】
　　主要介绍了上部结构、基础、地基共同作用的概念和几种基本的地基模型，柱下条形基础、筏形基础和箱形基础的构造要求和简化计算方法。
【本章重点】
　　地基、基础与上部结构共同作用的概念；柱下条形基础的简化计算方法。

4.1 概述

　　柱下条形基础、筏形基础、箱形基础与柱下钢筋混凝土独立基础相比，具有一些明显的优点：它们有较大的基底面积，能够降低基底压力，容易满足承载力要求；可以直接跨越地质缺陷部位，避免进行地基局部处理；它们将整个建筑物连成了整体，具体较大的刚性，可以调整和均衡上部结构荷载向地基的传递，减小由于荷载差异和地基不均匀造成的建筑物不均匀沉降或倾斜以及由此产生的结构附加应力；基础的埋置深度一般都较大，从而可以提高竖向和水平承载力，增加建筑物的稳定性；基础所要开挖的基坑大且较深，较好地利用了地基的补偿作用来减小基底的附加应力，从而减小了建筑物的沉降量；筏形基础，特别是箱形基础，在建筑物下部形成了较大的空间，可供安置建筑设备，也可以作为地下车库、地下仓库等。

　　由于柱下条形基础、筏形基础、箱形基础具有以上若干优点，非常适合作为各种地质条件复杂、建设规模大、层数多、结构复杂的建筑物的基础。

　　但是，筏形基础与箱形基础（尤其是箱形基础）技术要求及造价较高，施工中需处理大基坑、较深开挖会遇到的许多工程技术问题，容易产生工程质量与工程安全事故。箱形基础的地下空间利用不灵活，因此，需根据具体条件，通过技术经济及安全可靠性比较，才能正确选用。在地基土质十分软弱的沿海地区，高层建筑物的沉降量很大，筏形和箱形基础也只能用于高度小于 50m 的建筑物。更高的建筑多采用桩与筏形基础、桩与箱形基础相结合的基础形式，称为桩筏基础和桩箱基础。目前我国已建成的百米以上的建筑，大多数建造在这类基础上。

　　在设计刚性基础和扩展基础时，由于建筑物较小，结构简单，计算分析中常把上部结构、基础与地基按静力平衡条件简单地分割成彼此独立的三个组成部分，方法简便，且由此设计的结构内力与变形的误差一般不至于影响结构安全或增加工程造价，因此，工程界乐于采用。然而，对于柱下条形基础、筏形基础、箱形基础等规模较大、承受荷载较多和上部结构较复杂的基础，将上部结构、基础和地基简单地分开，仅满足静力平衡条件而不考虑三者之间的相互作用，常常会引起较大的误差。所以与刚性基础和扩展基础相比，设计柱下条形、筏形、箱形基础的最主要特点，就是要考虑上部结构、基础与地基的共同作用，使三者不但各自都满足静力平衡条件，且彼此之间还满足变形协调条件，以保证整个建筑物与地基变形的连续性。

为了解答共同作用问题，在这类基础的设计中，需要有相适应的一套计算理论与分析方法，主要有两项：

1) 建立能较好反映地基土变形特性的地基模型与确定模型参数的方法，其目的是表达地基的刚度，以便在共同作用分析中可定量计算。

2) 建筑上部结构、基础、地基共同作用理论与分析计算方法。其原理是根据上部结构、基础和地基的各自刚度进行变形协调计算。上部结构与基础间的结构连接，可采用结构力学的方法求解；而基础与地基间的连接是性质软弱的天然地基土体和刚劲的结构物的紧密连接与相互作用，需要应用专门的地基模型理论与结构计算方法来解答。因此，上部结构、基础、地基的各自刚度对三者相互作用的影响，是共同作用理论的核心；而基础与地基基础面的反力计算，则是解答共同作用理论的关键问题。

应该指出，上部结构、基础、地基共同作用是一个复杂的研究课题，尽管通过大量工程设计实践，取得了丰富的经验，也总结出很多设计原理与方法，但是由于涉及的因素很多，尤其地基土是一种很复杂的材料，目前尚缺少一种理想的地基模型去确切模拟，因此为了解决实际的设计问题，难免要做些理论上的假设、方法的简化、参数的适当选择与修正，并对考虑共同工作的分析计算结果与实测资料对比，然而计算与实测结果往往存在着不同程度的差异，有时差别还较大，说明理论分析方法尚有待进一步完善。因此在设计中有许多设计人员提出"构造为主，计算为辅"的原则，即根据实际工程提供的经验和方法设计基础的结构和构造，再辅以各类理论计算作校核，也是一种有效的解决问题的途径。目前各工程部门依据各自的经验，制定了技术规范，作为设计参考的依据和标准。本章采用的规范是 GB 50007《建筑地基基础设计规范》和 JGJ 6《高层建筑箱形与筏形基础技术规范》。

本章在前一章介绍的刚性基础和扩展基础设计的基础上，着重分析在柱下条形基础、筏形和箱形基础的设计中如何考虑上部结构、基础、地基的共同作用，主要包括地基模型选择、地基反力计算以及各类基础结构计算等内容，也介绍其结构和构造要求。

4.2 上部结构、基础、地基共同作用的概念

上部结构经墙、柱与基础相连，基础底面直接与地基接触，三者组成一个完整的体系，在接触处既传递荷载，又相互约束和相互作用。若将三者在界面处分开，它们不仅各自要满足静力平衡条件，还必须在界面处满足位移连续（变形协调）条件。它们之间相互作用的效果主要取决于它们的刚度。下面分别分析上部结构、基础和地基是如何通过各自的刚度在体系中共同工作并发挥作用的。

4.2.1 上部结构刚度对基础受力状况的影响

先不考虑地基的影响，认为地基是变形体且基础底面反力均匀分布。

若上部结构为绝对刚性体（例如刚度很大的现浇剪力墙结构），基础为刚度较小的条形或筏形基础，当地基变形时，由于上部结构不能发生弯曲，各柱只能均匀下沉，约束基础不能发生整体变形，如图 4-1a 所示。此时，基础犹如支承在不动铰支座上的倒置连续梁，柱子的下端就是不动铰支座，基底反力就是连续梁上的荷载，基础只能在支座间发生局部

弯曲。

若上部结构为完全柔性结构（如整体刚度较小的框架结构），基础也是刚性较小的条形或筏形基础，这时上部结构对基础的变形没有或仅有很小的约束作用。因而，基础不仅要随上部结构的变形而产生整体弯曲，同时柱间还将因地基反力而产生局部弯曲，如图4-1b所示。整体弯曲与局部弯曲的叠加将使基础产生较大的变形和内力。

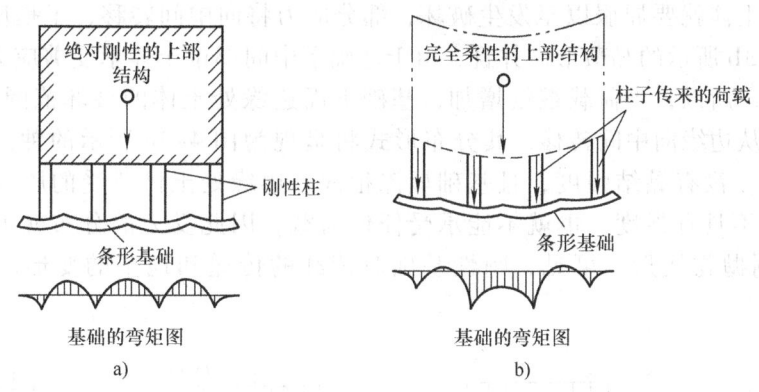

图 4-1　上部结构刚度对基础变形与受力的影响
a) 上部结构为绝对刚性时　b) 上部结构为绝对柔性时

若上部结构的刚度介于上述两种极端情况之间，在地基、基础和荷载条件不变的情况下，随着上部结构刚度的增加，基础挠曲和内力将减小。与此同时，上部结构因柱端的位移而产生次生应力。若基础也具有一定的刚度，则上部结构与基础的变形和内力必定受两者的刚度影响，这种影响可以通过节点处内力的分配来进行分析，它属于结构力学问题。

4.2.2　基础刚度对基底反力分布的影响

基础将上部结构的荷载传递给地基，在这一荷载传递过程中，基础通过自身的刚度，对上可以调整上部结构荷载，对下可以约束地基变形，使上部结构、基础和地基形成一个共同受力、变形协调的整体。在体系的工作中，基础起承上启下的关键作用。

1. 完全柔性基础

为便于分析，先不考虑上部结构的作用，假设基础为完全柔性，这时荷载的传递不受基础的约束也无扩散的作用，则作用在基础上的分布荷载 $q(x,y)$ 将直接传到地基上，产生与荷载分布相同、大小相等的地基反力 $p(x,y)$，如图4-2a所示。当荷载均匀分布时，反力也均匀分布。但由于应力叠加作用，地基变形不会均衡，只能表现为中间大两侧小的凹曲线。因此，要使基础沉降均匀，荷载与地基反力的分布必须是中间小两侧大的抛物线形，如图4-2b所示。

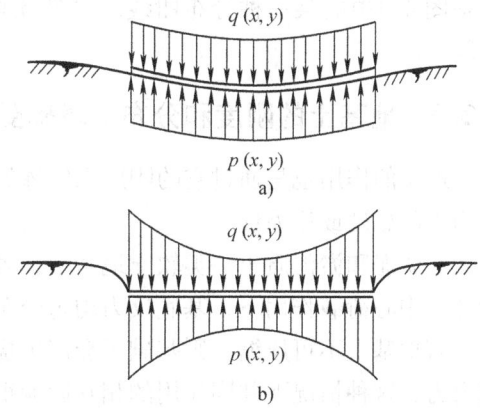

图 4-2　柔性基础的基底反力
a) 荷载均布时，$p(x,y)=$ 常数
b) 沉降均布时，$p(x,y)\neq$ 常数

2. 绝对刚性基础

刚性基础对荷载的传递和地基变形起约束和调整作用。假设基础绝对刚性，在其上方作用有均布荷载，为适应绝对刚性基础不可弯曲的特点，基底反力将向两侧边缘集中，强迫地基表面变形均匀以适应基础的沉降。当把地基土视为完全弹性土时，基底的反力分布将呈现为图 4-3a 所示的抛物线形。实际上地基土体只具有有限的强度，基础边缘处的应力太大，土体就要屈服以至发生破坏，部分应力将向中间转移，于是反力的分布就将呈现为图 4-3b 所示的马鞍形。并且，由于基础下中间部位土体承受剪应力的能力高于边缘处的土体，所以，当荷载继续增加，基础下面边缘处土体的破坏范围不断扩大时，反力将进一步从边缘向中间转移，其分布形式将呈现为图 4-3c 所示的钟形。如果地基土是无黏性土，没有黏结强度，且基础埋深很浅，边缘处土体所受的压力几乎可以不计，该处土就不具有强度，也就不能承受任何荷载，因此反力的分布就可能呈现为图 4-3d 所示的倒抛物线形。可见，刚性基础对荷载的传递和地基的变形起约束和调整作用。

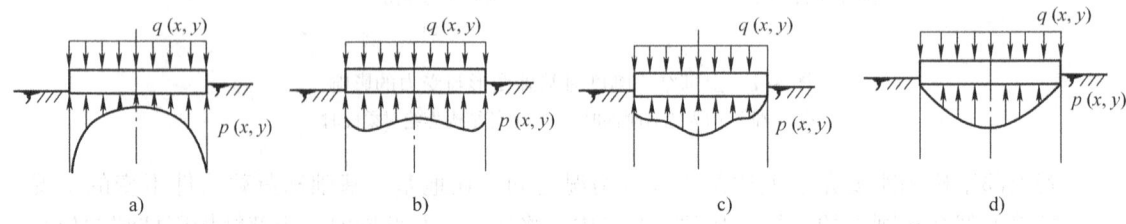

图 4-3 刚性基础基底反力的分布
a) 抛物线形 b) 马鞍形 c) 钟形 d) 倒抛物线形

如果基础不是绝对刚性体而是有限刚性体，在上部结构传来荷载和地基反力共同作用下，基础要产生一定程度的挠曲，地基土在基底反力作用下产生相应的变形。根据地基和基础变形协调的原则，理论上可以根据两者的刚度求出反力分布曲线。曲线的形式同样是图 4-3 中的某一种分布曲线。显然实际的分布曲线的形状决定于基础与地基的相对刚度。

4.2.3 地基土的刚度和分布对基础受力的影响

地基的作用也是通过它的刚度来发挥的。所谓地基的刚度就是地基抵抗变形的能力，表现为土的软硬或压缩性。

在淤泥和淤泥质土一类软土地基中，当基础的相对刚度较大时，基底反力分布可按直线计算。中心荷载作用下，基底反力均匀分布；偏心荷载作用下，基底反力呈梯形分布。

若地基土不可压缩，则基础不会产生挠曲，上部结构也不会因基础不均匀沉降而产生附加内力，这种情况下共同作用的相互影响很微弱，上部结构、基础和地基三者可以分割开来分别进行计算。岩石地基和密实的粗粒土地基上的建筑物就接近于这种情况。

通常地基土都有一定的压缩性，在上部结构和基础刚度不变的情况下，地基土越软弱，基础的相对挠曲和内力就越大，而且相应地在上部结构中引起较大的次生应力，如图 4-4 所示。

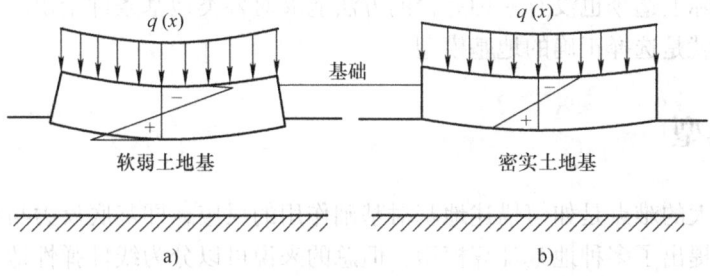

图 4-4 不同压缩性地基对基础挠曲与内力的影响

当地基土有一定的压缩性，且土层非均匀分布时，如图 4-5 所示，虽然作用在基础上的上部结构形式和荷载完全相同，但两种不同的土层分布形式对基础与上部结构的挠曲与内力将产生完全不同的结果。因此，对于压缩性大的地基或非均匀地基，考虑地基与基础的共同作用就很有必要。

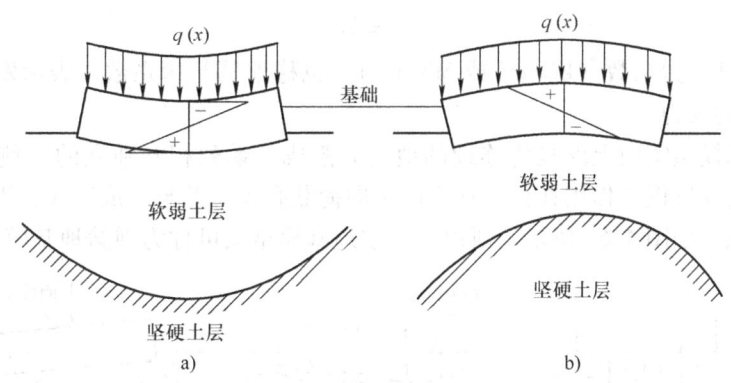

图 4-5 非均匀地基对基础挠曲和内力的影响

4.2.4 上部结构、基础和地基的共同作用

进一步设想，若把上部结构等价成一定的刚度叠加在基础上，然后用叠加后的总刚度与地基进行共同作用的分析，求出基底反力分布曲线，这根曲线就是考虑上部结构—基础—地基共同作用后的反力分布曲线。将上部结构和基础作为一个整体，将反力曲线作为边界荷载与其他荷载一起加在该体系上，然后就可以用结构力学的方法求解上部结构和基础的挠曲和内力。反之，把反力曲线作用于地基上就可以用土力学的方法求解地基的变形。也就是说，原则上考虑上部结构—基础—地基的共同作用，分析结构的挠曲和内力是可能的，其关键问题是求解考虑共同作用后的基底反力分布。

求解基底的实际反力分布是一个很复杂的问题。因为真正的反力分布图受地基—基础变形协调这一要求所制约。其中基础的挠曲取决于作用在其上的荷载（包括基底反力）和自身的刚度。地基表面的变形则取决于基底反力和土的性质。把地基土当成某种理想的弹性材料，利用基底各点地基与基础变位协调条件来推求反力分布就已经是一个不简单的问题，更何况地基土并非理想的弹性材料，变形模量随应力水平而变化，而且容易产生塑性破坏，破坏后的模量会大大降低，因此使问题的求解变得更加复杂。因此，共同作用的问题原则上都可以求解，而实际上迄今也没有一种完善的方法能够对各类地基条件给出满意的解答，其中最主要的困难，就是选择正确的地基模型。

4.3 地基模型

基础设计最大的难点是如何描述地基对基础作用的反应，即基底反力与地基变形之间的关系。人们为此提出了多种地基计算模型，但总的来说可以分为线性弹性地基模型、非线性弹性地基模型和弹塑性地基模型。本节简要介绍三种常用的线性弹性地基模型。

4.3.1 文克尔地基模型

文克尔地基模型是由前捷克工程师文克尔（Winkler）于1867年提出的，是最简单的线弹性模型。该模型假定地基土表面任一点处的变形 s_i 与该点所承受的压强 p_i 成正比，而与其他点的压力无关，即

$$p_i = k s_i \tag{4-1}$$

式中　k——地基抗力系数（kN/m^3 或 MN/m^3），也称地基基床系数，表示发生单位沉降需要的反力。

文克尔地基模型实质上就是将连续的地基分割成一系列相互独立的（侧面无摩擦）土柱，每一土柱的变形仅与作用在该土柱上的竖向荷载有关，并与之成正比，因此就可以用一系列弹簧来模拟，如图4-6a所示。所以文克尔地基模型又可称为弹簧地基模型。

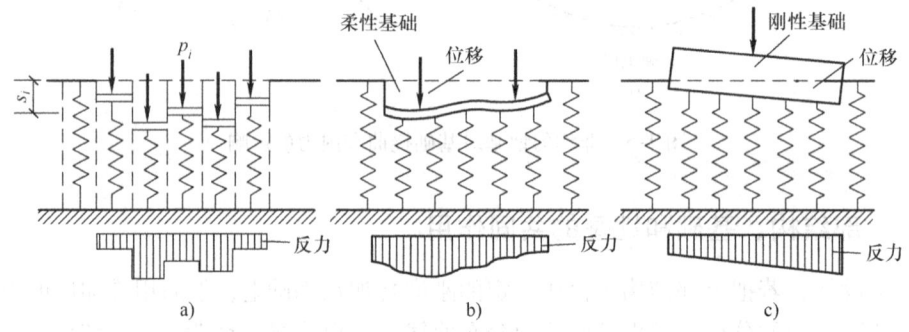

图 4-6　文克尔地基模型示意图
a) 侧面无摩擦的土柱弹簧体系　b) 柔性基础下的文克尔地基模型　c) 刚性基础下的文克尔地基模型

该模型的基底反力分布图形与地基表面的竖向位移图形相似。对刚性基础，由于受力后不能发生挠曲，所以基底反力只能是直线分布，如图4-6c所示。如果承受的是中心荷载，则基底反力就是均匀分布。

实际上，地基是一个宽广的半空间连续体，表面任意点的变形量不仅取决于直接作用在该点的荷载，而且与整个地面荷载有关，因此，严格符合文克尔地基模型的实际地基是不存在的。但是对于抗剪强度较低的软土地基（如淤泥、软黏土等），或地基压缩层较薄，其厚度不超过基础短边的一半，荷载基本上不向外扩散的情况，可以认为比较符合文克尔地基模型。对于其他情况，应用文克尔地基模型则会产生较大的误差，但是可以在选用地基抗力系数 k 时，按经验方法作适当修正，减小误差，以扩大文克尔地基模型的应用范围，见表4-1。

文克尔地基模型表述简单，应用方便，因此在柱下条形、筏形和箱形基础的设计中，这一地基模型已得到广泛的应用，并已积累了丰富的设计资料和经验，可供设计参考。

表 4-1 基床系数 k 值

地基土种类与特征		$k/(10^4 \text{kN/m}^3)$	地基土种类与特征	$k/(10^4 \text{kN/m}^3)$
淤泥质土、有机质土或新填土		0.1~0.5	黄土及黄土类粉质黏土	4.0~5.0
软弱黏性土		0.5~1.0	紧密砾石	4.0~10
黏土及粉质黏土	软塑	1.0~2.0	硬黏土或人工夯实粉质黏土	10~20
	可塑	2.0~4.0	软质岩石和中、强风化的坚硬岩石	20~100
	硬塑	4.0~10	完好的坚硬岩石	100~1500
松砂		1.0~1.5	砖	400~500
中密砂或松散砾石		1.5~2.5	块石砌体	500~600
密砂或中密砾石		2.5~4.0	混凝土与钢筋混凝土	800~1500

4.3.2 弹性半无限空间地基模型

弹性半无限空间地基模型假设地基是一个均质、连续、各向同性的半无限空间弹性体，并用弹性力学公式求解地基中的附加应力和位移。

若弹性半空间表面上作用一竖向集中力 P，如图 4-7a 所示，按布辛内斯克课题的解答，则在半空间表面上离作用点半径 r 处的地表变形值 s 为

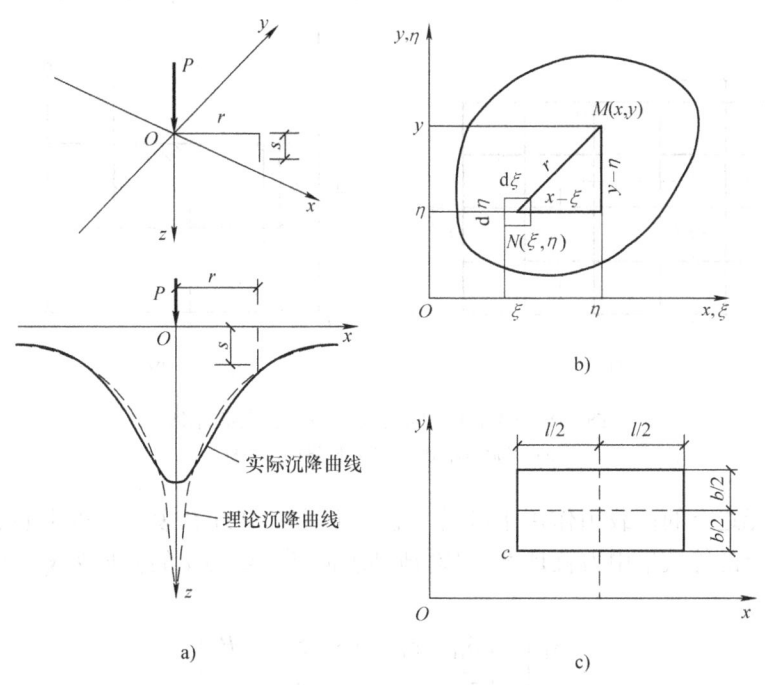

图 4-7 弹性半空间地基模型
a) 集中荷载作用下地面沉降曲线 s b) 任意有限面积上作用的连续分布荷载 p
c) 矩形面积上作用的连续分布荷载 p

$$s = \frac{1-\mu^2}{\pi E} \frac{P}{r} \quad (4-2)$$

式中 E、μ——地基土的变形模量和泊松比；
r——集中力 P 到计算点的距离。

分布在有限面积 A 上的连续分布荷载 p（见图 4-7b），表面各点的变形可以通过对式 (4-2) 积分求得。例如均匀分布在矩形面积 $l \times b$ 上的荷载（见图 4-7c）在矩形角点处的变形值为

$$s_c = \frac{pb(1-\mu^2)}{E} I_c \quad (4-3)$$

式中 I_c——角点影响系数，见表 4-2。

表 4-2 基础角点影响系数

基础形状 基础刚度	圆形	矩形（边长比 $m = l/b$）								
		1.0	1.5	2.0	3.0	5.0	10	20	50	100
刚性	0.79	0.88	1.07	1.21	1.42	1.70	2.10	2.46	3.00	3.43
柔性	0.64	0.56	0.98	0.77	0.89	1.05	1.27	1.49	1.80	2.00

在土力学中，用弹性半空间地基模型计算地基应力和变形的常规方法，已有很多成果可供应用。但是把这些结果应用于解决基础与地基的相互作用时，还要考虑基础和地基变形的协调，计算相当繁杂，可通过各种数值方法求解，用矩阵方法表达最为简明。

设地基表面作用任意分布的荷载，把基底平面划分为 n 个 $a_j b_j$ 的微元，如图 4-8 所示。

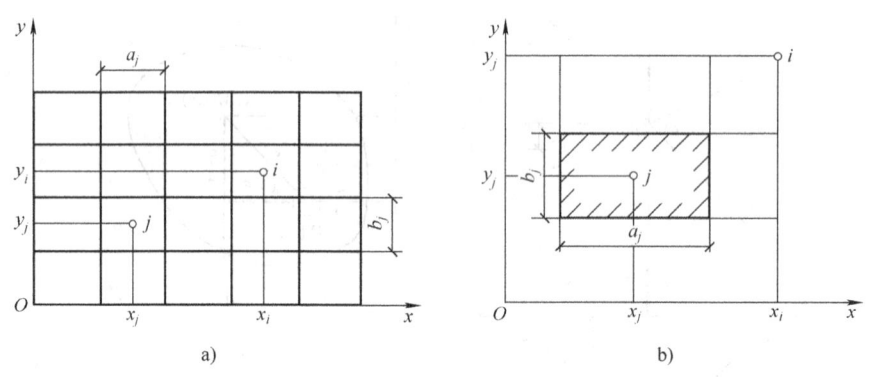

图 4-8 弹性半空间地基模型地表变形计算
a) 基底网格划分 b) 网格中点坐标

分布于微元之上的荷载用作用于微元中心点上的集中力 P_j 表示。以中心点为结点，则作用于各结点上的等效集中力就是 P。P_j 对地基表面任一结点 i 的变形为 s_{ij}。各结点上的变形为 s 可表示为

$$\begin{Bmatrix} s_1 \\ s_2 \\ \vdots \\ s_n \end{Bmatrix} = \begin{pmatrix} \delta_{11} & \delta_{12} & \cdots & \delta_{1n} \\ \delta_{11} & \delta_{22} & \cdots & \delta_{2n} \\ \vdots & \vdots & & \vdots \\ \delta_{n1} & \delta_{n2} & \cdots & \delta_{nn} \end{pmatrix} \begin{Bmatrix} P_1 \\ P_2 \\ \vdots \\ P_n \end{Bmatrix} \quad (4-4)$$

简写为

$$s = \delta P \qquad (4-5)$$

式中 δ——地基的柔度矩阵。

地基柔度矩阵中的元素 δ_{ij} 表示 j 结点上单位集中力 $P_j = 1$ 在 i 结点引起的变形，可以用下式计算

$$\delta_{ij} = s_{ij} = \frac{1-\mu^2}{\pi E} \frac{1}{\sqrt{(x_j - x_i)^2 + (y_j - y_i)^2}} \qquad (4-6)$$

式中 (x_i, y_i) 与 (x_j, y_j) 分别为结点 i、j 的坐标。

式（4-5）就是用矩阵表示的弹性半空间地基模型中地基反力与地基变形的关系式。它清楚表明，与文克尔地基模型不同，地基表面一点的变形量不仅取决于作用在该点的荷载，而且与全部地面荷载有关。对于常见情况，基础宽度比地基土层厚度小，土也并非十分软弱，较之文克尔地基模型，弹性半空间地基模型更接近实际情况。但是，应该指出，半空间地基模型假定 E、μ 是常数，同时深度无限延伸，而实际的地基都是只有一定厚度的压缩土层，且变形模量 E 随深度而增加。因此，如果说文克尔地基模型因为没有考虑计算点以外荷载对计算点变形的影响，从而导致变形量偏小的话，则半空间模型由于夸大了地基的深度和土的压缩性而常导致计算得到的变形量偏大。

4.3.3 有限压缩层地基模型

当地基土层分布比较复杂时，上述的文克尔地基模型或弹性半空间地基模型均有较大差异，这时可以采用有限压缩层地基模型。

有限压缩层地基模型把地基当成侧限条件下有限深度的压缩土层，并以分层总和法为基础，建立地基压缩层变形与地基作用荷载的关系。因此，该地基模型的计算参数就是土的压缩模量 E_s，它可以比较容易地在现场或室内试验中得到。该模型的特点是地基可以分层，地基土是在完全侧限条件下受压缩。地基计算压缩层厚度 H 仍按分层总和法的规定确定。

为了应用有限压缩层地基模型建立地基反力与地基变形的关系，可以先将基底平面划分成 n 个网络，并将其下的地基也划分成对应的 n 个土柱，土柱的下端终止于压缩层的下限，如图 4-9 所示。将第 i 个土柱按沉降计算方法的分层要求再划分为 m 个土层，单元编号为 $t = 1, 2, 3, \cdots, m$。假设在面积为 A_j 的第 j 个网格中心上，作用一个单位的集中力 $\overline{P}_j = 1$，则网格上的竖向均布荷载 $\overline{p}_j = 1/A_j$。该荷载在第 i 网格（土柱）下第 t 土层中点 z_{it} 处产生的竖向应力为 σ_{zijt}，可用角点法求解。那么第 j 个网格上的单位集中荷载在第 i 个土柱中心位置产生的沉降为

$$\delta_{ij} = \sum_{t=1}^{m} \frac{\sigma_{zijt} H_{it}}{E_{sit}} \qquad (4-7)$$

式中 E_{sit}——第 i 个土柱中第 t 层土的压缩模量；

H_{it}——第 i 个土柱中第 t 层土的厚度。

δ_{ij} 是反映作用在微元 j 上的单位荷载对基底 i 点的变形影响。因此称为变形系数或柔度矩阵 δ 的元素。实际上，在整个基底范围内都作用着荷载，都将产生沉降，各等价集中荷载下的沉降可以用矩阵表示为

$$\begin{Bmatrix} s_1 \\ s_2 \\ \vdots \\ s_n \end{Bmatrix} = \begin{pmatrix} \delta_{11} & \delta_{12} & \cdots & \delta_{1n} \\ \delta_{21} & \delta_{22} & \cdots & \delta_{2n} \\ \vdots & \vdots & & \vdots \\ \delta_{n1} & \delta_{n2} & \cdots & \delta_{nn} \end{pmatrix} \begin{Bmatrix} P_1 \\ P_2 \\ \vdots \\ P_n \end{Bmatrix} \tag{4-8}$$

可简写为

$$s = \delta P \tag{4-9}$$

式（4-9）表达了有限压缩层地基模型基底荷载与地基变形的关系。

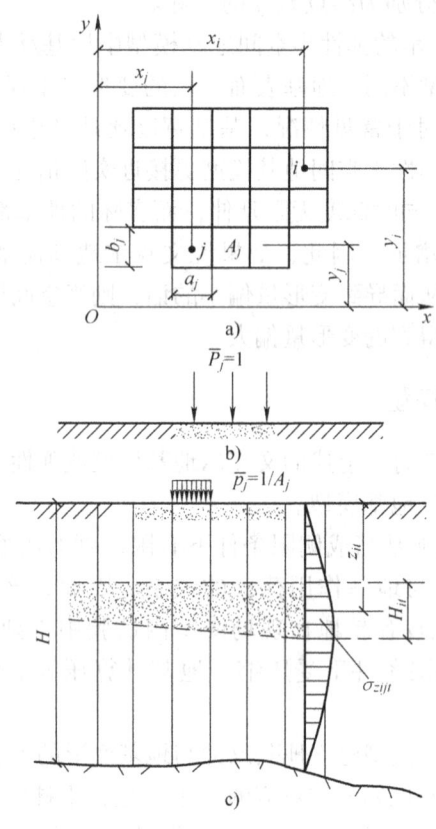

图 4-9 有限压缩层地基模型
a）基底平面网格图　b）y_j 剖面结点荷载 P_j 的分布　c）地基剖面与分割的土柱

有限压缩层地基模型原理简明，适应性也较好，但带有分层总和法的优缺点，无法考虑土的非线性和基底反力的塑性重分布，并且计算工作烦琐，是其推广使用的主要困难。

4.4 文克尔地基上弹性梁的计算

4.4.1 弹性地基上梁的挠曲微分方程及其通解

进行弹性地基上梁的分析，首先应选定地基模型，不论基于何种模型，也不论采取何种数学方法，都应满足以下两个基本条件：

1) 计算前后基础底面与地基不出现脱开现象，即地基与基础之间的变形协调条件。
2) 基础在外荷载和基底反力的作用下必须满足静力平衡条件。

根据这两个基本条件可以组列解答问题所需的方程式，然后结合必要的边界条件求解，但只有在简单的条件下才能获得其解析解。

下面介绍文克尔地基上梁的解答。

1. 微分方程式

图 4-10 表示外荷载作用下文克尔地基上等截面梁位于梁主平面内的挠曲曲线及梁元素。梁底单位面积上的反力为 p，梁宽为 b，梁底反力沿长度方向的反力分布为 bp，梁和地基的竖向位移为 w，取微段梁元素 dx，其上作用分布荷载 q、梁底反力 bp 及相邻截面作用的弯矩 M、剪力 V。根据梁元素上的竖向力平衡条件可得

$$V + bp\mathrm{d}x - (V + \mathrm{d}V) - q\mathrm{d}x = 0 \tag{4-10}$$

$$\frac{\mathrm{d}V}{\mathrm{d}x} = bp - q$$

而剪力 V 和弯矩 M 存在关系 $V = \dfrac{\mathrm{d}M}{\mathrm{d}x}$，该式微分后得到 $\dfrac{\mathrm{d}V}{\mathrm{d}x} = \dfrac{\mathrm{d}^2 M}{\mathrm{d}x^2}$，则

$$\frac{\mathrm{d}^2 M}{\mathrm{d}x^2} = bp - q \tag{4-11}$$

根据材料力学知识有

$$M = -EI\frac{\mathrm{d}^2 w}{\mathrm{d}x^2} \tag{4-12}$$

该式连续两次微分后得 $\dfrac{\mathrm{d}^2 M}{\mathrm{d}x^2} = -EI\dfrac{\mathrm{d}^4 w}{\mathrm{d}x^4}$，结合式（4-11）得

$$EI\frac{\mathrm{d}^4 w}{\mathrm{d}x^4} = -bp + q \tag{4-13}$$

根据文克尔模型的假设，$p = ks$（k 为基床系数，kN/m^3），并按接触条件（变形协调条件），即梁全长的地基沉降应与梁的挠度相等，$s = w$，从而有 $p = kw$，代入式（4-13）有

$$EI\frac{\mathrm{d}^4 w}{\mathrm{d}x^4} = -bkw + q \tag{4-14}$$

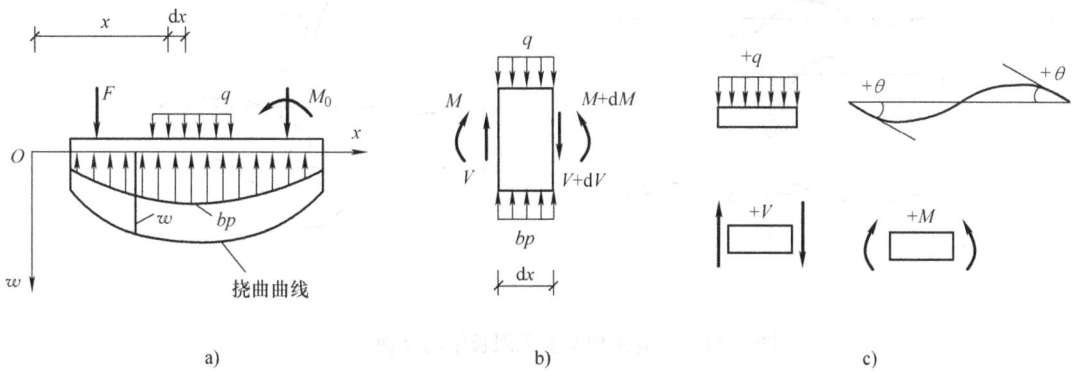

图 4-10 文克尔地基上梁的计算图式
a) 梁上荷载和挠曲 b) 梁的微单元 c) 符号规定

2. 微分方程的解答

式（4-14）是一个中四阶常系数非齐次常微分方程，借助数理方程课程知识很容易求解，这里直接给出求解结果。

$$w = e^{\lambda x}(C_1\cos\lambda x + C_2\sin\lambda x) + e^{-\lambda x}(C_3\cos\lambda x + C_4\sin\lambda x) \quad (4-15)$$

进一步可求解转角 $\theta\left(\theta = \dfrac{dw}{dx}\right)$、弯矩 $M\left(M = -EI\dfrac{d^2w}{dx^2}\right)$、剪力 $V\left(V = \dfrac{dM}{dx} = -EI\dfrac{d^3w}{dx^3}\right)$、基底反力 p（$p = kw$）。式中 C_1、C_2、C_3、C_4 为待定常数，需要根据荷载类型（集中力或集中力偶）和边界条件确定。$\lambda = \sqrt[4]{\dfrac{kb}{4EI}}$（单位为 m^{-1}），它的倒数 $\dfrac{1}{\lambda}$ 称为特征长度。显然特征长度越大，则梁相对刚度越大，因此 λ 是影响挠曲线形的一个重要因素。

4.4.2 无限长梁的解答

1. 竖向集中力作用下的无限长梁

图 4-11a 为一无限长梁受竖向集中力 F_0 作用，F_0 的作用点位于坐标原点 O，假定梁在原点 O 两侧对称，其边界条件为：

1）当 $x \to +\infty$ 时，$w = 0$。

2）当 $x = 0$ 时，因荷载和地基反力关于原点对称，故该点挠曲曲线斜率为零，即 $\theta = \dfrac{dw}{dx} = 0$

3）当 $x = 0$ 时，在 O 点处紧靠 F_0 的右边，作用于梁右半部截面上的剪力应等于地基总反力的一半，即 $V = \dfrac{dM}{dx} = -EI\dfrac{d^3w}{dx^3} = -\dfrac{F_0}{2}$。

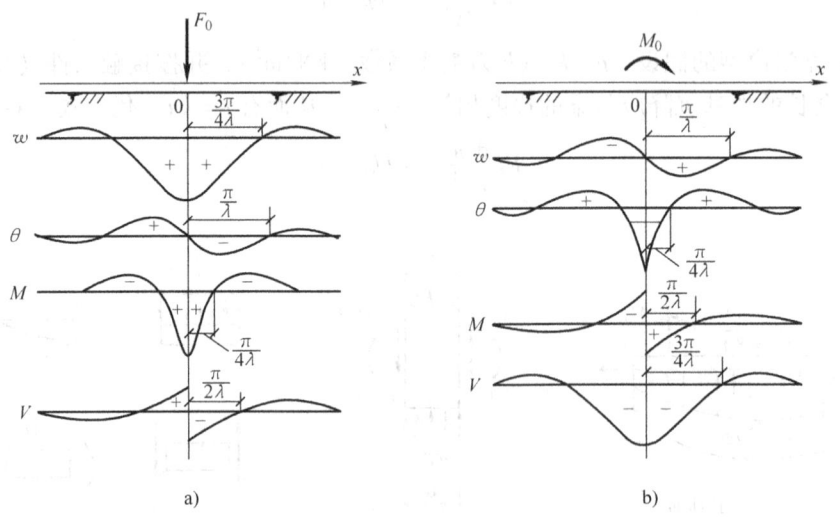

图 4-11 文克尔地基上无限长梁的挠曲与内力
a) 竖向集中力作用 b) 集中力偶作用

由边界条件 1）得，$C_1 = C_2 = 0$，则对于梁的右半部分有

$$w = e^{-\lambda x}(C_3 \cos\lambda x + C_4 \sin\lambda x) \quad (4\text{-}16)$$

将该式求导

$$\left.\frac{dw}{dx}\right|_{x=0} = -\lambda e^{-\lambda x}(C_3 \cos\lambda x + C_4 \sin\lambda x) + e^{-\lambda x}(-\lambda C_3 \sin\lambda x + \lambda C_4 \cos\lambda x)$$

整理后得

$$\left.\frac{dw}{dx}\right|_{x=0} = \lambda e^{-\lambda x}[-C_3(\cos\lambda x + \sin\lambda x) + C_4(-\sin\lambda x + \cos\lambda x)]$$
$$= \lambda[-C_3 + C_4]$$

由边界条件2)得，$C_3 = C_4 = C$；则

$$w = Ce^{-\lambda x}(\cos\lambda x + \sin\lambda x) \quad (4\text{-}17)$$

$$\frac{dw}{dx} = C\lambda e^{-\lambda x}(-\cos\lambda x - \sin\lambda x) + Ce^{-\lambda x}(-\lambda \sin\lambda x + \lambda \cos\lambda x) = -2C\lambda e^{-\lambda x}\sin\lambda x$$

$$\frac{d^2w}{dx^2} = 2C\lambda^2 e^{-\lambda x}\sin\lambda x - 2C\lambda^2 e^{-\lambda x}\cos\lambda x = 2C\lambda^2 e^{-\lambda x}(\sin\lambda x - \cos\lambda x)$$

$$\frac{d^3w}{dx^3} = 2C\lambda^3 e^{-\lambda x}(-\sin\lambda x + \cos\lambda x) + 2C\lambda^3 e^{-\lambda x}(\cos\lambda x + \sin\lambda x) = 4C\lambda^3 \cos\lambda x$$

由边界条件3)得

$$-EI \cdot 4C\lambda^3 \cos\lambda x\big|_{x=0} = -\frac{F_0}{2}$$

$$-EI \cdot 4C\lambda^3 = -\frac{F_0}{2}$$

等式两边同乘以 λ 得

$$-EI \cdot 4C\lambda^4 = -\frac{F_0}{2}\lambda$$

将 $\lambda = \sqrt[4]{\dfrac{kb}{4EI}}$ 代入等式左边，得 $-EI \cdot 4C\dfrac{bk}{4EI} = -\dfrac{F_0}{2}\lambda$

因而

$$C = \frac{F_0 \lambda}{2bk}$$

所以

$$w = \frac{F_0 \lambda}{2bk} e^{-\lambda x}(\cos\lambda x + \sin\lambda x) \quad (4\text{-}18a)$$

$$\theta = \frac{dw}{dx} = -\frac{F_0 \lambda^2}{bk} e^{-\lambda x}\sin\lambda x \quad (4\text{-}18b)$$

$$M = -EI\frac{d^2w}{dx^2} = \frac{F_0}{4\lambda} e^{-\lambda x}(-\sin\lambda x + \cos\lambda x) \quad (4\text{-}18c)$$

$$V = -EI\frac{d^3w}{dx^3} = -\frac{F_0}{2} e^{-\lambda x}\cos\lambda x \quad (4\text{-}18d)$$

$$p = kw = \frac{F_0 \lambda}{2b} e^{-\lambda x}(\cos\lambda x + \sin\lambda x) \quad (4\text{-}18e)$$

对于竖向力作用点的左半部分，根据对称条件，应用上述公式时，x 取距离的绝对值，挠度 w、弯矩 M 及基底反力 p 计算结果与右半部分相同，而转角 θ、剪力 V 则取相反的符号。绘制 w、θ、M、V 随 λx 的变化曲线如图 4-11a 所示。

由式 (4-18a) 可知：

1) 当 $x=0$ 时，$w=\dfrac{F_0\lambda}{2bk}$。

2) 当 $x=\dfrac{\pi}{\lambda}$ 时，$w=-\mathrm{e}^{-\pi}\dfrac{F_0\lambda}{2bk}=-0.04321\dfrac{F_0\lambda}{2bk}$。

3) 当 $x=\dfrac{2\pi}{\lambda}$ 时，$w=\mathrm{e}^{-2\pi}\dfrac{F_0\lambda}{2bk}=0.001868\dfrac{F_0\lambda}{2bk}$。

因此，梁的挠度随 x 增加迅速衰减，在 $x=\dfrac{2\pi}{\lambda}$ 处的挠度仅为 $x=0$ 处挠度的 0.1868%，在 $x=\dfrac{\pi}{\lambda}$ 处的挠度仅为 $x=0$ 处挠度的 4.321%，故当集中力的作用点离梁两端的距离 $x>\dfrac{\pi}{\lambda}$ 时，可近似按无限长梁计算。实用中将弹性地基梁分为以下几种类型：

1) 无限长梁：荷载作用点与梁两端的距离都大于 $\dfrac{\pi}{\lambda}$。

2) 半无限长梁：荷载作用点与梁一端的距离小于 $\dfrac{\pi}{\lambda}$，另一端大于 $\dfrac{\pi}{\lambda}$。

3) 有限长梁：荷载作用点与梁两端的距离都小于 $\dfrac{\pi}{\lambda}$，且梁的长度大于 $\dfrac{\pi}{4\lambda}$。

4) 短梁（刚性梁）：梁的长度小于 $\dfrac{\pi}{4\lambda}$。

2. 集中力偶作用下的无限长梁

图 4-11b 为一无限长梁受一个顺时针方向的集中力偶 M_0 作用，仍取集中力偶作用点为坐标原点 O，通解中的积分常数可由以下边界条件确定：

1) 当 $x\to+\infty$ 时，$w=0$。

2) 当 $x=0$ 时，$w=0$。

3) 当 $x=0$ 时，在 O 点处紧靠 M_0 作用点，作用于梁右半部截面上的弯矩为 $M_0/2$，即 $M=-EI\dfrac{\mathrm{d}^2w}{\mathrm{d}x^2}=\dfrac{M_0}{2}$。

根据上述边界条件，可得 $C_1=C_2=C_3=0$，$C_4=\dfrac{M_0\lambda^2}{bk}$。

$$w=\dfrac{M_0\lambda^2}{bk}\mathrm{e}^{-\lambda x}\sin\lambda x \tag{4-19a}$$

$$\theta=\dfrac{\mathrm{d}w}{\mathrm{d}x}=\dfrac{M_0\lambda^3}{bk}\mathrm{e}^{-\lambda x}(\cos\lambda x-\sin\lambda x) \tag{4-19b}$$

$$M=-EI\dfrac{\mathrm{d}^2w}{\mathrm{d}x^2}=\dfrac{M_0}{2}\mathrm{e}^{-\lambda x}\cos\lambda x \tag{4-19c}$$

$$V=-EI\dfrac{\mathrm{d}^3w}{\mathrm{d}x^3}=-\dfrac{M_0\lambda}{2}\mathrm{e}^{-\lambda x}(\cos\lambda x+\sin\lambda x) \tag{4-19d}$$

$$p=kw=\dfrac{M_0\lambda^2}{b}\mathrm{e}^{-\lambda x}\sin\lambda x \tag{4-19e}$$

对于集中力偶作用的左半部分，根据反对称条件，x 取绝对值，转角 θ 和剪力 V 计算结果与梁右半部分相同,而挠度 w、弯矩 M 及基底压力 p 则取相反的负号。绘制 w、θ、M、V 随 x 的变化曲线,如图 4-11b 所示。

计算承受若干个集中荷载的无限长梁上任意截面的 w、θ、M、V 时,可以按式 (4-18a) ~ 式 (4-18e) 或式 (4-19a) ~ 式 (4-19e) 分别计算各荷载单独作用时在该截面引起的效应,然后叠加得到共同作用下的总效应。但应注意:

1) 在每次计算时,均需把坐标原点移到相应的集中荷载作用点处。
2) 坐标系采用图 4-10a 所示形式。
3) 注意计算位置处相应物理量的正负取值。
4) w、θ、M、V 的正负统一规定,如图 4-10c 所示。

4.4.3 半无限长梁的解答

1. 竖向集中力作用下的半无限长梁

如果一个半无限长梁受竖向集中力 F_0 作用(见图 4-12a),另一端延伸至无穷远处,若取坐标原点在 F_0 作用点处,则边界条件为:

1) 当 $x \to +\infty$,$w = 0$。
2) 当 $x = 0$ 时,$M = -EI\dfrac{\mathrm{d}^2 w}{\mathrm{d}x^2} = 0$。
3) 当 $x = 0$ 时,$V = \dfrac{\mathrm{d}M}{\mathrm{d}x} = -EI\dfrac{\mathrm{d}^3 w}{\mathrm{d}x^3} = F_0$。

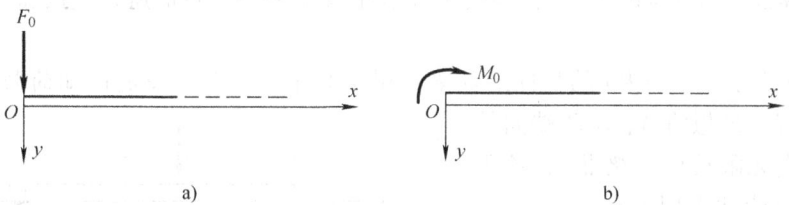

图 4-12 半无限长梁
a) 受集中力作用　b) 受力偶作用

由此可推导得到 $C_1 = C_2 = C_4 = 0$,$C_3 = \dfrac{2F_0 \lambda}{bk}$。

将以上结果代入通解式 (4-15),则梁的挠度 w、转角 θ、弯矩 M、剪力 V 为

$$w = \frac{2F_0 \lambda}{bk} e^{-\lambda x} \cos\lambda x \tag{4-20a}$$

$$\theta = -\frac{2F_0 \lambda^2}{bk} e^{-\lambda x} (\cos\lambda x + \sin\lambda x) \tag{4-20b}$$

$$M = \frac{F_0}{\lambda} e^{-\lambda x} \sin\lambda x \tag{4-20c}$$

$$V = F_0 e^{-\lambda x} (\cos\lambda x - \sin\lambda x) \tag{4-20d}$$

2. 集中力偶作用下的半无限长梁

当一半无限长梁的一端受集中力偶 M_0 作用(见图 4-12b),另一端延伸至无穷远处,则

边界条件为:

1) 当 $x \to +\infty$, $w = 0$。

2) 当 $x = 0$ 时, $M = -EI\dfrac{d^2w}{dx^2} = M_0$。

3) 当 $x = 0$ 时, $V = \dfrac{dM}{dx} = -EI\dfrac{d^3w}{dx^3} = 0$。

由此可推导得 $C_1 = C_2 = 0$, $C_3 = -C_4 = \dfrac{2M_0\lambda^2}{bk}$。

将以上结果代入通解式(4-15),则梁的挠度 w、转角 θ、弯矩 M、剪力 V 为

$$w = -\frac{2M_0\lambda^2}{bk}e^{-\lambda x}(\cos\lambda x - \sin\lambda x) \tag{4-21a}$$

$$\theta = \frac{4M_0\lambda^3}{bk}e^{-\lambda x}\cos\lambda x \tag{4-21b}$$

$$M = M_0 e^{-\lambda x}(\cos\lambda x + \sin\lambda x) \tag{4-21c}$$

$$V = -2M_0\lambda e^{-\lambda x}\sin\lambda x \tag{4-21d}$$

4.4.4 有限长梁的解答

在实际工程中,地基上的条形基础梁大多数不能看成无限长的,都是有限长梁。对于有限长梁,荷载对梁两端的影响尚未消失,即梁端的挠曲不能忽略。这里介绍一种按照以上无限长梁的计算公式为基础的叠加法,来求解有限长梁的解答,从而避开直接确定通解中积分常数的烦琐。

图4-13a表示一个长为 l 的弹性地基梁(梁Ⅰ)上作用有任意的已知荷载,其端点 A、B 均为自由端。设想将 A、B 两端向外无限延长形成无限长梁(梁Ⅱ),该无限长梁在已知荷载作用下在相应 A、B 两截面产生弯矩 M_a、M_b 和剪力 V_a、V_b,如图4-13b所示。由于实际梁Ⅰ的 A、B 两端是自由界面,不存在任何内力,为了要按无限长梁Ⅱ利用无限长梁公式以叠加法计算而得到相应于原有限长梁的解答,就必须设法消除发生在梁Ⅱ中 A、B 两截面的弯矩和剪力,以满足原来梁端的边界条件。为此,可在梁Ⅱ的 A、B 两端外侧分别加上一对集中荷载 M_A、P_A 和 M_B、P_B,并要求这两对附加荷载在 A、B 两截面中产生的弯矩和剪力分别等于 $-M_a$、$-V_a$ 及 $-M_b$、$-P_b$(梁Ⅲ),如图4-13c所示。

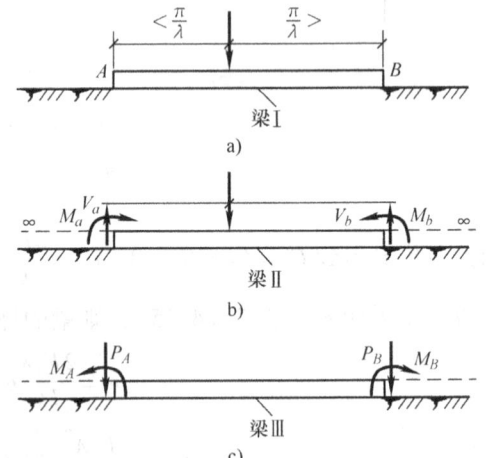

图4-13 文克尔地基上有限长梁内力、位移计算

对于 A 截面弯矩,根据式(4-18c),集中竖向力 P_A 在 A 截面的弯矩为 $M = \dfrac{P_A}{4\lambda}$ $(x = 0)$,

集中竖向力 P_B 在 A 截面的弯矩为 $M = \dfrac{P_B}{4\lambda}\mathrm{e}^{-\lambda l}(-\sin\lambda l + \cos\lambda l)$（$A$ 截面在荷载作用点左侧，$x = -l$ 与 $x = l$ 处弯矩符号相同）。根据式（4-19c），力偶 M_A 在 A 截面的弯矩为 $M = \dfrac{M_A}{2}$（$x = 0$），力偶 M_B 在 A 截面的弯矩为 $M = -\dfrac{M_B}{2}\mathrm{e}^{-\lambda l}\cos\lambda l$（$A$ 截面在左侧，即 $x = -l$，取 $x = l$ 处弯矩的负值）。因此

$$\frac{P_A}{4\lambda} + \frac{P_B}{4\lambda}\mathrm{e}^{-\lambda l}(\cos\lambda l - \sin\lambda l) + \frac{M_A}{2} - \frac{M_B}{2}\mathrm{e}^{-\lambda l}\cos\lambda l = -M_a \qquad (4\text{-}22\mathrm{a})$$

对于 A 截面剪力，根据式（4-18d），集中竖向力 P_A 在 A 截面的剪力为 $V = -\dfrac{P_A}{2}$（$x = 0$），集中竖向力 P_B 在 A 截面的剪力为 $V = \dfrac{P_B}{2}\mathrm{e}^{-\lambda l}\cos\lambda l$（$x = -l$，取 $x = l$ 处的负值）。根据式（4-19d），力偶 M_A 在 A 截面的剪力为 $V = -\dfrac{M_A\lambda}{2}$（$x = 0$），力偶 M_B 在 A 截面的剪力为 $V = -EI\dfrac{\mathrm{d}^3 w}{\mathrm{d}x^3} = -\dfrac{M_B\lambda}{2}\mathrm{e}^{-\lambda l}(\cos\lambda l + \sin\lambda l)$（$x = -l$，与 $x = l$ 处剪力相同）。因此

$$-\frac{P_A}{2} + \frac{P_B}{2}\mathrm{e}^{-\lambda l}\cos\lambda l - \frac{\lambda M_A}{2} - \frac{\lambda M_B}{2}\mathrm{e}^{-\lambda l}(\cos\lambda l + \sin\lambda l) = -V_a \qquad (4\text{-}22\mathrm{b})$$

对于 B 截面弯矩，根据式（4-18c），集中竖向力 P_A 在 B 截面的弯矩为 $M = \dfrac{P_A}{4\lambda}\mathrm{e}^{-\lambda l}(-\sin\lambda l + \cos\lambda l)$（$x = l$），集中竖向力 P_B 在 B 截面的弯矩为 $M = \dfrac{P_B}{4\lambda}$（$x = 0$）；根据式（4-19c）力偶 M_A 在 B 截面的弯矩为 $M = \dfrac{M_A}{2}\mathrm{e}^{-\lambda l}\cos\lambda l$（$x = l$）；力偶 M_B 在 B 截面的弯矩为 $M = -\dfrac{M_B}{2}$（$x = 0$）。因此

$$\frac{P_A}{4\lambda}\mathrm{e}^{-\lambda l}(\cos\lambda l - \sin\lambda l) + \frac{P_B}{4\lambda} + \frac{M_A}{2}\mathrm{e}^{-\lambda l}\cos\lambda l - \frac{M_B}{2} = -M_b \qquad (4\text{-}22\mathrm{c})$$

对于 B 截面剪力，根据式（4-18d），集中竖向力 P_A 在 B 截面的剪力为 $V = -\dfrac{P_A}{2}\mathrm{e}^{-\lambda l}\cos\lambda l$（$x = l$）；集中竖向力 P_B 在 B 截面的剪力为 $V = \dfrac{P_B}{2}$（$x = 0$）。根据式（4-19d），力偶 M_A 在 B 截面的剪力为 $V = -\dfrac{M_A\lambda}{2}\mathrm{e}^{-\lambda l}(\cos\lambda l + \sin\lambda l)$（$x = l$），力偶 M_B 在 B 截面的剪力为 $V = -\dfrac{M_B\lambda}{2}$（$x = 0$）。因此

$$-\frac{P_A}{2}\mathrm{e}^{-\lambda l}\cos\lambda l + \frac{P_B}{2} - \frac{\lambda M_A}{2}\mathrm{e}^{-\lambda l}(\cos\lambda l + \sin\lambda l) - \frac{\lambda M_B}{2} = -V_b \qquad (4\text{-}22\mathrm{d})$$

四个未知数，四个方程，M_A、P_A 和 M_B、P_B 可以求解。在以上计算中，P_A、P_B、M_A、M_B 均假定与式（4-18）或式（4-19）规定的荷载方向一致，即 P_A、P_B 为竖向向下的集中

力，M_A、M_B 为顺时针方向的力偶，如果计算值为负，则与此假定方向相反。

因此，有限长梁的计算可分为以下几步：

1) 计算已知荷载在梁Ⅱ上相应于梁Ⅰ两端 A、B 截面引起的弯矩和剪力 M_a、P_a、M_b、P_b。
2) 根据式（4-22a）~式（4-22d）求解出附加荷载 M_A、P_A、M_B、P_B。
3) 计算已知荷载在梁Ⅱ相应于梁Ⅰ的 x 点处的挠曲 w_1、转角 θ_1、弯矩 M_1 和剪力 V_1。
4) 计算附加荷载在梁Ⅲ相应于梁Ⅰ的 x 点处的挠曲 w_2、转角 θ_2、弯矩 M_2 和剪力 V_2。
5) 将上述两步计算的挠曲、转角、弯矩和剪力叠加，即为所求，即

$$w = w_1 + w_2 \tag{4-23a}$$
$$\theta = \theta_1 + \theta_2 \tag{4-23b}$$
$$M = M_1 + M_2 \tag{4-23c}$$
$$V = V_1 + V_2 \tag{4-23d}$$

4.4.5 短梁的解答

当梁的长度小于 $\dfrac{\pi}{4\lambda}$ 时，梁的相对刚度很大，其挠曲很小，可以忽略不计。这类梁发生位移时，是平面移动，一般假设基底反力按直线分布，可按静力平衡条件求得，其截面弯矩和剪力也可由静力平衡求得。

4.5 基础分析方法概要

柱下条形、筏形和箱形基础的分析方法大致可分为三个发展阶段，相应地形成了不考虑共同作用的分析法、考虑基础-地基共同作用分析法、考虑上部结构-基础-地基共同作用分析法三种分析方法。这些方法是与建立更完善的地基计算模型、改进分析共同作用问题相配套发展的。

4.5.1 不考虑共同作用分析法

这种方法是假定基底反力呈直线分布的结构力学方法。分析时将上部结构、基础与地基按静力平衡条件分割成三个独立部分分别求解：先把上部结构看成柱端固接于基础上的独立结构，用结构力学方法求出柱底反力与结构内力，如图 4-14b 所示；然后以求出的柱端作用力反向作用于基础上，并按基底反力为直线分布的假定，求出基底反力，然后用结构力学方法求出基础的内力，如图 4-14c 所示；最后，不考虑基础刚度的调节作用，直接把基底反力反作用于地基表面来计算地基的变形，如图 4-14d 所示。

这种方法只满足静力平衡条件，完全没有考虑三个部分在连接部位因要满足变形协调条件而引起的支座与基底反力的重分配与调整。当地基刚度很大、变形量很小，或上部结构刚度很大、基础的挠曲很小时，近似于这种情况。其他情况就有不同程度的误差，甚至导致计算结果与实测资料很不一致。但该方法计算容易，且积累了较丰富的工程实用经验，仍然是工程中常用的计算方法，除了用于刚性基础和扩展基础的分析设计外，在上部结构对变形并不敏感的情况下，对柱下条形、筏形和箱形基础的分析设计也有不少应用。在这类方法中，常用的有静定分析法、倒梁法和倒楼盖法等。

静定分析法把梁、板看成静定结构，柱子只传递荷载，对基础不起约束作用，在柱荷载和地基反力作用下，基础梁、板可以产生整体弯曲，因此这种方法可以用于上部结构不能约束基础的变形，也就是上部结构为完全柔性的情况。倒梁法和倒楼盖法则假定柱端为不动铰支座，在地基反力作用下，梁、板只能产生局部弯曲，不能产生整体弯曲，相当于上部结构为整体刚度很大的情况。

4.5.2 考虑基础-地基共同作用分析法

根据地基土层情况，选择某种地基模型。按静力平衡条件将上部结构与基础分割开，用结构力学方法求出柱端作用力，并反向施加于基础上，于是基础就成为设置在某种地基模型上的承载结构或构件。然后根据选用的地基模型，求得这一体系中基底反力 P 和地基变形 s 的关系。因为地基反力 P 和变形 s 都是未知量，显然只有这组公式，未知量为方程数的两倍，无法求解，因此必须应用体系的变形条件。如上所述，基础-地基共同作用必须满足两者变形协调的要求，基础各点的位移 w 与该点下地表的变形 s 相同，即 $w = s$。根据基础的柔度可以得到另一组代数方程，即

$$w = s = \delta' P \tag{4-24}$$

式中 δ'——基础的柔度矩阵。

将基底反力与上部结构的荷载一起加在基础上就可以用结构力学方法求解基础的内力，如图 4-15 所示。

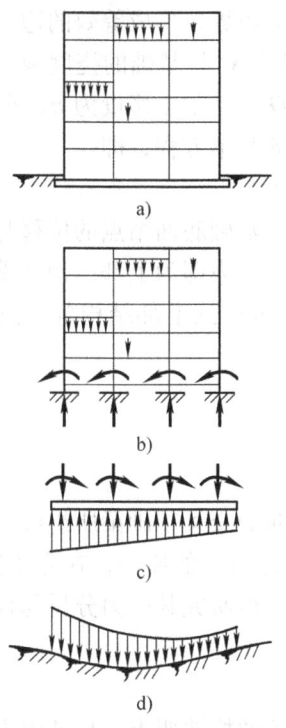

图 4-14 不考虑共同作用的分析方法示意图
a) 某框架结构系统简图 b) 上部结构
c) 基础结构 d) 地基计算

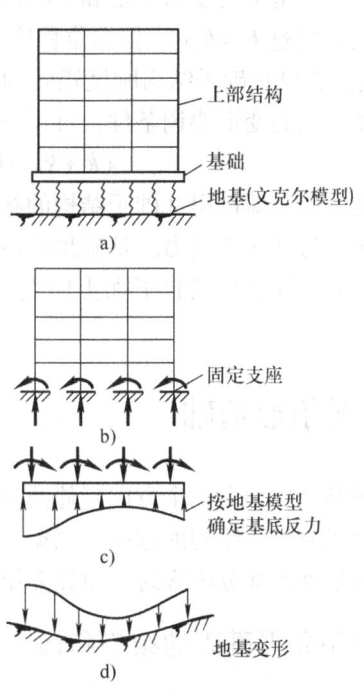

图 4-15 考虑基础-地基共同作用的分析方法示意图
a) 整体 b) 上部结构 c) 基础 d) 地基

以上就是不考虑上部结构刚度，仅考虑基础-地基共同作用时进行基础计算的简要概念。显然，不论采用什么地基模型，考虑基础-地基共同作用的基础计算，都比完全不考虑共同作用的单纯结构力学方法要复杂得多。

这类方法的计算结果与实际情况仍然有所差别。一是因为不考虑上部结构的刚度贡献，导致地基变形量偏大，因而基础内力也偏高，这是偏于安全方面；二是没有考虑基础的变形会引起上部结构产生附加的应力与变形，这是偏于不安全方面。因此这类方法较适用于上部结构刚度较小而基础刚度较大的情况。

4.5.3 考虑上部结构-基础-地基共同作用分析法

这种方法的基本原则是要求上部结构、基础和地基相互之间在连接处既要满足静力平衡条件，又要满足变形协调条件。变形协调就是要求上部结构柱端的位移 s_j 与该处基础顶面的位移 w_j 相一致。基底任一点的位移 w_i 与该点下的地基变形 s_i 也相一致，即

$$s_j = w_j \tag{4-25a}$$
$$s_i = w_i \tag{4-25b}$$

这种方法的解法与前面仅仅考虑基础-地基共同作用的方法相似，但在求地基反力时要考虑上部结构刚度的影响，可以用空间子结构方法来解决。

空间子结构法是将上部结构的刚度与荷载逐层向下传递，凝聚到基础子结构的上边界，形成所有上部结构的等效边界刚度矩阵 k_B 和等效边界荷载向量 P_B，将它们叠加到基础子结构上。同理，地基土刚度的贡献和基底反力也凝聚到基础下边界，形成等效的边界刚度矩阵 k_s 与基底反力向量 $F = k_s s_s$。根据位移连续条件，基底的变形 s_s 与基础的挠度 w_s 应该一致，即 $F = k_s w_s$。假设基础子结构刚度矩阵为 k、内力向量为 Q、节点位移量为 u，那么根据基础与地基接触点的变形协调条件，可得三个部分共同工作的基本方程，即

$$(k + k_B + k_s)u = Q + P_B + k_s w_s \tag{4-26}$$

求解该方程，即可得基础子结构的结点位移和结点力。基础底面结点的位移与结点力即为地基的变形与基底的反力。基础顶面边界结点的位移与结点力即为上部结构柱端的支座位移与支座反力。如果将其自下而上向上部子结构回代，即可得到上部结构各结点的位移与内力。

4.6 柱下条形基础

柱下条形基础是由一个方向延伸的基础梁或由两个方向的交叉基础梁所组成，常用作软弱地基上框架或排架结构的基础。根据"构造为主，计算为辅"的原则，在介绍柱下条形、筏形和箱形基础各部分内容时，也先介绍结构和构造要求，再研究其内力分析与计算方法。

4.6.1 柱下条形基础的结构和构造要求

柱下条形基础的构造应满足钢筋混凝土扩展基础中相关的构造要求，另外因为条形基础纵向长度大，为提高其纵向抗弯刚度，尚应满足下述要求：

1) 一般采用倒T形横截面，下部伸出部分称为翼板，中间部分称为肋梁，如图4-16d所示。

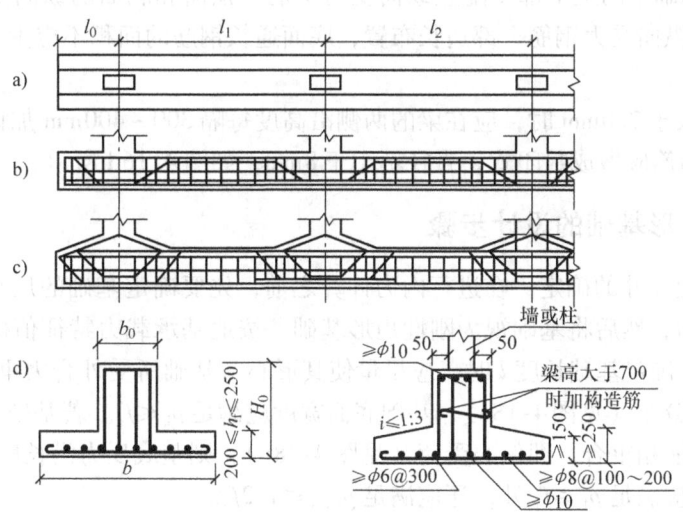

图 4-16 柱下条形基础的构造
a) 平面图　b)、c) 纵剖面图　d) 横剖面

2) 肋梁高度 H 一般为柱距的 $1/8 \sim 1/4$，多在 $1/6 \sim 1/4$，并应满足受剪承载力计算的要求。

3) 翼板宽度由地基承载力决定。翼板厚不宜小于 200mm，一般为 $200 \sim 400$mm。当翼板厚度为 $200 \sim 250$mm 时做成等厚度板；当翼板厚度大于 250mm 时，用变厚度翼板，其坡度小于或等于 1:3，如图 4-16d 所示。

4) 柱下条形基础的端部应伸出一定长度 l_0，以扩大底部面积，改善端部地基的承载条件，调整底面形心位置，使基底反力分布更为合理，改善基础梁挠曲条件，但伸出长度也不宜过大，以边跨柱距的 0.25 倍为宜，即 $l_0 \leq 0.25 l_1$，如图 4-16a 所示。

5) 墙或柱与条形基础梁的交接处，其平面尺寸应满足图 4-16d、图 4-17 规定的尺寸，即梁每侧至少宽出墙或柱 50mm。

6) 柱下条形基础的混凝土强度等级一般不应低于 C20；在软土地区的钢筋混凝土条形基础底面应设置厚度不小于 100mm 的砂石垫层，若用素混凝土垫层，一般为 C7.5，厚度不小于 75mm。

7) 对基础梁内配筋的应满足《混凝土结构设计规范》的相关规定，包括：

① 支座下的受力钢筋宜布置在下部，跨中受力筋要布置在上部。

② 下部纵向钢筋的搭接位置宜在跨中，而梁上部纵向钢筋的搭接位置宜在支座处，且都要满足搭接长度的要求。

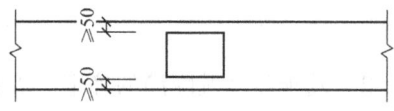

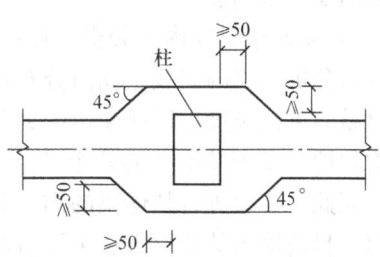

图 4-17 现浇柱与条形基础梁交接处平面尺寸

③ 通常在基础梁的上下都要配置纵向受力钢筋，顶面和底面的纵向受力钢筋除满足计算要求外，顶面纵向受力钢筋全部通长布置，底面通长钢筋的面积不应少于底部纵向受力钢筋总面积的1/3。

8) 当梁高大于700mm时，应在梁的两侧沿高度每隔300~400mm加设腰筋，直径大于10mm，肋梁的箍筋应做成封闭式，直径不小于8mm，如图4-16d所示。

4.6.2 柱下条形基础的设计步骤

1) 基础底面尺寸的确定。在进行内力计算之前，先要确定基础的尺寸。按上述构造要求确定基础长度 l，然后将基础视为刚性矩形基础，按地基承载力特征值确定基础底面宽度 b。在按构造要求确定基础长度 l 时，应尽量使其形心与基础所受外合力重心相重合，此时，地基反力为均匀分布（见图4-18a），基础底面宽度应满足 $p_k \leq f_a$。若基础底面形心与基础所受外合力重心不能相重合，即偏心受荷（见图4-18b），则基底反力沿长度方向呈梯形分布，基础底面宽度除应满足 $p_k \leq f_a$ 外，还应满足 $p_{kmax} \leq 1.2f_a$。

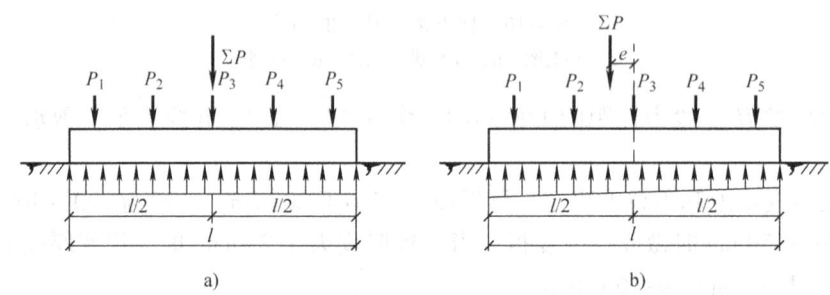

图4-18 简化计算法的基底反力分布
a) 中心荷载　b) 偏心荷载

2) 翼板厚度及配筋的确定。翼板可视为悬臂于肋梁两侧，按悬臂板考虑。选定混凝土和钢筋种类，根据横断面底板根部的剪力确定翼板厚度，根据横断面上弯矩确定翼板内的横向配筋及分布钢筋。

3) 基础梁纵向内力分析。柱下条形基础与墙下条形扩展基础计算上最大的不同是基础的内力分析。墙的荷载是纵向分布荷载，通常可以视为纵向均布荷载，所以墙下条形基础可以取纵向单位长度进行横断面内力分析；而柱下条形基础承受的柱荷载是集中荷载，均匀或不均匀地分布于基础梁的几个节点上，在柱荷载和地基反力作用下，基础梁要产生纵向挠曲，因此，必须进行整体梁的内力分析。柱下条形基础的计算原则上应考虑基础-地基共同作用。目前提出的计算方法主要有两类：

① 简化计算方法。采用基底压力呈直线分布假设，根据上部结构情况，选用静定分析法或倒梁法计算。简化计算方法仅满足静力平衡条件，是最常用的设计方法，适用于柱荷载比较均匀、柱距相差不大，基础对地基的相对刚度较大，可忽略柱间的不均匀沉降影响的情况。为满足假设要求，要求条形基础具有足够的相对刚度。当上部结构刚度很小时，可按静定分析法计算；若上部结构刚度较大，则按倒梁法计算。

② 地基上梁的计算方法。将柱下条形基础看成地基上的梁，采用合适的地基计算模型，

考虑地基与基础的共同作用，即满足地基与基础之间的静力平衡和变形协调条件，建立方程，用解析法、近似解析法和数值分析方法等直接或近似求解基础内力。这类方法适用于具有不同相对刚度的基础、荷载分布和地基条件。由于没有考虑上部结构刚度的影响，计算结果一般偏于安全。

4) 初选基础梁的高度，根据基础梁的剪力验算基础梁高度。根据基础梁的弯矩计算纵向钢筋面积，上下部纵向受力钢筋配筋率不小于 0.2%。

5) 根据斜截面承载力计算，配置箍筋和构造筋。

6) 绘制施工图。

4.6.3 静定分析法

当上部结构的刚度很小时，宜采用静定分析法。计算时先按直线分布假定求出基底单位面积净反力 p_j，然后将柱荷载直接作用在基础梁上。这样，基础梁上所有的作用力都已确定，故可按"截面上的静力平衡"条件计算出任一截面 i 上的弯矩 M_i 和剪力 V_i（见图 4-19）由此绘制出沿基础全长的剪力图和弯矩图，进行肋梁的抗剪计算和配筋。

由于静定分析法假定上部结构为柔性结构，即不考虑上部结构刚度的有利影响，所以在荷载作用下基础梁将产生整体弯曲。与其他方法比较，这样计算所得的基础不利截面上的弯矩绝对值可能偏大很多。

4.6.4 倒梁法

在比较均匀的地基上，上部结构刚度较好，荷载分布和柱距较均匀，且条形基础梁的高度不小于 1/6 柱距时，基底反力可按直线分布，基础梁的内力可按倒梁法计算。

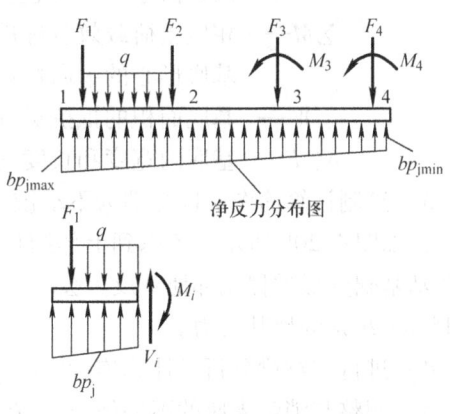

图 4-19 静定分析法计算简图

倒梁法假定上部结构是绝对刚性的，各柱之间没有沉降差异，因而可把柱脚视为条形基础的固定铰支座，支座间不存在相对竖向位移，基础的挠曲变形不致改变地基反力。将基础梁按倒置的多跨普通连续梁计算，以线性分布的基底净反力（$p_j b$）作为荷载，且除柱的竖向集中力外的各种荷载作用（包括柱传来的力矩）均为已知。按倒置的普通连续梁计算基础梁的纵向内力（见图 4-20），如力矩分配法、力法、位移法等。

这种计算方法只考虑出现于柱间的局部弯曲，不计沿基础全长发生的整体弯曲，所得的弯矩图正负弯矩最大值较为均衡，基础不利截面的弯矩最小。

倒梁法计算步骤如下：

1) 初步确定柱下条形基础的尺寸。按柱的平面布置和构造要求，确定条形基础的长度 l。根据上部结构作用于基础上的荷载和地基承载力特征值确定基础底面积 A，基础的宽度 $b = A/l$。

2) 按直线分布假设计算基底净反力。

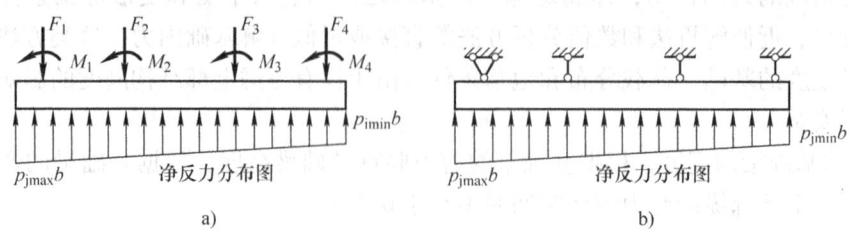

图 4-20 用倒梁法计算地基梁简图
a) 基底反力分布 b) 按连续梁求内力

$$p_{jmax \atop jmin} = \frac{\sum F}{bl} \pm \frac{\sum M}{W} \quad (4\text{-}27)$$

式中 p_{jmax}、p_{jmin}——基底最大和最小净反力（kPa）；

$\sum F$——相应于荷载效应标准组合时，上部结构作用在条形基础上各竖向荷载设计值总和（不包括基础和回填土的重力，kN）；

$\sum M$——相应于荷载效应标准组合时，上部结构作用在条形基础上各外荷载对基底形心的纵向弯矩之和，可以由其来确定纵向配筋（kN·m）；

W——基底面积的抵抗矩（m³），$W = bl^2/6$；

b、l——基底的宽度和长度（m）。

3）绘制计算简图。以柱端为不动铰支座、基底净反力为荷载，绘制多跨连续梁的计算简图，如图 4-20b 所示。考虑到上部结构与基础、地基相互作用会产生"拱架"作用，即在地基基础变形过程端部地基反力会增加，为了反映这一情况，常在条形基础两端的边跨增加 15%～20% 的地基反力。

4）进行连续梁分析，计算连续梁的弯矩 M_i、剪力 V_i 和支座反力 P_i。

5）调整与消除支座的不平衡力，按计算简图求出的支座反力 P_i 与柱荷载 F_i 通常不会相等，不能满足支座位置的静力平衡条件，其原因是在本计算中既假设了柱脚为不动铰支座，同时又规定了基底反力为直线分布，两者不能同时满足。对于不平衡力，需要通过逐次调整予以消除。调整方法如下：

① 首先根据柱荷载 F_i 和支座反力 P_i 求出各柱脚的不平衡力 ΔP_i

$$\Delta P_i = F_i - P_i \quad (4\text{-}28)$$

② 将支座的不平衡力的差值折算成分布荷载 Δq，均匀分布在支座相邻两跨的 1/3 跨度范围内，分布荷载为：

对边跨支座

$$\Delta q_i = \frac{\Delta P_i}{\left(l_0 + \dfrac{l_i}{3}\right)} \quad (4\text{-}29a)$$

对中间跨支座

$$\Delta q_i = \frac{\Delta P_i}{\left(\dfrac{l_{i-1}}{3} + \dfrac{l_i}{3}\right)} \quad (4\text{-}29b)$$

式中 Δq_i——不平衡力折算的均布荷载（kN/m）；

l_0——边跨长度（支座悬跳部分的长度）（m）；

l_{i-1}、l_i——第 i 支座左、右跨的长度（m）。

③ 将折算的分布荷载作用于连续梁上，再次用弯矩分配法等计算梁的内力，以及支座处的不平衡弯矩 ΔM_i 与不平衡剪力 ΔV_i。再次求出调整后的分布荷载引起的支座反力，并将其叠加到原支座反力 P_i 上，求得新的支座反力 P'_i，重复步骤 1)~3)，对新的不平衡力进行重复调整，直至不平衡力小于柱荷载 F_i 的 20%。

6) 叠加逐次计算的结果，求得基础梁最终的内力分布。

倒梁法根据基底反力线性分布假定，按静力平衡条件求基底反力，并将上部结构看成刚体，柱端视为不动铰支座，忽略了地基梁的整体弯曲产生的内力及柱脚不均匀沉降引起上部结构的次应力，计算结果与实际情况常有明显差异，且偏于不安全方面。因此，只有在比较均匀地基上，上部结构刚度较大，荷载分布均匀，且基础梁接近于刚性梁（梁的高度大于柱距的 1/6）时才可以应用。

需要特别指出的是，静定分析法和倒梁法实际上代表了两种极端情况，且有诸多前提条件。因此，在对柱下条形基础进行截面设计时，切不可拘泥于计算结果，而应结合实际情况和设计经验，在配筋时作某些必要的调整。

4.6.5 地基上梁的计算方法

当柱下条形基础不符合简化计算条件时，可采用地基上梁的计算方法。地基上梁的方法是将条形基础视为地基上的梁，考虑基础与地基的相互作用，对梁进行解答。具体的计算方法很多，但基本上有两种。一种是考虑不同的地基模型的地基上梁的解法，如果选择文克尔地基作为地基计算模型，即为文克尔地基上的梁。另一种是寻求简化的方法求解，可作一些假设，建立解析关系，采用数值方法求解。

4.6.6 柱下十字交叉基础

当上部荷载较大、地基土较软弱，只靠单向设置的柱下条形基础已不能满足地基承载力和地基变形要求时，可用双向设置的十字交叉基础，又称正交格形基础。十字交叉基础将荷载扩散到更大的基底面积上，减小基底附加压力，并且可以提高基础的整体刚度、减少沉降差。因此，这种基础常作为多层建筑或地基较好的高层建筑的基础，对于较软弱的地基，还可与桩基联合使用。

柱下十字交叉基础的布置如图 4-21 所示。为调整结构荷载重心与基底平面形心相重合，改善角柱与边柱下地基的受力条件，常在转角和边柱处，将基础梁做构造性延伸。梁的截面大多取 T 形，梁的结构构造的设计要求与柱下条形基础类同。在交叉处翼板双向主筋需要叠加布置，当基础梁有扭矩作用时，纵向钢筋应按承受弯矩和扭矩进行配置。

柱下十字交叉基础上的荷载是由柱网通过柱端作用在交叉结点上，如图 4-22 所示。基础计算的基本原理是把结点 i 上的荷载分配给 L、T 两个方向的基础梁，然后分别按单向柱下条形基础的计算方法进行。

结点荷载在正交的两个条形基础上的分配必须满足两个条件：

(1) 静力平衡条件，即在结点处分配给两个方向条形基础的荷载之和等于柱荷载，即

$$F_i = F_{iL} + F_{iT} \tag{4-30}$$

式中 F_i——i 结点上的竖向柱荷载（kN）；

F_{iL}——L 方向基础梁在 i 结点的竖向分配荷载 (kN);

F_{iT}——T 方向基础梁在 i 结点的竖向分配荷载 (kN)。

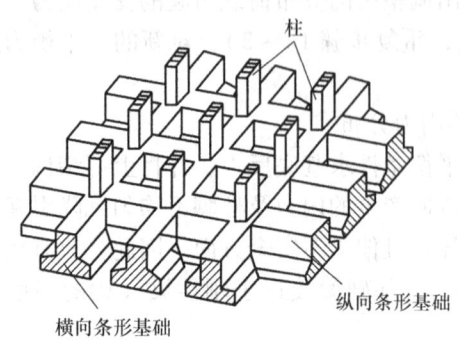

图 4-21 柱下十字交叉基础

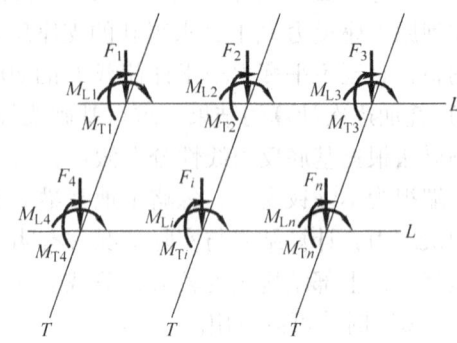

图 4-22 十字交叉基础结点受力图

结点上的弯矩 M_x、M_y 直接加于相应方向的基础梁上,不必进行分配,也就是不考虑基础梁承受扭矩作用。

(2) 变形协调条件,即分离后两个方向的条形基础在交叉节点处的竖向位移应当相等,即

$$w_{iL} = w_{iT} \tag{4-31}$$

式中 w_{iL}——L 方向的梁在 i 结点处的竖向位移;

w_{iT}——T 方向的梁在 i 结点处的竖向位移。

由式 (4-30) 与式 (4-31) 可知,对每个结点均可建立两个方程,只有两个未知量 P_{ix} 和 P_{iy},方程数与未知量相同。若有 n 个结点,即有 $2n$ 个方程,恰可解 $2n$ 个未知量。

但是实际计算显然很复杂,因为必须用上述方法求出弹性地基上梁的内力和挠度才能解结点的位移,而这两组基础梁上的荷载又是待定的。就是说,必须把柱荷载的分配与两组弹性地基梁的内力与挠度联合起来求解。为减少计算的复杂程度,一般采用文克尔地基模型,略去某结点的荷载对其他结点挠度的影响。

为简化计算,一般假设纵梁和横梁的抗扭刚度为零,这样,纵向弯矩由纵向条基承担,横向弯矩由横向条基承担;对于轴力,则按两个方向分配。

(1) 地基梁弹性特征系数 λ 一般按下式计算

$$\lambda = \frac{\sqrt[4]{kb}}{\sqrt[4]{4E_c I}} \tag{4-32}$$

式中 k——基床系数 (kN/m³),按表 4-3 选用;

b——基础宽度 (m);

I——基础截面的惯性矩 (m⁴);

E——混凝土弹性模量 (kN/m²)。

(2) 结点轴力初步分配 柱结点分为三种,边柱结点、中柱结点和角柱结点 (见图 4-23)。

表 4-3 基床系数 k

土 的 名 称	基床系数 $k/(\text{kN/m}^3)$
淤泥质土、有机质土或新填土	1000～5000
软质黏性土	5000～10000
软塑黏性土	10000～20000
可塑黏性土	20000～40000
硬塑黏性土	40000～100000
松砂	10000～15000
中密砂或松散砾石	15000～25000
紧密砂或中密砾石	25000～40000

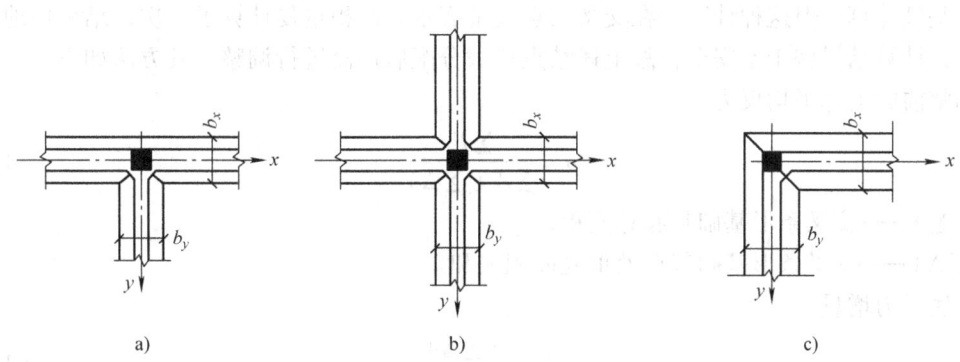

图 4-23 柱下十字交叉梁基础结点
a) 边柱结点　b) 内柱结点　c) 角柱结点

根据结点的不同类型，结点轴力可按下式计算：

1) 内柱结点

$$F_{ix} = \frac{b_x S_x}{b_x S_x + b_y S_y} F_i, \quad F_{iy} = \frac{b_y S_y}{b_x S_x + b_y S_y} F_i$$

$$S_x = \frac{1}{\lambda_x} = \sqrt[4]{\frac{4E_c I_x}{kb_x}}, \quad S_y = \frac{1}{\lambda_y} \sqrt[4]{\frac{4E_c I_y}{kb_y}} \tag{4-33}$$

2) 边柱结点

$$F_{ix} = \frac{4b_x S_x}{4b_x S_x + b_y S_y} F_i, \quad F_{iy} = \frac{b_y S_y}{4b_x S_x + b_y S_y} F_i \tag{4-34}$$

对边柱有伸出悬臂长度的情况，可取悬臂长度 $l_y = (0.60～0.75)S_y$，荷载分配调整为下式

$$F_{ix} = \frac{\alpha b_x S_x}{\alpha b_x S_x + b_y S_y} F_i, \quad F_{iy} = \frac{b_y S_y}{\alpha b_x S_x + b_y S_y} F_i \tag{4-35}$$

式中系数 α 可按表 4-4 查取。

3) 角柱结点

$$F_{ix} = \frac{b_x S_x}{b_x S_x + b_y S_y} F_i, \quad F_{iy} = \frac{b_y S_y}{b_x S_x + b_y S_y} F_i \tag{4-36}$$

当角柱结点有一个方向伸出悬臂时，悬臂长度可取 $l_y = (0.60 \sim 0.75) S_y$，荷载分配调整为

$$F_{ix} = \frac{\beta b_x S_x}{\beta b_x S_x + b_y S_y} F_i, \quad F_{iy} = \frac{b_y S_y}{\beta b_x S_x + b_y S_y} F_i \tag{4-37}$$

式中系数 β 按表 4-4 查取。

表 4-4　计算系数 α、β 值

l_y/S_y	0.60	0.62	0.64	0.65	0.66	0.67	0.68	0.69	0.70	0.72	0.73	0.75
α	1.43	1.41	1.38	1.36	1.35	1.34	1.32	1.31	1.30	1.29	1.26	1.24
β	2.80	2.84	2.91	2.94	2.97	3.00	3.03	3.05	3.08	3.10	3.18	3.23

（3）结点荷载分配的调整　按照以上方法进行柱荷载分配后，可分别按两个方向的柱下条形基础计算。但这种计算，在交叉结点处基底重叠面积重复计算了一次，结果使地基反力减小，计算结果偏于不安全，故上述结点荷载分配后还需进行调整，其方法如下：

调整前的地基平均反力

$$p = \frac{\sum F_i}{\sum A + \sum \Delta A} \tag{4-38}$$

式中　$\sum A$——交叉条形基础基底总面积；

$\sum \Delta A$——交叉条形基础节点处重复面积之和。

基底反力增量

$$\Delta p = \frac{p \sum \Delta A}{\sum A} \tag{4-39}$$

将 Δp 按结点分配荷载和结点荷载的比例折算成分配荷载增量

$$\Delta F_{ix} = \frac{F_{ix}}{F_i} \Delta A \Delta p, \quad \Delta F_{iy} = \frac{F_{iy}}{F_i} \Delta A \Delta p \tag{4-40}$$

于是，调整后节点荷载在 x、y 两个方向的分配荷载分别为

$$F'_{ix} = F_{ix} + \Delta F_{ix}, \quad F'_{iy} = F_{iy} + \Delta F_{iy} \tag{4-41}$$

4.7　筏形基础

当上部结构荷载过大，采用柱下十字交叉基础仍不能满足地基承载力和地基变形要求，或虽然能满足要求，但基底间净距很小，可考虑采用筏形基础。筏形基础既可用于墙下，也可用于柱下。

4.7.1　筏形基础的特点

与一般基础相比，筏形基础具有以下几个特点：

1）筏形基础具有很大的基础面积，并且比一般的浅基础埋置深度大，因而不但增加了基底承载面积，而且提高了地基土的承载能力，比较容易满足地基承载力的要求。

2）由于从地下挖去了大量的土方，可以有效减小基底压力，起补偿性作用，从而可以减少建筑物的沉降量。

3）筏板将上部结构连成了一个整体，充分利用了上部结构的刚度来调整基底压力分布，从而可以减小不均匀沉降。

4）当地基内有局部软弱土层或沟槽、洞穴时，筏基有跨越的作用，可以避免局部破坏的发生及由此对整体结构造成的危害。

5）对于带有地下室的建筑物，筏板可以作为地下室的底板，与侧墙及顶板组成一个具有相当刚度的地下空间结构，供地下车库、公共设施及其他多种目的使用，比箱形基础利用空间更大。

6）对于水池、油库等特种结构和处于地下水位以下的地下室，筏板还应同时作为防渗底板，防止液体从结构物流出或渗入。

7）由于筏板的覆盖面积大而厚度和抗弯刚度有限，无能力调整过大的沉降差，因此对局部范围内地基土软硬差异过大，结构物对差异变形很敏感的情况，使用筏形基础时要慎重研究，必要时，可同时对地基进行局部处理或使用桩筏基础。

8）由于地基上筏板的工作条件复杂，内力分析难以完全反映实际情况，设计中往往需要双向配置受力钢筋，从而提高工程造价，因此需要经过认真的技术经济比较才能确定是否选用这种形式的基础。

4.7.2 筏形基础的结构类型

筏形基础按其与上部结构联系的特点分为墙下筏形基础（见图4-24）与柱下筏形基础两类，按结构特点分为平板式筏形基础（见图4-25a、b）与梁板式筏形基础（见图4-25c、d）。一般情况下，墙下筏形基础多做成无梁等厚的钢筋混凝土平板，即平板式筏形基础；墙下浅埋筏形基础适用于承重横墙较密、不超过六层的民用建筑；柱下筏形基础属于框架结构下的筏形基础，按需要可做成无梁式或有梁式。

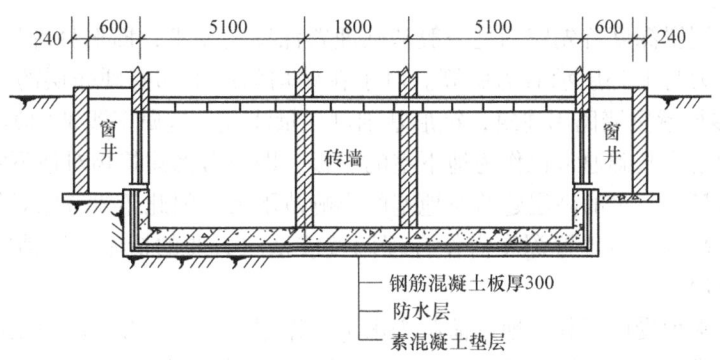

图 4-24 带地下室的墙下筏形基础

平板式筏形基础有等厚度筏板、局部加厚筏板及变厚度筏板（如在核心筒及周边一定范围内加厚）等形式，具有基础刚度大、受力较均匀、筏板钢筋布置较简单等特点。超厚度板筏形基础在混凝土浇筑时对温度控制要求高，给施工增加了难度，并且混凝土用量大，但平板式筏形基础的总体施工难度较小。由于平板式筏形基础具有受力良好及施工相对简单的优势，适用于复杂柱网结构，在高层及超高层建筑中应用相当普遍。

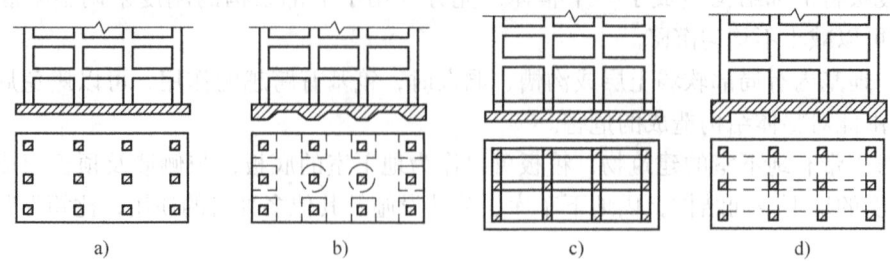

图 4-25 柱下筏形基础的种类
a) 平板式 b) 板局部加厚 c) 板上部加肋梁 d) 板下部加肋梁

肋梁式筏形基础由肋梁和底板组成，其肋梁一般沿柱网布置。肋梁式筏形基础的结构刚度大，混凝土用量明显减少，但基础高度相对较大，钢筋布置相对复杂，施工难度加大，在技术和经济上明显不如平板式，应用范围相对较少，一般仅在柱网布置较规则、荷载分布较均匀的特定结构中使用。

当柱荷载不太大，柱网间距较小且较均匀时，柱下筏形基础一般采用平板式；当柱网间距较大，柱荷载也较大时，为提高基础刚度，宜采用肋梁式。

肋梁式筏形基础的纵横向肋梁，可位于底板上面或底板下面，柱子应位于纵横向肋梁的交点处。板下肋的断面可做成梯形，施工时利用土模即可浇筑混凝土，以节省模板且施工方便，但施工质量不易检查。采用较多的是底板上肋梁筏基，施工时，待肋梁形成后，可在肋梁间填筑强度等级较低的混凝土，当肋梁间距不大时还可铺设预制的钢筋混凝土板，以使肋梁上部形成平整的室内地面。

4.7.3 筏形基础的布置、结构和构造要求

1. 埋置深度

筏形基础的埋置深度首先应满足一般基础埋置深度的要求，即选择埋置于较好的土层，并进行地基承载力与下卧层承载力验算。对于在较均匀或上部有硬壳层的软弱地基上建造 6～7 层以下的多层承重墙民用建筑，筏形基础可尽量浅埋，这属于浅基础类的筏形基础。

高层建筑的筏形基础通常也作为地下室的底板，即应考虑建筑物对地下室结构的要求确定埋置深度。而且高、重的高层建筑对地基的影响范围大，因此还要考虑对相邻建筑物和地下管线或设施的影响，对埋置深度需作合理调整或采取必要的措施，以消除相互的有害影响，确保安全应用。

高层建筑经常承受风荷载、地震荷载等水平力作用，应有足够的埋深以保证建筑物和地基的稳定性。通常地震区高层建筑基础的埋置深度不宜小于建筑物高度的 1/15，必要时需进行建筑物的抗滑移、抗倾覆和地基的稳定性验算，以核定是否有足够的最小埋深。

2. 平面形状和尺寸

筏形基础的形状取决于建筑的平面布置，要力求规整，尽可能做成矩形、圆形等对称形状。

筏形基础底面尺寸应根据地基承载力、上部结构布置和荷载分布等因素决定，需尽量使基底形心与总荷载的重心相重合。为扩大基底面积、调整形心位置、减小偏心距，或者为了

减小边角基底反力对基础弯矩的影响，筏板可适当外伸，伸出长度一般不大于伸出方向边跨跨度的1/4，对肋梁不外伸的悬挑板，为减少板内弯矩，挑出长度不宜超过1.5~2.0m，当悬挑板做成坡状时，其边缘最小厚度不宜小于200mm。

3. 筏板的厚度

筏板的厚度由抗冲切和抗剪切强度确定，可以是等厚的或变厚的。可根据实践经验，按每层楼50mm厚拟设，然后进行抗冲切和抗剪切验算。

在工程上，一般梁板式筏形基础，板厚与板格的最小跨度之比不宜小于1/20，且不宜小于300mm。对12层以上建筑物的梁板式筏形基础，板厚与板格的最小跨度之比不宜小于1/14，且厚度不应小于400mm。

平板式筏板的厚度也要根据冲切承载力验算确定，验算时还应考虑柱根处的弯矩在冲切面上引起的附加剪力，最小厚度不宜小于400mm。当等厚度板的受冲切承载力不能满足要求时，可在筏板上增设柱墩、筏板局部增加板厚或采用抗冲切钢筋，以提高抗冲切承载力。

4. 筏形基础与结构的连接

（1）与上部结构的连接　多层建筑的上部结构多数为框架结构、剪力墙结构或框架-剪力墙结构，而高层或超高层建筑的塔楼常用筒式结构、框-筒结构或筒-柱-框架结构。筏形基础与上部结构的连接，必须满足结构安全工作的要求，并采取必要的构造措施，以确保上部结构可靠地嵌固于筏形基础上，二者相互支持，共同工作。上部结构为框架或剪力墙结构的地下室底层柱或剪力墙与筏形基础梁的连接结构如图4-26所示，应符合下列要求：

1）当交叉基础梁的宽度小于柱截面边长时，交叉基础梁连接处需设置八字角，柱角和八字角之间的净距不宜小于50mm，如图4-26a所示。

2）柱与筏形基础单向基础梁连接时，类似柱下条形基础中柱与条形基础梁的连接，柱边至基础梁边的距离不宜小于50mm，如图4-26b、c所示。

3）当基础梁与剪力墙连接时，剪力墙边至基础梁边的距离不宜小于50mm，如图4-26d所示。

（2）与地下室外墙的连接　因地下室外墙要承受外部土压力与地下水压力的作用，墙的设计除满足承载力要求外，尚应考虑变形、抗裂及防渗等要求，一般外墙厚度不应小于250mm，内墙厚度不应小于200mm。墙体内要双面配置钢筋，竖向和水平向钢筋的直径都不应小于12mm，间距不应大于300mm。如果地下室有抗渗要求，外墙与筏形基础应采用防水混凝土，或者采用沥青油毡做防水层将地下室包裹起来。

（3）与底面土体的连接　筏形基础底面通常要铺设垫层，厚度一般为100mm。当需要做基底排水时，通常是做砂砾石垫层，必要时得设架空排水层。

5. 筏板配筋要求

筏板配筋应由内力计算确定。平板式筏形基础，要按照柱下的正弯矩计算筏板下部的配筋，按跨中的负弯矩计算筏板上部的配筋。对梁板式筏形基础，可分别计算底板与肋梁的配筋。

工程实践表明，在柱宽及其两侧各0.5倍板厚且不小于1/4板跨的有效宽度范围内（见图4-27），其钢筋配置量不应小于柱下板带配筋量的一半，且能承受板与柱之间的一部分不平衡弯矩，以保证板柱之间弯矩传递，并使筏板在地震作用过程中处于弹性状态，保证柱根能实现预期的塑性铰。

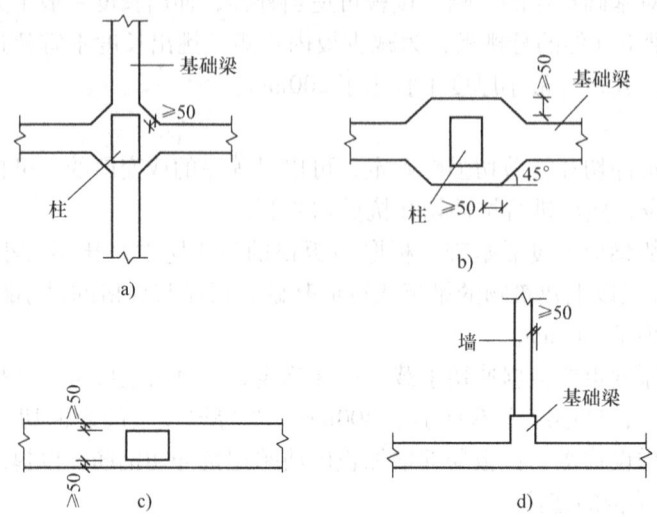

图4-26 地下室底层柱与梁板式筏形基础双向基础梁的连接构造要求

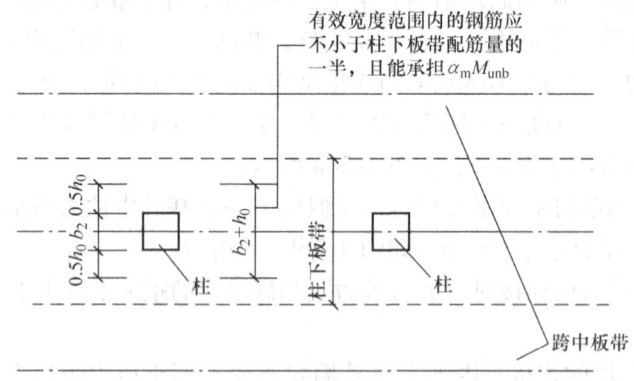

图4-27 有效宽度范围、柱下板带和跨中板带分区示意图

筏板配筋除按计算要求外,考虑到整体弯曲的影响,不论是梁板式还是平板式筏形基础,按基底反力直线分布计算时,均要求柱下板带和跨中板带的底部纵横向配筋应有1/3~1/2贯通全跨,顶部配筋应按计算配筋全部连通,配筋率不应小于0.15%。

受力钢筋最小直径不小于8mm,间距100~150mm。当筏板厚度$h \leqslant 250$mm时,分布钢筋取直径8mm,间距250mm;当筏板厚度$h > 250$mm时,分布钢筋取直径10mm,间距200mm。当筏板厚度$h > 2000$mm时,除应沿板的上、下表面布置纵、横方向的钢筋外,尚宜沿板厚方向间距不超过1m设置与板面平行的构造钢筋网片,其直径不宜小于12mm,纵横方向的间距不宜大于200mm。

若考虑上部结构与地基基础相互作用引起拱架作用,可在筏板端部的1~2个开间范围适当将受力钢筋的面积增加15%~20%。

筏板边缘的外伸部分应上下配置钢筋;对无外伸肋梁的双向外伸悬挑部分,边缘部位最好切角,并在板底布置放射状、直径与边跨受力钢筋相同、内锚长度大于外伸长度且大于混凝土受拉锚固长度的附加钢筋（见图 4-28）。

6. 混凝土要求

筏形基础混凝土的强度等级不应低于 C30，当有地下室时应采用防水混凝土。

7. 高层建筑筏形基础与裙房基础的构造要求

当高层建筑主体旁边设有裙房，高层建筑主体采用筏形基础，筏形基础与相邻裙房之间的基础构造应满足：

1) 当高层建筑与相邻裙房之间设置沉降缝时，高层建筑的基础埋深应大于裙房基础的埋深至少 2m。当不满足要求时必须采取有效措施。沉降缝地面以下应用粗砂填实，如图 4-29 所示。

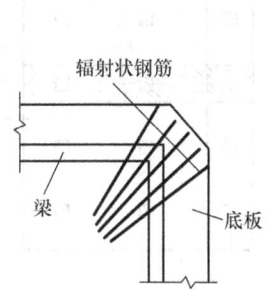

图 4-28 双向外伸板切角及辐射状钢筋

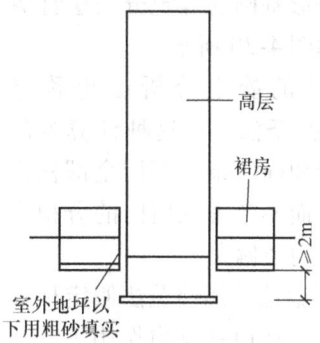

图 4-29 筏形基础高层建筑主体与裙房的沉降缝处理

2) 当高层建筑与相邻裙房之间不设置沉降缝时，宜在裙房一侧设置后浇带，后浇带的位置宜设在距主楼边柱的第二跨内。后浇带的混凝土宜根据实测沉降值并计算后期沉降差能满足设计要求后方可浇筑。

3) 当高层建筑与相邻裙房之间不允许设置沉降缝和后浇带时，应进行地基变形验算，验算时需考虑地基与结构变形的相互影响并采取相应的有效措施。

4.7.4　筏形基础内力计算

筏板基础的设计方法也可分为：简化计算方法（如倒梁法、倒楼盖法）；考虑地基与基础共同作用的方法（如弹性地基板法）；在第二种方法的基础上，把上部结构的刚度叠加在基础的刚度上。

1. 基底反力按直线分布的简化计算方法

简化计算方法不考虑基础-地基的共同作用，假定基底压力呈直线分布，适用于筏形基础相对地基刚度较大的情况。当上部结构刚度很大时可用倒楼盖法，当上部结构为柔性结构时可用静定分析法。

（1）静定分析法　静定分析法把梁、板当成静定结构，柱子只传递荷载，对基础不起约束作用。这种方法可以用于上部结构为完全柔性、基础有一定刚度的情况。其基底净反力计算公式为

$$p(x,y) = \frac{F}{A} \pm \frac{M_x}{I_x}y + \frac{M_y}{I_y}x \tag{4-42}$$

式中 F——极限状态下作用的基本组合时,上部结构传至基础顶面的竖向力;

M_x——极限状态下作用的基本组合时,作用于基础底面对 x 轴的力矩值;

M_y——极限状态下作用的基本组合时,作用于基础底面对 y 轴的力矩值;

I_x——作用于基础底面对 x 轴的惯性矩;

I_y——作用于基础底面对 y 轴的力矩值;

x、y——计算点的坐标。

为求筏板截面内力,可将筏板截分为互相垂直的条带,条带以相邻柱列间的中线为分界线,假定各条带各自独立彼此不相互影响(忽略板带间剪应力的影响),条带上面作用柱荷载 F_1, F_2, …,底面作用基底净反力,用类似柱下条形基础的静定分析法计算截面内力,如图 4-30 所示。

筏形基础的静定分析法也称条(板)带法或截条法。在这种计算方法中,纵向条带和横向条带都用全部柱荷载和地基反力而不考虑纵横向的分担作用,计算结果内力偏大。

(2)倒楼盖法 倒楼盖法假定柱端为不动铰支座,在地基反力作用下,基础梁、板只能产生局部弯曲,不能产生整体弯曲,相当于上部结构为绝对刚性的情况。倒楼盖法类似于柱下条形基础中的倒梁法,将地基上的筏板简化为倒置的楼盖。基础上的柱或墙视为该楼盖的支座,地基净反力视为作用在该楼盖上的外荷载。筏板被基础梁分割为不同

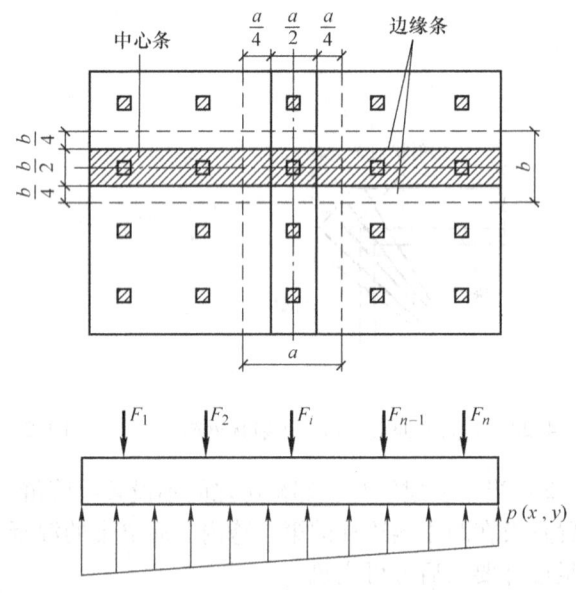

图 4-30 条带法分析筏形基础内力

条件的单向板或双向板,按混凝土结构中的单向或双向梁板的肋梁楼盖方法进行内力计算。

如果板块两个方向的尺寸比值小于 2,则可将筏板视为承受地基反力作用的双向多跨连续板。图 4-31 所示的筏板被分割成多列连续板。各板块支承条件可分为三种情况:两邻边固定、两邻边简支;三邻边固定、一邻边简支;四边固定。根据计算简图查阅弹性板计算公式或计算手册即可求得各板块的内力。

对于筏形基础,基础梁上的荷载可将板上荷载沿板角 45°分角线划分范围,分别由纵横梁承担,荷载分布成三角形或梯形,如图 4-32 所示。基础梁上的荷载确定后即可采用倒梁法进行梁的内力计算。

在基础工程中,对框架结构中的筏形基础,常将纵、横方向的梁设置成相等的截面高度和宽度,在结点处,由于纵横方向的基础梁交叉,柱的竖向荷载需要在纵横方向分配。求得柱荷载在纵横方向的分配值,肋梁就可以按两个方向上的条形基础计算了。

2. 地基-基础共同作用的计算方法

筏形基础一般属有限刚度板,与上部结构、地基共同作用。共同作用的主要标志就是基底反力非直线分布,这时应该先用弹性地基梁板计算方法求出地基反力,然后计算筏板的内力。

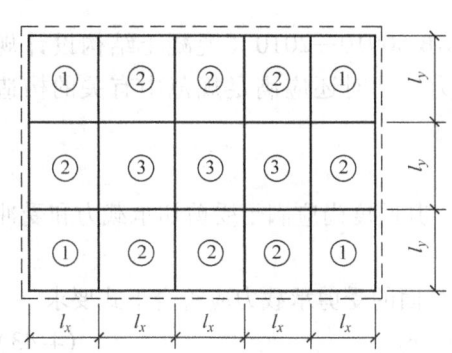 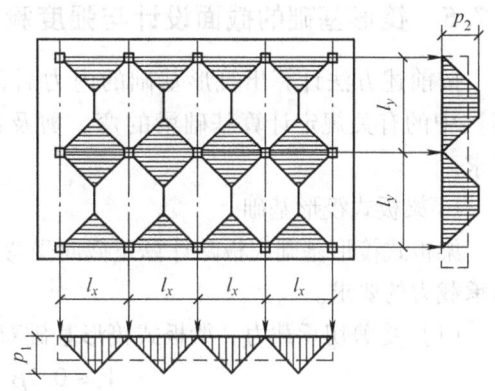

图 4-31 连续板的支撑条件　　　　图 4-32 筏形基础底板反力在基础梁上的分配

严格的地基-基础共同作用计算方法比较复杂，简化的计算方法如下：图 4-33 表示长度为 l、宽度为 b 的筏形基础，先将其当做宽度为 b、长度为 l 的一根梁进行计算（见图 4-33a），梁的断面对平板式筏形基础为矩形，对梁板式为齿形（见图 4-33c），梁上荷载 F_1、F_2、$\cdots$、F_n 分别为横向宽度 b 上各列柱荷载的总和。选用某种地基模型进行分析，求得纵向的反力分布图（见图 4-33b），这时横向反力分布假定是均匀的。实际上弹性地基板下横向反力分布也不是均匀的，因此必须进行调整。取横向一单位宽度的截条，以上述长度方向上计算所得该截面处的反力 p_i 作为荷载，仍选用地基模型截条的地基反力分布 $p(y)$，这样计算几个横向截条就可以求得整个筏板下的基底反力（见图 4-33d）。基底反力求出后，再根据构造形式，用结构力学的方法求解筏板的内力。

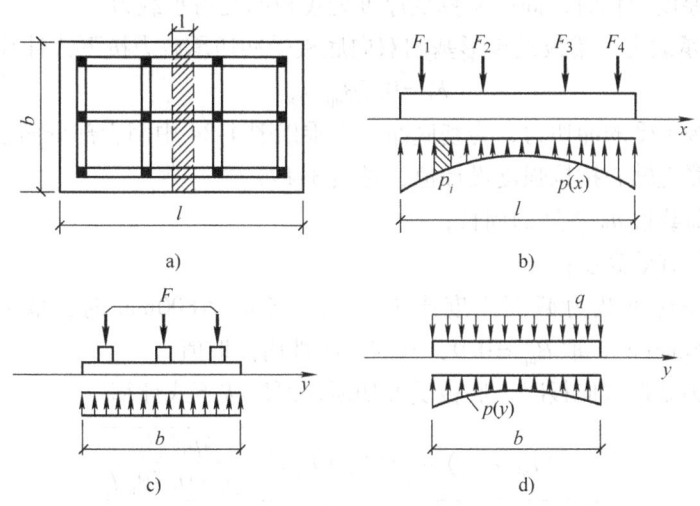

图 4-33 弹性地基上板的简化计算

随着计算技术的发展，弹性地基板的数值计算方法有了很大的进展。对于平板式筏形基础，可用有限差分法或有限单元法进行分析；对于梁板式筏形基础，可先划分为肋梁单元和薄板单元，然后以有限单元法进行分析。

4.7.5 筏形基础的截面设计与强度验算

按前述方法计算出筏形基础的内力后,还需按 GB 50010—2010《混凝土结构设计规范》中的有关规定计算基础梁的弯、剪及冲切承载力,同时还应满足规范中有关的构造要求。

1. 梁板式筏形基础

梁板式筏形基础底板除计算正截面受弯承载力外,其厚度尚应满足受剪切承载力和受冲切承载力的要求。

(1) 受剪切承载力 梁板式筏形基础双向底板斜截面的受剪承载力应符合下式要求

$$V_s \leqslant 0.7\beta_{hs}f_t(l_{n2} - 2h_0)h_0 \tag{4-43}$$

$$\beta_{hs} = \left(\frac{800}{h_0}\right)^{\frac{1}{4}} \tag{4-44}$$

式中 V_s——相应于作用的基本组合时,距梁边缘 h_0 处,作用在图 4-34 中阴影部分面积上的地基土平均净反力设计值;

f_t——混凝土轴心抗拉强度设计值,见表 3-19;

β_{hs}——受剪切承载力截面高度影响系数,当 $h_0 < 800$mm 时,取 $h_0 = 800$mm,当 $h_0 > 2000$mm 时,取 $h_0 = 2000$mm;

h_0——板的有效高度;

l_{n2}——计算板格长边的净长度。

对梁板式筏基单向板,其斜截面受剪承载力按墙下条形基础中墙与基础底板交接处截面受剪承载力的方法计算。

当筏基底板厚度变化时,尚应验算变厚度处筏板的受剪承载力。

(2) 受冲切承载力 梁板式筏形基础双向底板受冲切承载力按下式计算

$$F_l = 0.7\beta_{hp}f_t u_m h_0 \tag{4-45}$$

式中 F_l——底板承受的冲切力,为基底净反力乘以图 4-34 中阴影部分面积;

f_t——混凝土轴心抗拉强度设计值,见表 3-19;

u_m——距荷载边 $h_0/2$ 处的周长;

h_0——板的有效高度;

β_{hp}——受冲切承载力截面高度影响系数,当 $h_0 \leqslant 800$mm 时,取 $\beta_{hp} = 1$,当 $h_0 \geqslant 2000$mm 时,取 $\beta_{hp} = 0.9$,其间按线性内插取值。

当底板区格为矩形双向板时,底板受冲切所需厚度按下式计算

$$h_0 = \frac{(l_{n1} + l_{n2}) - \sqrt{(l_{n1} + l_{n2})^2 - \frac{4p_j l_{n1} l_{n2}}{p_j + 0.7\beta_{hp}f_t}}}{4} \tag{4-46}$$

且满足: $\dfrac{h_0}{\min(l_{n1}, l_{n2})} \geqslant \dfrac{1}{14}$,$h_0 \geqslant 400$mm

式中 l_{n1}、l_{n2}——计算板格短边和长边的净长度;

p_j——相应于作用基本组合的地基土平均净反力设计值。

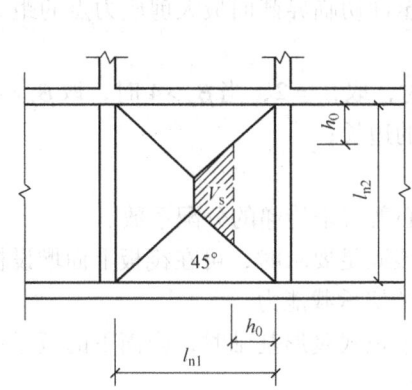 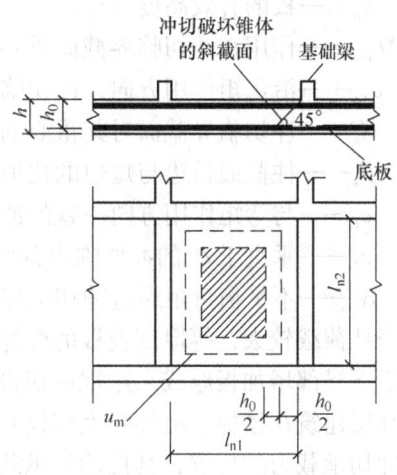

图 4-34 梁板式筏形基础底板剪切计算示意图　　图 4-35 梁板式筏形基础底板冲切计算示意图

2. 平板式筏形基础

（1）受冲切承载力　高层建筑平板式筏形基础的板厚按受冲切承载力的要求计算时，应考虑作用在冲切临界截面重心上的不平衡弯矩 $\alpha_s M_{unb}$ 产生的附加剪力。距柱边 $h_0/2$ 处冲切临界截面的最大剪应力应按下式计算

$$\tau_{max} = \frac{F_l}{u_m h_0} + \frac{\alpha_s M_{unb} c_{AB}}{I_s} \tag{4-47a}$$

$$\tau_{max} \leq 0.7 \left(0.4 + \frac{1.2}{\beta_s} \right) \beta_{hp} f_t \tag{4-47b}$$

$$\alpha_s = 1 - \frac{1}{1 + \frac{2}{3}\sqrt{\frac{c_1}{c_2}}} \tag{4-47c}$$

式中　F_l——相应于作用基本组合时的集中力设计值（kN），对内柱取轴力设计值减去筏板冲切锥体内的基底净反力设计值，对边柱和角柱，取轴力设计值减去筏板冲切临界截面范围内的基底净反力设计值；

u_m——距柱边不小于 $h_0/2$ 处冲切临界截面的最小周长（m）；

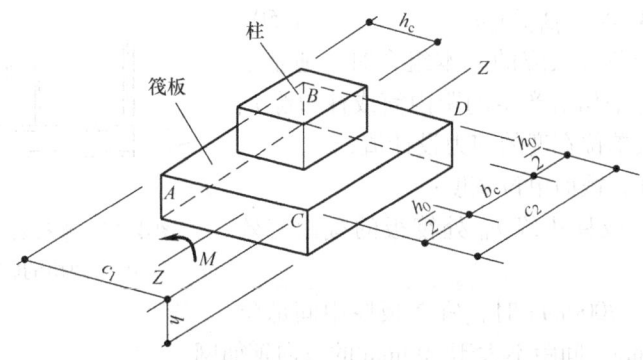

图 4-36　平板式筏形基础内柱冲切临界截面

h_0——板的有效高度（m）；

M_{unb}——作用在冲切临界截面重心上的不平衡弯矩设计值；

c_{AB}——沿弯矩作用方向，冲切临界截面重心至冲切临界截面最大剪应力点的距离；

I_s——冲切临界截面对其重心的极惯性矩；

β_s——柱截面长边与短边的比值，当 $\beta_s < 2$ 时，取 $\beta_s = 2$，当 $\beta_s > 4$ 时，取 $\beta_s = 4$；

c_1——与弯矩作用方向一致的冲切临界截面的边长；

c_2——垂直于 c_1 的冲切临界截面的边长；

α_s——不平衡弯矩通过冲切临界截面上的偏心剪力来传递的分配系数。

当柱荷载较大，等厚度筏板的受冲切承载力不能满足要求时，可在筏板上面增设柱墩或在筏板下局部增加板厚或采用抗冲切箍筋来提高受冲切承载能力。

高层建筑在楼梯、电梯间大都设有内筒，采用平板式筏形基础时，内筒下的板厚也应满足抗冲切承载力的要求，其抗冲切承载力按下式计算

$$\frac{F_l}{u_m h_0} \leq \frac{0.7\beta_{hp}f_t}{\eta} \tag{4-48}$$

式中 F_l——相应于作用基本组合时，内筒所承受的轴力设计值减去内筒下筏板冲切破坏锥体内的基底净反力设计值；

u_m——距内筒外表面 $h_0/2$ 处冲切临界截面的周长（见图4-37）；

h_0——距内筒外表面 $h_0/2$ 处筏板的有效高度；

η——内筒冲切临界截面周长影响系数，取1.25。

当需要考虑内筒根部弯矩的影响时，距内筒外表面 $h_0/2$ 处冲切临界截面的最大剪应力按下式计算

$$\tau_{max} = \frac{F_l}{u_m h_0} + \frac{\alpha_s M_{unb} c_{AB}}{I_s} \tag{4-49a}$$

$$\tau_{max} \leq \frac{0.7\beta_{hp}f_t}{\eta} \tag{4-49b}$$

（2）受剪切承载力 平板式筏形基础除满足受冲切承载力以外，尚需验算距内筒边缘或柱边缘 h_0 处的筏板受剪承载力（见图4-38、图4-39）。受剪承载力按下式计算

$$V_s \leq 0.7\beta_{hs}f_t b_w h_0 \tag{4-50}$$

式中 V_s——相应于荷载效应的基本组合时，地基土净反力平均值产生的距内筒或柱边缘 h_0 处筏板单位宽度的剪力设计值；

b_w——筏板计算截面单位宽度；

h_0——距内筒或柱边缘 h_0 处筏板的截面有效高度。

当筏板厚度大于2000mm时，宜在板厚中间部位设置直径不小于12mm、间距不大于300mm的双向钢筋网。

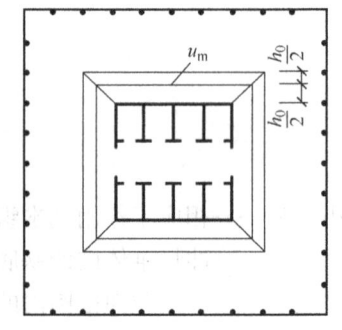

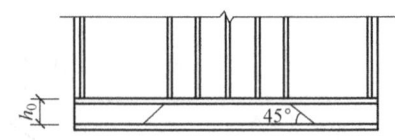

图4-37 平板式筏形基础筏板受内筒冲切的临界截面位置

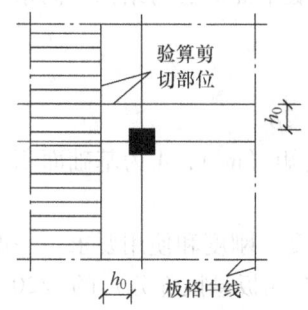 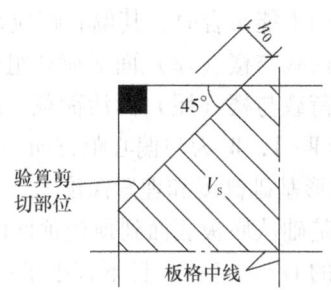

图 4-38　内柱或内筒下筏板验算剪切部位示意图　　图 4-39　角柱或角筒下筏板验算剪切部位示意图

梁板式基础梁和平板式筏形基础顶面应满足底层柱下局部受压承载力要求。

4.8　箱形基础

4.8.1　箱形基础的特点

箱形基础是指由底板、顶板、外墙和相当数量的纵横内隔墙构成的单层或多层箱形钢筋混凝土结构，用以作为整体建筑物主体部分的基础。与一般基础相比，它有以下几个主要的特点：

1）具有很大的空间刚度。能有效地扩散上部结构传给地基的荷载，同时又能较好地抵抗由于局部地层土质不均匀或受力不均匀所引起的地基不均匀变形，减少不均匀沉降在上部结构中产生的次生应力。同时，箱形基础还具有良好的抗震性能。

2）基础的宽度和埋深大。宽大的基础底面使地基受力层范围扩大；较大的埋置深度和中空结构形式需挖除大量地基土，可抵消上部结构传来的部分附加压力，发挥了补偿性基础的作用，从而可显著提高地基的承载力，降低地基的沉降量，增加地基的稳定性。

3）箱形基础的地下室可以提供多种使用功能，充分利用了建筑物的地下空间。冷藏库和高温炉下的箱形基础有隔断热传导的作用，防止地基土的冻胀和干缩。高层建筑物的箱形基础可以作为商店、库房、设备层和人防之用。但由于内墙分隔，箱形基础的地下室不能像筏形基础那样提供宽敞的地下空间，因而难以作为停车场或工业生产使用。

箱形基础由于要耗费大量的钢筋混凝土，同时还要考虑解决大面积深开挖的施工困难，所以一般适用于在比较软弱或不均匀的地基上建造带有地下室的高耸、重型或对不均匀沉降有严格要求的建筑物。通常要根据建筑物的具体要求，如地层土质、地下水位、施工条件等具体情况，通过与其他地基基础类型进行技术、经济比较后才能确定是否选用箱形基础。一般来讲，箱形基础适用的建筑高度也只有 60m（20 层）左右。

对于很软弱的地基，且楼层高、荷载大的情况，箱形基础因为面积大，受压层深，地基仍可能产生很大的变形。这种情况下，可在箱形基础下打桩以减少沉降，称为桩箱基础。

4.8.2　箱形基础的结构和构造要求

1. 箱形基础平面布置与尺寸

箱形基础的平面布置与尺寸，应根据地基土的性质、建筑平面布置以及上部结构荷载分布等因素确定。平面形状要力求简单、对称，并尽量使基底平面形心与结构竖向永久荷载重心重合。如不能重合时，其偏心距应符合下列要求：

$$\text{永久荷载与楼（屋）面活荷载组合时} \quad e \leq 0.1\rho \tag{4-51}$$

$$\text{永久荷载与楼（屋）面活荷载、风荷载组合时} \quad e \leq 0.2\rho \tag{4-52}$$

式中，$\rho = W/A$，W 为与偏心距方向一致的基础底面的抵抗矩（m^3），A 为基础面积（m^2）。

2. 箱形基础高度和埋置深度

箱形基础从底板底面到顶板顶面的高度要满足结构强度、刚度和使用要求，一般可取建筑物高度的 1/12~1/8，且不宜小于箱形基础长度（不包括底板悬挑部分）的 1/20，最小不低于 3m。

3. 对箱形基础墙体的构造要求

箱形基础的外墙沿建筑物四周布置，内墙宜按上部结构柱网和剪力墙位置纵、横交叉均匀布置。墙体分布密度对荷载分布和抗震有重要作用，因此不但要有足够的密度，而且要控制其间距，合理布置。

一般墙体密度要求平均每平方米基础面积上的墙体长度不得小于 0.4m，或墙体水平截面的总面积（扣除洞口部分）不宜小于箱形基础总面积（不包括底板悬挑部分）的 1/10，其中纵墙的数量不得少于墙体总量的 3/5。对基础平面长宽比大于 4 的箱形基础，其纵墙水平截面面积不得小于外墙外包尺寸水平投影面积的 1/18。墙体间距不大于 10m。

对箱形基础的墙体厚度应根据受力情况及防水要求确定。外墙厚度不应小于 250mm，常用 250~400mm；内墙不应小于 200mm，常用 200~300mm。

墙体一般采用双向、双层钢筋。横、竖向钢筋不应小于 $\phi 10@200mm$。除上部为剪力墙外，内、外墙的墙顶处宜配置两根不小于 $\phi 20$ 的通长构造钢筋。

墙体要尽量少开门洞，必要时应将其设在柱间居中部，要避免开高洞（洞高 2m 以上）、宽洞（洞宽大于 1.2m）、偏洞、边洞（柱边或墙边开洞）、连洞（一个柱距内开两个以上的洞）、对位洞（开洞集中在同一断面上），以及在内力最大的断面上开洞。洞边至柱位置中心距离不宜小于 1.2m，门洞的面积不宜大于柱距之间墙体面积的 16%。墙体开洞应采取加强措施。洞口上过梁的高度不宜小于层高的 1/5；在洞口周围要加设钢筋，洞口每侧增加的钢筋面积不应小于洞口宽度内被切断钢筋面积的一半，且不小于 $2\phi 16$，此钢筋应从洞口边缘向外延长 40 倍钢筋直径。

4. 对箱形基础顶、底板的构造要求

箱形基础底板与顶板要满足整体与局部抗弯刚度的要求。顶板要具有传递上部结构的剪力至地下室墙体，其厚度应根据跨度及荷载大小确定，要满足抗弯、抗剪与抗冲切的要求，一般不应小于 200mm。底板厚度应根据实际受力情况、整体刚度与防水要求，满足抗弯、抗剪及抗冲切的要求，一般不应小于 300mm。如有人防抗爆炸与抗坍落荷载的要求，所需厚度应进行专门计算。

顶、底板应按结构特点分别考虑整体与局部抗弯计算配筋量，并注意相应配置部位，以利充分发挥钢筋的作用。当只按局部弯曲作用计算时，顶板和底板钢筋的配置量除要满足设计要求外，纵、横方向在支座处的钢筋应有 1/2~1/3 贯通全跨，且全通的配筋率分别不得小于 0.15%、0.10%。跨中钢筋要按实际配筋率配置，且全部贯通，以考虑整体弯曲作用的影响。当同时计算整体弯曲作用和局部弯曲作用时，应综合考虑两种作用配筋的配置位

置,以充分发挥各个截面钢筋的作用。

5. 上部结构的柱或墙与箱形基础的连接

上部结构底层柱与箱形基础交接处,需验算局部承压能力。当不能满足时,应适当增加柱下承压面积,如做八字柱脚、扩大墙体承压面积等,或采取其他有效措施。

底层柱钢筋伸入箱形基础深度的要求是:若为内柱,且柱下三面或四面有箱形基础的基础墙时,除四角的钢筋要直通基础底面,其余钢筋伸入顶板表面以下的长度不小于钢筋直径的 40 倍;若为外柱,或与剪力墙相连的柱以及其他内柱,则纵向钢筋应直通到基础底面。对多层箱形基础,除四角位置的钢筋要直通到基底外,其余的钢筋可终止于地下二层的顶板上。

6. 对箱形基础混凝土的要求

箱形基础混凝土的强度等级不应低于 C20。如采用密实混凝土防水,其外围结构的混凝土抗渗标号不应低于 0.6MPa。重要建筑宜采用刚性防水并设置架空隔水层。

4.8.3 箱形基础的基底反力

箱形基础本身具有很大的刚度,即便软弱地基上,基础的挠曲变形也很小。在与地基共同作用的分析中,如果选用文克尔地基模型,反力接近于直线分布,当竖向荷载合力通过基底平面形心时则呈均匀分布;如果采用弹性半空间体地基模型,则反力分布呈抛物线形,边缘处的反力很大,但实际上土体仅有有限的强度,当应力超过极限应力值 p_u 时,土体产生塑性破坏,引起地基应力重分布,边缘应力降低,中间应力增加,经调整后的应力分布如图 4-40 所示。显然,实际的地基反力分布应介于文克尔地基模型与弹性半无限空间体模型之间。原位实测资料表明,一般土基上箱形基础底面反力分布基本上也是边缘略大于中间的马鞍形分布形式,只有当地基土很弱,基础边缘处发生破坏的范围较大时,基底反力才可能中间比边缘处大。

箱形基础的基底反力分布受诸多因素影响,土的性质,上部结构的刚度,基础刚度、形状、埋深,相邻荷载等,精确计算十分困难。JGJ 6—2011《高层建筑箱形与筏形基础技术规范》收集了北京、上海地区的许多实测资料,经过统计分析,提出了一套箱形基础底面反力分布的图表,可供选用。以黏性土地基上、箱形基础平

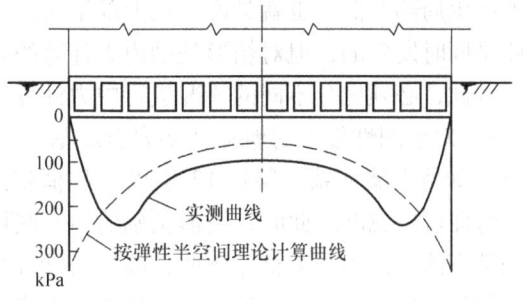

图 4-40 箱形基础基底反力分布图

面长短边比 $L/B = 2 \sim 3$ 为例,规范中将箱形基础底面纵向 8 等分、横向 5 等分,共 40 个区格。每个区格按基础形状和土质不同,分别给以地基反力系数 k_i 值,见表 4-5。反力系数表示基础底面第 i 区格的反力 p_i 与平均基底反力 $\bar{p}$ 的比值,即

$$k_i = \frac{p_i}{\bar{p}} = \frac{p_i}{\frac{\sum F + G}{A}} \tag{4-53}$$

式中 $\sum F$——作用于箱形基础上的全部竖向荷载的设计值(kN);

G——箱形基础及其上填土的自重（kN）；
A——箱形基础底面积（m²）。

表 4-5　黏性土地基反力系数 $(L/B = 2 \sim 3)$

1.265	1.115	1.075	1.061	1.061	1.075	1.115	1.265
1.073	0.904	0.865	0.853	0.853	0.865	0.904	1.073
1.046	0.875	0.835	0.822	0.822	0.835	0.875	1.046
1.073	0.904	0.865	0.853	0.853	0.865	0.904	1.073
1.265	1.115	1.075	1.061	1.061	1.075	1.115	1.265

其他形状和各类地基土的箱形基础反力系数，可查阅《高层建筑箱形与筏形基础技术规范》。

实践表明，对于地基压缩层范围内的土体在竖向和水平方向比较均匀，且上部结构和荷载比较均匀的框架结构，基础底板悬挑部分不超过 0.8m，可以不考虑相邻建筑物的影响以及满足各项构造要求的单幢建筑物箱形基础，由基底反力系数计算的箱形基础整体弯曲的结果比较符合实际，对上述地区有一定的实用价值，但其他地区的适用性有待进一步检验。对不符合地基反力系数法适用条件的箱形基础，如刚度不对称或变刚度结构、地基土层分布不均匀等，应采用其他有效方法计算。

4.8.4　箱形基础内力分析

箱形基础是由顶板、底板、内外墙构成的刚性箱形空间结构，承受上部结构传来的荷载与地基反力，产生整体弯曲；同时，箱形基础的顶板、底板、内外墙还分别在各自的荷载作用下产生局部弯曲。也就是说，在上部结构荷载和基底反力的共同作用下，整体弯曲和局部弯曲是同时发生的，但对箱形基础内力计算的影响却因上部结构、基础和地基刚度的不同而异。因此，必须区分不同的情况进行内力计算。

1）对于刚性很大的地基（如岩石地基、密实的碎石土地基、砂土地基）和刚度很大的建筑（如剪力墙体系、层数 12 层以上的框架或框架剪力墙体系），基础的挠曲变形很小，整体弯曲可以忽略。此时，箱形基础的顶、底板犹如一支撑在不动支座上的受弯构件，仅产生局部弯曲，而不产生整体弯曲，故只需计算顶、底板的局部弯曲效应。顶板按实际荷载，底板按均布的基底净反力计算。底板的受力犹如一倒置的楼盖，一般均设计成双向肋梁板或双向平板，根据板边界实际支撑条件按弹性理论的双向板计算。考虑到整体弯曲的影响，配置钢筋时除符合计算要求外，纵、横向支座尚应分别有 0.15% 和 0.10% 的钢筋连通，跨中钢筋全部连通。

2）对于一般地基上的 12 层以下的框架结构体系或箱形基础本身的刚度较差时，箱形基础内力分析时应同时考虑整体弯曲和局部弯曲的共同作用。

计算整体弯曲时，应考虑箱形基础与上部结构的共同作用，箱形基础承受的弯矩按下式计算

$$M_F = M \frac{E_F I_F}{E_F I_F + E_B I_B} \tag{4-54}$$

$$E_{\text{B}}I_{\text{B}} = \sum_{i=1}^{n}\left[E_{\text{b}}I_{\text{bi}}\left(1+\frac{K_{ui}+K_{li}}{2K_{bi}+K_{ui}+K_{li}}m^2\right)\right]+E_{\text{w}}I_{\text{w}} \tag{4-55}$$

式中 M_{F}——箱形基础承受的整体弯矩；

   M——建筑物整体弯曲产生的弯矩，可把整个箱形基础当成静定梁，承受上部结构荷载和地基反力作用，分析断面内力得出，也可采用其他有效的方法计算；

   $E_{\text{F}}I_{\text{F}}$——箱形基础的刚度，其中 E_{F} 为箱形基础混凝土的弹性模量，I_{F} 为按工字钢截面计算的箱形基础截面惯性矩，工字钢截面的上、下翼缘分别为箱形基础顶、底板的全宽，腹板厚度为在弯曲方向的墙体厚度的总和；

   $E_{\text{B}}I_{\text{B}}$——上部结构的总折算刚度；

   E_{b}——梁和柱的混凝土弹性模量；

K_{ui}、K_{li}、K_{bi}——第 i 层上柱、下柱和梁的线刚度，其值分别为 $\frac{I_{ui}}{h_{ui}}$、$\frac{I_{li}}{h_{li}}$、$\frac{I_{bi}}{l}$，I_{ui}、I_{li}、I_{bi} 为第 i 层上柱、下柱和梁的截面惯性矩，h_{ui}、h_{li} 为第 i 层上柱、下柱的高度；

   l——下部结构弯曲方向的柱距；

   E_{w}——在弯曲方向与箱形基础相连的连续钢筋混凝土墙的弹性模量；

   I_{w}——在弯曲方向与箱形基础相连的连续钢筋混凝土墙的截面惯性矩，其值为 $\frac{th^3}{12}$，t 为在弯曲方向与箱形基础相连的连续钢筋混凝土墙体厚度的总和，h 为在弯曲方向与箱形基础相连的连续钢筋混凝土墙体的高度；

   m——在弯曲方向的节间数；

   n——建筑物层数，层数对刚度的影响随高度而减弱，一定高度以后，其影响可忽略，因此，不大于 8 层时，n 取实际的楼层数，大于 8 层时，n 取 8。

上部结构的总折算刚度计算式符号意义如图 4-41 所示。

局部弯曲一般采用弹性或考虑塑性的双向板或单向板计算。基底净反力可按上述反力系数或其他有效方法确定。由于要同时考虑整体弯曲和局部弯曲作用，底板局部弯曲产生的弯矩应乘以 0.8 的折减系数。

通常在箱形基础的计算中，局部弯曲内力起主要作用，但是在配筋时应考虑整体弯曲的影响，而且要注意承受整体弯曲和局部弯曲的钢筋配置，使能发挥各自作用的同时，也起互补作用。

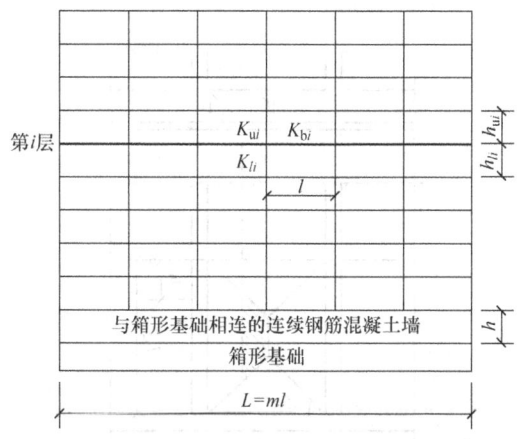

图 4-41 上部结构的总折算刚度计算式符号意义示意图

4.8.5 箱形基础的截面设计与强度验算

1. 顶板与底板

箱形基础的底板厚度应根据实际受力情况、整体刚度及防水要求确定,并应不小于300mm。底板除了满足正截面的抗弯要求外,还需要满足抗剪和抗冲击要求。由于顶板荷载较小,不再进行抗剪切和抗冲切验算。

箱形基础底板斜截面抗剪强度应符合下式要求

$$V_s \leqslant 0.7\beta_{hs}f_t(l_{n2}-2h_0)h_0 \quad (4-56)$$

$$\beta_{hs} = \left(\frac{800}{h_0}\right)^{\frac{1}{4}} \quad (4-57)$$

式中 V_s——相应于作用的基本组合时,距梁边缘 h_0 处,作用在图4-42所示阴影部分面积上的地基土平均净反力设计值;

f_t——混凝土轴心抗拉强度设计值;

β_{hs}——受剪承载力截面高度影响系数,当 $h_0 < 800$mm 时,取 $h_0 = 800$mm,当 $h_0 \geqslant 2000$mm 时,取 $h_0 = 2000$mm;

h_0——板的有效高度;

l_{n2}——计算板格的长边的净长度。

箱形基础底板冲切强度按下式验算

$$F_l = 0.7\beta_{hp}f_t u_m h_0 \quad (4-58)$$

式中 F_l——底板承受的冲切力,为基底净反力乘以图4-43所示阴影部分面积 A_1;

f_t——混凝土轴心抗拉强度设计值;

u_m——距荷载边为 $h_0/2$ 处的周长;

h_0——板的有效高度;

β_{hp}——受冲切承载力截面高度影响系数,当 $h_0 \leqslant 800$mm 时,取 $\beta_{hp} = 1$,当 $h_0 \geqslant 2000$mm 时,取 $\beta_{hp} = 0.9$,其间按线性内插取值。

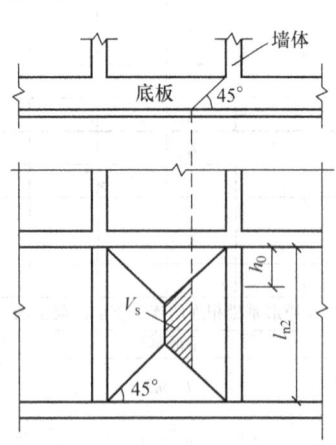

图4-42 底板剪切强度计算示意图

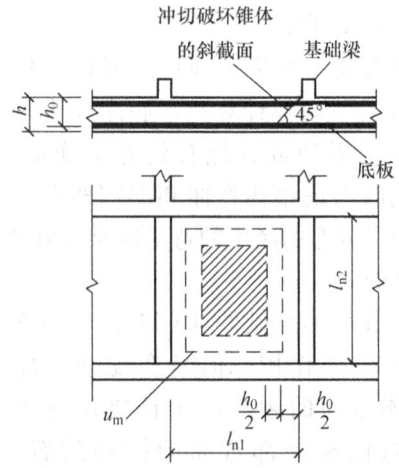

图4-43 底板冲切强度计算示意图

2. 内墙与外墙

箱形基础的内、外墙，除与剪力墙连接者外，由柱传来的各片墙上的竖向剪力设计值 V 可近似按相交于该柱下各片墙的刚度进行分配。钢筋混凝土墙身受剪截面应符合下式要求

$$V \leq 0.25\beta_c f_c A_w \tag{4-59}$$

式中　V——由柱根轴力传给各片墙的竖向剪力设计值；

　　　β_c——混凝土强度影响系数，当混凝土强度等级不超过 C50 时，取 $\beta_c = 1.0$，当混凝土强度等级为 C80 时，取 $\beta_c = 0.8$，其间按线性内插法确定，对基础所采用的混凝土，一般取 $\beta_c = 1.0$；

　　　f_c——混凝土轴心抗压强度设计值，按表 4-6 取值。

　　　A_w——墙身竖向有效截面面积。

表 4-6　混凝土轴心抗压强度设计值

轴心抗压强度	混凝土强度等级							
	C15	C20	C25	C30	C35	C40	C45	C50
$f_c/(N/mm^2)$	7.2	9.6	11.9	14.3	16.7	19.1	21.1	23.1

对于承受水平荷载的内、外墙，尚需进行受弯计算。此时，将墙身视为顶、底部固定的多跨连续板。作用在外墙上的水平荷载包括土压力、水压力和由于地面均布荷载引起的侧压力。土压力一般按静止土压力计算，地下水位以下加上水压力的作用。

思 考 题

4-1　何谓地基、基础和上部结构的共同作用？

4-2　柱下条形基础的静定分析法和倒梁法有何异同？各适用于什么条件？

4-3　十字交叉条形基础内力分析时荷载如何分配？

4-4　筏形基础和箱形基础的内力简化方法有哪些？

4-5　柱下条形基础、筏形基础和箱形基础有哪些主要的构造要求？

4-6　常用的地基模型有哪几种？

第 5 章 桩 基 础

【本章提要】
主要介绍了桩的类型、单桩的承压工作性能和承载力、桩基承载力和沉降、桩基础设计的内容和步骤、成桩的质量检查等。

【本章重点】
单桩、群桩在竖向荷载作用下承载力的确定和计算；桩的荷载传递特点和破坏模式。

5.1 概述

当天然地基上的浅基础不能满足建筑物的承载力或沉降要求时，可考虑利用基底以下较深处相对较好的土（岩）层承载。向深部土（岩）层传递荷载的方式有桩基础（简称桩基）、墩基础、沉井基础等深基础形式。本章介绍桩基础。

桩是一种由钢筋混凝土、钢材或木材等制成的细长结构物，通常埋置于地基中，用于构造一种深基础——桩基础。桩基础具有较高的承载力与稳定性，沉降量小而均匀，抗震性能良好，能适应多种复杂地质条件。当浅基础不能满足地基承载力和沉降变形要求，地基土又不易进行地基处理，而地层深处又有坚实持力层时，基础形式通常可选用桩基础这类深基础。

桩基础的应用可以追溯到很早以前。有关文献资料表明，在人类有历史记载以前，就已经在地基土条件不良的河谷及洪积地区采用桩基础来建筑房屋。比如，20 世纪 80 年代初在智利发掘的文化遗址中所见到的桩，距今 12000~14000 年。在我国浙江河姆渡新石器时代遗址中，发现了 7000 多年前人类为防范敌人袭击、猛兽侵犯，而设法在湖中和沼泽地里埋设木桩，再在其上筑平台修建居所。另外，北京的御河桥、上海的龙华塔、西安的灞桥都是我国古代使用木桩的例子。近代，特别是欧洲 19 世纪中叶开始的大规模桥梁、铁路和公路的建设，推动了桩基础理论和施工方法的发展。新中国成立后，社会主义经济事业的飞跃发展促进了我国桩基础工程的迅速发展。长江上建成的十余座长江大桥及其他巨大工程中，管桩基础、气筒浮运沉井、组合式沉井等一系列深基础和深水基础的采用，成功地解决了水流深急、地质复杂的基础工程问题。另外，我国许许多多高、大、重、深建筑物的建成也都离不开桩基础。

桩基础是一种适用性很强的基础形式，可应用于多种工程地质条件和多种类型的工程中。在高耸和高重建筑物、桥梁工程、港口工程、近海石油钻井平台、支挡结构物等建筑工程中都大有用武之地。它发展迅速，不断有新的桩型、新的施工工艺、新的桩基设计理论和计算方法涌现，是现代化基础工程体系之一，也是基础施工工业化途径之一。

桩基础可以是单根桩，如柱下单桩的形式，但绝大多数情况下，桩基础是由多根桩组合而成。为了使所有单桩能够共同工作，常将桩群设在钢筋混凝土板或梁下，以保证将上部结构的荷载分配给每根桩，并使各桩具有基本相同的沉降。这种钢筋混凝土板或梁横向结构称为承台。因此，桩基础是由桩和承台组成的。根据承台与地面（或冲刷线）的相对位置，一般可分为低承台桩基础和高承台桩基础，或低桩承台基础和高桩承台基础，如图5-1所示。低承台桩基础的桩身全部埋于土中，承台底面与土接触甚至完全埋于土中，该承台下地基土可能承受部分竖向压力，也可能承担由回填土引起的水平土压力。工业与民用建筑大都使用低承台桩基础，如图5-1a所示。高承台桩基础的桩身上部露出地面（或冲刷线），承台位于地面以上或冲刷线以上，为承受水平荷载的作用，除了布置竖向桩以外，有些还在两个到四个方向布置斜桩。此类型桩常用于桥梁、码头和海洋钻井平台等，如图5-1b所示。

桩基础的施工较浅基础复杂，成本也较高，但在下列情况下，为了确保结构安全，必须采用桩基础，而且与其他深基础（如沉井、沉箱、地下连续墙等）相比，桩基础的应用范围最广，而且也是优先考虑的深基础方案。

1) 地基上层为软弱土层，不能承受由上部结构传递来的荷载，而且软弱土层较厚，不便挖除或不宜采用地基处理等措施时，可采用桩基础将荷载传递到下面的基岩或较好的土层中。

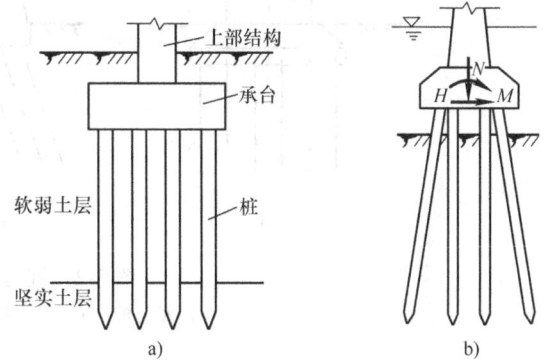

图5-1 低承台桩基础与高承台桩基础
a) 低承台桩基础 b) 高承台桩基础

2) 在设计和建造承受风荷载、水压力、滑坡推力或地震荷载的支挡结构物和高层建筑基础时，经常在承受上部结构竖向荷载的同时还承受水平荷载，因桩基础可以通过弯矩来抵抗水平力，故桩基础是优选方案。

3) 地基上层不是软弱土层而是膨胀土或湿陷性土等特殊土，如果采用浅基础，结构可能发生严重的破坏，采用桩基础可以穿过会发生膨胀、收缩或湿陷的特殊土层。

4) 桥台和桥墩采用桩基础，可避免采用浅基础时因河床冲刷较大、河道不稳定等导致的承载力的降低。

5) 有些构筑物的基础，如输电线塔、近海（石油）平台和位于地下水位以下的筏形基础，承受着上拔力，采用桩基础能抵抗上拔力。

6) 为了减少基础的沉降或不均匀沉降，利用较少的桩将部分荷载传递到地基深处，从而减少基础沉降，按沉降控制设计，这种桩基础称为减沉桩基础或疏桩基础。

桩基础除应用于以上情况外，还广泛用于基坑的支挡结构，作为锚固结构用于滑坡治理的抗滑桩等。

5.2 桩的定义与分类

5.2.1 桩的定义

桩是一种很古老的处理不良地基的有效方法，早在新石器时代就有使用木桩的记录，每个土木工程师也经常与桩打交道，而对"桩"的定义却没有完整的解释。我国专家黄强给桩下了简单的定义：垂直或微倾斜埋置于土中的受力杆件。

桩的上述定义包含了桩的三要素：设置方向、包围介质、结构特性。

（1）设置方向　桩是垂直或微倾斜设置的，如图 5-2 所示，它的主要用途是传递竖向荷载及少量的水平荷载。如果倾斜度太大，就可能转化为土层锚杆，而不是我们习惯上所说的"桩"了。

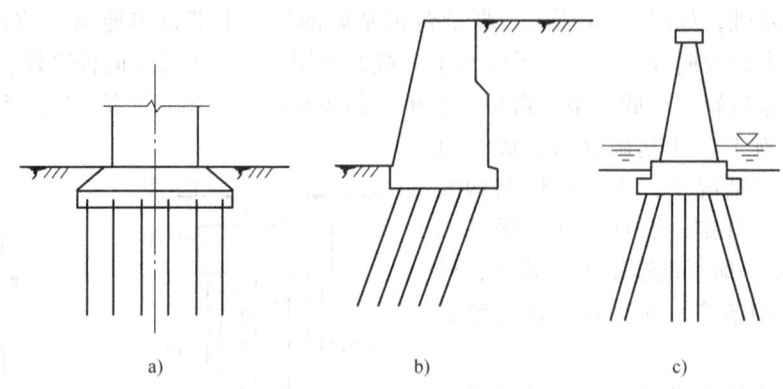

图 5-2　桩的设置方向
a）竖向桩　b）单向斜桩　c）多向斜桩

（2）包围介质　桩被埋置于土中，包围桩身的介质是（岩）土，上部结构荷载通过桩传递给（岩）土，因此，桩的承载力除由桩体本身材料强度控制外，更重要的是受控于包围桩身的（岩）土强度。一般情况下（岩）土的强度对桩的承载力起决定性作用。

（3）结构特性　桩结构本身是受力杆件，"杆件"的计算在结构力学中最为简单，受力明确，计算方便。实际上，我们在计算桩身强度时，由于"杆件"的结构特性，无论是受压、受拉或压弯等分析都较为方便。

桩虽是具有最简单的结构特性的"杆件"，但包围它的介质（岩）土具有复杂性，因而使得桩的承载力确定比较困难，桩的研究者们为此进行了不懈的努力，但至今还没有找到一种较为精确的计算桩承载力的方法。

上述桩的定义告诉我们：桩的结构特性非常简单，但包围桩的介质却十分复杂，这是一种特殊的受力杆件。

5.2.2　桩的分类

桩型的合理选择是桩基设计中极为重要的环节，需要综合考虑所承受荷载的性质和大小、地基土的条件和地下水位等因素。桩型可以按以下不同方法来分类。

1. 按桩的性状和竖向受力特点分类

当竖向荷载逐步施加于单桩的桩顶，桩身上部受到压缩而产生相对于土的向下位移，与此同时桩侧表面受到土的向上摩阻力。桩身荷载通过桩侧摩阻力传递到桩周土层中去，使桩身荷载和桩身压缩变形随深度递减。在桩土相对位移等于零处，其侧摩阻力尚未开始发挥作用而等于零。随着荷载增加，桩身压缩量和位移量增大，桩身下部的侧摩阻力随之逐渐被调动起来，桩底土层也因受到压缩而产生桩端阻力。桩端土层的压缩加大了桩土相对位移，从而使桩侧摩阻力进一步发挥出来。当桩侧摩阻力全部发挥达到极限后，若继续增加荷载，其荷载增量将全部由桩端阻力承担。由于桩端持力层的大量压缩和塑性挤出，位移增长速度显著加大,直至桩端阻力达到极限,位移迅速增大而破坏。

按竖向荷载下桩土相互作用特点、桩侧阻力与桩端阻力的发挥程度和分担荷载比,将桩分为摩擦型桩和端承型桩两大类。

摩擦型桩是指在竖向极限荷载作用下,桩顶荷载全部或主要由桩侧阻力承受。根据桩侧阻力分担荷载的大小,摩擦型桩分为摩擦桩和端承摩擦桩两类。

(1) 摩擦桩　在深厚的软弱土层中,无较硬的土层作为桩端持力层,或桩端持力层虽然较坚硬但桩的长径比 l/d 很大,传递到桩端的轴力很小,以致在极限荷载作用下,桩顶荷载绝大部分由桩侧阻力承受,桩端阻力很小或可以忽略不计的桩,如图 5-3a 所示。

(2) 端承摩擦桩　当桩的 l/d 不很大,桩端持力层为较坚硬的黏土、粉土或砂类土时,除桩侧阻力外,还有一定的桩端阻力。桩顶荷载由桩侧阻力和桩端阻力共同承担,但大部分由桩侧阻力承受的桩。这类桩所占比例很大,如图 5-3b 所示。

端承型桩是指在竖向极限荷载作用下,桩顶荷载全部或主要由桩端阻力承担,桩侧阻力相对桩端阻力而言较小,或可以忽略不计的桩。根据桩端阻力发挥的程度和分担荷载的比例,又可分为摩擦端承桩和端承桩两类。

(3) 端承桩　在极限承载力状态下,桩顶荷载由桩端阻力承受。当桩端进入微风化或中等风化岩石时,为端承桩,此时桩侧阻力可以忽略不计,如图 5-3c 所示。

(4) 摩擦端承桩　在极限承载力状态下,桩顶荷载主要由桩端阻力承受,桩侧摩擦力占的比例较小,但又不能忽略不计,如图 5-3d 所示。

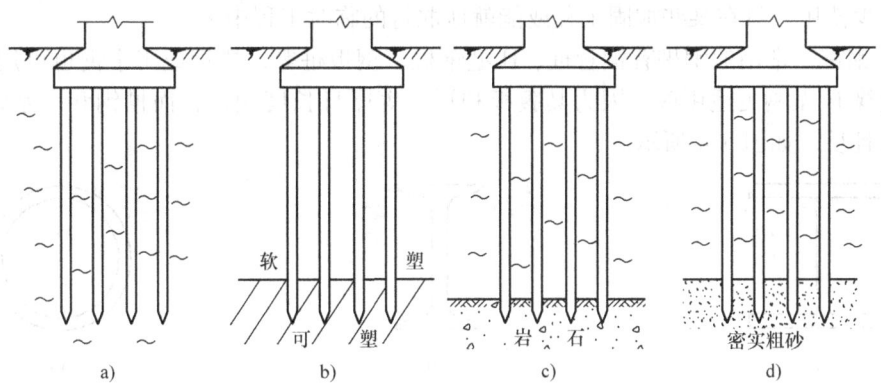

图 5-3　按桩承载性状分类
a) 摩擦桩　b) 端承摩擦桩　c) 端承桩　d) 摩擦端承桩

当桩端嵌入岩层一定深度(要求桩的周边嵌入微风化或中等风化岩体的最小深度不宜小于 0.5m)时,称为嵌岩桩。对于嵌岩桩,桩侧与桩端荷载分担比例与孔底沉渣及进入基岩深度有关,而桩的长径比不是制约荷载分担的唯一因素。

2. 按桩的使用功能分类

按桩的使用功能,可分为竖向抗压桩(抗压桩)、竖向抗拔桩(抗拔桩)、水平受荷桩(主要承受水平荷载)和复合受荷桩(竖向、水平荷载均较大)。

竖向抗压桩主要承受压力荷载,它通过桩与土的接触面将桩身轴向力传给桩周土体。大多数建筑桩基础为此类桩,对此类桩应进行竖向承载力计算,必要时还需计算桩基沉降,验算软弱下卧层的承载力及负摩阻力产生的下拉荷载。

竖向抗拔桩主要承受上拔荷载，其抗拔力主要由土对桩向下的侧摩阻力来提供。抗拔桩在输电线塔、码头结构物、地下抗浮结构中有较多的应用。对竖向抗拔桩应进行桩身强度和抗裂计算以及抗拔承载力验算。

水平受荷桩主要承受水平荷载。如在桩顶或地面以上主要承受地震力、风力及波浪力等水平荷载的桩，用于基坑围护体系的围护桩，抗滑桩。对水平受荷桩应进行桩身强度和抗裂计算以及水平承载力和位移验算。

复合受荷桩为承受竖向荷载、水平荷载均较大的桩，应按竖向抗压桩和水平受荷桩的要求进行验算。在桥梁工程中，除了较大的竖向荷载外，波浪、风、地震、船舶的撞击力及车辆荷载的制动力等往往使桩承受较大的侧向荷载，从而使桩的受力条件更为复杂，大跨度桥梁更是如此。这种类型的桩就是典型的复合受荷桩。

3. 按桩身材料分类

按桩身材料，可分为木桩、钢桩、混凝土桩、组合材料桩。

（1）木桩　木桩用树干制成，桩长一般为 4~6m，桩径为 160~260mm，承载力一般为 220~270kN。木桩的材料须坚韧耐久，常用杉木、松木、柏木和橡木等木材。木桩的桩顶应平整，并加铁箍，以保护桩顶在打桩时不受损。木桩下端应削成棱锥形，桩尖长度为桩直径的 1~2 倍，便于将桩打入地基中。木桩在淡水中耐久性好，但在海水及干湿交替的环境中极易腐烂，因此，一般应打入地下水位以下不少于 0.5m。木桩制作、运输方便，打桩设备简单，在我国使用历史悠久，但是由于资源的限制，以及其易于腐蚀和不易接长的特点，目前已很少使用，只在某些加固工程或能就地取材的临时工程中采用。

（2）钢桩　常用的钢桩有钢管桩、H 型钢桩、钢板桩等，槽钢或工字钢也可用作钢桩。热轧宽翼缘 H 型钢更适用些，因为其腹板和翼缘等厚且长度相近，而槽钢和工字钢的腹板比翼缘薄且长，如图 5-4 所示。

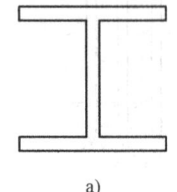 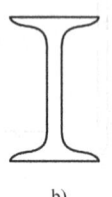 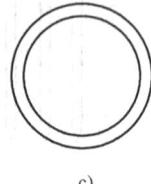

a) b) c)

图 5-4　钢桩的横断面
a）H 形（宽翼缘）　b）工字形　c）管形

钢管桩可开口或闭口打入。当桩很难打入时，如遇到密实的砂砾、页岩或软岩时，钢管桩可以焊上圆锥形桩端（或桩靴）。大多数情况下，钢管桩在打入后用混凝土填实，形成组合材料桩。

钢桩存在锈蚀的问题，如遇到具有腐蚀性的泥炭土或另外一些有机土，一般应加厚钢桩。很多情况下，在桩的表面涂上有效的防腐层，且打桩时涂层也不容易损坏。在大多数腐蚀区域，有混凝土外壳的钢桩也能有效地防腐蚀。

钢桩材料强度高、抗冲击性能好、接头易于处理、施工质量稳定，还可根据弯矩沿桩身的变化情况局部加强其断面的刚度和强度。其缺点是耗钢量大、成本高、易锈蚀。在我国，钢桩目前应用较少，一般只在特别重大和一些特殊的建设工程中使用，如火电厂厂房基础、软基上的高重结构物等。

(3) 混凝土桩 混凝土桩可分为素混凝土桩、钢筋混凝土桩和预应力钢筋混凝土桩。素混凝土桩由于受混凝土抗拉强度低的影响，一般只用在桩纯粹承压条件下，不适用于荷载条件复杂多变的情况，因此它的应用很少。钢筋混凝土桩的配筋较低，一般为 0.3%~1.0%，取材方便，价格便宜，耐久性好。钢筋混凝土桩可分为预制桩和灌注桩两种基本类型。桩基工程中绝大部分是钢筋混凝土桩。预应力钢筋混凝土桩通常通过预制而成，桩体在抗弯、抗拉及抗裂等方面比钢筋混凝土桩更强，特别适用于受冲击和振动荷载情况。

1) 预制桩。预制桩是桩体在施工现场或工厂制作成型，然后运至工地，用各种沉桩方法将它沉入地基设计标高而成。

① 截面形状。预制桩有方形、八边形、中空方形、中空圆形截面等，方桩截面边长一般为 250~550mm，管桩截面直径有 400mm、500mm 几种。中空型桩更适合于摩擦型桩，因为单位体积混凝土可提供更大的接触面。各桩横断面如图 5-5 所示。桩中钢筋的作用是抵抗起吊、运输过程中产生的弯矩，竖向荷载和由水平荷载引起的弯矩。这类桩按预定的长度预制并养护，然后运往沉桩工地。

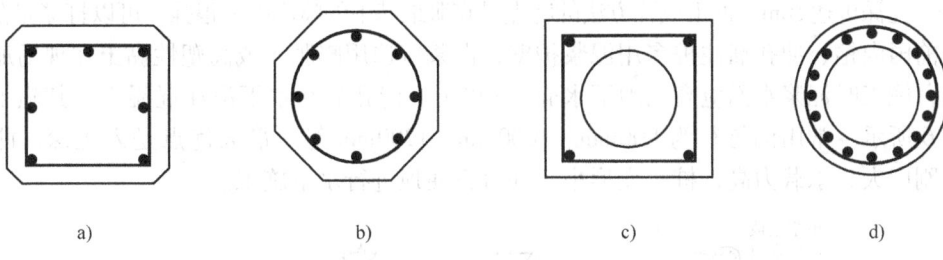

图 5-5 预制混凝土桩横断面
a) 方形 b) 八边形 c) 中空方形 d) 中空圆形

② 长度。目前工厂预制的桩限于运输和起吊能力，一般不超过 13.5m，现场制作的长度可大些，但限于桩架高度，一般在 20~30m。桩长度不够时，需要在沉桩过程中接长。

③ 材料。预制桩混凝土的强度等级不宜低于 C30，采用静压法沉桩时也不宜低于 C20，对预应力混凝土不宜低于 C40。预制桩纵向钢筋混凝土保护层厚度不宜低于 30mm。预制桩的桩端可将主筋合拢焊接在桩端的辅助钢筋上，也可在合拢主筋上再包以钢板桩靴。

④ 优缺点。预制桩桩身质量易于保证和控制，承载力高。根据需要可制成多种形状和尺寸。桩身混凝土密实，抗腐蚀能力强。桩身制作方便，沉桩速度快，适合大面积施工。预制桩也有一些缺点，如为避免运输、起吊、打桩过程中桩体损坏，需要配置较多钢筋，选用较高强度等级的混凝土，使得预制桩造价较高。打桩时，噪声大，对周围土体扰动大。不易穿透较厚的坚硬土层达到设计标高，往往需要通过射水或预钻孔等辅助措施来沉桩，还常因桩打不到设计标高而截桩，造成浪费。挤土效应有时会引起地面隆起，道路、管线等损坏，桩产生水平位移或挤断，相邻桩上浮等，因此需要确定合理的沉桩顺序。

⑤ 沉桩方法。将预制桩或钢、木桩沉入地基设计标高的方法称为沉桩方法，可分为锤击法、振动法、静力压桩法等。锤击法是用桩锤把桩打入地基的方法。锤重范围在 20~72kN，常用冲程在 2m 左右。桩帽用以保护桩头，桩和桩帽之间可用桩垫来减缓冲击力并使冲击力在一段时间内慢慢消散。桩垫材料为木材、橡胶或其他弹性材料。振动法是在桩顶装上振动器，使桩随着振动下沉至设计标高。振动法适用于砂土地基，尤其是地下水位以下的

砂土，振动使砂土发生液化，桩易于下沉。振动法对于自重不大的钢桩的沉桩效果更好。这种方法不适用于一般的黏土地基。静力压桩法采用静力压桩机，将桩压入地基中。最适用于均质软土地基。静力压桩法的优点是无噪声、无振动，对邻近建筑物无不良影响。

2）灌注桩。灌注桩是在建筑工地现场先成孔，然后下放钢筋笼和填充混凝土而成。灌注桩的混凝土强度等级不得低于C15，水下灌注时不得低于C20。灌注桩纵向钢筋混凝土保护层厚度不应小于35mm；水下灌注混凝土，其保护层厚度不得小于50mm。当持力层承载力较低时，可采用扩底桩。根据灌注桩的成孔工艺和所用机具不同，通常灌注桩可分为钻孔灌注桩、冲孔灌注桩、沉管灌注桩、挖孔灌注桩。

① 钻孔灌注桩。钻孔灌注桩先用钻机钻孔，取出桩位处的土，然后灌注混凝土成桩。常用的成孔钻机有长螺旋钻机、潜水钻机、回旋钻机、大直径钻机。有的钻机成孔后，可撑开钻头的扩孔刀刃使之旋转切土扩大桩孔，浇筑混凝土后在底端形成扩大桩端，但扩底直径不宜大于3倍桩身直径。

② 冲孔灌注桩。冲孔灌注桩用冲击钻头成孔。孔径大小与冲击能量有关，一般为450～1200mm。孔深可达50m。冲击成孔方法的特点是克服地基中的障碍能力很强，可以打穿卵石层。

目前国内钻、冲孔灌注桩多用泥浆护壁，泥浆应选用膨胀土或高塑性黏土在现场加水搅拌制成，施工时泥浆水面应高出地下水面1m以上。清孔后在水下浇注混凝土，其施工程序如图5-6所示。常用的桩径为800mm、1000mm、1200mm等。最大优点是入土深，能进入岩层，刚度大，承载力高，桩身变形小，并可方便地进行水下施工。

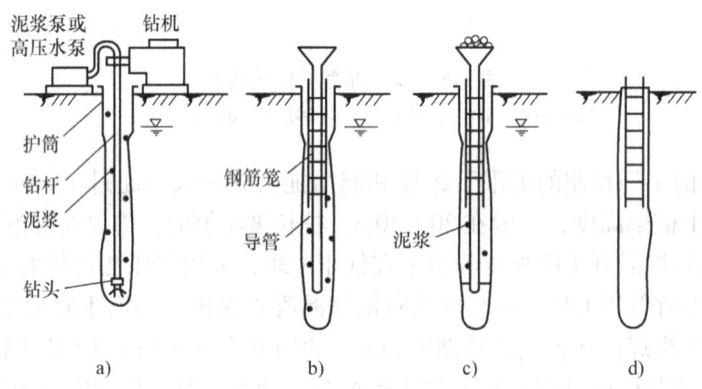

图5-6 钻孔灌注桩施工程序
a）成孔 b）下导管和钢筋笼 c）浇注混凝土 d）成桩

③ 沉管灌注桩。沉管灌注桩是用静压、振动或锤击法将带桩尖（或桩靴）的钢套管插入地基土中成孔，然后往沉管中填入混凝土，拔出套管。沉管灌注桩的施工程序如图5-7所示。沉管灌注桩直径一般为300～500mm，桩长一般不超过25m。

④ 挖孔灌注桩。挖孔灌注桩是采用人工或机械挖掘成孔，逐段边开挖边支护，达到所需深度后再扩底，安装钢筋笼及浇注混凝土而成。挖孔桩内径一般不小于800mm，开挖直径不小于1000mm，护壁厚度不小于100mm，分节支护，每节高度在500～1000mm，可用混凝土预制块或混凝土现场浇注。桩身长度宜限制在40m以内。图5-8为某人工挖孔桩示例。

挖孔桩可直接观察地层情况，孔底易清除干净，设备简单，噪声小，场区内各桩可同时施工，且桩径大，适应性强，比较经济。但由于挖孔时可能存在塌方、缺氧、有害气体、触电等危

第5章 桩 基 础

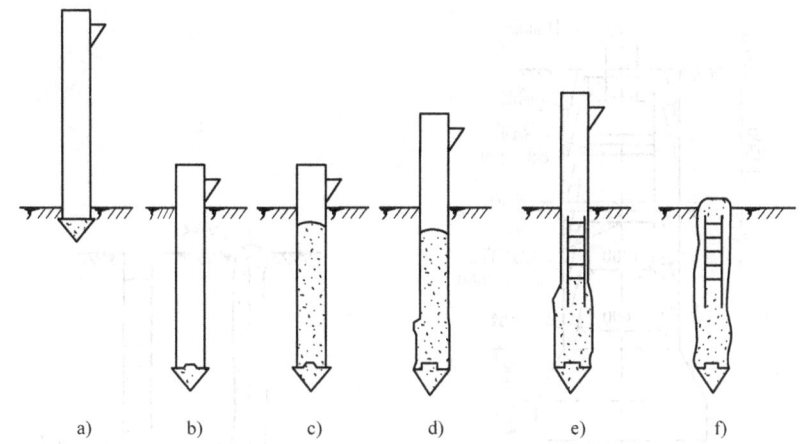

图 5-7 沉管灌注桩施工工艺

a) 桩就位 b) 沉管 c) 浇注混凝土 d) 边拔钢管并振动 e) 安放钢筋笼，继续浇注 f) 成桩

险，易造成安全事故，因此应严格执行有关安全操作的规定。此外，挖孔桩难以克制流砂现象。

表 5-1 给出了我国常用灌注桩的适用范围、桩径及桩长的参考值。另外，对各类灌注桩，都可以在孔底放置适量的炸药，在灌注混凝土后引爆，使桩底扩大呈球形，以增加桩底的支承面积而提高承载力，这种爆炸扩底的桩称为爆扩桩，如图 5-9 所示。

表 5-1 常用灌注桩的适用范围、桩径及桩长

成孔方法		桩径/mm	桩长/m	适用范围
泥浆护壁成孔	冲抓冲击回转钻潜水钻	≥800	≤30 ≤50 ≤80	碎石土、砂类土、粉土、黏性土及风化岩。当进入中等风化和微风化岩层时，冲击成孔的速度比回转钻快
		500~800	≤50	黏性土、淤泥、淤泥质土及砂类土
干作业成孔	螺旋钻	300~800	≤30	地下水位以上的黏性土、粉土、砂类土及人工填土
	钻孔扩底	300~600	≤30	地下水位以上坚硬、硬塑的黏性土及中密以上砂类土
	机动洛阳铲	300~500	≤20	地下水位以上的黏性土、粉土、黄土及人工填土
沉管成孔	锤击	340~800	≤30	硬塑黏性土、粉土及砂类土，直径≥600mm 的可达强风化岩
	振动	400~500	≤24	可塑黏性土、中细砂
爆扩成孔		≤350	≤12	地下水位以上的黏性土、黄土、碎石土及风化岩
人工挖孔		≥800	≤40	黏性土、粉土、黄土及人工填土

3) 预应力混凝土管桩。预应力混凝土管桩（见图 5-10）采用先张法预应力工艺和离心成型法制作。经高压蒸汽养护生产的为预应力高强度管桩（PHC 管桩），其桩身混凝土强度等级不低于 C80；未经高压蒸汽养护生产的为预应力混凝土管桩（PC 管桩），其桩身混凝土强度等级 C60~C80。建筑工程中常用的 PHC、PC 管桩的外径为 300~600mm，分节长度为 5~13m，沉桩时桩节通过焊接的端头板接长。桩的下端设置封口十字刃钢桩尖、圆锥形桩尖或开口形桩尖，如图 5-11 所示。

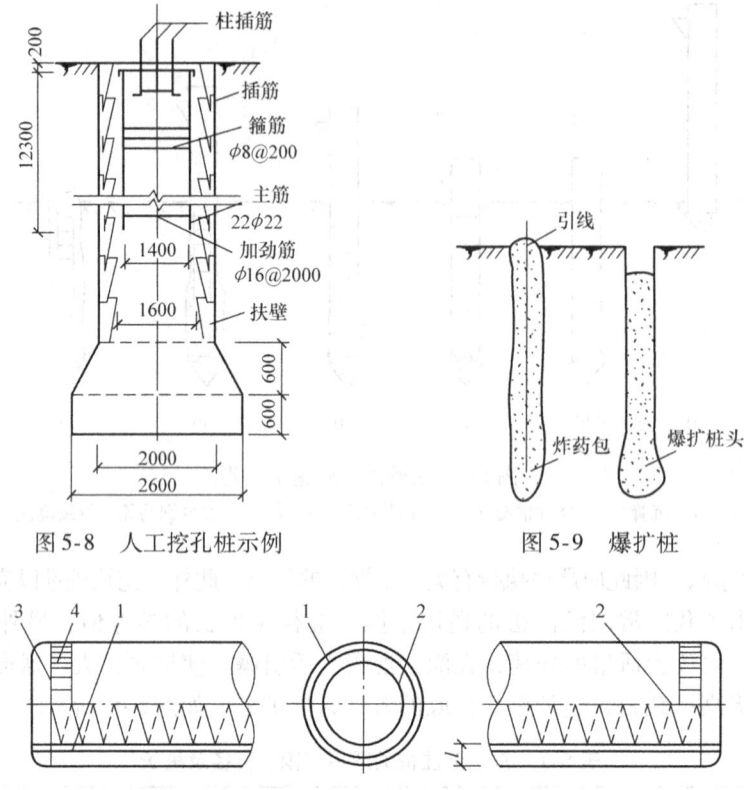

图 5-8 人工挖孔桩示例　　　图 5-9 爆扩桩

图 5-10 预应力混凝土管桩
1—预应力钢筋　2—螺旋箍筋　3—端头板　4—钢套箍

（4）组合材料桩　组合材料桩是指用两种或两种以上材料组成的桩。整个桩长分段采用木材、钢材、混凝土材料，如在地下水位以下用木材、水位以上用现浇混凝土而成的桩；在钢管内填充混凝土的桩；或上部为钢管桩、下部为混凝土桩等形式的组合桩。

4. 按成桩挤土效应分类

大量工程实践表明：成桩挤土效应，对桩的承载力、成桩质量控制与环境等有很大影响。因此，根据成桩方法和成桩过程的挤土效应将桩分为非挤土桩、部分挤土桩、挤土桩。

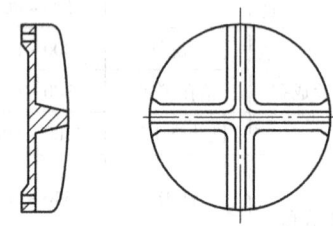

图 5-11 预应力混凝土管桩的封口十字刃钢桩尖

1）非挤土桩。成桩过程中对桩周围的土无挤压作用的桩称为非挤土桩，其成桩方法有干作业法、泥浆护壁法和套管保护法。这类非挤土桩的施工方法是，首先将桩位的土体挖除，然后在桩孔中灌注混凝土。

2）部分挤土桩。成桩过程中对周围土体产生部分挤压作用的桩称为部分挤土桩，包括下列三种：

① 部分挤土灌注桩。如开口的沉管取土灌注桩。

② 预钻孔打入式预制桩。通常预钻孔直径小于预制桩的边长，预钻孔时孔中的土被取

走，打预制桩时为部分挤土桩。

③ 打入式敞口桩。如敞口钢管桩打入时，桩孔部分土进入钢管内部，对钢管桩周围的土而言，为部分挤土桩。

3）挤土桩成桩过程中，桩孔中的土未被挖除，而是全部被挤压到桩的四周，这类桩称为挤土桩。包括：

① 挤土灌注桩。如沉管灌注桩，在沉管过程中，把桩孔部位的土挤压至桩管周围，浇注混凝土振捣成桩，就是挤土灌注桩。

② 挤土预制桩。通常的预制桩，定位后，将预制桩打入或压入地基土中，原在桩位处的土均被挤压至桩的四周，因此为挤土预制桩。

挤土桩在成桩过程中大量挤土，使桩周土受到严重扰动，土的工程性质有很大改变。挤土桩引起的挤土效应使地面隆起和土体侧移，施工常常带有噪声，对周围环境有较大的影响。但它不存在泥浆和弃土污染问题。这类桩主要有打入或静压成的实心或闭口预制混凝土桩、闭口钢管桩及沉管灌注桩等。

5. 按桩的几何特性分类

（1）按桩的直径大小分类　依据桩的承载性能、使用功能和施工方法的一些区别，并参考世界各国的分类界限，可分为小直径桩（小桩）、中等直径桩、大直径桩三类。

1）小桩。凡桩径 $d \leqslant 250\text{mm}$ 的桩称为小桩。因为桩径小，所以成桩机械、施工场地与施工方法都比较简单。小桩适用于中小型工程和基础加固。

2）中等直径桩。凡直径为 $250\text{mm} < d < 800\text{mm}$ 的桩称为中等直径桩。中等直径桩具有相当可观的承载力，因此，长期以来在世界各国的工业与民用建筑物中大量使用。这类桩的成桩方法和施工工艺种类很多，为量大面广的主要桩型。

3）大直径桩。凡桩径 $d \geqslant 800\text{mm}$ 的桩称为大直径桩。因为大直径桩桩径大，而且桩端还可扩大，因此单桩承载力很高，通常用于高层建筑、重型设备基础，并可实现一柱一桩的优良结构形式。因此，大直径桩每一根桩的施工质量都必须切实保证。

（2）按桩的长度分类　通常按桩的长度可分为如下 4 类：$L \leqslant 10\text{m}$ 称短桩，$10\text{m} < L \leqslant 30\text{m}$ 称中长桩，$30\text{m} < L \leqslant 60\text{m}$ 称为长桩；$L > 60\text{m}$ 称为超长桩。

（3）按桩的几何形状分类　按桩的纵向形状有柱式桩、楔式桩。按桩端是否有扩底可分为扩底桩和非扩底桩。扩底桩按照扩底部分施工方法又可分为挖扩桩、钻扩桩、挤扩桩、夯扩桩、爆扩桩、振扩桩等。按桩的横断面可分为方形桩、三角形桩、圆形桩和圆筒形桩等。

5.3　竖向单桩承压工作性能

5.3.1　桩的荷载传递

在竖向荷载 Q 作用下，取桩为脱离体，由静力平衡条件得

$$Q = Q_\text{s} + Q_\text{p} \tag{5-1}$$

式中　Q——相应于荷载效应基本组合时的桩顶竖向荷载；

Q_s——桩周土施加的桩侧总摩阻力；

Q_p——桩端土施加的桩端总阻力。

当桩顶荷载加大到极限值时,近似有

$$Q_u = Q_{su} + Q_{pu} \tag{5-2}$$

式中 Q——单桩竖向极限荷载;

Q_{su}——单桩竖向极限侧阻力;

Q_{pu}——单桩竖向极限端阻力。

如图 5-12b 所示的桩,竖向荷载 Q 在桩身各截面引起的轴向力 N_z,可以通过桩的静载荷试验,利用埋设于桩身内的测试元件量测得到,从而可以绘出轴向力 N_z 沿桩身的分布曲线(荷载传递曲线),如图 5-12e 所示。由于桩侧土的摩阻作用,轴向力随深度的增大而减小,其衰减的快慢反映了桩侧土摩阻作用的强弱。桩顶的轴向力 N_0 与桩顶的竖向荷载 Q 平衡,即 $N_0 = Q$;桩端的轴向力 N_1 与桩端总阻力 Q_p 平衡,即 $N_1 = Q_p = Q - Q_s$。

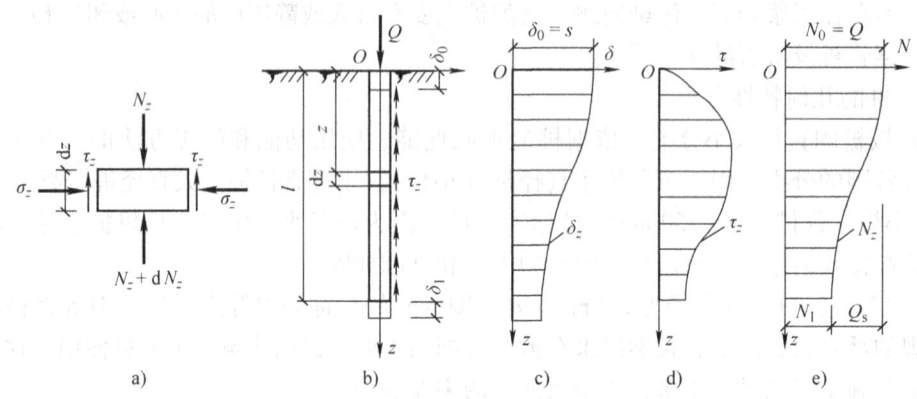

图 5-12 单桩轴向荷载传递
a) 微段桩受力图 b) 单桩受力图 c) 截面竖向位移图
d) 桩侧单位面积摩阻力分布图 e) 轴力分布图

荷载传递曲线确定了深度 z 处的轴向力 N_z 与 z 的关系。有了该曲线,可以由桩的微分方程求得 z 深度处的截面轴向位移及桩侧单位面积摩阻力 τ_z。

设桩的长度为 l,周长为 u。现从桩身任意深度 z 处取 dz 微分段(见图 5-12a)。根据微分段的竖向力平衡条件(忽略桩身自重)可得

$$N_z - \tau_z u dz - (N_z + dN_z) = 0 \tag{5-3}$$

$$\tau_z = -\frac{1}{u}\frac{dN_z}{dz} \tag{5-4}$$

式(5-4)为桩的荷载传递基本微分方程。它表明,任意深度处的单位侧摩阻力 τ_z 的大小与该处轴力 N_z 的变化率成正比。负号表明当 τ_z 方向向上时,桩身轴力将随深度的增加而减少。只要测得了桩身的轴力分布曲线,即可用此式求桩侧摩阻力的大小与分布(见图 5-12d)。

当桩顶作用有轴向荷载 Q 时,其桩顶截面位移 δ_0(也称为桩顶沉降 s)一般由两部分组成,一部分为桩端的下沉量 δ_l,另一部分为桩身材料在轴力作用下产生的压缩变形 δ_s,可表示为

$$\delta_0 = s = \delta_l + \delta_s \tag{5-5}$$

在进行单桩静载荷试验时，可同时测出桩顶的竖向位移 s，利用上述已测知的轴力分布曲线 N_z，根据材料力学公式，求出任意深度处桩截面位移 δ_z 和桩端位移 δ_l，即

$$\delta_z = s - \frac{1}{EA}\int_0^z N_z \mathrm{d}z \tag{5-6}$$

$$\delta_l = s - \frac{1}{EA}\int_0^l N_z \mathrm{d}z \tag{5-7}$$

式中　　E——桩身材料的弹性模量；
　　　　A——桩的横截面面积。

值得指出的是，图 5-12 中的荷载传递曲线（N-z 曲线）、侧阻分布曲线（τ-z 曲线）和桩断面位移曲线（δ-z 曲线）都是随着桩顶荷载的增加不断变化的。

5.3.2　桩荷载传递的一般规律

桩在竖向荷载 Q 作用下，桩侧阻力（以下简称侧阻）与桩端阻力（以下简称端阻）的发挥程度与多种因素有关，并且侧阻与端阻也是相互影响的。侧阻与端阻并非同时发挥，更不是同时到达极限值。

一般来说，侧阻和端阻的发挥程度与桩土之间的相对位移情况有关，并且侧阻的发挥先于端阻。有些试验资料表明，侧阻充分发挥所需要的桩土位移趋于定值，认为一般在黏性土中桩土相对位移为 4~6mm，砂土中桩土相对位移为 6~10mm 时，侧阻充分发挥。也有的学者根据现场试验研究取得的成果，认为土层的埋藏深度对侧阻的发挥有显著的影响，埋藏深度不同，充分发挥侧阻所需要的相对位移不同。另外，侧阻的发挥与桩径、土性及成桩方法等多种因素有关，其性状还需要进一步研究。

端阻的发挥不仅滞后于侧阻，而且其充分发挥所需的桩底位移值比桩侧摩阻力到达极限所需的桩身截面位移值大得多。根据小型桩试验结果，砂类土的桩底极限位移为 (0.08 ~ 0.1) d，一般黏性土为 $0.25d$，硬黏土为 $0.1d$，d 为桩径。同时也有研究结果表明，发挥端阻所需要的位移因桩的类型不同而有较大差别。

许多学者通过室内模型试验和现场原型试验研究发现，侧阻与端阻都存在深度效应。当桩端入土深度小于某一临界深度 h_{cp} 时，桩的极限端阻力随深度而增加，而大于 h_{cp} 后极限端阻力基本保持不变，h_{cp} 称为端阻临界深度。桩侧摩阻力一般随桩的入土深度增加而线性增加，但当桩入土深度超过一定值 h_{cs} 后，侧阻力不再随深度增加而增大，h_{cs} 称为侧阻临界深度。砂土中的研究结果表明，侧阻临界深度与端阻临界深度的关系为 $h_{cs} = (0.3 ~ 1.0) h_{cp}$。关于侧阻和端阻的深度效应问题有待进一步研究。

此外，桩长对荷载的传递也有重要的影响。当桩长较大（如 $l/d > 25$，l 为桩长，d 为桩径）时，因桩身压缩变形大，桩端反力尚未发挥，桩顶位移已超过实际所要求的范围，此时传递到桩端的荷载极为微小。因此，很长的桩实际上总是摩擦桩，用扩大桩端直径来提高承载力是徒劳的。

5.3.3　单桩的破坏模式

单桩在轴向荷载作用下，其破坏模式主要决定于桩周土的抗剪强度、桩端支承情况、桩的类型及桩的尺寸等条件，可分为压屈破坏、整体剪切破坏和刺入破坏三种，如图 5-13 所示。

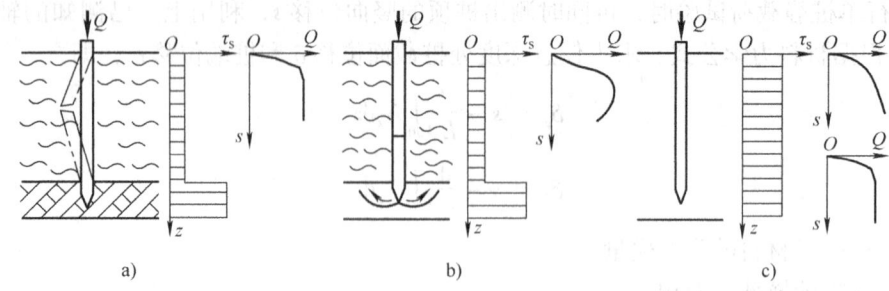

图 5-13 轴向荷载下单桩的破坏模式
a) 压屈破坏 b) 整体剪切破坏 c) 刺入破坏

(1) 压屈破坏 当桩底支承在坚硬的土层或岩层上，桩周土层极为软弱时，桩身没有或几乎没有侧向约束力，桩在轴向荷载作用下，如同一细长的压杆，出现纵向压屈破坏。荷载-沉降（$Q\text{-}s$）关系曲线为"急剧破坏"的陡降型，其沉降量很小，具有明确的破坏荷载（见图 5-13a）。桩的承载力取决于桩身的材料强度。打入土中的细长木桩、穿越深厚淤泥质土中的小直径端承桩或嵌岩桩的破坏多属此种情况。

(2) 整体剪切破坏 具有足够强度的桩穿过抗剪强度较低的土层，到达抗剪强度较高的土层，且桩的长度不大，桩在轴向荷载作用下，因为桩底上部的软弱土层不能阻止滑动土楔的形成，桩底土层形成滑动面而出现整体剪切破坏。因为桩端土层出现大的沉降，桩侧摩阻力难以充分发挥，桩的极限荷载大部分由桩端阻力承受。荷载-沉降（$Q\text{-}s$）关系曲线也为陡降型，呈现明确的破坏荷载（见图 5-13b）。桩的承载力主要取决于桩端土的支承力。一般打入式短桩、钻扩短桩等的破坏均属于此种情况。

(3) 刺入破坏 当桩的入土深度较大或桩周土层抗剪强度较均匀时，在轴向荷载作用下，桩和土都不会产生明显的破坏，但当载荷达到一定值后，桩顶的下降量会明显加快，出现刺入破坏。此时，桩顶荷载主要由桩侧摩阻力承担，桩端阻力极小。一般当桩周土层比较软弱且均匀时，$Q\text{-}s$ 曲线为"渐进破坏"的缓变型（见图 5-13c），无明显拐点。当桩周土层较好，而桩端土层较差时，荷载-沉降（$Q\text{-}s$）关系曲线有明显的拐点，为陡降型。一般情况下的钻孔灌注桩多属于此种情况。

5.3.4 桩侧负摩阻力

1. 负摩阻力的概念

通常情况下，桩受轴向荷载后，相对于桩周土做向下位移，土对桩产生向上作用的摩阻力，称为正摩阻力。但有时会发生相反的情况，即桩周围土体由于某些原因发生下沉，且变形量大于相应深度处桩的下沉量，即桩侧土相对于桩产生向下的位移，土体就会对桩产生向下的摩擦力，这种摩擦力就称为桩的负摩阻力。通常在下列情况下应考虑桩侧负摩阻力作用：

1) 在软土地区，大范围地下水位下降，使土中有效应力增加，导致桩侧土层沉降。
2) 桩侧有大面积的地面堆载使桩侧土层压缩。
3) 桩侧有较厚的欠固结土或新填土，这些土层在自重作用下沉降。
4) 在自重湿陷性黄土地区，由于浸水产生了桩侧土的湿陷。

5) 在冻土地区，由于温度升高引起桩侧土的融陷。

必须指出，在桩侧引起的负摩阻力的条件是，桩周围的土体的下沉必须大于桩的沉降，否则可不考虑负摩阻力的问题。

负摩阻力对桩是一种不利因素。负摩阻力相当于在桩上施加了附加的下拉荷载 Q_n，它的存在降低了桩的承载力，并可导致桩发生过量的沉降。工程中，因负摩阻力引起的不均匀沉降造成建筑物开裂、倾斜或因沉降过大而影响正常使用的现象屡有发生，不得不花费大量资金进行加固，有的甚至因无法使用而拆除。所以，在可能发生负摩阻力的情况下，设计时应考虑其对桩的承载力和沉降的影响。

2. 负摩阻力的分布特性

桩的负摩阻力并非一定分布于桩的全身，而是在桩周土相对于桩产生下沉的范围内。在地面发生沉降的地基中，长桩的上部为负摩阻力而下部往往是正摩阻力。正负摩阻力分界的地方称为中性点。

图 5-14 给出了桩穿过会产生负摩阻力的土层达到坚硬土层时竖向荷载的传递情况。

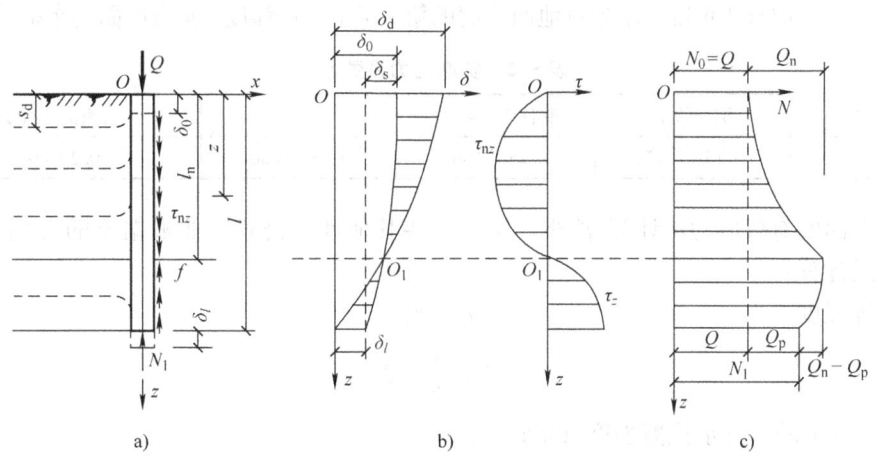

图 5-14 单桩在产生负摩阻力时的荷载传递

要计算桩的负摩阻力的大小，就必须知道负摩阻力在桩上的分布范围，亦即需要确定中性点的位置。由于桩侧摩阻力的强度与土对桩的相对位移有关，中性点处的摩阻力为零，即 $\tau_{O_1}=0$，故桩对土的相对位移为零；同时下拉荷载在中性点处达到最大值，即在中性点截面桩身轴力达到最大值 $N=Q+Q_n$。地面至中性点的深度与桩侧土的压缩性和变形条件以及桩和持力层土的刚度等因素有关，理论上可以根据桩的竖向位移和桩侧地基土的竖向位移相等的条件来确定中性点的位移，但由于桩在荷载作用下的沉降稳定历时、沉降速率等都与桩侧土的沉降情况不同，要准确确定中性点的位置比较困难。一般根据现场试验所得的经验数据近似地确定，即通过 l_n 与桩侧土层的沉降的下限深度 l_0 的比值的经验数值来确定中性点的位置。

3. 负摩阻力的确定

在现场进行桩的负摩阻力试验是一种最直接并且可靠的方法，但需要的时间很长，常常以年计，费用也大。故国内外进行这一试验的桩数远比一般静载荷试验少得多，还有待进一步研究。

由于影响负摩阻力的因素较多,如桩侧与桩端土的变形性质、土层的应力历史、桩侧土发生沉降的原因和范围、桩的类型和成桩工艺等,从理论上计算负摩阻力是复杂的和困难的。

目前,国内外学者均提出了一些有关负摩阻力的计算方法,但提出的计算方法都是带有经验性质的近似公式。

多数学者认为桩侧负摩阻力的大小与桩侧土的有效应力有关,根据大量试验与工程实测结果,贝伦提出的"有效应力法"较接近实际,其计算公式为

$$q_{si}^n = \xi_n \sigma_i' \tag{5-8}$$

式中 q_{si}^n——第 i 层土的桩侧负摩阻力标准值(kPa);
ξ_n——桩周土负摩阻力系数,$\xi_n = K_0 \tan\varphi'$(K_0 为桩周土的侧压力系数,φ' 为土的有效内摩擦角),ξ_n 与土的类别和状态有关,可按表 5-2 取用;
σ_i'——桩周第 i 层土平均竖向有效应力(kPa),当降低地下水时,$\sigma_i' = \gamma_i' z_i$,当底面有满布荷载时,$\sigma_i' = p + \gamma_i' z_i$,这里 γ_i' 为第 i 层土层底以上桩周土按厚度计算的加权平均有效重度,z_i 为自地面算起的第 i 层土中点深度,p 为地面均布荷载。

表 5-2 负摩阻力系数 ξ_n

桩周土类	饱和软土	黏性土、粉土	砂土	自重湿陷性黄土
ξ_n	0.15~0.25	0.25~0.40	0.35~0.50	0.20~0.35

除了上面的有效应力法计算 q_{si}^n 外,还有一些其他计算公式。如根据土的类别,可按下列经验公式计算:

软土或中等强度黏土
$$q_{si}^n = c_u \tag{5-9}$$

砂类土
$$q_{si}^n = \frac{N_i}{5} + 3 \tag{5-10}$$

式中 c_u——土的不排水抗剪强度(kPa);
N_i——桩周第 i 层土经钻杆长度修正后的平均标准贯入试验击数。

单桩桩侧总的负摩阻力(下拉荷载)Q_n 为

$$Q_n = \sum q_{si}^n u l_i = u \sum q_{si}^n l_i \tag{5-11}$$

式中 u——桩的周长(m);
l_i——中性点以上各土层的厚度(m)。

中性点深度 l_n 应按桩周土层沉降与桩的沉降相等的条件确定,也可按表 5-3 的经验值估算。

表 5-3 桩中性点深度 l_n

持力层性质	黏性土、粉土	中密以上砂	砾石、卵石	基岩
中性点深度比 l_n/l_0	0.5~0.6	0.7~0.8	0.9	1.0

注:1. l_0 为桩周沉降变形土层下限深度。
2. 桩穿越自重湿陷性黄土时,l_n 按表列值增大 10%。

4. 消除或减小负摩阻力的措施

工程上可采取适当的措施来消除或减小负摩阻力。例如:对填土建筑场地,填筑时要保

证填土的密实度符合要求，尽量在填土沉降稳定后成桩；对湿陷性黄土地基，先进行强夯、采用素土或灰土挤密桩等方法处理，消除或减轻沉陷性；当建筑场地有大面积堆载时，成桩前采取预压措施，减小堆载时引起的桩侧土沉降；在预制桩中性点以上表面涂敷一薄层黏度适当的沥青混合料，或对钢桩再加上一层厚度为 3mm 的塑料薄膜（兼作防锈蚀用）；对现场灌注桩，在出现负摩阻力的沉降土层范围内插入比孔径小 5~10cm 的预制桩段，桩外充填稠度高的膨胀土泥浆形成隔离层，或先填再插桩。这些都是十分有效的措施。

5.4 竖向单桩的抗压承载力

单桩竖向极限承载力是指单桩在竖向荷载作用下，到达破坏状态前或出现不适于继续承载的变形时所对应的最大荷载，它取决于土对桩的支承阻力和桩身承载力。

确定单桩竖向极限承载力的方法有很多，主要分两方面：一是按照桩身材料强度确定，防止桩身被压坏或拉坏等；二是按地基对桩体的支承能力确定，防止地基承载力不足导致桩不宜继续承载或桩体位移过大。设计时分别按这两方面确定后取其中的较小值，一般是后者起控制作用。如按桩的荷载试验确定，则已兼顾到这两方面。下面介绍几种常用的确定竖向承压桩承载力的方法。

5.4.1 按桩身材料强度确定单桩竖向力设计值

桩身混凝土强度应满足桩的承载力设计要求。对于轴心受压钢筋混凝土桩，可将桩视为轴心受压杆件，考虑桩的类型和成桩工艺的不同，《建筑地基基础设计规范》将轴心抗压强度设计值乘以工作条件系数，桩身强度符合下式要求

$$Q \leq A_p f_c \psi_c \tag{5-12}$$

式中 Q——相应于作用的基本组合时混凝土抗压桩的单桩竖向力设计值（kN）；

f_c——混凝土轴心抗压强度设计值（kPa），见表 4-6；

A_p——桩身横截面面积（m^2）；

ψ_c——工作条件系数，非预应力预制桩取 0.75，预应力预制桩取 0.55~0.65，灌注桩取 0.6~0.8（水下灌注桩、长桩或混凝土强度等级高于 C35 时用低值）。

5.4.2 单桩竖向静载荷试验法

静载荷试验是评价单桩承载力最为直观和可靠的方法，其除了考虑到地基土（岩）的支承能力外，也计入了桩身材料强度对承载力的影响。下面简单介绍《建筑地基基础设计规范》中的单桩竖向静载荷试验的要点。

1. 开始试验时间

对于预制桩，由于打桩时土中产生的孔隙水压力有待消散，土体因打桩扰动而降低的强度随时间逐渐恢复，因此，为使试验能真实反映桩的承载力，预制桩的开始试验时间规定为：砂土为入土 7 天后，黏性土不得少于 15 天，饱和软黏土不得少于 25 天；灌注桩应在桩身材料强度达到设计强度后才能进行试验。

2. 试验装置

试验装置主要由加荷稳压、提供反力和沉降观测三部分组成。桩顶的液压千斤顶对桩施

加压力,千斤顶的反力由锚桩、压重平台或若干根地锚组成的伞形装置来平衡,安装在基准梁上的百分表或电子位移计用于量测桩顶的沉降,如图 5-15 所示。

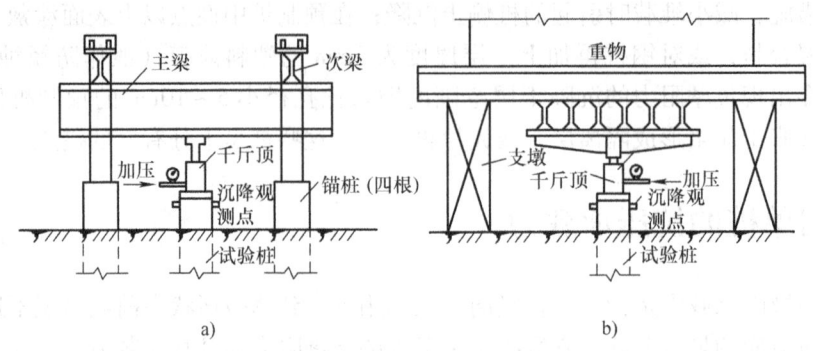

图 5-15 单桩静载荷试验的加载装置
a) 锚桩横梁反力装置 b) 压重平台反力装置

试桩与锚桩(或压重平台的支墩、地锚)之间、试桩与支承基准梁的基准桩之间以及锚桩与基准桩之间,都应保持一定间距(见表 5-4),以减少彼此的相互影响,保证测量精度。

表 5-4 试桩、锚桩和基准桩之间的中心距离

反力系统	试桩与锚桩 (或压重平台支座墩边)	试桩与基准桩	基准桩与锚桩(或压重 平台支座墩边)
锚桩横梁反力系统 压重平台反力系统	≥4d 且 >2.0m	≥4d 且 >2.0m	≥4d 且 >2.0m

注:d 为试桩或锚桩的设计直径,取其较大者(如试桩或锚桩为扩底桩时,试桩与锚桩的中心距离尚不应小于 2 倍扩大端直径)。

3. 加、卸载方法

试验时加载方式通常有慢速维持荷载法、快速维持荷载法、等贯入速率法、等时间间隔加载法及循环加载法等。工程中常用的是慢速维持荷载法,即逐级加载,加荷分级不少于 8 次,每级加载量宜为预估极限荷载的 1/10~1/8,当每级荷载下桩顶沉降小于 0.1mm/h 时,则认为已趋稳定,然后施加下一级荷载,直到试桩破坏。加载时,每 5min、10min、15min 时各测读一次沉降量,以后每隔 15min 读一次,累计 1h 后每隔 0.5h 读一次。

每级卸载值为加载值的 2 倍。卸载后隔 15min 测读一次,读 2 次后,隔 0.5h 再读一次,即可卸下一级荷载。全部卸载后,隔 3~4h 再测读一次。

4. 终止加载条件

当出现下列情况之一时即可终止加载:

1) 当荷载-沉降(Q-s)曲线上有可判定极限承载力的陡降段,且桩顶总沉降量超过 40mm 时。

2) 第 $n+1$ 级荷载下,桩顶沉降量 Δs_{n+1} 为第 n 级荷载下沉量 Δs_n 的 2 倍,且经过 24h 尚未达到相对稳定。

3) 25m 以上的非嵌岩桩,荷载-沉降(Q-s)曲线呈缓变型时,桩顶总沉降量大于

60~80mm。

4) 在特殊条件下，可根据具体要求加载至桩顶总沉降量大于100mm。

5) 桩底支承在坚硬的岩土层上，桩的沉降量很小时，最大加载荷载不应小于设计荷载的2倍。

5. 按试验结果确定单桩承载力

一般认为，当桩顶发生剧烈或不停滞的沉降时，桩处于破坏状态，相应的荷载称为极限荷载（极限承载力 Q_u）。由桩的静载荷试验给出荷载与桩顶沉降关系 Q-s 曲线，再根据 Q-s 曲线的特性，就可确定单桩竖向极限承载力 Q_u。

下面介绍《建筑桩基技术规范》中单桩竖向极限承载力的确定方法。

1) 根据沉降随荷载的变化特征确定极限承载力 Q_u，对于陡降曲线取曲线发生明显陡降的起始点。如图5-16中曲线①所示，当 Q-s 曲线具有明显的陡降段（摩擦型桩）时，可取曲线发生明显陡降的起始点所对应的荷载为 Q_u。该方法的缺点是作图比例将影响 Q-s 曲线的斜率和所选择的 Q_u。因此宜按一定的作图比例，一般可取整个图形比例横：竖＝2：3。因 Q-s 曲线拐点的确定易渗入绘图者的主观因素，有些曲线的拐点也不甚明了，因此国外多用切线交会法，即取相应于 Q-s 曲线始段和末段两点切线交点所对应的荷载作为极限荷载 Q_u。

2) 根据沉降量确定极限承载力 Q_u。如图5-16中曲线②所示，当 Q-s 曲线没有明显的陡降段，只发生缓慢的变化时（缓变型桩），一般取 $s=40~60\text{mm}$ 对应的载荷值为 Q_u。对于大直径桩，可取 $s=(0.03~0.06)d$（d 为桩径，大直径取低值，小直径取高值）所对应的荷载为 Q_u；对于细长桩（$l/d>80$，l 为桩长，d 为桩径），可取 $s=60~80\text{mm}$ 对应的载荷为 Q_u。

3) 根据沉降随时间的变化特征确定极限承载力 Q_u。如图5-17所示，取 s-$\lg t$ 曲线尾部出现明显向下弯曲的前一级荷载作为 Q_u，也可根据终止条件，某级荷载下，桩顶沉降量为前一级荷载下沉量的2倍，且经过24h尚未达到相对稳定，则以前一级荷载作为 Q_u。

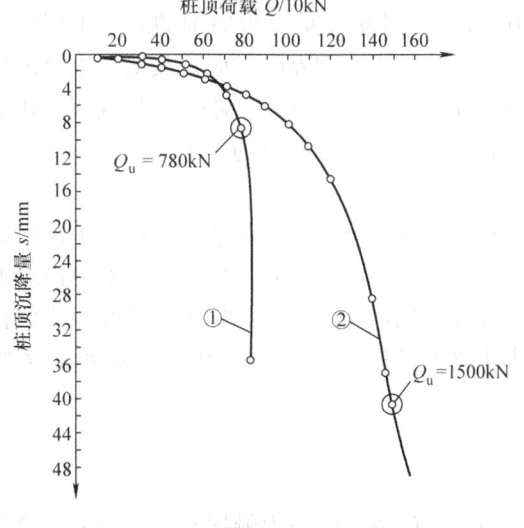

图5-16 单桩 Q-s 曲线

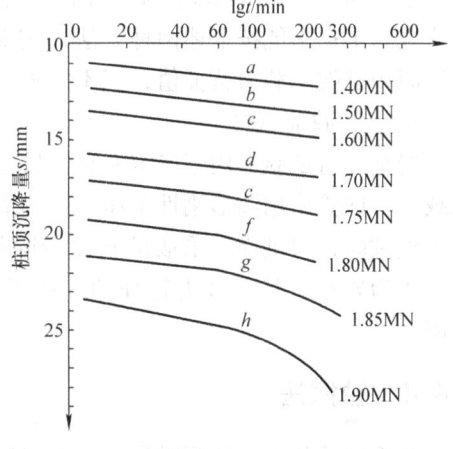

图5-17 单桩 s-$\lg t$ 曲线

按照以上三种方法之一测出每根试桩的极限承载力值 Q_u 后，可通过统计确定单桩竖向

极限承载力 Q_{uk}。具体步骤为：
1）求出 n 根桩的极限承载力平均值 Q_{um}。
2）求极差。
3）计算极差与平均值值 Q_{um} 之比，当比值小于30%时，取 $Q_{uk} = Q_{um}$。
4）确定单桩竖向承载力特征值。单桩竖向承载力特征值 R_a 应按下式确定

$$R_a = \frac{1}{K} Q_{uk} \tag{5-13}$$

式中　Q_{uk}——单桩竖向极限承载力极限值（统计值）；
　　　K——安全系数，取 $K = 2$。

5.4.3　其他现场试验方法

1. 动力试桩法

动力试桩法是应用物体振动和应力波的传播理论来确定单桩竖向承载力及检验桩身完整性的一种方法。与传统的静载荷试验相比，无论在试验设备、测试效率、工作条件及试验费用等方面，均具有明显的优越性。动力试桩法最大的技术经济效益是速度快、成本低，可对工程桩进行大量普查，及时找出工程桩的隐患，预防重大安全质量事故。

动力试桩法种类繁多，一般可分为高应变法和低应变法两大类。目前，国际上普遍采用高应变法测定桩的极限承载力和检测桩的质量及完整性，也用低应变法检测桩的质量及完整性。高应变法主要有锤击法、打桩分析仪等。低应变法在我国应用极为广泛，约有90%的检测单位采用此法，每年检测的桩数在4万根以上。由于低应变法具有软硬件价格便宜、设备轻巧、测试过程简单等优点，目前多用于桩身质量检测。

2. 深层平板载荷试验

对于桩端持力层为密实的砂卵石或其他坚硬土层，或单桩承载力很高的大直径端承桩，可采用深层平板载荷试验确定桩端承载力特征值。

深层平板载荷试验采用刚性承压板直径为0.8m，并且紧靠承压板周围的外侧土层高度不少于800mm。桩端承载力特征值可直接取该试验 p-s 曲线比例界限对应荷载值，也可取极限荷载之半；不能按上述两种方法确定时，可取 $s/d = 0.01 \sim 0.015$ 所对应的荷载值，作为单位面积桩端承载力特征值，但不能大于最大加载下单位面积压力值的一半。

3. 岩基载荷试验

岩基载荷试验适用于确定完整、较完整、较破碎岩基作为天然地基或桩基础持力层时的承载力。试验采用圆形刚性承压板，直径300mm。当岩石埋藏深度较大时，可采用钢筋混凝土桩试验，但桩周需采取措施以清除侧摩阻力，取试验 p-s 曲线直线段的终点为比例极限，作为岩石地基承载力特征值，或者取极限承载力除以安全系数3.0为桩端承载力特征值。

5.4.4　触探法

对于地基基础设计等级为丙级的建筑物，可采用原位测试的静力触探及标准贯入试验参数确定单桩竖向承载力特征值 R_a。

静力触探与桩的入土的过程非常相似，可以把静力触探看成是小尺寸的打入桩的现场模

拟试验。由于它设备简单，自动化程度高，被认为是一种很有发展前途的单桩承载力的确定方法。但是由于尺寸及条件不同于桩的静载荷试验，所以一般将测得的比贯入阻力与桩侧阻力特征值和桩端阻力特征值剪力经验关系进行比较，即可确定单桩竖向承载力特征值。

初步设计时，单桩竖向承载力特征值可按下式估算

$$R_a = q_{pa}A_p + u_p \sum q_{sia}l_i \tag{5-14}$$

式中 q_{pa}、q_{sia}——桩端阻力、桩侧阻力特征值（kPa），由当地静载荷试验结果统计分析算得；

A_p——桩底端横截面面积（m²）；

u_p——桩身周边长度（m²）；

l_i——第 i 层岩土的厚度。

5.4.5 经验参数法

利用经验参数法确定单桩承载力的方法是一种沿用多年的传统方法，广泛适用于各种桩型，尤其是预制桩积累的经验颇为丰富。所用的承载力参数是根据它们与土性指标之间的换算关系，在利用当地的静载荷试验资料进行统计分析的基础上，通过必要的对比分析和调整后得出的。

1. 小直径、中等直径预制桩、钻孔桩单桩极限承载力标准值

根据土的物理指标与承载力参数之间的经验关系确定单桩竖向极限承载力标准值 Q_{uk}，宜按下式估算

$$Q_{uk} = Q_{sk} + Q_{pk} = u \sum_{i=1}^{n} l_i q_{sik} + q_{pk}A_p \tag{5-15}$$

式中 Q_{sk}——单桩总极限侧阻力标准值（kN）；

Q_{pk}——单桩总极限端阻力标准值（kN）；

q_{sik}——桩侧第 i 层土的极限侧阻力标准值（kPa），如无当地经验，可按表5-5取值；

q_{pk}——极限端阻力标准值（kPa），如无当地经验，可按表5-6取值。

表5-5 桩的极限侧阻力标准值 q_{sik} （单位：kPa）

土的名称	土的状态		混凝土	泥浆护壁钻	干作业
填土			22~30	20~28	20~28
淤泥			14~20	12~18	12~18
淤泥质土			22~30	20~28	20~28
黏性土	流塑	$I_L > 1$	24~40	21~38	21~38
	软塑	$0.75 < I_L \leq 1$	40~55	38~53	38~53
	可塑	$0.50 < I_L \leq 0.75$	55~70	53~68	53~66
红黏土		$0.7 < a_w \leq 1$	13~32	12~30	12~30
		$0.5 < a_w \leq 0.7$	32~74	30~70	30~70
粉土	稍密	$e > 0.9$	26~46	24~42	24~42
	中密	$0.75 \leq e \leq 0.9$	46~66	42~62	42~62
	密实	$e < 0.75$	66~88	62~82	62~82

（续）

土的名称	土的状态		混凝土	泥浆护壁钻	干作业
粉细砂	稍密	$10 < N \leqslant 15$	24~48	22~46	22~46
	中密	$15 < N \leqslant 30$	48~66	46~64	46~64
	密实	$N > 30$	66~88	64~86	64~86
中砂	中密	$15 < N \leqslant 30$	54~74	53~72	53~72
	密实	$N > 30$	74~95	72~94	72~94
粗砂	中密	$15 < N \leqslant 30$	74~95	74~95	76~98
	密实	$N > 30$	95~116	95~116	98~120
砾砂	稍密	$5 < N_{63.5} \leqslant 15$	70~110	50~90	60~100
	中密（密实）	$N_{63.5} > 15$	116~138	116~130	112~130
圆砾、角砾	中密、密实	$N_{63.5} > 10$	160~200	135~150	135~150
碎石、卵石	中密、密实	$N_{63.5} > 10$	200~300	140~170	150~170
全风化软质岩		$30 < N \leqslant 50$	100~120	80~100	80~100
全风化硬质岩		$30 < N \leqslant 50$	140~160	120~140	120~150
强风化软质岩		$N_{63.5} > 10$	160~240	140~200	140~220
强风化硬质岩		$N_{63.5} > 10$	220~300	160~240	160~260

注：1. 对于尚未完成自重固结的填土和以生活垃圾为主的杂填土，不计算其侧阻力。
2. I_L 为液性指数，e 为孔隙比。
3. a_w 为含水比，$a_w = w/w_L$，w 为土的天然含水量，w_L 为土的液限。
4. N 为标准贯入击数，$N_{63.5}$ 为重型圆锥动力触探击数。
5. 全风化、强风化软质岩和全风化、强风化硬质岩系指其母岩分别为 $f_{rk} \leqslant 15\text{MPa}$、$f_{rk} > 30\text{MPa}$ 的岩石。

2. 大直径灌注桩极限承载力标准值

对于桩径大于或等于 800mm 的大直径桩，其侧阻及端阻要考虑尺寸效应。侧阻的尺寸效应主要发生在砂、碎石类土中，这是因为大直径桩一般为钻、挖、冲孔灌注桩，在非黏性土中的成孔过程会出现孔壁土的松弛效应，从而导致侧阻力的降低。孔径越大，降幅越大。大直径桩的极限端阻力也存在随桩径增大而呈双曲线关系下降的现象。上述现象表明，在计算大直径桩的竖向受压承载力时，应考虑尺寸效应的影响。

根据土的物理指标与承载力参数之间的经验关系，确定大直径桩单桩极限承载力标准值 Q_{uk} 时，可按下式计算

$$Q_{uk} = Q_{sk} + Q_{pk} = u \sum_{i=1}^{n} \psi_{si} l_i q_{sik} + \psi_p q_{pk} A_p \tag{5-16}$$

式中 q_{sik}——桩侧第 i 层土的极限侧阻力标准值（kPa），如无当地经验，按表 5-5 取值，但对于扩底桩变截面以上 $2d$ 长度范围不计侧阻力；

q_{pk}——桩径 $d = 800$mm 时的极限端阻力标准值，对于干作业挖孔（清底干净）可采用深层载荷板试验确定，当不能进行深层载荷板试验时，可按表 5-7 取值；

ψ_{si}、ψ_p——大直径桩侧阻力、端阻力尺寸效应系数，按表 5-8 取值；

u——桩身周长，当人工挖孔桩桩周护壁为振捣密实的混凝土时，桩身周长可按护壁外直径计算。

第 5 章 桩 基 础

表 5-6 桩的极限端阻力标准值 q_{pk}

(单位: kPa)

土名称	土的状态	桩型	混凝土预制桩桩长 l/m				泥浆护壁钻(冲)孔桩桩长 l/m				干作业钻孔桩桩长 l/m			
			$l \leq 9$	$9 < l \leq 16$	$16 < l \leq 30$	$l > 30$	$5 \leq l < 10$	$10 \leq l < 15$	$15 \leq l < 30$	$30 \leq l$	$5 \leq l < 10$	$10 \leq l < 15$	$15 \leq l$
黏性土	软塑	$0.75 < I_L \leq 1$	210~850	650~1400	1200~1800	1300~1900	150~250	250~300	300~450	300~450	200~400	400~700	700~950
	可塑	$0.50 < I_L \leq 0.75$	850~1700	1400~2200	1900~2800	2300~3600	350~450	450~600	600~750	750~800	500~700	800~1100	1000~1600
	硬可塑	$0.25 < I_L \leq 0.50$	1500~2300	2300~3300	2700~3600	3600~4400	800~900	900~1000	1000~1200	1200~1400	850~1100	1500~1700	1700~1900
	硬塑	$0 < I_L \leq 0.25$	2500~3800	3800~5500	5500~6000	6000~6800	1100~1200	1200~1400	1400~1600	1600~1800	1600~1800	2200~2400	2600~2800
粉土	中密	$0.75 \leq e \leq 0.9$	950~1700	1400~2100	1900~2700	2500~3400	300~500	500~650	650~750	750~850	800~1200	1200~1400	1400~1600
	密实	$e < 0.75$	1500~2600	2100~3000	2700~3600	3600~4400	650~900	750~950	900~1100	1100~1200	1200~1700	1400~1900	1600~2100
粉砂	稍密	$10 < N \leq 15$	1000~1600	1500~2300	1900~2700	2100~3000	350~500	450~600	600~700	650~750	500~950	1300~1600	1500~1700
	中密、密实	$N > 15$	1400~2200	2100~3000	3000~4500	3800~5500	600~750	750~900	900~1100	1100~1200	900~1000	1700~1900	1700~1900
细砂			2500~4000	3600~5000	4400~6000	5300~7000	650~850	900~1200	1200~1500	1500~1800	1200~1600	2000~2400	2400~2700
中砂	中密、密实	$N > 15$	4000~6000	5500~7000	6500~8000	7500~9000	850~1050	1100~1500	1500~1900	1900~2100	1800~2400	2800~3800	3600~4400
粗砂			5700~7500	7500~8500	8500~10000	9500~11000	1500~1800	2100~2400	2400~2600	2600~2800	2900~3600	4000~4600	4600~5200
砾砂		$N > 15$	6000~9500		9000~10500		1400~2000	2000~3200			3500~5000		
角砾、圆砾	中密、密实	$N_{63.5} > 10$	7000~10000		9500~11500		1800~2200	2200~3600			4000~5500		
碎石、卵石		$N_{63.5} > 10$	8000~11000		10500~13000		2000~3000	3000~4000			4500~6500		
全风化软质岩		$30 < N \leq 50$	4000~6000				1000~1600				1200~2000		
全风化硬质岩		$30 < N \leq 50$	5000~8000				1200~2000				1400~2400		
强风化软质岩		$N_{63.5} > 10$	6000~9000				1400~2200				1600~2600		
强风化硬质岩		$N_{63.5} > 10$	7000~11000				1800~2800				2000~3000		

注: 1. 砂土和碎石类土中桩的极限端阻力取值, 宜综合考虑土的密实度, 桩端进入持力层深径比 h_b/d, 土越密实, h_b/d 越大, 取值越高。
2. 预制桩的岩石极限端阻力指桩端支承于中、微风化基岩表面或进入强风化岩、软质岩一定深度条件下极限端阻力。
3. 全风化、强风化软质岩和强风化硬质岩指其母岩 $f_{rk} \leq 15$ MPa、$f_{rk} > 30$ MPa 的岩石。
4. 表中 I_L、e、N、$N_{63.5}$ 的含义同表 5-5。

表5-7 干作用桩（清底干净，$d=800$mm）极限端阻力标准值 q_{pk} （单位：kPa）

土 名 称		状 态		
黏性土		$0.25 < I_L \leq 0.75$	$0 < I_L \leq 0.25$	$I_L \leq 0$
		800~1800	1800~2400	2400~3000
粉土			$0.75 \leq e \leq 0.9$	$e < 0.75$
			1000~1500	1500~2000
砂土碎石类土		稍密	中密	密实
	粉砂	500~700	800~1100	1200~2000
	细砂	700~1100	1200~1800	2000~2500
	中砂	1000~2000	2200~3200	3500~5000
	粗砂	1200~2200	2500~3500	4000~5500
	砾砂	1400~2400	2600~4000	5000~7000
	圆砾、角砾	1600~3000	3200~5000	6000~9000
	卵石、碎石	2000~3000	3300~5000	7000~11000

注：1. 当桩进入持力层的深度 h_b 分别为 $h_b \leq d$，$d < h_b \leq 4D$，$h_b > 4D$ 时，q_{pk} 可相应取低、中、高值。
2. 砂土密实度可根据标贯击数判定，$N \leq 10$ 为松散，$10 < N \leq 15$ 为稍密，$15 < N \leq 30$ 为中密，$N > 30$ 为密实。
3. 当桩的长径比 $l/d \leq 8$ 时，q_{pk} 宜取较低值。
4. 当对沉降要求不严时，q_{pk} 可取高值。

表5-8 大直径灌注桩侧阻力尺寸效应系数 ψ_{si}、端阻力尺寸效应系数 ψ_p

土 类 型	黏性土、粉土	砂土、碎石类土
ψ_{si}	$(0.8/d)^{1/5}$	$(0.8/d)^{1/3}$
ψ_p	$(0.8/D)^{1/4}$	$(0.8/D)^{1/3}$

注：当为等直径桩时，表中 $D=d$。

3. 嵌岩桩

过去对这类桩都是按纯端承桩计算承载力，近十多年的模型和原型试验研究表明，一般情况下，嵌岩桩只要不是很短，上覆土层的侧阻力能部分发挥作用。另外，嵌岩深度内也有侧阻力作用，因而传递到桩端的应力随嵌岩深度的增大而递减，当嵌岩深度达到5倍桩径时，传递到桩端的应力已接近于零。这说明，桩端嵌岩深度一般不必过大，超过某一界限并无助于提高竖向承载力。

嵌岩桩单桩极限承载力由桩周土总极限侧阻力、嵌岩段总极限阻力组成。当根据岩石单轴抗压强度确定单桩极限承载力标准值时，可按下式计算

$$Q_{uk} = Q_{sk} + Q_{rk} = u \sum_{i=1}^{n} l_i q_{sik} + \zeta_r f_{rk} A_p \tag{5-17}$$

式中 Q_{sk}、Q_{rk}——土的总极限侧阻力标准值、嵌岩段总极限阻力标准值；

q_{sik}——桩侧第 i 层土的极限侧阻力，如无当地经验，按表5-5取值；

ζ_r——嵌岩段侧阻和端阻综合系数，与嵌岩深度比 h_r/d、岩石软硬程度和成桩工艺有关，可按表5-9采用。

f_{rk}——岩石饱和单轴抗压强度，但黏土岩应取单轴抗压强度。

表 5-9　嵌岩段侧阻和端阻综合系数 ζ_r

嵌岩深径比 h_r/d	0	0.5	1.0	2.0	3.0	4.0	5.0	6.0	7.0	8.0
极软岩、软岩	0.60	0.80	0.95	1.18	1.35	1.48	1.57	1.63	1.66	1.70
较硬岩、坚硬岩	0.45	0.65	0.81	0.90	1.00	1.04	—	—	—	—

注：1. 极软岩、软岩指 $f_{rk} \leqslant 15$MPa，较硬岩、坚硬岩指 $f_{rk} > 30$MPa，介于二者之间可内插取值。
　　2. h_r 为桩身嵌岩深度，当岩面倾斜时，以坡下方嵌岩深度为准，当 h_r/d 为非表列值时，ζ_r 可内插取值。
　　3. 表中数值适用于泥浆护壁成桩，对于干作业成桩（清底干净）和泥浆护壁成桩后注浆，ξ_r 应取表列数值的 1.2 倍。

4. 钢管桩单桩竖向极限承载力标准值

当根据土的物理指标与承载力参数之间的经验关系确定钢管桩单桩极限承载力标准值时，可按下式计算

$$Q_{uk} = Q_{sk} + Q_{pk} = u\sum_{i=1}^{n} l_i q_{sik} + \lambda_p q_{pk} A_p \tag{5-18}$$

式中　q_{sik}、q_{pk}——按表 5-5、表 5-6 取与混凝土预制桩相同值；
　　　λ_p——桩端土塞效应系数，对于闭口钢管桩 $\lambda_p = 1$，对于敞口钢管桩当 $h_b/d < 5$ 时，$\lambda_p = 0.16 h_b/d$，当 $h_b/d \geqslant 5$ 时，$\lambda_p = 0.8$；
　　　h_b——桩端进入持力层深度；
　　　d——钢管桩外径。

对于带隔板的半敞口钢管桩，应以等效直径 d_e 代替 d 确定 λ_p。$d_e = d/\sqrt{n}$，其中 n 为桩端隔板分割数（见图 5-18）。

图 5-18　隔板分割

5. 混凝土空心桩

当根据土的物理指标与承载力参数之间的经验关系确定敞口预应力混凝土空心桩单桩竖向极限承载力标准值时，可按下式计算

$$Q_{uk} = Q_{sk} + Q_{pk} = u\sum q_{sik} l_i + q_{pk}(A_j + \lambda_p A_{p1}) \tag{5-19}$$

式中　q_{sik}、q_{pk}——按表 5-5、表 5-6 取与混凝土预制桩相同值；
　　　A_j——空心桩桩端净面积，管桩 $A_j = \frac{\pi}{4}(d^2 - d_1^2)$，空心方桩 $A_j = b^2 - \frac{\pi}{4}d_1^2$，$d$、$b$ 为空心桩外径边长，d_1 为空心桩内径；
　　　A_{p1}——空心桩敞口面积，$A_{p1} = \frac{\pi}{4}d_1^2$；
　　　λ_p——桩端土塞效应系数，当 $h_b/d < 5$ 时，$\lambda_p = 0.16 h_b/d$，当 $h_b/d \geqslant 5$ 时，$\lambda_p = 0.8$。

以上是 JGJ 94—2008《建筑桩基技术规范》中提供的一些计算公式。GB 50007—2011《建筑地基基础设计规范》对单桩竖向承载力特征值的确定作出了如下规定：

1) 单桩竖向承载力特征值应通过单桩竖向静载荷试验确定。在同一条件下的试桩数量，不宜少于总桩数的1%，且不少于3根。当桩端持力层为密实砂卵石或其他承载力类似的土层时，对单桩承载力很高的大直径端承型桩，可采用深层平板载荷试验确定桩端土的承载力特征值。

2) 地基基础设计为丙级的建筑物，可采用静力触探及标贯试验参数确定单桩承载力特征值。

3) 嵌岩灌注桩桩端以下3倍桩径范围内应无软弱夹层、断裂破碎带和洞穴分布，并应在桩底应力扩散范围内无岩体临空面。

【例5-1】 某工程为混凝土灌注桩，在建筑场地进行了3根桩的静载荷试验，试验得出极限承载力 Q_u 分别为590kN、605kN、620kN，试确定单桩竖向承载力特征值。

【解】 1) 求出 n 根桩的极限承载力平均值 Q_{um}

$$Q_{um} = \frac{\sum_{i=1}^{3} Q_u}{3} = \frac{590\text{kN} + 605\text{kN} + 620\text{kN}}{3} = 605\text{kN}$$

2) 求极差

$$620\text{kN} - 590\text{kN} = 30\text{kN}$$

3) 求极差与平均值 Q_{um} 之比

$$30\text{kN}/605\text{kN} = 4.96\% < 30\%$$

4) 确定单桩竖向极限承载力

$$Q_{uk} = Q_{um} = 605\text{kN}$$

5) 确定单桩竖向承载力特征值

$$R_a = \frac{1}{K}Q_{uk} = \frac{605\text{kN}}{2} = 302.5\text{kN}$$

【例5-2】 如图5-19所示，已知桩基础承台埋深2m，采用截面400mm×400mm的方形钢筋混凝土预制桩，桩长10m（从承台底面算起，不包括桩尖），桩的入土深度采用桩长。

(1) 求桩端极限端阻力 q_{pk}。

(2) 求单桩竖向极限承载力 Q_{uk}。

(3) 求单桩承载力特征值 R_a。

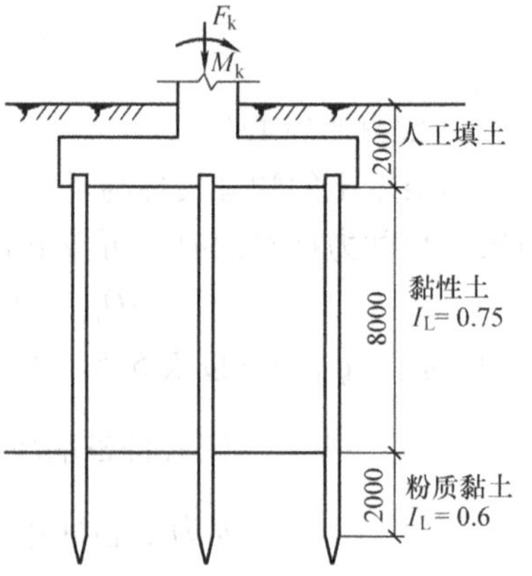

【解】 (1) 求桩端极限端阻力 q_{pk}

桩端为粉质黏土，根据已知条件 $I_L = 0.6$（属于 $0.50 < I_L \leq 0.75$ 区间），桩的入土深度 $h = 10$m（属于 $9\text{m} \leq h \leq 16\text{m}$ 区间），查表5-6桩端极限端阻力 q_{pk} 为 1400～2200kPa，按照线性内插法，即 $I_L = 0.75$ 时，$q_{pk} = 1400$kPa；$I_L = 0.50$ 时，$q_{pk} = 2200$kPa（注意：液性指数 I_L 大，则对应的端阻力小），则 $I_L = 0.6$ 时，$q_{pk} = 1880$kPa。

图5-19 例5-2图

(2) 求单桩竖向极限承载力 Q_{uk}

黏性土，$I_L = 0.75$（属于 $0.50 < I_L \leq 0.75$ 区间），桩侧极限阻力属于 55～70kPa 区间，取 $q_{s1k} = 55$kPa；

粉质黏土，$I_L=0.6$（属于 $0.50<I_L\leq0.75$ 区间），桩侧极限阻力属于 $55\sim70\text{kPa}$ 区间，按照线性内插法，即 $I_L=0.75$ 时，$q_{sk}=55\text{kPa}$，$I_L=0.50$ 时，$q_{sk}=70\text{kPa}$（注意：液性指数 I_L 大，则对应的侧阻力小），则 $I_L=0.6$ 时，$q_{s2k}=64\text{kPa}$。

$$Q_{uk} = Q_{sk} + Q_{pk} = u\sum_{i=1}^{n}l_i q_{sik} + q_{pk}A_p$$
$$= 4\times0.4(8\times55+2\times64)\text{kN} + 1880\times(0.4\times0.4)\text{kN}$$
$$= (908.8+300.8)\text{ kN}$$
$$= 1209.6\text{kN}$$

(3) 求单桩承载力特征值 R_a

$$R_a = \frac{1}{K}Q_{uk} = \frac{1209.6\text{kN}}{2} = 604.8\text{kN}$$

5.5 群桩基础及其竖向抗压承载力验算

5.5.1 群桩基础

实际工程的桩基础，除少量大直径桩可作为柱下单桩基础之外，因单桩的承载力通常较小，桩基础通常由多根桩（即群桩）组成，群桩基础中的单桩称为基桩，包括承台底土压力的基桩称为复合基桩。桩基础可分为柱下单桩基础、柱下群桩基础、条形承台桩基、筏形和箱形承台桩基等。桩和承台的布置方式如图 5-20 所示。

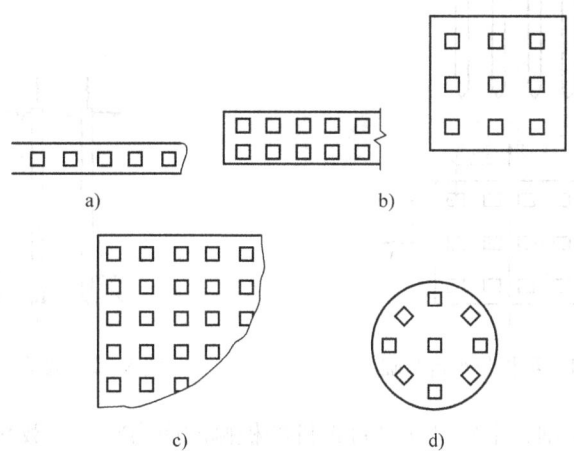

图 5-20 桩与承台的布置图
a) 条形承台桩基 b) 矩形承台桩基 c) 筏形承台桩基 d) 圆形承台桩基

柱下单桩基础用在结构物的柱下，有时桩的上部就是建筑物的支柱。有的柱下或独立构筑物下的承台连接的是群桩。

条形承台桩基建在建筑物的墙下或成排的柱子下，有单排桩和多排桩之分。在用多排桩时，桩基不但要承受竖向荷载，而且要承受弯曲荷载。筏形和箱形承台桩基用于整个或部分结构物的大荷载作用下。

5.5.2 群桩效应

大多数情况下,桩成群出现在桩基础中,承台浇筑在群桩上,如图 5-21 所示。桩、桩间土和承台三者之间的相互作用和共同工作,使群桩的承载力和沉降性状与单桩明显不同。群桩基础受力(主要是竖向力)后,其总的承载力往往不等于各个单桩的承载力之和,这种现象称为群桩效应。群桩效应不仅发生在竖向力作用下,在受到水平力时,前排桩对后排桩的水平承载力有屏蔽效应;在受拉拔力时,群桩可能发生的整体拔出都属于群桩效应。

下面分析竖向力作用下的群桩效应问题。

1. 桩与土间的相互作用

对于端承型群桩基础,由于持力层坚硬,桩顶沉降较小,桩侧摩阻力不能充分发挥,桩顶荷载基本上通过桩身直接传到桩端处的土层上。而桩端处承压面积很小,各桩端的压力彼此互不影响(见图 5-22),故可近似认为端承型群桩基础中各基桩的工作情况与单桩工作情况基本一致,群桩的承载力就等于单桩的承载力之和,群桩的沉降量也与单桩基本相同。

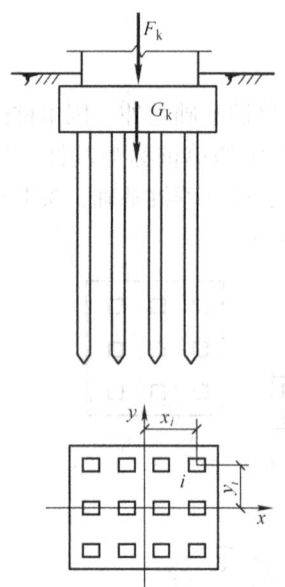

图 5-21 群桩与承台基础

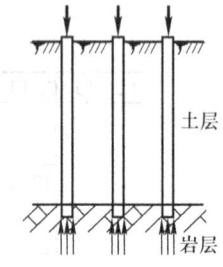

图 5-22 端承型群桩基础

对于摩擦型群桩基础,主要是通过每根桩的桩侧摩阻力将桩顶载荷传递到桩周及桩端的土层中。一般认为,桩侧摩阻力在土中引起的附加垂直力 σ_z 是按某一角度 α 沿桩长向下扩散至桩端平面处,压力分布如图 5-23 所示。当桩数少,桩的中心距 s 比较大时,如 $s_a > 6d$(d 为桩径),桩端平面处各桩传来的压力互不重叠或重叠不多,群桩中各桩的工作情况仍然和单桩时一致(见图 5-23a),群桩的承载力也就等于各单桩承载力之和,群桩的沉降量也与单桩基本相同;但当桩数较多,桩距较小时,如常用桩距 $s_a = (3 \sim 4)d$ 时,桩端处各桩传来的压力就会相互叠加,使得桩端处的压力比单桩时增大许多,压缩层厚度也要比单桩深很多。其结果,一方面可能使桩端持力层总应力超过土层承载力;另一方面附加应力增大,范围加宽加深,而使群桩基础的沉降大大高于单桩的沉降(见图 5-23b)。

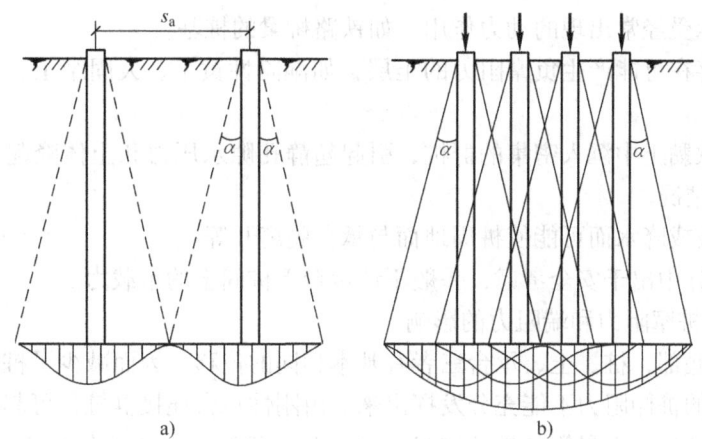

图 5-23 摩擦型群桩桩端平面上的压力分布

2. 承台下土对荷载的分担作用

承台与桩间土直接接触，在竖向压力作用下，承台会发生向下的位移，桩间土表面承压，分担了作用于桩上的荷载，有时承受的荷载高达总荷载的三分之一，甚至更高的比例。这种桩基称为复合桩基，如图 5-24 所示。

研究表明，承台底面反力要比平板基础底面下的土反力要小，其大小及分布形式随桩顶荷载大小、桩径、桩长、承台底和桩端土质、承台刚度及桩群的几何特征等因素而变化。

刚性承台底面土反力呈马鞍形分布，如图 5-24 所示。若以桩群外围包络线为界，将承台底面积分为内、外两个区，如图 5-25 所示，则内区（A_c^i）反力比外区（A_c^e）小而且比较均匀，桩距增大时内、外区反力差明显降低。承台底分担的荷载总值增加时，反力的塑性重分布不显著而保持反力图式基本不变。利用承台底反力分布的上述特征，可以通过加大外区与内区的面积比来提高承台分担荷载的份额。

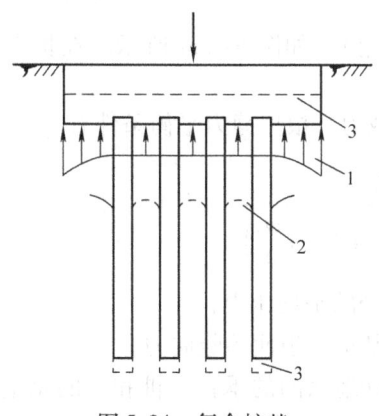

图 5-24 复合桩基

1—台底反力 2—上层土位移 3—桩端贯入、桩基整体下沉

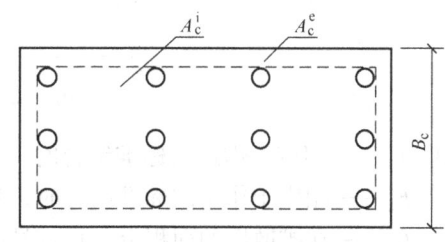

图 5-25 承台底分区图

设计复合桩基时应注意，承台分担荷载是以桩基的整体下沉为前提的，故只有在桩基沉降不危及建筑物的安全和正常使用，且承台底不与软土直接接触时，才宜开发利用承台底土反力的潜力。因此，在如下的几种情况下，承台与土表面可能分开或者不能紧密接触，导致承台分担荷载的作用不存在或不可靠，通常不考虑承台的荷载分担效应：

1）桩基础承受经常出现的动力作用，如铁路桥梁的桩基。

2）承台下存在可能产生负摩阻力的土层，如湿陷性黄土、欠固结土、新近填土、可液化土。

3）在饱和软黏土中沉入密集的群桩，引起超静孔隙水压力和土体隆起，随后桩间土逐渐固结而下沉的情况。

4）桩周堆载或降水而可能使桩周地面与承台脱离开等。

不过，在设计中出于安全考虑，一般不计承台下桩间土的承载力。

3. 承台对各桩摩阻力和端阻力的影响

由于在承台底部，桩、土、承台三者有基本相同的位移，因而减少了桩与土间的相对位移，使桩顶部位的桩侧阻力不能充分发挥出来。由刚性承台连接群桩，可起调节各桩受力的作用。在轴心荷载作用下尽管各桩顶的竖向位移基本相等，但各桩分担的竖向力并不相等，一般是角桩的受力分配大于边桩，边桩大于中心桩，即呈马鞍形分布。同时，整体作用还会使质量好、刚度大的桩多受力，质量差、刚度小的桩少受力，最后各桩共同作用，增加了桩基础的整体可靠度。

总之，群桩效应有些是有利的，有些是不利的，这与群桩基础的土层分布和各土层的性质、桩距、桩数、桩的长径比、桩长与承台宽度比、成桩工艺等诸多因素有关。用以量度群桩承载力因群桩效应而降低或提高的幅度的指标是群桩效应系数 η_p，在工程设计中通常取 $\eta_p = 1$。

5.5.3 实体深基础法计算群桩极限承载力

当桩的中心距≤6d（d 为桩径）时，应考虑群桩效应，这时可把桩基作为深埋实体基础来分析，有两种方法。

一种方法认为桩顶的作用力是从承台底面群桩周边向下扩散至桩端平面的，扩散的角度是 $\dfrac{\varphi_0}{4}$（$\varphi_0 = \dfrac{\sum \varphi_i l_i}{l}$，$\varphi_i$ 为厚 l_i 的第 i 层土的内摩擦角），如图 5-26a 所示。在扩大后的底面 $\left[\left(a_0 + 2l\tan\dfrac{\varphi_0}{4}\right) \times \left(b_0 + 2l\tan\dfrac{\varphi_0}{4}\right)\right]$ 上验算地基的承载力。根据静力平衡条件有：

$$p_k = \frac{F_k + G_k}{\left(a_0 + 2l\tan\dfrac{\varphi_0}{4}\right)\left(b_0 + 2l\tan\dfrac{\varphi_0}{4}\right)} \tag{5-20}$$

式中　p_k——相应于作用的标准组合时，桩端平面处的平均压力；

　　　F_k——相应于作用的标准组合时，作用在桩基承台顶面的竖向力；

　　　G_k——在扩散后的面积上，从桩端平面到设计地面间的承台、桩和土的总重力，可按 $20\mathrm{kN/m^3}$ 计算，水下扣除浮力；

　　　a_0、b_0——群桩的外缘矩形面积的长、短边长度；

　　　l——桩的入土长度。

另一种方法是 Terzaghi 和 Peck 在 1967 年的《工程适用土力学》中提出的，把群桩作为一个假想的实体深基础来分析，认为群桩与其周围土体间的作用类似于刚性的整体基础，如图 5-26b 所示。群桩的极限承载力 P_u 等于桩尖平面处桩群外包面积上的极限承载力与桩群

周边的极限摩擦阻力之和，即

$$P_u = 2(a_0 + b_0)\sum(l_i q_{sui}) + (a_0 b_0)q_{pu} \quad (5\text{-}21)$$

式中　l_i——某土层的深度；

q_{sui}——l_i 土层的单位极限侧摩阻力；

q_{pu}——桩尖土层的单位极限承载力。

当群桩桩顶施工的荷载为 $F_k + G_k$，侧阻 q_{sui} 已知时，可求出基底平均压力 p_k

$$p_k = \frac{F_k + G_k - 2(a_0 + b_0)\sum q_{sui} l_i}{a_0 b_0} \quad (5\text{-}22)$$

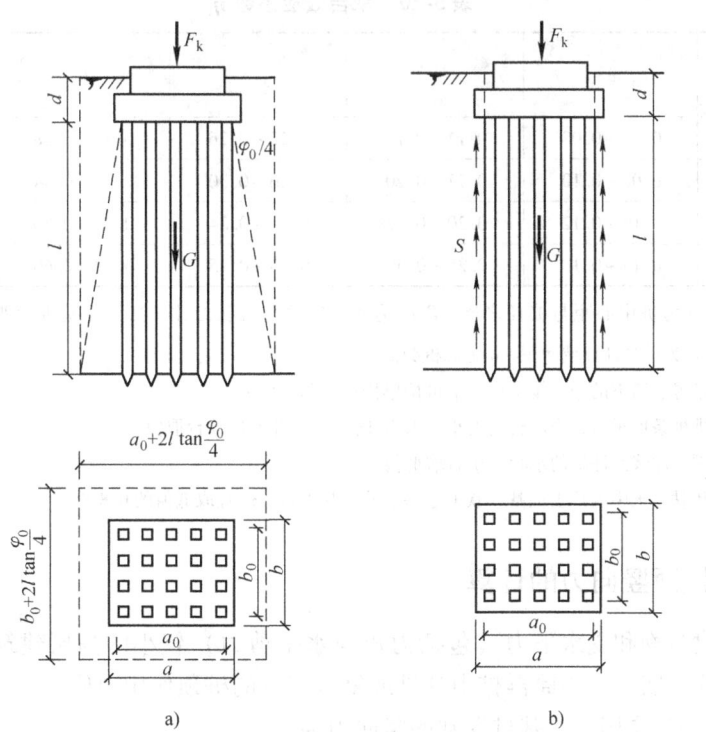

图 5-26　群桩的两种整体破坏模式

5.5.4　按单桩竖向承载力作为基桩承载力

对于端承型桩基、桩的中心距大于 $6d$（d 为桩径）的摩擦型桩基、桩数少于 4 根的摩擦型柱下独立桩基，或由于地层土性、使用条件等因素不宜考虑承台效应时，基桩竖向承载力特征值应取单桩竖向承载力特征值，即

$$R = R_a \quad (5\text{-}23)$$

对于符合下列条件之一的摩擦型桩基，宜考虑承台效应确定其复合基桩的竖向承载力特征值：

1）上部结构刚度较好、体型简单的建（构）筑物。

2）对差异沉降适应性较强的排架结构和柔性结构。

3）按变刚度调平原则设计的桩基刚度相对弱化区。

4) 软土地基的减沉复合疏桩基础。

这时不考虑地震作用时的基桩竖向承载力计算公式为

$$R = R_a + \eta_c f_{ak} A_c \tag{5-24}$$

式中 η_c——承台效应系数，可按表 5-10 取值；

f_{ak}——承台下 1/2 承台宽度且不超过 5m 深度范围内各层土的地基承载力特征值按厚度加权的平均值；

A_c——计算基桩所对应的承台底净面积。

表 5-10 承台效应系数 η_c

B_c/l \ S_a/d	3	4	5	6	>6
≤0.4	0.06~0.08	0.14~0.17	0.22~0.26	0.32~0.38	0.50~0.80
0.4~0.8	0.08~0.10	0.17~0.20	0.26~0.30	0.38~0.44	
>0.8	0.10~0.12	0.20~0.22	0.30~0.34	0.44~0.50	
单排桩条形承台	0.15~0.18	0.25~0.30	0.38~0.45	0.50~0.60	

注：1. 表中 S_a/d 为桩中心距与桩径之比，B_c/l 为承台宽度与桩长之比。当计算基桩为非正方形排列时，$S_a = \sqrt{A/n}$，A 为承台计算域面积，n 为总桩数。
2. 对于桩布置于墙下的箱、筏承台，η_c 可按单排桩条基取值。
3. 对于单排桩条形承台，当承台宽度小于 1.5d 时，η_c 按非条形承台取值。
4. 对于采用后注浆灌注桩的承台，η_c 宜取低值。
5. 对于饱和黏性土中的挤土桩基、软土地基上的桩基承台，η_c 宜取低值的 0.8 倍。

5.5.5 基桩桩顶竖向力的计算

对于一般建筑物和受水平力（包括力矩与水平剪力）较小的高层建筑群桩基础，应按下列公式计算柱、墙、核心筒群桩中基桩或复合基桩的桩顶作用效应。

轴心竖向力 F_k 作用下，基桩受到的竖向力为

$$N_k = \frac{F_k + G_k}{n} \tag{5-25}$$

偏心竖向力 F_k 作用下，基桩受到的竖向力为

$$N_{ik} = \frac{F_k + G_k}{n} \pm \frac{M_{xk} y_i}{\sum y_j^2} \pm \frac{M_{yk} x_i}{\sum x_j^2} \tag{5-26}$$

式中 F_k——作用标准组合时，作用于桩基承台顶面的竖向力；

G_k——桩基承台和承台上土自重标准值，对稳定的地下水位以下部分应扣除水的浮力；

N_k——作用标准组合轴心竖向力作用下，基桩或复合基桩的平均竖向力；

N_{ik}——作用标准组合偏心竖向力作用下，第 i 个基桩或复合基桩的竖向力；

M_{xk}、M_{yk}——作用标准组合下，作用于承台底面，通过桩群形心的 x、y 主轴的力矩；

x_i、x_j、y_i、y_j——第 i、j 基桩或复合基桩至 y 轴、x 轴的距离；

n——桩基中的桩数。

5.5.6 基桩竖向承载力验算

在确定了桩基础上每根桩上的受力后,可按下面的公式验算单桩的承载力。

1. 荷载效应标准组合

轴心竖向力作用下
$$N_k \leq R \tag{5-27}$$

偏心竖向力作用下除满足上式外,尚应满足下式的要求:
$$N_{kmax} \leq 1.2R \tag{5-28}$$

式中 N_k——标准组合轴心竖向力作用下,基桩或复合基桩的平均竖向力;

N_{kmax}——标准组合偏心竖向力作用下,桩顶最大竖向力;

R——基桩或复合基桩竖向承载力特征值。

2. 地震作用效应和荷载效应标准组合

在考虑地震的地区,群桩基础的复合基桩或基桩应考虑地震作用效应组合,并将基桩竖向承载力提高25%,再进行如下基桩竖向承载力验算:

轴心竖向力作用下
$$N_{Ek} \leq 1.25R \tag{5-29}$$

偏心竖向力作用下,除满足上式外,尚应满足下式的要求
$$N_{Ekmax} \leq 1.5R \tag{5-30}$$

式中 N_k——标准组合轴心竖向力作用下,基桩或复合基桩的平均竖向力;

N_{kmax}——标准组合偏心竖向力作用下,桩顶最大竖向力;

N_{Ek}——地震作用效应和作用标准组合下,基桩或复合基桩的平均竖向力;

N_{Ekmax}——地震作用效应和作用标准组合下,基桩或复合基桩的最大竖向力;

R——基桩或复合基桩竖向承载力特征值。

3. 存在桩侧负摩阻力

如果桩周土的沉降可能引起桩侧负摩阻力,应根据工程具体情况考虑负摩阻力对桩基承载力的影响。当缺乏可参考的工程经验时,可按下列方法验算。

1)对于摩擦型基桩可取桩身计算中性点以上侧阻力为零,并可按下式验算基桩承载力
$$N_k \leq R \tag{5-31}$$

2)对于端承型基桩除应满足上式要求外,尚应考虑负摩阻力引起基桩的下拉荷载 Q_n,并可按下式验算基桩承载力
$$N_k + Q_n \leq R \tag{5-32}$$

3)当土层不均匀或建筑物对不均匀沉降较敏感时,尚应将负摩阻力引起的下拉荷载计入附加荷载验算桩基沉降。

式(5-31)和式(5-32)中基桩的竖向承载力特征值 R 只计中性点以下部分侧阻值及端阻值。

【例5-3】 如图5-27所示,基桩竖向承载力特征值 $R = 700\text{kN}$,桩的根数为6根,桩间距均为1.6m,桩的截面尺寸为400mm×400mm。承台顶面受到竖向力 $F_k = 3800\text{kN}$,弯矩 $M_k = 500\text{kN} \cdot \text{m}$ 作用,承台尺寸为长4m,宽2.4m,承台底面距地表2m。验算桩基础的基桩竖向承载力。

【解】 1)求基桩桩顶竖向力。本题承台顶面受到竖向力和弯矩的作用,相当于一个偏

心竖向力，取承台长度方向为 x，短边方向为 y，坐标原点位于承台中心，则基桩桩顶的最大、最小竖向力在 x 轴上。

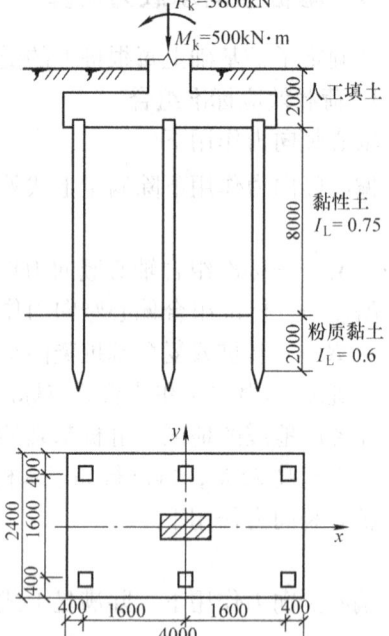

$$N_{ik} = \frac{F_k + G_k}{n} \pm \frac{M_{yk}x_i}{\sum x_j^2}$$

$$= \frac{3800 + 20 \times (4 \times 2.4 \times 2)}{6} \text{kN} \pm \frac{500 \times 1.6}{4 \times 1.6^2} \text{kN}$$

$$= (697.333 \pm 78.125) \text{kN}$$

$$= \frac{775.458}{619.208} \text{kN}$$

基桩桩顶竖向力最大值为 $N_{k\max} = 775.458 \text{kN}$，最小为 $N_{k\min} = 619.208 \text{kN}$。

2）偏心竖向力作用下，竖向承载力验算

① 是否满足 $N_k \leq R$ 要求

$$N_k = \frac{775.458 + 619.208}{2} \text{kN}$$

$$= 697.333 \text{kN} < 700 \text{kN}（满足要求）$$

② 是否满足 $N_{k\max} \leq 1.2R$ 要求

$R = 700 \text{kN}$，$1.2R = 840 \text{kN} > N_{k\max} = 775.458 \text{kN}$（满足要求）

图 5-27 例 5-3 图

因此，本题桩基础的基桩承载力满足要求。

需要注意的是，这里仅仅是验算了桩基础的基桩承载力。由于本题的桩间距 1.6m，仅仅是桩边长的 4 倍，因此，必要时还需要验算群桩的承载力。另外，本题直接给出了基桩承载力特征值 R，实际中需要根据单桩承载力 R_a 计算得出。

5.5.7 桩基软弱下卧层承载力验算

当桩端平面以下受力层范围内存在软弱下卧层时，应进行下卧层的承载力验算。根据该下卧层发生强度破坏的可能性，可分为整体冲剪破坏和基桩冲剪破坏两种情况。

1. 整体冲剪破坏

对于桩距不超过 $6d$ 的群桩，采用扣除群桩侧壁摩阻力法，桩端持力层下存在承载力低于桩端持力层承载力 1/3 的软弱下卧层时，需要验算下卧层的承载力。

1）以地表作为计算界面，考虑承台上填土自重和挖深，深度修正按照地表计算。把深基础看成等效实体基础（见图 5-28），类似浅基础中验算软弱下卧层承载力，软弱下卧层顶面的总应力应不大于软弱下卧层的地基承载力特征值，即

$$p_z + p_{cz} \leq f_{az} \tag{5-33}$$

式中 p_z——作用于软弱下卧层顶面的附加应力（kPa）；

p_{cz}——软弱下卧层顶面的土的自重应力（kPa）；

f_{az}——软弱下卧层经深度修正的地基承载力特征值。

设 A、B 为承台外缘平面矩形的长、短边边长，承台底面埋深 d；A_0、B_0 为桩群外缘矩

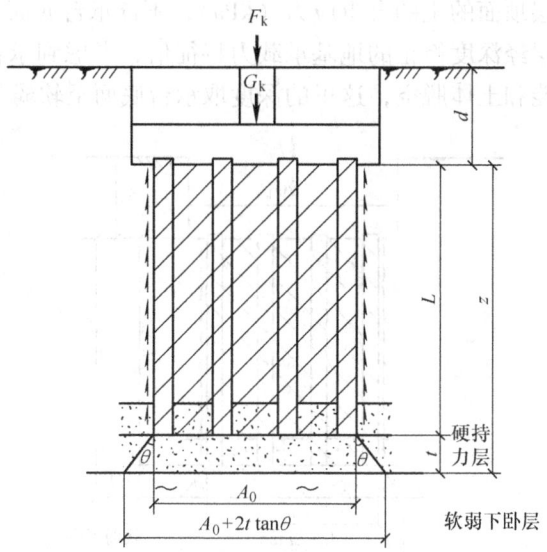

图 5-28　桩基础软弱下卧层计算模式一

形底面的长、短边边长；桩的长度 l，桩的直径为 D_e，桩数为 n，桩身材料重度为 γ_h（地下水位以下取浮重度），地表至承台底面原状土的加权平均重度为 γ_{m1}（地下水位以下取浮重度），承台底面以下桩长范围内原状土的加权平均重度为 γ_{m2}（地下水位以下取浮重度）；桩端以下硬持力层厚度 t，桩端以下附加应力的扩散角为 θ。根据桩端附加应力扩散至软弱下卧层顶面保持总应力不变，可得

$$p_z(A_0 + 2t\tan\theta)(B_0 + 2t\tan\theta)$$
$$= F_k + (G_k - ABd\gamma_{m1}) + n \cdot \frac{1}{4}\pi D_e^2 l(\gamma_h - \gamma_{m2}) - 2(A_0 + B_0)\sum q_{sik}l_i \quad (5\text{-}34)$$

式中　F_k——按作用标准组合计算的上部结构传至基础顶面的竖向力（kN）；
　　　G_k——承台和承台上土自重标准值（kN/m³）。

可以得到软弱下卧层顶面的附加应力为

$$p_z = \frac{F_k + G_k - ABd\gamma_{m1} + n \cdot \frac{1}{4}\pi D_e^2 l(\gamma_h - \gamma_{m2}) - 2(A_0 + B_0)\sum q_{sik}l_i}{(A_0 + 2t\tan\theta)(B_0 + 2t\tan\theta)}$$

近似认为　　　　　　　　　$-ABd\gamma_{m1} + n \cdot \frac{1}{4}\pi D_e^2(\gamma_h - \gamma_{m2}) = 0$

得

$$p_z = \frac{(F_k + G_k) - 2(A_0 + B_0)\sum q_{sik}l_i}{(A_0 + 2t\tan\theta)(B_0 + 2t\tan\theta)} \quad (5\text{-}35)$$

土的自重应力从地面算起，至软弱下卧层顶面，即

$$p_{cz} = \gamma_{m1}d + \gamma_{m2}z = \gamma_{m1}d + \gamma_{m2}(L + t) \quad (5\text{-}36)$$

2）以承台底面作为计算界面，不考虑其上填土自重和挖深，深度修正按照此界面计算。以承台底面作为计算界面（见图 5-29），有类似计算式

$$p_z + p_{cz} \leq f_{az} \quad (5\text{-}37)$$

式中　p_z——作用于软弱下卧层顶面的附加应力（kPa）；

p_{cz}——软弱下卧层顶面的土的自重应力（kPa），不计承台底面以上土层自重；

f_{az}——软弱下卧层经深度修正的地基承载力特征值，考虑到承台底面以上土体已挖除且承台可能和土体脱空，这里的深度取承台底面至软弱下卧层顶面间的距离。

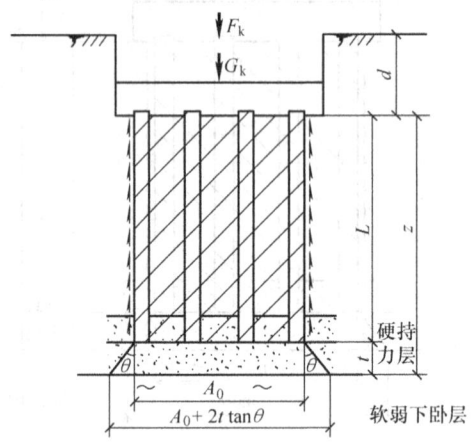

图 5-29　桩基础软弱下卧层承载力验算模式二

附加应力 p_z 的求解同上，即

$$p_z = \frac{F_k + G_k + n \cdot \frac{1}{4}\pi D_e^2 l(\gamma_h - \gamma_{m2}) - 2(A_0 + B_0)\sum q_{sik}l_i}{(A_0 + 2t\tan\theta)(B_0 + 2t\tan\theta)}$$

如果忽略桩身所在的 l 段混合体的重量与原地基土重量之差，即近似取 $n \cdot \frac{1}{4}\pi D_e^2 l(\gamma_h - \gamma_{m2}) = 0$，则

$$p_z = \frac{F_k + G_k - 2(A_0 + B_0)\sum q_{sik}l_i}{(A_0 + 2t\tan\theta)(B_0 + 2t\tan\theta)} \tag{5-38}$$

可以看到，近似后的式（5-38）和式（5-35）形式是相同的。式（5-38）中扣除实体基础外表面是全部总极限侧阻力（标准值），而在软弱下卧层进入临界状态前，基桩侧阻力接近于总极限侧阻力（标准值），但尚未达到总极限侧阻力，因此取系数 3/4，即表达式变为

$$p_z = \frac{F_k + G_k - \frac{3}{4} \times 2(A_0 + B_0)\sum q_{sik}l_i}{(A_0 + 2t\tan\theta)(B_0 + 2t\tan\theta)}$$

$$= \frac{F_k + G_k - \frac{3}{2}(A_0 + B_0)\sum q_{sik}l_i}{(A_0 + 2t\tan\theta)(B_0 + 2t\tan\theta)} \tag{5-39}$$

对于软弱下卧层顶面的土的自重应力 p_{cz}，计算深度为承台底至桩端，则表达式为

$$p_{cz} = \gamma_{m2} z = \gamma_{m2}(L + t) \tag{5-40}$$

可以看出该计算方法在附加应力计算时，没有扣除承台底面以上土的自重；在自重应力计算中也没有加上该部分土的自重。

3）以地下室地面作为计算界面，深度修正按照此界面计算。对于有地下室的情况，可以按地下室地面进行深度修正；自重应力也按地下室地面计算。采取类似上述第二种方法进行软弱下卧层计算比较方便。因为这时如把地下室部分计入基础部分计算 G_k 不方便,因此干脆在 G_k 不计入 d_2 部分,在计算自重应力时也不计入 d_2 部分,即自重应力是从地下室底板至软弱下卧层顶面(图 5-30 中 $L+t$ 范围)的部分。

2. 基桩冲剪破坏

当桩距大于 $6d$,且各桩端的压力扩散线不相交于硬持力层时,应按基桩冲剪破坏考虑,如图 5-31 所示。

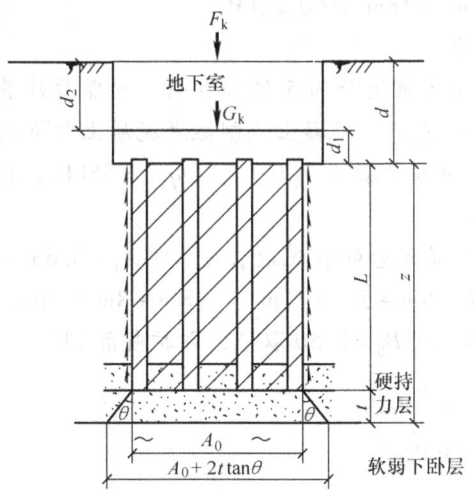

图 5-30 桩基础软弱下卧层承载力验算模式三

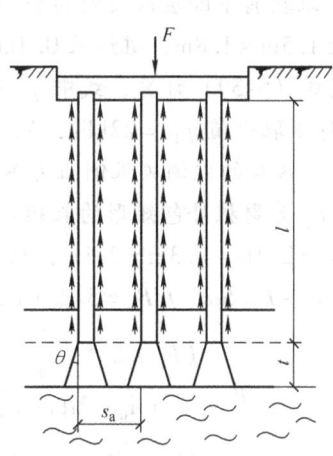

图 5-31 基桩冲剪破坏示意图

设基桩桩顶竖向力 N_k,桩的横断面周长 u,则根据静力平衡条件,得

$$p_z \pi \left(\frac{D_e + 2t\tan\theta}{2}\right)^2 = N_k - u\sum q_{sik}l_i + \frac{1}{4}\pi D_e^2 (\gamma_h - \gamma_{m2}) \tag{5-41}$$

上式等号右侧未扣除承台底面以上地基土的自重,如果忽略等号右侧第二项桩体自重与原状土自重的差值,同时侧阻力也取 3/4,则可得

$$p_z = \frac{N_k - \frac{3}{4}u\sum q_{sik}l_i}{\pi\left(\dfrac{D_e + 2t\tan\theta}{2}\right)^2} \tag{5-42}$$

【**例 5-4**】 已知桩基础的钢筋混凝土预制方桩边长 300mm,承台上作用竖向力 $F_k=2100$kN,$M_k=150$kN·m,其他参数如图 5-32 所示。验算桩基础软弱下卧层承载力。

【**解**】 (1) 求经过深度修正后的软弱下卧层承载力特征值

同天然地基浅基础的软弱下卧层修正类似,桩基础的软弱下卧层顶面处的地基承载力特征值为

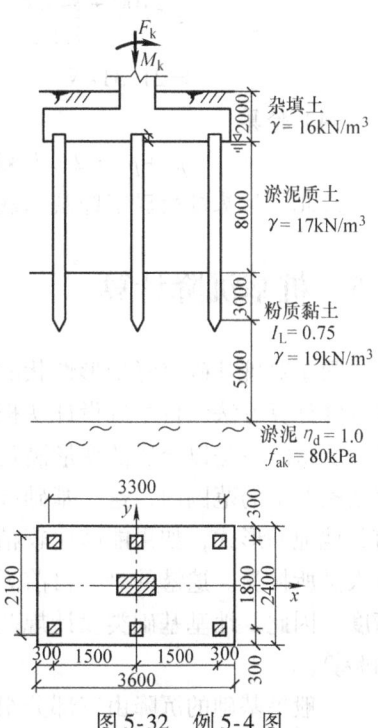

图 5-32 例 5-4 图

$$f_{az} = f_{ak} + \eta_d \gamma_m (d + z - 0.5)$$
$$= [80 + 1.0 \times 8.89 \times (2 + 8 + 3 + 5 - 0.5)] \text{kPa}$$
$$= 235.6 \text{kPa}$$

式中 $\gamma_m = \dfrac{2 \times 16 + 8 \times (17 - 10) + 8 \times (19 - 10)}{2 + 8 + 8} \text{kN/m}^3 = 8.89 \text{kN/m}^3$

(2) 求软弱下卧层顶面处的自重应力
$$p_{cz} = \gamma_m z = 8.89 \text{kN/m}^3 \times 18\text{m} = 160.02 \text{kPa}$$

(3) 求软弱下卧层顶面处的竖向附加应力

桩距 $1.5\text{m} \times 1.8\text{m}$，桩边长 0.3m，即桩距为桩边长的 5 倍和 6 倍，按整体冲剪破坏验算。采用式 (5-39) 计算，式中 q_{sik} 根据表 5-5 获得，混凝土预制桩淤泥质土取值范围 22~30kPa，这里取小值 $q_{s1k} = 22\text{kPa}$；混凝土预制桩粉质黏土 $I_L = 0.75$，$q_{s2k} = 55\text{kPa}$；持力层为粉质黏土，该层的桩侧极限侧阻力不作计算。

A_0、B_0 为群桩外包矩形的长短边长度，不是承台的长短边长度，即 $A_0 = 3.6\text{m} - 0.3\text{m} = 3.3\text{m}$，$B_0 = 2.4\text{m} - 0.3\text{m} = 2.1\text{m}$，桩的长度 $L = 8\text{m} + 3\text{m} = 11\text{m}$，$z = 8\text{m} + 8\text{m} = 16\text{m}$，硬持力层厚度 $t = z - L = 5\text{m}$。$t/B_0 = 5/2.1 = 2.38$，按照 $t/B_0 = 0.50$ 取值，即扩散角 $23°$。

$$p_z = \dfrac{(F_k + G_k) - \dfrac{3}{4} \times 2(A_0 + B_0) \sum q_{sik} l_i}{(A_0 + 2t\tan\theta)(B_0 + 2t\tan\theta)}$$

$$= \dfrac{2100 + 3.6 \times 2.4 \times 2 \times 20 - \dfrac{3}{2}(3.6 - 0.3 + 2.4 - 0.3) \times (8 \times 22)}{(3.6 - 0.3 + 2 \times 5 \times \tan 23°)(2.4 - 0.3 + 2 \times 5 \times \tan 23°)} \text{kN}$$

$$= \dfrac{2100 + 345.6 - 1.5 \times 5.4 \times 176}{7.5447 \times 6.3447} \text{kN}$$

$$= 21.31 \text{kN}$$

(4) 验算
$$p_z + p_{cz} = 21.31\text{kN} + 160.02\text{kN} = 181.33\text{kN} < 391.5\text{kN} = f_{az}$$

因此，桩基础软弱下卧层承载力满足要求。

5.6 桩基沉降计算

限于对桩基础沉降变形性状的研究水平，人们目前尚未提出能够考虑众多复杂因素的桩基沉降计算方法。桩基础设计从根本上来说应该是变形设计而不是承载力设计。基础工程的根本要求之一是以合适的变形满足上部结构的安全，只要使基础的整体及相对变形控制在上部结构要求的范围内，这个基础或地基的设计就是合理的。天然地基、复合地基、桩基及任何其他地基形式，如果能够比较精确地计算变形，则以变形为主的控制设计必然会为广大设计人员所接受。遗憾的是，目前无论对哪种地基形式的变形计算精度都远远低于承载力计算精度，因此，地基基础类设计规范无一不以承载力设计为主要控制条件，而以变形计算为辅助验算。

一般桩基础的沉降由三部分组成，桩身材料的弹性压缩、桩端以下土层的压缩变形、桩周土的压缩变形。桩身材料的弹性压缩和桩长成正比、与桩体材料的弹性模量成反比，如果桩不是很长（不超过40m），计算的桩材的弹性压缩量很小，可忽略不计；对嵌岩桩可忽略桩端以下土层的压缩变形；桩周土的沉降，在不计前两种沉降的条件下，只会引起承台底脱空，不产生桩基础的沉降。从以上分析可见，一般桩基础可不进行沉降验算，只需按承载力计算。

对摩擦型桩基，上述的第二和第三部分沉降不能忽略，应进行沉降验算。对地基基础设计等级为甲级的建筑物桩基，以及体型复杂、荷载不均匀或桩端以下存在软弱土层的设计等级为乙级的建筑物桩基应进行沉降验算。

计算单桩基础沉降时，需考虑第二和第三部分沉降，但在计算群桩基础沉降时，一般只计算第二部分沉降，即桩端以下土层的最终沉降量。与浅基础沉降计算一样，桩基最终沉降计算应采用荷载效应的准永久组合。计算的基本方法仍然是基于桩端平面以下土的单向压缩、均质各向同性和弹性假设的分层总和法。

目前在工程中应用较广泛的桩基沉降的分层总和计算方法主要有两大类。一类是实体深基础法（柱距不大于6d），另一类是明德林应力计算法。

5.6.1 实体深基础法

这类方法的本质是将桩端平面作为弹性体的表面，用布辛内斯克解计算桩端以下各点的附加应力，再用与浅基础沉降计算一样的单向压缩分层总和法计算沉降。所谓的实体深基础，就是将在桩端以上一定范围内的承台、桩及桩周土当成一实体基础，也就是说不计从地面到桩端平面间的压缩变形，以桩端以下土层的压缩变形作为桩基础的沉降量，这类方法适用于桩距 $s \leq 6d$ 的情况。

将桩端平面看成浅基础的基底，则可以计算出桩端平面的平均基底压力 p_k，桩端平面的附加压力 p_0 为

$$p_0 = p_k - p_c \tag{5-43}$$

式中 p_c——桩端平面上地基土的自重应力。

计算出附加压力 p_0 后，沉降计算深度、计算分层等与浅基础沉降计算一样。

5.6.2 明德林-盖得斯法简介

明德林（Mindlin）解是在弹性半无限空间内部作用一个竖向集中力时，在弹性半无限空间内部任意一点引起的竖向应力和位移。因为桩基的计算荷载，如桩端阻力和桩侧阻力都作用于地基内部，因此用明德林解代替布辛内斯克（Boussinesq）应力解求解桩端以下土层的附加应力更为合理。

盖得斯根据桩传递荷载的特点，将作用于单桩顶上的总荷载 Q 分解为桩端阻力 $Q_p = \alpha Q$ 和桩侧阻力 $Q_s = (1-\alpha)Q$，而桩侧阻力 Q_s 又可分为均匀分布的总摩阻力 $Q_{s1} = \beta Q$ 和随深度线性增加的总摩阻力 $Q_{s2} = (1-\alpha-\beta)Q$，其中 α 为端阻力占总荷载的比例，β 为均布摩阻力占总荷载的比例，如图 5-33 所示。与此相应，盖得斯根据明德林解，推导出 Q_p、Q_{s1}、Q_{s2} 在地基中产生的附加应力计算公式。应用这些公式就能计算各类桩在地基中产生的附加应力，进而计算出桩基沉降。这种方法称为明德林-盖得斯法，简称明德林法。

5.6.3 等效作用分层总和法

对于桩中心距不大于 6 倍桩径的桩基，JTG 94—2008《建筑桩基技术规范》建议采用等

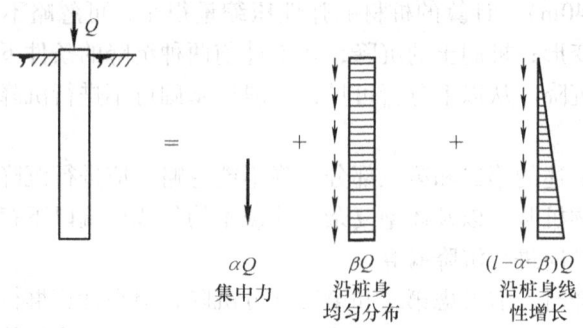

图 5-33 单桩荷载分担

效作用分层总和法,该法在明德林解与布辛内斯克解之间建立了相关关系,引入了等效沉降系数 ψ_e,既保留了以布辛内斯克解为基础的分层总和法简单实用的优点,同时又考虑了明德林解的合理性。

等效作用分层总和法,其等效作用面位于桩端平面,等效作用面积为桩承台投影面积,等效作用附加应力近似取承台底平均附加应力。等效作用面以下的应力分布采用各向同性均质直线变形体理论,计算模式如图 5-34 所示。

桩基任一点最终沉降量可用角点法按下式计算

$$s = \psi\psi_e s' = \psi\psi_e \sum_{j=1}^{m} p_{0j} \sum_{i=1}^{n} \frac{z_{ij}\bar{\alpha}_{ij} - z_{(i-1)j}\bar{\alpha}_{(i-1)j}}{E_{si}}$$

(5-44a)

$$\psi_e = C_0 + \frac{n_b - 1}{C_1(n_b - 1) + C_2}$$ (5-44b)

$$n_b = \sqrt{nB_c/L_c}$$ (5-44c)

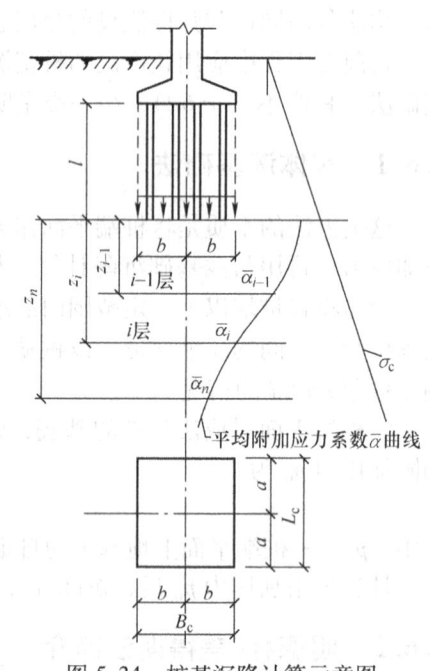

图 5-34 桩基沉降计算示意图

式中　s——桩基最终沉降量(mm);

　　　s'——采用布辛内斯克解,按实体深基础分层总和法计算出的桩基沉降量(mm);

　　　ψ——桩基沉降计算经验系数,当无当地可靠经验时可按表 5-11 确定;

　　　ψ_e——桩基等效沉降系数;

　　　n_b——矩形布桩时的短边布桩数;

C_0、C_1、C_2——根据群桩距径比 s_a/d、长径比 l/d 及基础长宽比 L_c/B_c 确定;

L_c、B_c、n_b——矩形承台的长、宽及总桩数;

　　　m——角点法计算点对应的矩形荷载分块数;

　　　p_{0j}——第 j 块矩形底面在荷载效应准永久组合下的附加压力(kPa);

　　　n——桩基沉降计算深度范围内所划分的土层数;

　　　E_{si}——等效作用面以下第 i 层土的压缩模量(MPa),采用地基土在自重压力至自重压力加附加压力作用时的压缩模量;

z_{ij}、$z_{(i-1)j}$——桩端平面第 j 块荷载作用面至第 i 层土、第 $i-1$ 层土底面的距离(m);

$\overline{\alpha}_{ij}$、$\overline{\alpha}_{(i-1)j}$——桩端平面第 j 块荷载计算点至第 i 层土、第 $i-1$ 层土底面深度范围内平均附加应力系数。

表 5-11 桩基沉降计算经验系数 ψ

$\overline{E}_s$ (MPa)	≤10	15	20	35	≥50
ψ	1.2	0.9	0.65	0.50	0.40

注：1. $\overline{E}_s$ 为沉降计算深度范围内压缩模量的当量值，可按下式计算：$\overline{E}_s = \sum A_i / \sum \dfrac{A_i}{E_{si}}$，式中 A_i 为第 i 层土附加压力系数沿土层厚度的积分值，可近似按分块面积计算。

2. ψ 可根据 $\overline{E}_s$ 内插取值。

5.6.4 桩基变形指标

1. 桩基变形类型

与一般地基变形一样，桩基变形通常也可分为以下三种：

（1）沉降量 一般指基础的平均沉降，能够反映建筑物的整体下沉。但工程上一般计算基础中心点的沉降，而沉降观测通常测到的是基础边点或角点的沉降。对高层建筑或高耸结构物，只要不产生过大的倾斜，整体下沉对上部结构一般不会造成损坏，但可能会影响正常使用。

（2）沉降差 指建筑物两点之间沉降量的差值，这个变形指标特别适用于桩基础，相邻桩基础沉降量之差除以两个柱子的中心距，就得到沉降差的相对值。相对沉降差便于比较。对静定结构，沉降差对结构本身不会造成损害，但可能会影响使用。对框架结构，相邻柱的沉降差会形成结构的次应力，造成梁、柱的开裂，危及结构的安全。

（3）倾斜 指建筑物或结构物的整体倾斜。对高层建筑或高耸结构物来说，倾斜是主要的变形控制指标。实测或计算得到建筑物两个端点的沉降值之差，除以两点之间的距离，就得到了倾斜值。倾斜对结构的影响是荷载因倾斜而偏心引起的次应力；倾斜会造成电梯井的余地不足，影响使用；还会影响城市美观，引起居民的心理恐慌。

2. 桩基变形计算经验

影响建筑物桩基沉降的因素是多方面的，但主要因素是桩端持力层的性质及下卧层的情况，桩基的面积和桩数对沉降也有一定的影响。

计算桩基变形时，框架结构应由相邻柱基的沉降差控制；高层建筑和高耸结构物应当由倾斜值控制。

由于在许多情况下不易求得倾斜，因此对高耸结构物的倾斜可按桩基平均沉降（计算的或测试的）用经验公式估算。倾斜与平均沉降的经验关系如下

$$K_p = (2.3 \sim 2.5) \times 10^{-5} s_a \tag{5-45}$$

式中 K_p——高耸结构物的倾斜；

s_a——高耸结构物的平均沉降（mm）。

3. 建筑物桩基允许变形值

桩基允许变形值 $[s]$ 对沉降差、倾斜和局部倾斜的要求比较高，与中低压缩性土地基的允许值相等；对沉降量的要求不高，只比高压缩性土地基的允许值稍低，比中低压缩性土

地基的允许值高很多。

5.7 桩的抗拔承载力及其确定

主要承受竖向抗拔荷载的桩称为竖向抗拔桩。某些建筑物，如海洋建筑物、高耸的烟囱或水塔、高压输电线路、受巨大浮托力的地下建筑物、特殊土（如膨胀土、冻土）上的建筑物等，所受的荷载往往会使其下的桩基中的某部分受到上拔力的作用，故应对桩基进行抗拔验算及桩身抗裂验算。

桩的抗拔承载力主要取决于桩身的材料强度、桩与土之间抗拔侧阻力及桩身自重。与承压桩不同，当桩受到拉拔荷载时，桩相对于土向上运动，此时桩周土产生的应力状态、应力路径和土的变形都不同于承压桩的情况，所以抗拔的摩阻力一般小于抗压的摩阻力，尤其是砂土中的抗拔摩阻力比承压摩阻力小得多。在饱和黏土中，较快的上拔可在土中产生较大的负超静孔隙水压力，可能会使桩的抗拔更困难，但由于其不可靠，所以一般不计入抗拔力中。在拉拔荷载作用下的桩基础可能发生三种拔出情形：单桩基础受拔；群桩基础中部分基桩受拔，此时拔力的破坏对基础来讲不是整体性的；群桩基础的所有基桩均承受拔力，此时基础可能整体受拔破坏。

5.7.1 单桩抗拔承载力的计算公式

桩的抗拔承载力的计算公式一般可分为两大类。

第一类是理论计算公式。此类公式是先假定不同的桩的破坏模式，然后以土的抗剪强度和侧压力系数等主要参数进行承载力计算。理论计算公式，由于抗拔剪切破坏面的不同假设，以及设置桩的方法对桩周土强度指标的复杂性和不确定性，使用起来比较困难。

第二类为经验公式。以试桩实测资料为基础，认为桩的抗拔侧阻力与抗压侧阻力相似，但随着上拔量的增加，抗拔侧阻力会因为土层松动及侧面积减少等原因而低于抗压侧阻力，故利用抗压侧阻力确定抗拔侧阻力时，需要引进一抗拔折减系数 λ_p，此系数是根据大量的试验资料统计得出的。因此，现在一般应用经验公式计算抗拔桩的承载力。

对于非重要的建筑物，当无当地经验时，单桩或群桩基础呈非整体破坏时，可按以下经验公式计算单桩或基桩抗拔承载力标准值

$$T_k = \sum_{i=1}^n \lambda_{pi} q_{sik} u_i l_i \tag{5-46}$$

式中 T_k——单桩抗拔承载力标准值；

λ_{pi}——第 i 层土的抗拔折减系数，可参考表 5-12 取值；

q_{sik}——第 i 层土的抗压极限侧阻力标准值，可根据成桩方法与工艺按表 5-5 取值；

l_i——第 i 层土的厚度；

u_i——第 i 层土位置的桩的外周长 [等直径桩为 πd；如为扩底桩，自桩底起 $5d$ 范围内，取 $u_i = \pi D$（D 为扩底部分的桩径），自桩底起 $5d$ 范围外，取 $u_i = \pi d$]。

表 5-12 抗拔折减系数 λ_p

土类	λ_p
砂土	0.5~0.7
黏性土、粉土	0.7~0.8

注：桩长 l 和桩径 d 之比小于 20 时，取小值。

当群桩基础呈整体性破坏时，基桩的抗拔极限承载力标准值计算式为

$$T_{gk} = \frac{1}{n}u_1 \sum_{i=1}^{n} \lambda_{pi} q_{sik} l_i \tag{5-47}$$

式中　u_1——群桩的外围周长；

　　　n——群桩基础的基桩数；

其余参数同前。

5.7.2　单桩抗拔静载荷试验

对于重要的建筑物桩基，为慎重起见，应通过单桩抗拔静载荷试验来确定单桩抗拔极限承载力。同单桩抗压静载荷试验一样，单桩抗拔静载荷试验也有多种方法。按加载方法的不同，各国已经实行或使用过的方法可分为以下几种：

1）慢速维持荷载法。此法与单桩竖向静载荷试验相似，每级荷载下位移达到相对稳定后再加下一级荷载。许多国家采用此方法，也是《建筑桩基技术规范》推荐的方法。

2）等时间间隔法。此法每级荷载维持 1h，然后加下一级荷载，没有相应的稳定标准。美国材料与试验学会推荐此法。

3）连续上拔法。以一定速率连续加载。美国材料与试验学会推荐的加载速率为 0.5~1.0kN/min。

4）循环加载法。加载分级进行，每级荷载均进行加载和卸载（到零）多次循环，稳定后再加下一级荷载。此方法是前苏联国家标准规定的方法之一。

另外还有其他的试验方法。总之，由于实际中的抗拔桩所受的荷载往往呈现间歇性或周期性，在抗拔桩实际工程或研究中，应该选择一种能体现出荷载特点的试验方法。

5.8　桩在水平荷载作用下的性状及承载力

建筑工程中的桩基大多以承受竖向荷载为主，但在风荷载、地震荷载、机械制动荷载或土压力、水压力等作用下，也会承受一定的水平荷载。这时，桩基除了满足竖向承载力要求外，还必须满足水平承载力下的验算。

5.8.1　水平荷载作用下单桩的工作特点

在水平荷载和弯矩作用下，桩身产生挠曲变形，并挤压桩侧土体，土体发生变形并对桩侧产生水平抗力。当水平荷载较小时，桩周土的变形是弹性的，水平抗力主要由近地面的表层土提供；随着水平荷载的增大，桩的变形加大，表层土逐渐产生塑性屈服，水平荷载将向更深的土层传递；当桩周土失去稳定，或桩体发生破坏，或桩的变形超过建筑物的允许值

时，水平荷载也就达到了极限。由此可见，水平荷载下桩的工作性状取决于桩-土之间的相互作用。

依据桩、土相对刚度的不同，水平荷载作用下的桩可分为刚性桩、半刚性桩和柔性桩，其划分界限与计算方法中所采用的地基水平反力系数分布图有关。半刚性桩和柔性桩统称弹性桩。

（1）刚性桩　当桩很短或桩周土很软弱时，桩与土的相对刚度很大，属刚性桩。由于刚性桩的桩身不发生挠曲变形且桩的下段得不到充分的嵌制，因而桩顶自由的刚性桩发生绕靠近桩端的一点做全桩长的刚体转动，如图 5-35a、d 所示。刚性桩的破坏一般只发生于桩周土中，桩体本身不发生破坏。

（2）弹性桩　半刚性桩和柔性桩的桩与土的相对刚度较低，在水平荷载作用下桩身发生挠曲变形，桩的下段可视为嵌固于土中而不能转动，随着水平荷载的增大，桩周土的屈服区逐步向下扩展，桩身最大弯矩截面也因上部抗力的减小而向下部转移，一般半刚性桩的桩身位移曲线只出现一个位移零点，如图 5-35b、e 所示，柔性桩则出现两个以上零点和弯矩零点，如图 5-35c、f 所示。当桩周土失去稳定，或桩身最大弯矩处出现塑性屈服，或桩的水平位移过大时，弹性桩便趋于破坏。

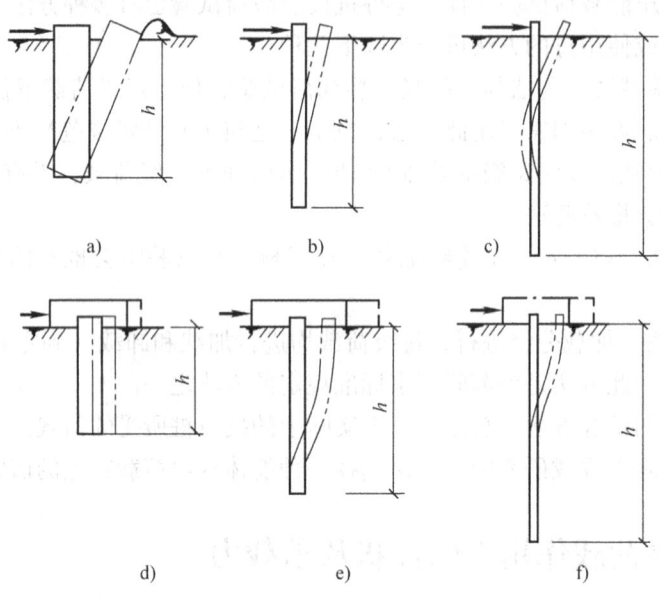

图 5-35　水平荷载作用下桩的破坏性状
a）刚性桩，桩顶自由　b）半刚性桩，桩顶自由　c）柔性桩，桩顶自由
d）刚性桩，桩顶嵌固　e）半刚性桩，桩顶嵌固　f）柔性桩，桩顶嵌固

5.8.2　单桩水平承载力的确定

单桩水平承载力的大小主要取决于桩身的强度、刚度、桩周土的性质、桩的入土深度及桩顶约束条件等因素。确定单桩水平承载力是个复杂的问题，目前还没有彻底解决。目前确定单桩承载力的途径有两类，一类是通过单桩水平静载荷试验，另一类是通过理论计算。

1. 单桩水平静载荷试验

桩的水平静载荷试验是在现场条件下进行的,影响桩的承载力的各种因素都将在试验过程中真实反映出来,由此得到的承载力值和地基土水平抗力系数最符合实际情况。如果预先在桩身中埋设量测元件,则实验资料还能反映出加荷过程中桩身截面的应力和位移,并可由此求出桩身弯矩,以检验理论分析结果。

(1) 试验装置 进行单桩水平静荷载试验时,采用千斤顶施加水平力,水平力作用线应通过地面标高处(地面标高应与实际工程桩基承台底面标高一致)。在千斤顶与试桩接触处宜安置一球形铰支座,以保证千斤顶作用力能水平通过桩身轴线。桩的水平位移宜采用大量程百分表测量。每一试桩在力的作用水平面和在该水平面以上约50cm处安装一或两只百分表。下表测量桩身在地面处的水平位移,上表测量桩顶的水平位移,根据两表位移差与两表距离的比值求得地面以上桩身的转角。如果桩身露出地面较短,可只在力的作用水平面上安装百分表测量水平位移。固定百分表的基准桩宜打设在试验桩的侧面,与试验桩的净距不应少于一倍桩径。试验装置如图5-36所示。

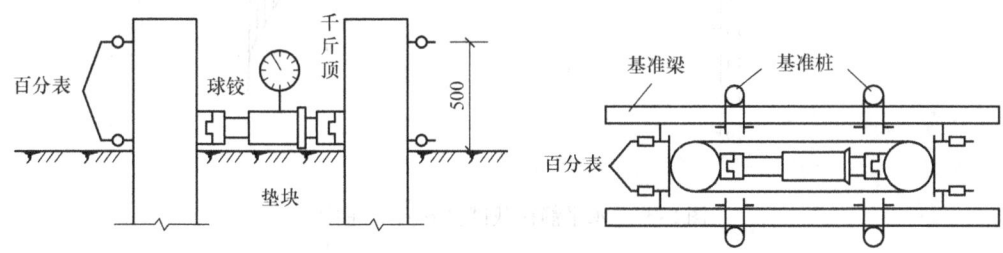

图5-36 单桩水平静载荷试验装置

(2) 加荷方法

1) 对于承受反复作用的水平荷载的桩基,其单桩试验宜采用多循环加卸载方式。每级荷载的增量为预估水平极限承载力的1/15~1/10,或取2.5~20kN(当桩径为300~1000mm时)。每级荷载施加后,恒载4min测得水平位移,然后卸载至零,停2min测读残余水平位移,至此完成一个加卸载循环,如此循环5次便完成一级荷载的试验观测。加载时间应尽量缩短,则两位移的间隔时间应严格准确,试验不得中途停歇。

2) 对于承受长期作用的水平荷载的桩基,宜采用分级连续的加载方式,各级荷载的增量同上,各级荷载维持10min并记录百分表读数后即进行下一级荷载的试验。如在加载过程中观测到10min时的水平位移还未稳定,则应延长该级荷载的维持时间,直至稳定为止。其稳定标准可参照单桩竖向静荷载试验。

(3) 终止加荷条件 当桩身已断裂或桩顶水平位移超过30~40mm(软土取40mm),或桩侧地表出现明显裂缝或隆起,可终止试验。

(4) 确定水平承载力 由试验记录可绘制桩顶水平荷载-时间-桩顶水平位移(H_0-t-x_0)曲线(见图5-37)及水平荷载-位移梯度(H_0-$\Delta x_0/\Delta H_0$)曲线(见图5-38)。当具有桩身应力测量资料时,还应绘制桩身应力分布图及水平荷载-最大弯矩截面钢筋应力(H_0-σ_g)曲线,如图5-39所示。试验结果表明:在上述各种曲线中常发现两个特征点,这两个特征点所对应的桩顶水平荷载称为临界荷载和极限荷载。

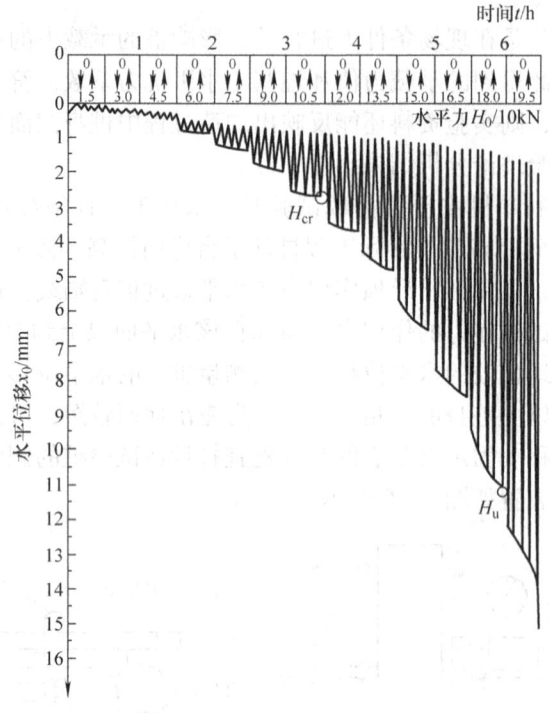

图 5-37 水平静荷载试验 H_0-t-x_0 曲线

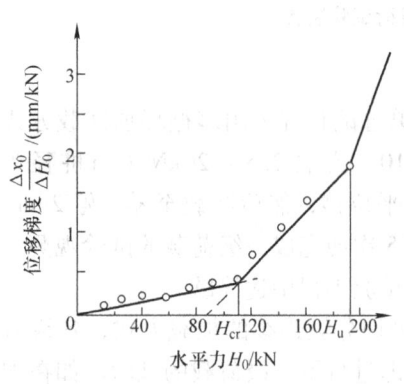

图 5-38 单桩的 H_0-$\Delta x_0/\Delta H_0$ 曲线

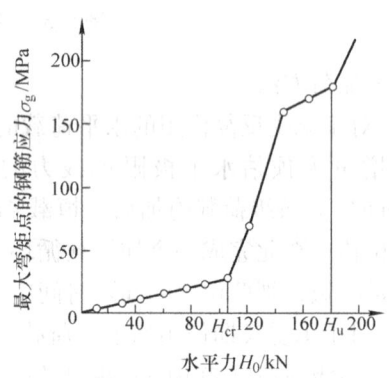

图 5-39 单桩的 H_0-σ_g 曲线

水平临界荷载（H_{cr}）相当于桩身开裂、受拉区混凝土不参加工作时的桩顶水平力。其数值可按下列方法综合确定：

1）取 H_0-t-x_0 曲线出现突变点（在荷载增量相同的情况下，出现比前一级明显增大的位移增量）的前一级荷载。

2）取 H_0-$\Delta x_0/\Delta H_0$ 曲线的第一直线段的终点所对应的荷载。

3）取 H_0-σ_g 第一突变点对应的荷载。

水平极限荷载（H_u）是相当于桩身应力达到强度极限时的桩顶水平力，此外，桩顶水平位移超过 30～40mm 或者桩侧土体破坏的前一级水平荷载，宜作为极限荷载看待。一般可根据下列方法确定，并取其中的较小值：

1）取 H_0-t-x_0 曲线明显陡降的前一级荷载，或按该曲线各级荷载下水平位移包络线向下凹曲时的前一级荷载；

2）取 H_0-$\Delta x_0/\Delta H_0$ 曲线的第二直线段的终点对应的荷载；

3）取桩身断裂或钢筋应力达到流限的前一级荷载。

2. 按弹性地基理论计算

关于承受水平荷载的桩基的理论计算方法主要有地基反力系数法、弹性理论法、有限元法等，这里介绍目前国内常用的地基反力系数法。

地基反力系数法是应用文克尔地基模型，把承受水平荷载的单桩视为弹性地基（由水平向弹簧组成）中的竖直梁，通过求解梁的挠曲微分方程来计算单桩桩身的弯矩、剪力以及桩的水平承载力。

（1）基本假设 单桩承受水平荷载作用时，可把土体视为线性变形体，假定深度 z 处的水平抗力 σ_x 等于该点的水平抗力系数 k_x 与该点水平位移 x 的乘积，即

$$\sigma_x = k_x x \tag{5-48}$$

此时忽略桩土间摩阻力对水平抗力的影响以及邻桩对水平抗力的影响。

地基水平抗力系数的分布和大小，将直接影响挠曲微分方程的求解和桩身截面内力的变化。图 5-40 表示地基反力系数法所假定的四种较为常用的分布图式。

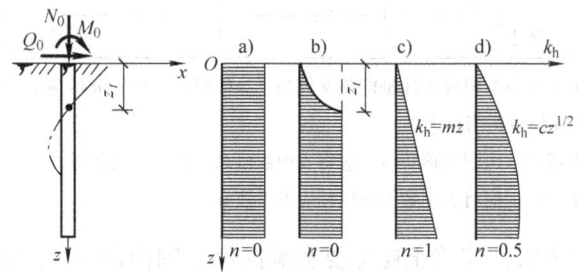

图 5-40 地基水平抗力系数的分布图示
a) 常数法　b) k 法　c) m 法　d) c 法

1）常数法。假定地基水平抗力系数沿深度均匀分布，即 $k_x = k_0$，如图 5-40a 所示。这是我国学者张有龄在 20 世纪 30 年代提出的方法，日本等国常按此法计算，我国也用此法来分析基坑支护结构。

2）"k" 法。假定 k_x 在桩身第一挠曲零点（深度 z_t 处）以上按抛物线变化，以下为常数（见图 5-40b）。该法由前苏联学者盖尔斯基于 1934 年提出，该法求解比较容易，适用于计算一般预制桩或灌注桩的内力和水平位移，曾在我国广泛采用。

3）"m" 法。假定地基水平抗力系数随深度呈线性增加，即 $k_x = mz$，如图 5-40c 所示。我国铁道部门首先采用这一方法，近年来在建筑工程和公路桥涵的桩基设计中正逐渐推广。

4）"c" 法。假定随深度按 $cz^{0.5}$ 的规律分布，即 $k_x = cz^{0.5}$，如图 5-40d 所示。c 为比例常数，随土类不同而异。这是我国交通部门在试验研究的基础上提出的方法。

实测资料表明，当桩的水平位移较大时，m 法比较接近实际；当桩的水平位移较小时，c 法比较接近实际。

(2) m 法计算参数 桩侧土水平抗力系数的比例系数 m，宜通过单桩水平静载荷试验确定，当无静载荷试验资料时，可按表 5-13 取值，表中同时列出了相应的桩顶水平位移值。

表 5-13 地基土水平抗力系数的比例系数 m 值

序号	地基土类别	预制桩、钢桩		灌注桩	
		m /(MN/m^4)	相应单桩在地面处水平位移/mm	m /(MN/m^4)	相应单桩在地面处水平位移/mm
1	淤泥；淤泥质土；饱和湿陷性黄土	2~4.5	10	2.5~6	6~12
2	流塑（$I_L>1$）、软塑（$0.75<I_L\leq1$）状黏性土；$e>0.9$ 粉土；松散粉细砂；松散、稍密填土	4.5~6.0	10	6~14	4~8
3	可塑（$0.25<I_L\leq0.75$）状黏性土、湿陷性黄土；$e=0.75$~0.9 粉土；中密填土；稍密细砂	6.0~10	10	14~35	3~6
4	硬塑（$0<I_L\leq0.25$）、坚硬（$I_L\leq0$）状黏性土、湿陷性黄土；$e<0.75$ 粉土；中密的中粗砂；密实老填土	10~22	10	35~100	2~5
5	中密、密实的砾砂、碎石类土			100~300	1.5~3

注：1. 当桩顶水平位移大于表中数值或灌注桩配筋率较高（≥0.65%）时，m 值应适当降低；当预制桩的水平向位移小于10mm 时，m 值可适当提高。

2. 当水平荷载为长期或经常出现的荷载时，应将表中数值乘以 0.4 降低采用。

3. 当地基为可液化土层时，应将表中数值乘以相应的系数 ψ_l。

当桩侧由几层土组成时，应将土层主要影响深度范围内的 m 值加权平均得 $\overline{m}$ 作为计算值。如 h_m 深度内共有三层土，厚度分别为 h_1、h_2、h_3，比例常数分别为 m_1、m_2、m_3，则

$$\overline{m} = \frac{m_1 h_1^2 + m_2(2h_1+h_2)h_2 + m_3(2h_1+2h_2+h_3)h_3}{h_m^2}$$

式中 h_m——土层换算系数，对于弹性桩，$h_m=2(d+1)$，对于刚性桩，应采用桩侧土层的整个深度，即 $h_m = h_1 + h_2 + h_3 + \cdots$。

(3) m 法单桩计算

1）确定桩顶荷载

单桩桩顶轴心竖向力 $N_0 = \dfrac{F_k + G_k}{n}$

单桩桩顶水平力 $H_0 = \dfrac{H}{n}$

单桩桩顶弯矩 $M_0 = \dfrac{M}{n}$

2）单桩挠曲微分方程及解答。单桩在 Q_0、H_0、M_0 和地基水平抗力 $\sigma_x = k_x x = mzx$ 作用下产生挠曲变形，取图 5-41 所示的坐标系统，根据材料力学中梁的挠曲微分方程可得

$$\frac{d^4x}{dz^4} + \alpha^5 zx = 0 \tag{5-49}$$

式中 α——桩的水平变形系数（1/m），$\alpha = \sqrt[5]{\dfrac{mb_0}{EI}}$；

EI——桩身抗弯刚度，对于钢筋混凝土桩，$EI = 0.85E_c I_0$（I_0 为桩身换算截面惯性矩，圆形截面 $I_0 = W_0 d_0/2$，矩形截面 $I_0 = W_0 b_0/2$）；

b_0——桩的截面计算宽度（m，圆形桩，当直径 $d \leq 1\text{m}$ 时，$b_0 = 0.9(1.5d + 0.5)$，当直径 $d > 1\text{m}$ 时，$b_0 = 0.9(d + 1)$；方形桩，当边宽 $b \leq 1\text{m}$ 时，$b_0 = 1.5b + 0.5$，当边宽 $b > 1\text{m}$ 时，$b_0 = b + 1$）。

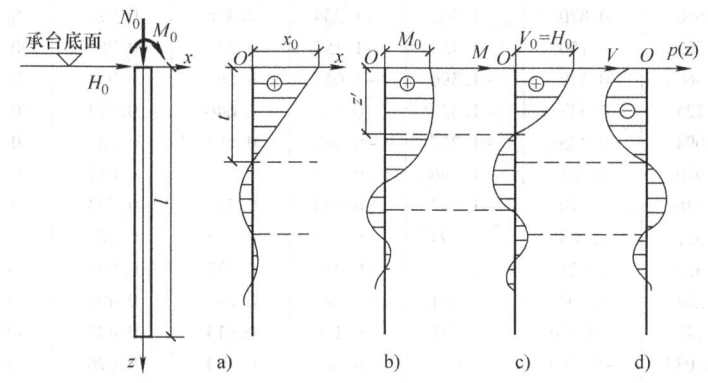

图 5-41 单桩内力与变形曲线
a) 挠曲 x 分布曲线 b) 弯矩 M 分布 c) 剪力 V 分布 d) 水平抗力 p 分布

采用幂级数求解得沿桩身深度 z 处的内力及位移为

位移 $$x_z = \frac{H_0}{\alpha^3 EI} A_x + \frac{M_0}{\alpha^2 EI} B_x \tag{5-50a}$$

转角 $$\varphi_z = \frac{H_0}{\alpha^2 EI} A_\varphi + \frac{M_0}{\alpha^2 EI} B_\varphi \tag{5-50b}$$

弯矩 $$M_z = \frac{H_0}{\alpha} A_M + M_0 B_M \tag{5-50c}$$

剪力 $$V_z = H_0 A_Q + \alpha M_0 B_Q \tag{5-50d}$$

式中 A_x、B_x、A_φ、B_φ、A_M、B_M、A_Q、B_Q——系数，均可查表 5-14 得到。

单桩的水平抗力、内力、变形随深度的变化如图 5-39 所示。

3) 桩身最大弯矩及其位置。设计桩身配筋，最关键的是求出桩身最大弯矩值 $M_{\max}$ 及其截面位置 z_0。根据最大弯矩截面剪应力为零的条件，可得其计算过程如下：

由 $C_{\text{I}} = \dfrac{\alpha M_0}{H_0}$，查表得相应的换算深度 $\bar{z} = \alpha z$，则

$$z_0 = \frac{\bar{z}}{\alpha} \tag{5-51}$$

由 $\bar{z}$ 或 C_{I} 查表 5-15 可得桩身最大弯矩系数 C_{II}，则

$$M_{\max} = C_{\mathrm{II}} M_0 \tag{5-52}$$

一般的，当桩的入土深度 $z = 4.0/\alpha$ 时，桩身内力和位移已近乎为零，在此深度以下，桩身仅需按构造要求配筋或不配置钢筋。

表 5-14　长桩的内力和变形计算系数

$\bar{z} = \alpha z$	A_x	B_x	A_ϕ	B_ϕ	A_M	B_M	A_Q	B_Q
0.0	2.441	1.621	-1.621	-1.751	0	1.000	1.000	0
0.1	2.279	1.451	-1.616	-1.651	0.100	1.000	0.988	-0.008
0.2	2.118	1.291	-1.601	-1.551	0.197	0.998	0.956	-0.028
0.3	1.959	1.141	-1.577	-1.451	0.290	0.994	0.905	-0.058
0.4	1.803	1.001	-1.543	-1.352	0.377	0.986	0.839	-0.096
0.5	1.650	0.870	-1.502	-1.254	0.458	0.975	0.761	-0.137
0.6	1.503	0.750	-1.452	-1.157	0.529	0.959	0.675	-0.182
0.7	1.360	0.639	-1.396	-1.062	0.592	0.938	0.582	-0.227
0.8	1.224	0.537	-1.334	-0.970	0.646	0.913	0.458	-0.271
0.9	1.094	0.445	-1.267	-0.880	0.689	0.884	0.387	-0.312
1.0	0.970	0.361	-1.196	-0.793	0.723	0.851	0.289	-0.351
1.2	0.746	0.219	-1.047	-0.630	0.762	0.774	0.102	-0.413
1.4	0.552	0.108	-0.894	-0.484	0.765	0.687	-0.066	-0.455
1.6	0.338	0.024	-0.743	-0.356	0.737	0.594	-0.206	-0.474
1.8	0.254	-0.036	-0.601	-0.247	0.685	0.499	-0.313	-0.471
2.0	0.147	-0.076	-0.471	-0.156	0.614	0.407	-0.388	-0.449
3.0	-0.087	-0.095	-0.070	-0.063	0.193	0.076	-0.361	-0.191
4.0	-0.108	-0.015	-0.003	-0.085	0	0	-0.001	0

表 5-15　计算桩身最大弯矩位置系数 C_I 和最大弯矩的系数 C_II

$\bar{z} = \alpha z$	C_I	C_II	$\bar{z} = \alpha z$	C_I	C_II
0.0	∞	1.000	1.4	-0.145	-4.596
0.1	131.52	1.001	1.5	-0.299	-1.876
0.2	34.186	1.004	1.6	-0.434	-1.128
0.3	15.544	1.012	1.7	-0.555	-0.740
0.4	8.781	1.029	1.8	-0.665	-0.530
0.5	5.539	1.057	1.9	-0.768	-0.396
0.6	3.710	1.101	2.0	-0.865	-0.304
0.7	2.566	1.169	2.2	-1.048	-0.187
0.8	1.791	1.274	2.4	-1.230	-0.118
0.9	1.238	1.441	2.6	-1.420	-0.074
1.0	0.824	1.728	2.8	-1.635	-0.045
1.1	0.503	2.299	3.0	-1.893	-0.026
1.2	0.246	3.876	3.5	-2.994	-0.003
1.3	0.034	23.438	4.0	-0.045	-0.011

注：此表仅适用于 $\alpha H \geqslant 4.0$ 的情况，H 为桩的入土深度。

5.8.3　桩基水平承载力的验算

1. 水平承载力的验算

受水平荷载的一般建筑物和水平荷载较小的高大建筑物单桩基础和群桩中基桩应满足下式要求

$$H_{ik} \leq R_h \tag{5-53}$$

式中 H_{ik}——在荷载效应标准组合下,作用于基桩 i 桩顶处的水平力;

R_h——单桩基础或群桩中基桩的水平承载力特征值,单桩基础可取单桩的水平承载力特征值 R_{ha}。

2. 水平承载力特征值的确定

单桩的水平承载力特征值的确定应符合下列规定:

1)对于受水平荷载较大的设计等级为甲级、乙级的建筑桩基,单桩水平承载力特征值应通过单桩水平静载荷试验确定。

2)对于钢筋混凝土预制桩、钢桩、桩身正截面配筋率不小于 0.65% 的灌注桩,可根据静载荷试验结果取地面处水平位移为 10mm(对于水平位移敏感的建筑物取水平位移 6mm)时对应的荷载的 75% 为单桩水平承载力特征值。

3)对于桩身配筋率小于 0.65% 的灌注桩,可取单桩水平静载荷试验的临界荷载的 75% 为单桩水平承载力特征值。

4)对于混凝土护壁的挖孔桩,计算单桩水平承载力时,其设计桩径取护壁内直径。

5)当缺少单桩水平静载荷试验资料时,可参考有关经验公式计算单桩水平承载力特征值。

6)验算永久荷载控制的桩基的水平承载力时,应将按上述方法确定的单桩水平承载力特征值乘以调整系数 0.80;验算地震作用桩基的水平承载力时,宜将按上述方法确定的单桩水平承载力特征值乘以调整系数 1.25。

5.9 桩基础设计

目前我国桩基础设计的主要依据是 GB 50007—2011《建筑地基基础设计规范》和 JGJ 94—2008《建筑桩基技术规范》两个规范的有关规定和内容。

与浅基础设计一样,桩基础的设计也应做到安全、经济和合理。对桩和承台来说,应有足够的强度、刚度和耐久性;对地基(主要是桩端持力层)来说,要有足够的承载力和不致产生过量的变形。其设计内容和步骤如下:

1)调查研究,收集有关资料。

2)综合勘察报告、荷载情况、使用要求、上部结构条件等确定桩基持力层。

3)选定桩型、桩长和截面尺寸。

4)确定单桩承载力设计值。

5)初步拟定桩的数量和平面布置。

6)初步拟定承台的轮廓尺寸和承台底标高。

7)验算单桩的竖向承载力和横向承载力。

8)验算承载尺寸和结构强度。

9)必要时验算桩基整体承载力和沉降量,当持力层下有软弱下卧层时,验算软弱下卧层的地基承载力。

10)单桩设计,绘制桩和承台的结构及施工详图。

5.9.1 调查研究，收集有关资料

1. 桩基设计应具备的资料

(1) 岩土工程勘探文件

1) 桩基按两类极限状态进行设计所需的岩土物理力学参数及原位测试参数。

2) 对建筑物的不良地质作用，如滑坡、崩塌、泥石流、岩溶、土洞等，有明确判断、结论和防治方案。

3) 地下水位埋藏情况、类型和水位变化幅度及抗浮设计水位，土、水的腐蚀性评价，地下水浮力计算的设计水位。

4) 抗震设防区按设防烈度提供的液化土层资料。

5) 有关地基土冻胀性、湿陷性、膨胀性评价。

(2) 建筑场地与环境条件的有关资料

1) 建筑场地现状，包括交通设施、高压架空线、地下管线和地下构筑物的分布。

2) 相邻建筑物安全等级、基础形式及埋置深度。

3) 附近类似工程地质条件场地的桩基工程试桩资料和单桩承载力设计参数。

4) 周围建筑物的防振、防噪声的要求。

5) 泥浆排放、弃土条件。

6) 建筑物所在地区的抗震设防烈度和建筑场地类别。

(3) 建筑物的有关资料

1) 建筑物的总平面布置图。

2) 建筑物的结构类型、荷载，建筑物的使用条件和设备对基础竖向和水平位移的要求。

3) 建筑物的安全等级。

(4) 施工条件的有关资料

1) 施工机械设备条件、制桩条件、动力条件、施工工艺对地质条件的适应性。

2) 水、电及有关建筑材料的供应条件。

3) 施工机械进出场及现场运行条件。

(5) 其他资料　如供设计比较用的有关桩型及实施的可行性的资料。

2. 详勘要求

由于桩基础可能涉及埋藏较深的持力层，设计前应详细掌握建筑物场地的工程地质勘探资料。桩基的详细勘察除应满足 GB 50021—2001《岩土工程勘察规范（2009 版）》有关要求外，尚应满足以下要求：

(1) 勘探点间距

1) 对于端承型桩和嵌岩桩，勘探点间距主要根据桩端持力层顶面的坡度来确定，勘探点间距一般为 12～24m。当两相邻勘探点揭露出的持力层坡度大于 10% 或持力层起伏较大、地层分布复杂时，应根据具体工程情况适当加密勘探点。

2) 对于摩擦型桩，勘探点间距宜为 20～35m，但遇到土层的性质或状态在水平方向的变化较大，或存在可能对成桩不利的土层时，应适当加密勘探点。

3) 复杂地质条件下的柱下单桩基础应按柱列线布置勘探点，并宜每桩设一勘探点。

(2) 勘探深度

1) 在所有的勘探孔中,宜布置 1/3~1/2 作为控制性勘探孔。对设计等级为甲级的建筑桩基,至少应布置 3 个控制性勘探孔;设计等级为乙级的建筑桩基至少应布置 2 个控制性勘探孔。控制性勘探孔应穿透桩端平面以下压缩层厚度。一般性勘探孔应深入桩端平面以下 3~5 倍桩身设计直径,且不得小于 3m,对于大直径桩,不得小于 5m。

2) 嵌岩桩的控制性勘探孔应深入预计桩端平面以下不小于 3~5 倍桩身设计直径,一般性勘探孔应深入预计桩端平面以下不小于 1~3 倍桩身设计直径。当持力岩层较薄时,应有部分钻孔钻穿持力岩层。在岩溶、断层破碎带地区,应查明溶洞、溶沟、溶槽、石笋等的分布情况,钻孔应钻穿溶洞或断层破碎带进入稳定土层,进入深度应满足上述控制性钻孔和一般性钻孔的要求。

3) 在勘探深度范围内的每一地层,均应采取不扰动试样进行室内试验或根据土质情况选用有效的原位测试方法进行原位测试,提供设计所需的参数。

5.9.2 选定桩型、桩长和截面尺寸

桩基设计时,应根据结构类型及层数、荷载情况、地层条件和施工能力及环境限制(噪声、振动)等因素,选择桩的类型、桩的截面尺寸、长度、桩端持力层。

一般而言,从楼层数和荷载大小来看,10 层以下的建筑可考虑采用直径 500mm 左右的灌注桩或边长 400mm 的预制桩;10~20 层的可采用直径 800~1000mm 的灌注桩或边长 450~500mm 的预制桩;20~30 层的可采用直径 1000~1200mm 的灌注桩或边长不小于 500mm 的预制桩;30~40 层的可采用直径大于 1200mm 的灌注桩、边长 500~550mm 的预应力混凝土管桩和大直径钢管桩。楼层更高的高层建筑常用的挖孔灌注桩直径甚至达到 5m 左右。

当土中存在大孤石、废金属以及花岗岩残基层中未风化的石英岩脉时,预制桩将难以穿越;当土层分布很不均匀时,混凝土预制桩的预制长度较难掌握;在场地土层分布比较均匀的条件下,采用质量易于保证的预应力高强混凝土管桩比较合适。

确定桩长的关键,在于选择持力层。桩端最好进入坚硬的土(岩)层,采用嵌岩桩或端承桩;当坚硬土层埋藏很深时,则宜采用摩擦桩,桩端应尽量到达低压缩性、中等强度的土层。桩端全断面进入持力层的深度,对于黏性土、粉土不宜小于 $2d$(d 为桩径,下同),砂类土不宜小于 $1.5d$,碎石类土不宜小于 d。对于嵌岩桩,嵌岩深度应综合荷载、上覆土层、基岩、桩径、桩长诸因素确定;对于嵌入倾斜的完整和较完整岩的全断面嵌岩深度不宜小于 $0.4d$ 且不小于 0.5m,倾斜度大于 30% 的中风化岩时,宜根据倾斜度及岩石完整性适当加大嵌岩深度;对于嵌入平整、完整的坚硬岩和较硬岩的深度不宜小于 $0.2d$,且不应小于 0.2m。同时,嵌岩桩或端承桩桩底下 $3d$ 范围内应无软弱夹层、断裂带、洞穴和空隙分布,尤其是荷载很大的柱下单桩基础更是如此。一般岩层表面起伏不平,且常有隐伏的沟槽,尤其在碳酸盐类岩石地区,岩面石芽、溶槽密布,桩端可能落于表面隆起或斜面处,有导致滑移的可能,因此在桩端应力扩散范围内应无岩体临空面存在,并确保基底岩体的滑动稳定。

同一建筑物应避免同时采用不同类型的桩(如摩擦型桩和端承型桩,但用沉降缝分开者除外)。同一基础相邻桩的桩底标高差,对于非嵌岩端承型桩不宜超过相邻桩的中心距,对于摩擦型桩,在相同土层中不宜超过桩长的 1/10。

根据以上原则及表5-16选定桩的类型后，桩的横截面（桩径）可根据各类桩的特点与常用尺寸选择确定。

表5-16 桩基础类型选择参考表

桩的类型	建筑物类型	地层条件	施工条件
预制桩	重要的有纪念性的大型公共建筑或高层住宅；对基础沉降有严格要求的工业与民用建筑物和构筑物	表层土质及厚度不均匀；地下水位浅有缩孔现象；在一定深度内有可利用的较好持力层；上部无难以穿透的硬夹层	场地空旷，邻近无危险建筑，没有对噪声、振动及侧向挤压等限制
灌注桩	一般高层住宅及多层建筑	可供利用的桩端持力层起伏较大或持力层以上有不易穿透的硬夹层；无缩孔现象	1. 要求有一定的场地，供施工机械装卸与运输 2. 能解决施工时的出土堆放 3. 地下无障碍物
扩底短桩	一般6层以下的建筑物	表土较差，填土厚度在4~6m，以下有可利用的一般第四纪土，而硬层及地下水位都比较深	1. 要求有一定的场地，供施工机械装卸与运输 2. 能解决施工时的出土堆放 3. 地下无障碍物
大直径桩	重要的大型公共建筑或高层住宅；对基础沉降有严格要求的工业与民用建筑物和构筑物	表层土质及厚度不均匀，水位较深，不缩孔，在一定深度内有较好的持力层	1. 如采用机械成孔，要求有一定的场地，供钻孔机械装卸与运输 2. 如采用人工成孔，应具有充分的安全及质量保障措施

5.9.3 桩数及桩位布置

1. 桩的根数估算

初步估算基础所需桩数时，先不考虑群桩效应，根据单桩竖向承载力特征值 R_a，当桩基为轴心受压时，桩数 n 可按下式估算：

$$n \geq \frac{F_k + G_k}{R_a} \tag{5-54}$$

式中　n——桩的根数，取整数；

　　　F_k——相应于荷载效应标准组合时，作用于桩基承台顶面的竖向力；

　　　G_k——桩基承台和承台上土自重标准值，对稳定的地下水位以下部分应扣除水的浮力。

偏心受压时，对于偏心距固定的桩基，如果桩的布置使得群桩横截面的重心与荷载合力作用点重合，桩数仍可按式（5-55）确定，否则应将式（5-55）确定的桩数增加10%~20%。

估算的桩数是否合适，需进行桩基承载力验算，必要时还需进行沉降验算。

承受水平荷载的桩基，桩数的确定还必须满足桩基础水平承载力要求。此时，可粗略地以各单桩水平承载力之和作为桩基的水平承载力，偏于安全。

在层厚较大的高灵敏度流塑黏土中，不宜采用桩距小而桩数多的打入式桩基，而应采用承载力高且桩数少的桩基。否则，软黏土结构破坏严重，使土体强度明显下降，加之相邻各桩的相互影响，桩基的沉降和不均匀沉降都将明显增加。

2. 桩间距的确定

为了避免桩基础施工可能引起土的松弛效应和挤土效应对相邻基桩的不利影响，以及群桩效应对基桩承载力的不利影响，一般桩的最小中心距应符合表5-17规定。

3. 桩位的布置

桩在平面上可布置成方形（或矩形）、三角形和梅花形（见图5-42a）。条形基础下可布置成单排或双排（见图5-42b），也可采用不等距布置。

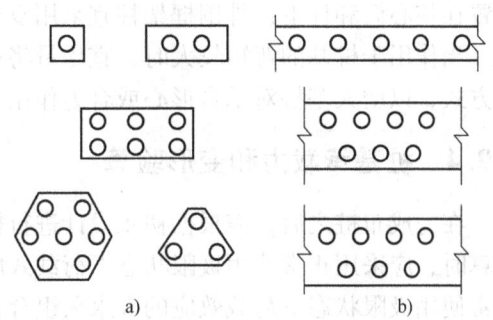

图 5-42 桩的平面布置示例
a）柱下桩基 b）墙下桩基

表 5-17 基桩的最小中心距

土类与成桩工艺		排数不少于3排且桩数不少于9根的摩擦型桩基	其 他 情 况
非挤土灌注桩		$3.0d$	$3.0d$
部分挤土桩	非饱和土、饱和非黏性土	$3.5d$	$3.0d$
	饱和黏性土	$4.0d$	$3.5d$
挤土桩	非饱和土、饱和非黏性土	$4.0d$	$3.5d$
	饱和黏性土	$4.5d$	$4.0d$
钻、挖孔扩底桩		$2D$ 或 $D+2.0$m（当$D>2$m）	$1.5D$ 或 $D+1.5$m（当$D>2$m）
沉管夯扩、钻孔挤扩桩	非饱和土、饱和非黏性土	$2.2D$ 且 $4.0d$	$2.0D$ 且 $3.5d$
	饱和黏性土	$2.5D$ 且 $4.5d$	$2.2D$ 且 $4.0d$

注：1. d 为圆桩设计直径或方桩设计边长，D 为扩大端设计直径。
2. 当纵横向桩距不相等时，其最小中心距应满足"其他情况"一栏的规定。
3. 当为端承型桩时，非挤土灌注桩的"其他情况"一栏可减小至 $2.5d$。

为了使桩基中各桩受力比较均匀，排列基桩时，宜使桩群承载力合力点与竖向永久荷载合力作用点重合或接近，并使基桩受水平力和力矩较大方向有较大的抗弯截面模量。

对柱下单独桩基和整片式桩基，宜采用外密内疏的方式。对于横墙下桩基，可在外纵墙之外布设一至两根"探头"桩，如图5-43所示。

在有门洞的墙下布桩时，应将桩设置在门洞的两侧。梁式或板式基础下的群桩，布置时应注意使梁板中的弯矩尽量减小，即多在柱、墙下布桩，以减少梁和板跨中的桩数。

对于桩箱基础、剪力墙结构桩筏基础，宜将桩

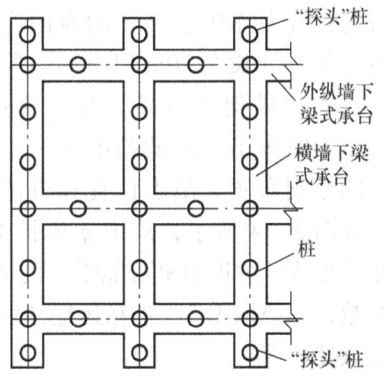

图 5-43 横墙下"探头"桩的布置

布置在墙下。对于框架-核心筒结构桩筏基础，应按荷载分布考虑相互影响，将桩相对集中

布置在核心筒和柱下；外围框架柱宜采用复合桩基，有合适桩端持力层时，桩长宜减小。

当作用于桩基的弯矩较大时，宜尽量将桩布置在离承台形心较远处，采用外密内疏的布置方式，以增大基桩对承台形心或合力作用点的惯性矩，提高桩基的抗弯能力。

5.9.4 桩基承载力和变形验算

在完成布桩之后，需根据初步设计进行桩基础的验算。需要注意的是，进行桩的承载力验算时，应采用正常使用极限状态下荷载效应的标准组合；进行桩基的沉降验算时，应采用正常使用极限状态下荷载效应的准永久组合；而在进行承台和桩身强度验算及配筋时，则采用承载能力极限状态下荷载效应的基本组合。

5.9.5 桩身结构设计

1. 混凝土预制桩

混凝土预制桩的混凝土强度等级宜≥C30，采用静压法沉桩时可适当降低，但不宜小于C20。预应力混凝土桩的混凝土强度等级宜≥C30。

混凝土预制桩的截面边长不宜小于200mm；预应力混凝土预制桩的截面边长不宜小于350mm；预应力混凝土离心管桩的外径不宜小于300mm。

预制桩的桩身应配置一定数量的纵向钢筋（主筋）和箍筋。预制桩的配筋率一般不宜小于0.80%，一般取1%；如采用静压法沉桩，其最小配筋率不宜小于0.4%。用打入法沉桩时，直接受到锤击的桩顶应放置三层直径为6mm、间距40~70mm、层距50mm的钢筋网。桩尖在沉入土层及使用期间要克服土的阻力，故应把所有主筋焊在同一根圆钢上或在桩尖处用钢板加固。钢筋的混凝土保护层厚度应不小于30mm。桩在混凝土强度达到要求后方可起吊和搬运。

预制桩的主筋应通过计算确定。计算时，除首先应满足工作条件下的桩身强度要求或抗裂要求外，还要验算桩在起吊、运输、吊立和锤击打入时的应力。

桩在起吊和吊立时的受力情况和一般受弯构件相同。桩身在重力作用下产生的弯曲应力与吊点的数量和位置有关。桩长在20m以下时，起吊时一般采用两个吊点；在打桩架龙门吊立时，只能采用一个吊点。吊点的位置应按吊点间的跨中正弯矩和吊点处的负弯矩相等的原则布置。吊点位置和桩截面最大弯矩的计算公式如图5-44所示，式中 q 为桩单位长度的重力；K 为考虑在吊运过程中桩可能受到的冲撞和振动而取的动力系数，一般取1.5。桩在运输或堆放时的支点应放在起吊点处。

用锤击法沉桩时，冲击产生的应力以应力波的形式传到桩端，然后反射回来。在周期性拉压应力作用下，桩身上段或中部常产生环向裂缝。设计时，一般要求锤击过程中产生的压应力小于桩身材料的抗压强

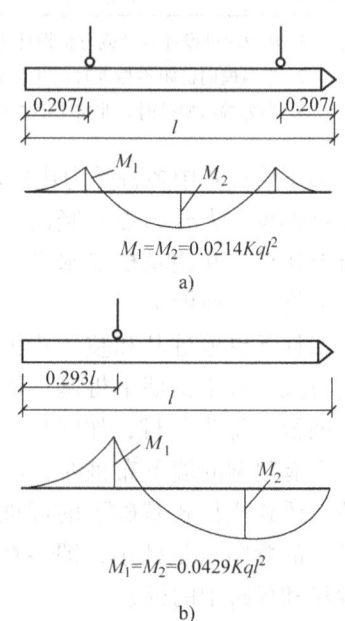

图 5-44 预制桩的吊点位置和弯矩图
a) 双点起吊 b) 单点起吊

度设计值,拉应力小于桩身材料的抗拉强度设计值。

影响锤击拉应力的因素主要有锤击能量和频率、锤垫和桩垫的刚度、桩的长度和材料及土质条件等。一般来说,锤击能量小、频率低,采用软而厚的锤垫和桩垫,在不厚的软黏土或无密实砂夹层的黏性土中沉桩,以及桩长较小(<12m)时,锤击拉应力比较小,一般可不考虑。设计时常根据实测资料确定锤击拉应力值;当无实测资料时,可按《建筑桩基技术规范》建议的经验公式及表格取值。

预应力混凝土桩的配筋常取决于锤击拉应力。当桩长小于12m时,产生的拉应力较小,可不考虑。

预应力混凝土管桩可承受大于600kPa的锤击拉应力,采用焊接接长的预应力管桩,其接头数量不宜超过4个。

2. 灌注桩

灌注桩在使用阶段的结构设计,原则上和混凝土预制桩相同,应按桩身内力进行强度验算,必要时还应进行抗裂验算。但由于灌注桩在现场成桩,故其构造要求与预制桩有所不同。

灌注桩的混凝土强度等级一般不得低于C15,集料粒径不大于40mm,坍落度一般采用50~70mm;水下灌注混凝土不得低于C20,集料粒径应小于导管内径的1/4,最大粒径不大于50mm,坍落度以160~200mm为宜;沉管灌注桩的预制桩尖,其混凝土等级不得低于C30。

灌注桩按偏心受压柱或受弯构件计算,若计算表明桩身混凝土强度满足要求时,桩身可不配置受压钢筋,只要根据需要在桩顶设置插入承台的构造钢筋。对一级建筑桩基,主筋为6~10根直径为12~14mm的钢筋,最小配筋率不小于0.2%,锚入承台长度为30倍主筋直径,伸入桩身长度不小于10倍桩径,且不小于承台下软弱土层层底深度;对二级建筑桩基,主筋为4~8根直径为10~12mm的钢筋,锚入承台长度为30倍主筋直径,伸入桩身长度不小于5倍桩径,对于沉管灌注桩,配筋长度不应小于承台下软弱土层层底深度;三级建筑桩基可不配置构造钢筋。

5.9.6 承台的设计计算

除单桩基础可不设承台外,一般桩基础均设置承台。其作用是把分散的桩群连成一个整体,并把上部结构集中而复杂的荷载分配给每根桩,因此,承台应有足够的强度和刚度。

1. 外形尺寸及构造要求

承台的平面尺寸一般由上部结构、桩数及布桩形式决定。通常,墙下桩基做成条形承台,即梁式承台;柱下桩基宜采用板式承台(矩形或三角形),如图5-45所示。其剖面形状可采用锥形、台阶形或平板形。

承台厚度应≥300mm,宽度应≥500mm,承台边缘至边桩中心距不应小于桩的直径或边长,且边缘挑出部分应≥150mm,对条形承台梁应≥75mm。为保证群桩与承台之间连接的整体性,桩顶应嵌入承台一定长度,对大直径桩≥100mm,对中等直径桩≥50mm。

承台混凝土强度等级宜≥C15,采用HRB335级钢筋时宜≥C20。承台底钢筋的混凝土保护层厚度宜≥70mm。承台的配筋按计算确定,对于矩形承台板,宜双向均匀配置,钢筋直径宜≥10mm,间距应满足100~200mm;对于三桩承台,应按三向板带均匀配置,最里面

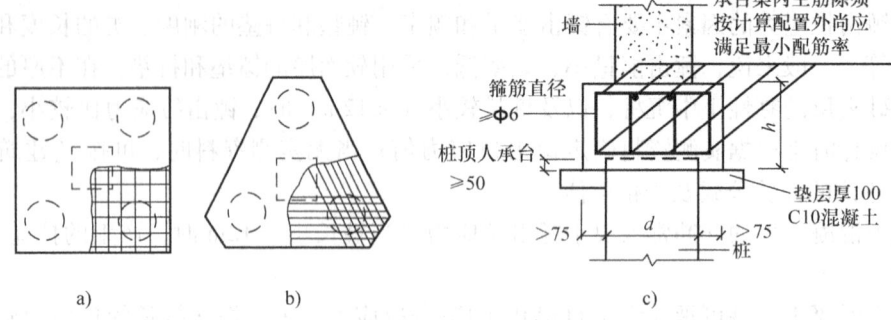

图 5-45 柱下独立桩基承台配筋示意图
a) 矩形承台　b) 三桩承台　c) 承台钢筋的最小配筋规定

3 根钢筋围成的三角形，应位于柱截面范围以内；承台梁的纵向主筋直径应≥12mm，架立钢筋直径不宜小于 10mm，箍筋直径不宜小于 6mm。

筏形承台板的分布构造钢筋，可采用直径 10～12mm，间距 150～200mm。当仅考虑局部弯曲作用按倒楼盖法计算内力时，考虑到整体弯曲的影响，纵、横两方向的支座钢筋尚应有 1/2～1/3 且配筋率不小于 0.15% 的贯通全跨配置；跨中钢筋按计算配筋率全部连通。

箱形承台顶、底板的配筋，应综合考虑受整体弯曲钢筋的配置位置，以充分发挥各截面钢筋的作用。当仅按局部弯曲作用计算内力时，考虑到整体弯曲的影响，钢筋配置量除应符合局部弯曲计算要求外，纵、横两方向支座钢筋尚应有 1/2～1/3 且配筋率分别不小于 0.15% 和 0.10% 的贯通全跨配置；跨中钢筋按计算配筋率全部连通。

柱下单桩宜在桩顶两个互相垂直方向设置连系梁。当桩柱截面直径之比较大（一般大于 2）且桩底剪力和弯矩较小时，可不设连系梁；两桩桩基的承台，宜在其短向设置连系梁，当短向的柱底剪力和弯矩较小时，可不设连系梁。有抗震要求的柱下桩基承台，纵、横两方向宜设置连系梁。连系梁顶面宜与承台顶面位于同一标高，连系梁宽度不宜小于 200mm，其高度可取承台中心距的 1/15～1/10；连系梁的配筋应根据计算确定，且不宜小于 4φ12mm。

常用的低桩承台埋深应不小于 600mm，与浅基础一样，底面应埋置在地基的冻结深度、大气影响线和水流冲刷线以下。

2. 承台的抗弯计算

模型试验研究表明，柱下独立桩基承台（四桩及三桩承台）在配筋不足的情况下将产生弯曲破坏，其破坏特征呈梁式破坏。破坏时的屈服线如图 5-46 所示，最大弯矩产生于屈服线处。

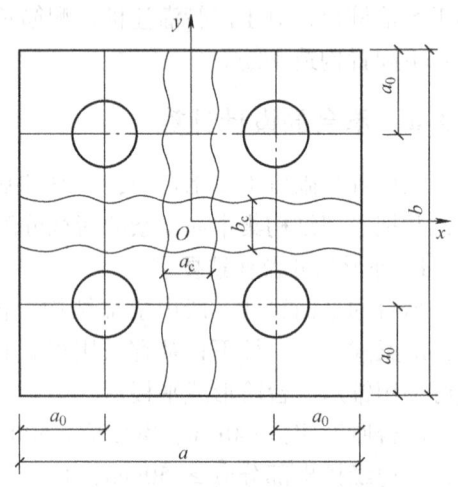

图 5-46 四桩承台弯曲破坏模式

柱下多桩矩形承台计算截面应取在柱边和承台高度变化处（见图 5-47），其弯矩设计值按下式计算

$$M_x = \sum N_i y_i \qquad (5\text{-}55\text{a})$$

$$M_y = \sum N_i x_i \qquad (5\text{-}55\text{b})$$

式中 M_x、M_y——垂直于 y 轴和 x 轴方向计算截面处弯矩设计值；

x_i、y_i——垂直于 y 轴和 x 轴方向自桩轴线到相应计算截面的距离；

N_i——扣除承台和其上填土自重后相应于荷载效应基本组合时的第 i 根桩的竖向力设计值。

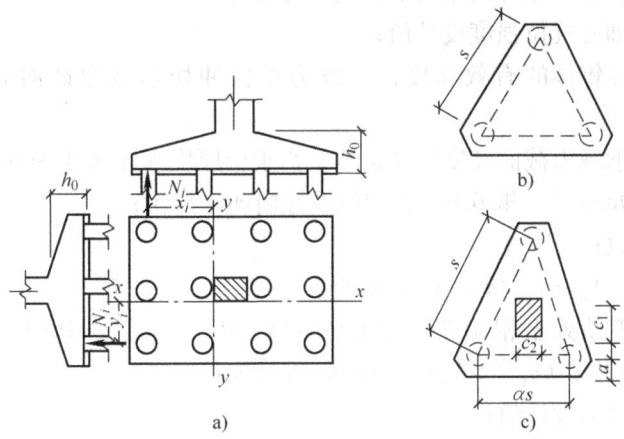

图 5-47 承台的弯矩计算示意图

3. 柱下桩基础独立承台的冲切计算

与钢筋混凝土扩展基础类似，首先拟定承台的厚度，然后进行承台的抗冲切验算，并应满足抗剪要求。

板式承台的厚度往往由冲切验算决定，如果承台有效厚度不足，将产生冲切破坏。承台的冲切破坏主要有两种形式：柱（墙）边缘或承台变阶处沿≥45°斜面拉裂形成冲切锥体破坏；或者是角桩顶部对承台边缘形成≥45°的向上冲切半锥体破坏。

（1）柱对承台的冲切 柱对承台的冲切有两种可能破坏形式，即沿柱边缘或者承台变阶处冲切破坏。冲切破坏锥体斜面与承台底面的夹角大于或等于45°，该斜面的上周边位于柱与承台交接处或承台的变阶处，下周边位于相应的桩顶内边缘处。由于柱的冲切力要扣除破坏锥体底面下各桩的净反力，当扩散角等于45°时，可能覆盖更多的桩，所以冲切力反而减小，因而不一定最危险。所以最危险冲切锥为锥体与承台底面的夹角≥45°的情况，并且锥体不同方向的倾角可能不等，如图 5-48 所示。这时可按下式进行冲切计算：

$$F_l = 2[\beta_{0x}(b_c + a_{0y}) + \beta_{0y}(h_c + a_{0x})]\beta_{hp} f_t h_0 \qquad (5\text{-}56\text{a})$$

$$F_l = F - \sum N_i \qquad (5\text{-}56\text{b})$$

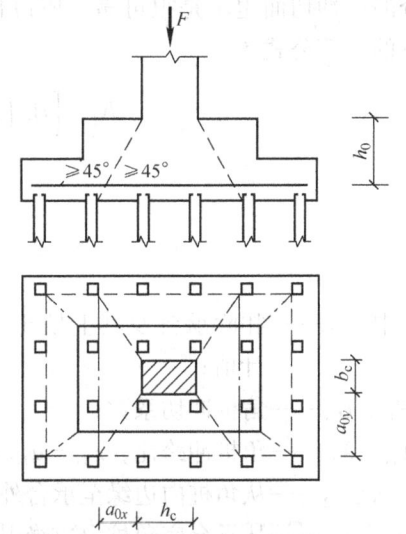

图 5-48 柱对承台的冲击计算示意图

$$\beta_{0x} = \left(\frac{0.84}{\lambda_{0x} + 0.2}\right) \quad (5\text{-}56\text{c})$$

$$\beta_{0y} = \left(\frac{0.84}{\lambda_{0y} + 0.2}\right) \quad (5\text{-}56\text{d})$$

式中 F_l——扣除承台及其上填土自重，作用在冲切破坏锥体上相应于荷载效应基本组合的冲切力设计值，冲切破坏锥体应采用自柱边或承台变阶处至相应桩顶边缘连线构成的锥体，锥体与承台底面的夹角不小于45°；

f_t——混凝土轴心抗拉强度设计值；

h_0——冲切破坏锥体的有效高度，一般为承台冲切承载力截面的厚度减去保护层厚度；

β_{hp}——受冲切承载力截面高度影响系数，当承台厚度 h 不大于800mm 时，取1.0，当 $h \geqslant 2000$mm 时，取0.9，其间按线性内插法取用；

β_{0x}、β_{0y}——冲切系数；

λ_{0x}、λ_{0y}——冲跨比，$\lambda_{0x} = a_{0x}/h_0$，$\lambda_{0y} = a_{0y}/h_0$；

a_{0x}、a_{0y}——柱边或变阶处至相应桩边的水平距离，当 $a_{0x}(a_{0y}) < 0.2h_0$ 时，取 $a_{0x}(a_{0y}) = 0.2h_0$，当 $a_{0x}(a_{0y}) > h_0$ 时，取 $a_{0x}(a_{0y}) = h_0$；

F——柱根部轴力设计值；

$\sum N_i$——冲切破坏锥体底面范围内各桩的竖向净反力设计值之和。

(2) 角桩对承台的冲切计算　由于假设相同的桩型在承台下按照线性规律分担总的竖向力，在偏心荷载下，某一角桩会承受最大竖向力。另一方面，角桩向上冲切时，抗冲切的锥面只有一半，即对于四棱台只有两个抗冲切面，无疑角桩的冲切是最危险的。对于多桩矩形承台，图5-49a 中承台为锥形，图5-49b 中承台为台阶形。锥形承台冲切倒锥体的锥面高度与冲切锥角有关，一方面由于计算高度较复杂，另一方面多出的 Δh_0 部分的抗冲切面也不是很可靠，所以仍取 h_0 为承台外边缘的有效高度，这样偏于安全，相应的计算公式为

$$N_l = \left[\beta_{1x}\left(c_2 + \frac{a_{1y}}{2}\right) + \beta_{1y}\left(c_1 + \frac{a_{1x}}{2}\right)\right]\beta_{hp} f_t h_0 \quad (5\text{-}57\text{a})$$

$$\beta_{1x} = \left(\frac{0.56}{\lambda_{1x} + 0.2}\right) \quad (5\text{-}57\text{b})$$

$$\beta_{1y} = \left(\frac{0.56}{\lambda_{1y} + 0.2}\right) \quad (5\text{-}57\text{c})$$

式中 N_l——扣除承台及其上填土自重后角桩桩顶相应于荷载效应基本组合的竖向力设计值；

β_{1x}、β_{1y}——角桩冲切系数；

λ_{1x}、λ_{1y}——角桩冲跨比，$\lambda_{1x} = a_{1x}/h_0$，$\lambda_{0y} = a_{1y}/h_0$；

c_1、c_2——从角桩内边缘至承台外边缘的距离；

a_{1x}、a_{1y}——从承台底角桩内边缘引45°冲切线与承台顶面或承台变阶处相交点至角桩内边缘的水平距离；

h_0——承台外边缘的有效高度。

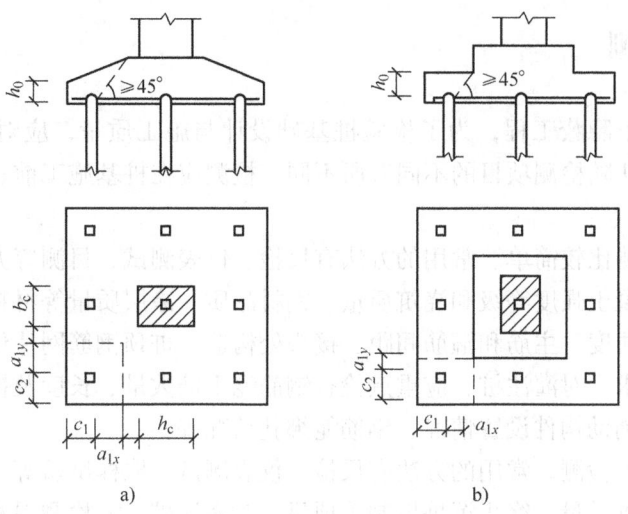

图 5-49 矩形承台角桩冲切计算示意图
a) 锥形承台 b) 矩形承台

4. 柱下桩基础独立承台的受剪计算

对于柱下桩基础独立承台,应验算承台斜截面的受剪承载力。剪切面为柱边与桩内边缘连线形成的斜截面(见图 5-50)。

这时应分别对柱边和桩边、变阶处和桩边连线形成的斜截面进行受剪计算。当柱边有多排桩形成多个斜截面时,也应对每个斜截面进行验算。计算公式为

$$V = \beta_{hs}\beta f_t b_0 h_0 \quad (5\text{-}58a)$$

$$\beta = \frac{1.75}{\lambda + 1.0} \quad (5\text{-}58b)$$

式中 V——扣除承台及其上填土自重后,相应于荷载效应基本组合时斜截面的最大剪力设计值;

b_0——承台计算截面处的计算宽度;

h_0——计算宽度处承台的有效高度;

β——剪切系数;

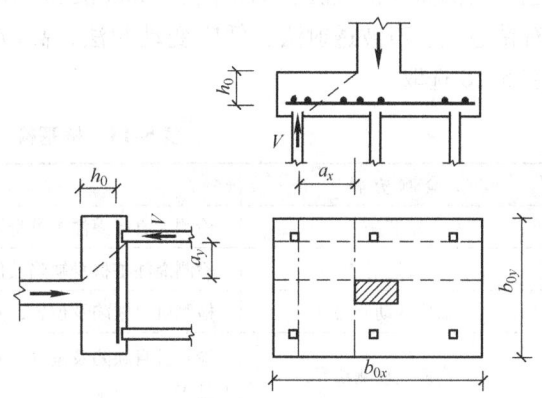

图 5-50 承台斜截面受剪计算示意图

β_{hs}——受剪切承载力截面高度影响系数,$\beta_{hs} = \left(\dfrac{800}{h_0}\right)^{\frac{1}{4}}$,$h_0$ 小于 800mm 时取 800mm,大于 2000mm 时取 2000mm;

λ——计算截面的剪跨比,$\lambda_x = a_x/h_0$,$\lambda_y = a_y/h_0$,a_x、a_y 为柱边或承台变阶处至 x、y 方向计算一排桩的桩边水平距离,当 $\lambda < 0.3$ 时,取 $\lambda = 0.3$,当 $\lambda > 3$ 时,取 $\lambda = 3$。

5.10 桩基检测

桩基工程是地下隐蔽工程，为了检验桩基础设计与施工质量，应对桩基进行必要的检测。桩基检测的方法随检测项目的不同有所不同，检测应在桩基施工前、施工过程中和施工后进行。

桩基施工前检测比较简单。常用的方法有尺检、仪表测试、目测等方法。对预制桩，需检测制桩过程中混凝土强度等级和浇筑质量、钢材品质、涂层质量等材料质量，桩断面形状及尺寸、桩长及弯曲度、主筋和箍筋间距、接头处构造、桩顶钢筋网片位置等结构构造是否满足设计及规范要求。对灌注桩，应重点检查钢筋笼主筋数量、长度及排布情况、钢筋笼直径与长度、必要的辅助构件设置情况、钢筋笼绑扎情况等。

桩基施工过程中检测，常用的方法有尺检、仪表测试、取样试验等方法。对预制桩，需检测桩位定位、接桩质量、终止沉桩控制等项目。对灌注桩，需检测混凝土配合比、成孔质量（包括成孔深度、直径、垂直度、孔底沉渣和清孔情况等）、钢筋笼安放情况；对有泥浆护壁的成孔作用，还应检查泥浆材料及特性等内容。

桩基施工后，工程桩成桩质量的检测比较复杂，检测方法较多，应进行单桩承载力、桩身质量及完整性抽样检查。单桩承载力检测分静载荷试验法和高应变动测法，其中静载荷试验包括单桩竖向抗压承载力试验、单桩水平承载力试验、单桩竖向抗拔试验，高应变动测法包括实测曲线拟合法、Case 法、Smith 法和 CAPWAP 法等。工程桩桩身完整性检测方法主要有钻芯法、声波透射法、低应变动测法、高应变动测法等。桩基检测方法根据检测目的按表 5-18 选取。

表 5-18 桩基检测方法和适用范围

检测方法	适用范围
钻芯法	检测大直径灌注桩桩身缺陷、桩身混凝土强度、桩底沉渣厚度，判定桩身完整性
声波透射法	检测灌注桩桩身缺陷及位置，判定桩身完整性类别
低应变动测法	检测桩身缺陷及位置，判定桩身完整性
高应变动测法	检测桩身缺陷及位置，判定桩身完整性；分析桩侧阻力和桩端阻力，判定竖向承载力是否满足要求
单桩竖向抗压静荷载试验	确定单桩竖向抗压极限承载力；验证高应变动测法的单桩竖向抗压承载力检测结果
单桩竖向抗拔静荷载试验	确定单桩竖向抗拔极限承载力
单桩水平静荷载试验	确定单桩水平临界和极限承载力，推求土抗力参数

5.10.1 钻芯法

钻芯法是大直径基桩工程质量检测的一种手段，是一种既简便又直观的必不可少的验桩方法。钻芯法利用岩芯钻具从桩顶沿桩身至桩尖下 1.5 倍桩径处钻孔，取得芯样，钻芯直径有 55mm、71mm、91mm、100mm 等多种，将芯样按一定尺寸切割成试块进行强度试验，检验桩身材料是否达到设计强度要求。同时，通过芯样观察判断有无断桩、破碎、夹泥、蜂窝、孔洞、离析等现象，还可检查桩底沉渣厚度，并可利用钻芯孔对出现上述缺陷的桩进行压浆补强处理。有条件可采用钻孔电视直接观察孔壁孔底质量。

由于钻芯法存在费用高、速度慢等缺点，目前大都在一些重要工程中应用，特别适合于大直径灌注桩，如大直径大荷载端承桩的质量检测；而对于长径比较大的摩擦桩，则易因钻芯孔倾斜使钻具中途穿出桩外而受限。

5.10.2 声波透射法

声波在正常混凝土中的传播速度一般为 3000~4200m/s，当传播路径上遇到混凝土有裂缝、夹泥和密实度差等缺陷时，声波将发生衰减，部分声波绕过缺陷前进，传播时间延长，波速减小，即产生漫射现象；而遇有空洞的空气界面要产生反射和散射，使波的振幅减小。所以声波在有缺陷的混凝土中传播时，振幅减小、波速降低、波形畸变。

预先在桩中埋入 3~4 根直径 50~60mm 金属管（或塑料管）。试验时在其中 1 根管内放入发射器，在其他管内放入接收器，通过测读并记录不同深度处声波的传递时间来分析判断桩身质量。

5.10.3 低应变动测法

低应变动测法的桩土动力应基本处于弹性范围内，较适于对桩身完整性进行检测，该方法主要有：

（1）机械阻抗法　把桩-土体系看成线性不变的振动系统，在桩头施加一激励力，就可在桩头同时观测到振动相应信号，如位移、速度、加速度等，并可得到速度导纳曲线，导纳即响应与激励力之比。分析导纳曲线，可判定桩身混凝土的完整性，确定缺陷类型。

（2）水电效应法　在桩顶安装一个高约 1m 的水泥圆筒，筒内充水，在水中安放电极和水听器。电极高压放电，瞬时释放强电流产生声学效应，给桩顶一个冲击能量，由水听器接受桩土体系的响应信号，对信号进行频谱分析，根据频谱曲线含有的桩基质量信息，判断桩的质量和承载力。

（3）动力参数法　通过敲击桩头，激起桩-土体系的竖向自由振动，按实测的频率及桩头振动初速度或单独按实测频率，根据质量弹簧振动理论推算单桩动刚度，再进行适当的动静对比修正，换算成单桩的竖向承载力。

（4）反射波法　用锤敲击桩顶，给桩一定的能量，使桩中产生应力波，检测和分析应力波在桩体中的传播历程，便可分析出基桩的完整性。

5.10.4 高应变动测法

高应变动测法的基本原理是用重锤冲击桩顶，使桩-土体系产生足够大的相对位移，以充分激发桩周围土阻力和桩端承载力。通过安装在桩顶以下桩身两侧的力和加速度传感器接受桩的应力波信号，应用应力波理论处理分析力和加速度时程曲线，从而判定桩的承载力。

（1）实测曲线拟合法　假定各桩-土单元体的参数，如单元截面积、材料弹性模量、土的阻尼、最大弹性位移、侧阻分布、端阻比例和极限阻力等，用实测桩顶力波和速度波作为边界条件求解波动方程，反算桩顶速度或桩顶力，对计算波形和实测波形进行拟合处理，若两者差别大，则重新调整各参数，反复迭代计算，直到两者吻合程度满意为止，这时认为各参数是最佳估计值。根据这些确定的参数便可计算单桩极限承载力、侧阻分布、端阻大小和模拟的静载荷试验曲线。

（2）CASE法　CASE法将桩顶受到作用产生的总阻力视为静阻力和动阻力之和。其中静阻力就是要求的桩静承载力，动阻力假定主要来自桩尖，是与桩尖质点运动速度成正比的黏滞阻尼力。桩土的应力-应变关系采用理想刚塑性模型，通过求解波动方程可推导CASE法求解桩静承载力的基本公式。

高应变动测法检测桩身完整性，主要是根据高应变试桩的实测曲线进行阻抗拟合处理对桩身完整性作出判别。拟合所选用的力学模型应能反映桩-土的实际力学形状，模型参数的取值范围应能限定。根据成桩工艺，拟合时可进行阻抗拟合或桩身裂隙拟合，包括混凝土预制桩的接头缝隙拟合。

5.10.5 单桩静载荷试验

国内外大量工程实践证明，用静载荷试验方法测试单桩承载力，尽管检验设备笨重、劳动强度大、试验耗时长，但迄今为止仍是确定桩承载力最重要和可靠的方法，其他任何动力检验方法均无法替代。

思 考 题

5-1　桩如何分类？各类桩的优缺点和适用条件是什么？

5-2　轴向荷载沿桩身是如何传递的？影响桩侧阻力、桩端阻力的因素有哪些？

5-3　什么是桩的负摩阻力和中性点？

5-4　如何确定单桩竖向抗压承载力特征值？

5-5　何谓群桩效应？如何计算群桩基础的承载力？

5-6　桩基础设计的步骤和内容是什么？

5-7　如何计算桩基础的沉降？

5-8　预制桩和灌注桩容易出现的质量问题有哪些？

5-9　基桩完整性检测方法有哪些？各种检测方法的基本原理是什么？

5-10　钢筋混凝土打入式方桩，截面边长为45cm，单桩静载荷试验得到的荷载-沉降（Q-s）关系记录见表5-19。试确定该桩的竖向承载力特征值。

表5-19　荷载-沉降关系记录

Q/kN	0	200	400	600	800	1000	1200	1400	1600
s/mm	0	0.15	0.33	0.67	0.95	1.52	1.78	2.73	3.28
Q/kN	1800	2000	2200	2400	2600	2800	3000	3200	3400
s/mm	4.17	5.35	7.42	10.25	13.60	17.44	21.42	27.85	47.50

5-11　某场地土层分布情况为：第一层杂填土，厚度1.0m；第二层为淤泥，软塑状态，厚度为6.5m；第三层为粉质黏土，$I_L=0.25$，厚度较大。现需要设计一框架内柱的预制桩基础。柱截面为400mm×600mm，柱底在地面处的竖向荷载设计值为$F=1700$kN，弯矩为$M=180$kN·m，初选预制桩截面尺寸为350mm×350mm。试设计该桩基础。

第6章 墩基础、沉井基础及地下连续墙

【本章提要】

主要介绍了墩基础的特点、应用及分类；沉井的概念、应用领域、特点，沉井的分类、施工中常见的技术问题；地下连续墙的概念、特点和适用条件，地下连续墙的施工准备、成槽工艺、单元段连接技术、钢筋笼制作与吊放、混凝土浇筑等。

【本章重点】

沉井的构造及下沉工艺，地下连续墙的成槽工艺和单元槽段的连接技术。

深基础除了第5章介绍的桩基础外，还有墩基础、沉井基础、沉箱基础、地下连续墙基础等。

6.1 墩基础

墩基础是一种常用的深基础。从外形和工作机理上，墩与桩很难严格区分，我国工程界通常将置于地基土中，用以传递上部结构荷载的杆状构件称为桩。但墩与桩还是有区别的。墩的断面尺寸较大，相对墩身较短，体积巨大。故墩身一般不能预制，也不能打入、压入地基，只能是现场灌注或砌筑而成。一般认为墩的直径大于0.8m，墩身长度为6～20m，长径比不大于30。

与浅基础相比，墩的埋深不小于4倍断面尺寸；墩的侧壁摩阻力往往是承载力的重要组成部分。"墩"这个词还有另外一个含意，那就是指某些建筑物的基础与上部结构之间的部分，如桥墩。一些高承台桩的地面以上部分也可以称为墩。

6.1.1 墩基础的特点与应用

（1）特点

1）墩的体积大，承载力高。有比单桩高得多的承载力。较大的自重产生较强的抗拔、抗震能力。

2）墩的施工较方便。在密实的砂卵石地层及风化岩层中打桩往往很困难，而开挖施工墩基础则较为容易。墩的施工噪声少；不会像挤土桩那样造成地面上浮及侧移等。另外墩的施工无需特殊的机械，尤其是我国劳动力供给充足，墩基础具有较大的经济优势。

3）由于墩的尺寸较大，成孔后很容易检查墩底持力层及侧壁土层情况及施工质量，检查人员常常可以直接下孔观察，所以施工质量容易保证。

（2）应用　为获得较大的墩的端承力，墩基础一般支承在较坚硬的土层或岩层上，尤其是扩底的情况下。墩基础广泛应用于桥梁、海洋钻井平台和港口码头等近海建筑物中。在我国西南山区，常用大尺寸墩治理滑坡，抵抗滑动力。在广州、深圳等地较广泛采用的"一柱一桩"，实质上是一柱一墩，单墩承载力达几亿牛顿，用于高层建筑物基础。

6.1.2 墩的分类

墩和桩一样，也可按不同的标准，从不同的角度进行分类。

(1) 按墩的承载性状分类　按墩的承载性状，墩可以分为抗压墩、抗滑墩和抗拔墩三类。抗压墩主要承受上部结构传来的竖向压力，常用作高、重建筑物的基础。抗滑墩可以直接作为抗滑结构，也可以作为主要承受水平荷载的结构物，如堤坝、挡墙等的基础。抗拔墩较少用，作为锚锭结构的基础时，一般采用扩底的形式以提供更大的抗拔力。

(2) 按施工方法分类　按施工方法可以从成孔、护壁和浇（砌）筑三个方面考虑。

1) 成孔方法。墩按成孔方法分为挖孔墩、钻孔墩和冲孔墩三类。

2) 护壁方式。墩的成孔与浇筑可以有护壁，也可以无护壁。在土层较好不容易塌落的情况下，施工深度不大的墩时，机械钻孔时可不用护壁。但多数情况下需要护壁，包括地下水钻孔的泥浆护壁、人工挖孔的钢筒预制或现浇混凝土圈分层护壁，也可采用木板、砖石等临时护壁。

3) 浇（砌）筑方式。墩一般由混凝土浇筑而成，可以是水下浇筑或干作业浇筑。另外，在山区也可用浆砌石、砖砌筑墩基础。

(3) 按墩的形状分类　墩的横断面一般为圆形，但也有方形和矩形等情况。

6.1.3 墩基础设计

由于墩和桩的工作机理相似，所以许多桩基的设计方法也适用于墩基。但是由于墩体积大，承载力高、刚度大，在许多情况下是单墩工作或少数墩共同工作，这与群桩基础不同，也比群桩基础中的单桩承担更大的风险。由于墩基承重的复杂性和设计计算方法不完善，所以设计人员必须认真分析周边环境及特殊的条件，作出客观合理的判断与设计。

(1) 墩的竖向抗压承载力　与单桩承载力一样，墩的竖向抗压承载力可通过现场载荷试验及经验公式确定，同时要满足墩身材料的强度条件。

1) 用现场载荷试验确定墩的承载力。墩的竖向静力现场试验与桩的静载试验方法类似，但试验的荷载和难度要大。另外也可参照桩的规定确定其承载力。如果试验的荷载-沉降曲线有陡降段，可取曲线发生明显陡降的起始点对应荷载为墩的极限承载力 Q_u，当试验的荷载-沉降曲线为缓变型时，可取墩顶总沉降量为 40mm 时对应的荷载作为极限承载力 Q_u。根据极限承载力 Q_u，计算墩的承载力特征值 R_a

$$R_a = Q_u/2 \tag{6-1}$$

曲线为缓变型时，也可根据允许沉降所对应的荷载来确定墩的承载力特征值。

2) 经验公式法。与桩的经验公式法计算承载力一样，根据端阻力和侧阻力来计算墩的承载力。

3) 按墩的材料强度验算墩的承载力。与按桩的材料强度验算桩的承载力一样，其中的工作条件系数按照灌注桩取值，即取 0.6~0.7。

(2) 墩的抗拔承载力　墩的极限抗拔力主要通过墩的抗拔试验确定，还可参照单桩抗拔力计算公式进行墩的抗拔承载力理论或经验计算。

(3) 墩的水平承载力　墩的水平承载力比一般单桩承载力要高，在抵抗地震力、波浪力、动力机器振动及船舶撞击力等水平荷载时，墩是十分有效的基础形式。墩的水平承载力可通过水平荷载试验确定,还可参照桩的水平承载力进行墩的水平承载力的理论或经验计算。

(4) 墩的沉降估算 墩顶的沉降一般由三部分组成,即墩身轴向压缩量、墩端下沉渣压缩变形量、墩底土层压缩变形量。对于不同长度、刚度、施工方法及墩底岩土层情况,三部分的比例会有很大不同,准确计算墩的沉降量尚有难度。多数情况下墩是单个工作的,可通过原位试验测定墩在工作荷载下的沉降量。

6.2 沉井基础

6.2.1 沉井的特点和适用条件

沉井是一种带刃脚的井筒状构造物,它利用人工或机械方法清除井内土石,借助井筒自重或添加压重等措施克服井壁摩阻力逐节下沉至设计标高,再浇筑混凝土封底并填塞井孔,称为建筑物的基础(见图 6-1)。

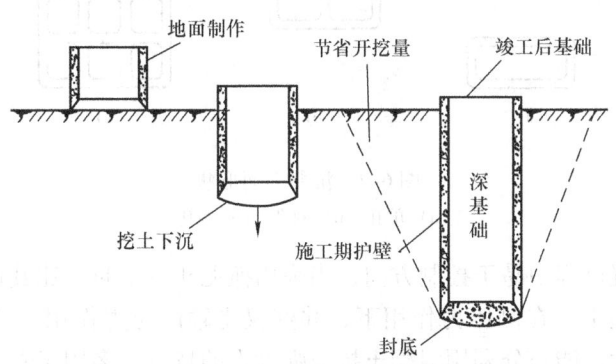

图 6-1 沉井基础施工示意图

沉井的特点是埋置深度较大,整体性强,稳定性好,具有较大的承载面积,能承受较大的垂直和水平荷载。沉井既是基础,又是施工时挡土、挡水围堰构筑物,施工工艺简便,技术稳妥可靠,无需特殊专业设备,并可做成补偿性基础,避免过大沉降,保证基础稳定性。因此在深基础或地下结构中应用广泛,如桥梁墩台基础,地下泵房、水池、油库、矿用竖井、大型设备基础,高层或超高层建筑基础等。

沉井最适合在不太透水的土层中下沉,这样易于控制沉井的下沉方向,避免倾斜。一般下列情况下可考虑采用沉井基础:

1) 上部荷载大,表层地基土承载力不足,而在一定深度下有较好的持力层,且与其他基础方案相比较为经济合理。

2) 在山区河流中,虽土质较好,但冲刷大,或河中有较大卵石不便进行桩基础施工。

3) 岩层表面较平坦且覆盖层薄,但河水较深,采用扩大基坑施工围堰困难。

但沉井施工工期较长,在下列情况下不宜采用沉井基础:

1) 土层中含有大孤石、树干、沉没的旧船和被埋没的旧建筑物等障碍物。

2）在地下水下的细砂、粉砂和粉土中，挖井时容易发生流砂现象，使挖土无法继续进行。

3）基岩面倾斜起伏大，沉井最后无法保持竖直，或者井底一部分位于基岩上，一部分支承于软土，使其受力后发生倾斜。

6.2.2 沉井的分类

1. 按沉井的平面形状分类

按沉井的平面形状可以分为圆形、矩形、圆端形三种基本类型，根据井孔的布置方式，又可分为单孔、双孔、多孔沉井，如图6-2所示。

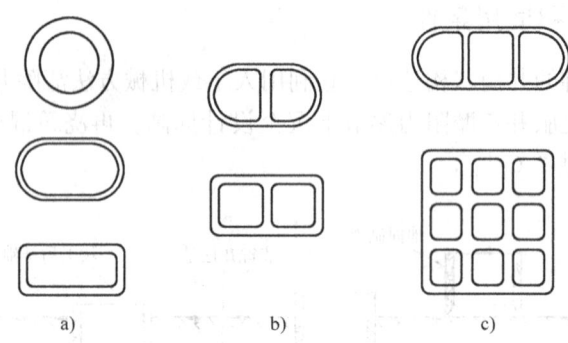

图6-2 沉井平面形状
a) 单孔 b) 双孔 c) 多孔

圆形沉井在下沉过程中易于控制方向，当采用抓泥斗挖土时，比其他沉井更能保证其刃脚均匀地支承在土层上，在侧压力作用下，井壁仅受轴向应力作用，即使侧压力分布不均匀，弯曲应力也不大，能充分利用混凝土抗压强度大的特点，多用于斜交桥和水流方向不定的桥墩基础。

矩形沉井制作方便，便于利用内部空间。沉井四角一般做成圆角，以减少井壁摩阻力和除土清孔的困难。矩形沉井在侧压力作用下，井壁受较大的挠曲力矩，在流水中阻力系数较大，冲刷较严重。

圆端形沉井在控制下沉、受力条件、阻水冲刷等方面较矩形沉井有利，但施工较为复杂。

对于平面尺寸较大的沉井，一般做成多孔，其中纵横隔墙可以大大提高侧壁的抗水土压力的能力，提高总体刚度；另外也便于分区开挖，特别是当施工中沉井偏斜时，可以分区开挖进行校正调整。

2. 按沉井的立面形状分类

按沉井的立面形状不同，沉井可以分为柱形、阶梯形及锥形沉井等，如图6-3所示。

柱形沉井受周围土体约束较均衡，下沉过程中不易发生倾斜，井壁接长较简单，模板可重复利用。但井壁侧阻力较大，当土体密实、下沉深度大时，易出现下部悬空，造成井壁拉裂，故一般用于入土不深或土质松软的情况。

阶梯形沉井和锥形沉井可以减小土与井壁的摩阻力，井壁抗侧压力性能较为合理，但施

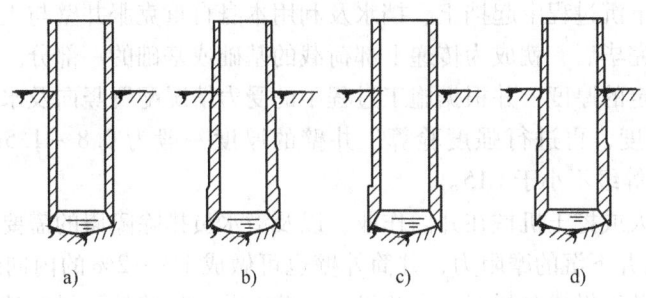

图 6-3 沉井的立面形状

a) 柱形 b) 外壁多阶梯形 c) 外壁单阶梯形 d) 锥形

工较复杂,消耗模板多,沉井下沉过程中易发生倾斜。阶梯形和锥形沉井多用于土质较密实、沉井下沉深度大、且要求沉井自重不太大的情况。通常锥形沉井井壁坡度 1/40~1/20,阶梯形井壁的台阶宽 100~200mm。

3. 按施工方法分类

按施工方法不同,沉井可分为一般沉井和浮运沉井。

一般沉井直接在基础设计的位置上制造,然后挖土,依靠沉井自重下沉。当基础位于水中时,若水深和流速都不大,可以先在水中人工筑岛,再在岛上筑井下沉。

浮运沉井指先在岸边制造,再浮运就位下沉的沉井。通常在深水地区(如水深大于10m)或水流流速大、有通航要求、人工筑岛困难或不经济时,采用浮运沉井。

4. 按制造沉井的材料分类

按制造沉井的材料可分为混凝土沉井、钢筋混凝土沉井、竹筋混凝土沉井和钢沉井。

混凝土沉井因抗压强度高、抗拉强度低,多做成圆形横断面,且仅适用于下沉深度不大(4~7m)的松软土层。

钢筋混凝土沉井抗压抗拉强度高,下沉深度大(可达数十米以上),可做成重型和薄壁就地制造下沉的沉井,也可做成薄壁浮运沉井,在工程中应用最广。

沉井承受拉力主要在下沉阶段,我国南方盛产竹材,因此可就地取材,用耐久性差但抗拉力好的竹筋代替部分钢筋,做成竹筋混凝土沉井。

钢沉井由钢材制作,其强度高、重量轻、易于拼装,适于制造空心浮运沉井,但用钢量大。

6.2.3 沉井的构造

1. 沉井的一般构造

沉井一般由井壁、刃脚、隔墙、凹槽、封底、顶板组成,如图 6-4 所示,有时井壁中还预埋射水管组等其他部分。各组成部分的作用如下:

(1) 井壁 井壁是沉井的外壁,是沉井的

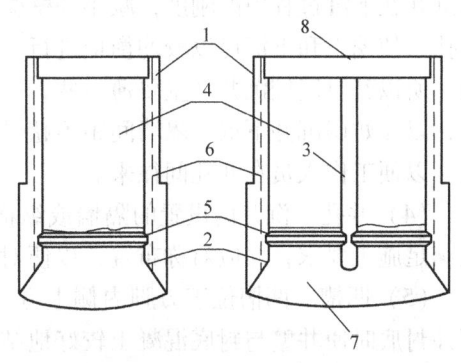

图 6-4 沉井的一般构造

1—井壁 2—刃脚 3—隔墙 4—井孔 5—凹槽
6—射水管组 7—封底混凝土 8—顶板

主体部分，在沉井下沉过程中起挡土、挡水及利用本身自重克服井壁与土间的摩阻力下沉的作用。当沉井施工完毕后，就成为传递上部荷载的基础或基础的一部分。因此，井壁必须具有足够的强度和一定的厚度，并根据施工过程中的受力情况配置竖向及水平向钢筋。设计时通常先假定井筒厚度，再进行强度验算。井壁的厚度一般为 0.8~1.5m，最薄不宜小于 0.4m。混凝土强度等级不小于C15。

为满足挖土工人或挖土机械在井内作业，以及潜水员排除障碍的需要，井筒内径不宜小于 0.9m。为减小沉井下沉的摩阻力，井筒外壁也可做成 1%~2% 的内向斜坡。为了方便沉降接高，多数沉井井筒做成阶梯形，台阶设在每节沉井的接缝处，错台的宽度为 5~20cm。

（2）刃脚　井壁最下端一般都做成刀刃状的"刃脚"，以减少下沉阻力，使沉井更容易切入土中。刃脚底面（踏面）宽度一般为 100~200mm，软土可适当放宽。刃脚内侧斜面与水平方向夹角一般大于45°。刃脚高度视井壁厚度、便于抽除垫木而定，一般大于 1.0m。混凝土强度等级一般不小于C20。

刃脚是沉井受力最集中的部分，必须具有足够的强度，以免在下沉过程中损坏。刃脚的式样应根据沉井下沉时所穿越土层的软硬程度和刃脚单位长度上的反力大小确定。沉井重、土质软时，踏面要宽些。相反，沉井轻、要穿过硬土层时，踏面要窄些，有时甚至要用钢板和角钢加固刃脚。图 6-5 为常用刃脚构造示意图。

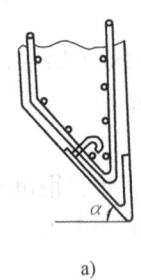 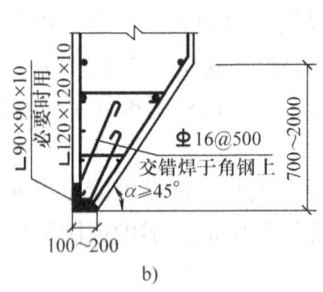 

图 6-5　刃脚构造示意图
a）钢刃尖刃脚　b）钢筋加包以角钢的刃脚　c）普通刃脚

（3）隔墙　根据使用和结构上的需要，在沉井井筒内设置隔墙。隔墙的主要作用是增加沉井在下沉过程中的刚度，减小井壁受力计算跨度；同时，又把整个沉井分隔成多个施工井孔，使挖土和下沉可以较均衡地进行，也便于沉井偏斜时的纠偏。隔墙因不承受水、土压力，所以其厚度较沉井外壁要薄一些，一般为 0.5~1.0m，隔墙的墙底应比刃脚高 0.5m 以上，以免妨碍沉井下沉。隔墙间距不超过 5~6m。如为人工挖土，还应在隔墙下端设置过人孔，以便工作人员在井孔间往来。

（4）井孔　沉井内设置的隔墙或纵横隔墙或纵横框架形成的格子称作井孔，井孔尺寸应满足施工要求，并应对称布置，以便对称挖土，保证沉井均匀下沉。

（5）凹槽　凹槽位于刃脚内侧上方，高约 1.0m，深度一般为 150~300mm。凹槽用于沉井封底时使井壁与封底混凝土较好地结合，使封底混凝土底面反力更好地传给井壁。沉井挖土困难时，可利用凹槽做成钢筋混凝土板，改为气压箱室挖土下沉。

（6）射水管　当沉井下沉深度大、穿过的土质又较好、估计下沉会困难时，可在井壁中预埋射水管组。射水管应均匀布置,以利于通过控制水压和水量来调整下沉方向。射水管的水压一般不小于600kPa。如使用触变泥浆润滑套方法施工,应有预埋的压射泥浆管路。

(7) 封底 沉井下沉到设计标高,经过技术检验并对井底清理整平后,即可在刃脚踏面以上至凹槽处浇筑混凝土形成封底。封底可以防止地下水涌入井内,其底面承受地基土和水的反力,封底混凝土应高出凹槽0.5m,其厚度可由应力验算确定,根据经验也可取不小于井孔最小边长的1.5倍。封底混凝土强度等级对于岩石地基一般采用C15,对于一般地基采用C20。井孔内填充的混凝土强度等级不低于C10。

(8) 顶板 沉井封底以后,若条件允许,为节省砌体工程工作量,减轻基础自重,在井孔内可不进行任何填充,而是做成空心沉井基础;或仅填砂石,此时需在井顶设置钢筋混凝土顶板,以承托上部结构的全部荷载。顶板厚度一般为1.5~2.0m,钢筋配置量由计算确定。沉井井孔是否填充,应根据受力和稳定要求决定。在严寒地区,低于冻结线0.25m以上部分,必须用混凝土或砌体填实。

2. 浮运沉井的构造

浮运沉井是一种特殊沉井,其底节在施工初期为一浮体,就位后,在悬浮状态下填充混凝土下沉并接高上节沉井。浮运沉井有不带气筒的浮运沉井和带气筒的浮运沉井两种。

(1) 不带气筒的浮运沉井 不带气筒的浮运沉井适用于水不太深、流速不大、河床较平、冲刷较小的自然条件。一般在岸边制造,通过滑道拖拉下水,浮运至墩位,再接高下沉到河床。这种沉井可用钢、木、钢筋混凝土、钢丝网及水泥等材料组合制造。钢筋网水泥薄壁浮运沉井是由内壁、外壁组成的薄壁空心沉井,内壁与外壁均用2~3层钢丝网铺设在钢筋网两侧,抹以高强度水泥砂浆(强度等级不低于M40),使它充满钢筋网和钢丝网之间的间隙并形成1~3mm保护层,具有构造简单、施工方便、节省钢材等优点。另一种形式是带临时底板的浮运沉井。底板一般是在底节的井孔下端刃脚处设置的木质底板及其支撑,底板的结构应保证其水密性,能承受工作水压并便于拆除。带底板的浮运沉井就位后,即可接高井壁使其下沉,沉到河床后向井孔内充水至与外面水面齐平,即可拆除临时底板。这种带底板的浮运沉井与筑岛法、围堰法的沉井施工相比,可以节省大量的施工量,施工速度也较快。

(2) 带气筒的浮运沉井 当水深流急、沉井较大时,可采用带气筒的浮运沉井,如图6-6所示。其主要由双壁钢沉井底节、单壁钢壳、钢气筒等组成。双壁钢沉井底节是一个可自浮于水中的壳体结构,底节以上的井壁采用单壁钢壳,既可防水,又可作为接高时浇注沉井外圈混凝土的模板的一部分。钢气筒为沉井提供所需浮力,同时在悬浮下沉中可通过充放气调节使沉井上浮、下沉或校正纠偏等,当沉井落至河床后,除去气筒即为井孔。

6.2.4 沉井的施工

沉井基础施工一般可分为旱地施工、水中筑岛施工及浮运沉井施工三种。

1. 旱地上的沉井施工

旱地沉井施工分为就地制造、挖土下沉、封底、充填井孔及浇筑顶板等。其一般工序如下:

(1) 清理和平整场地 要求施工场地平整干净。若天然地面土质较硬,只需将地表杂物清净并整平,就可以在其上制造沉井;否则应换土或在基坑处铺填不小于0.5m厚夯实的

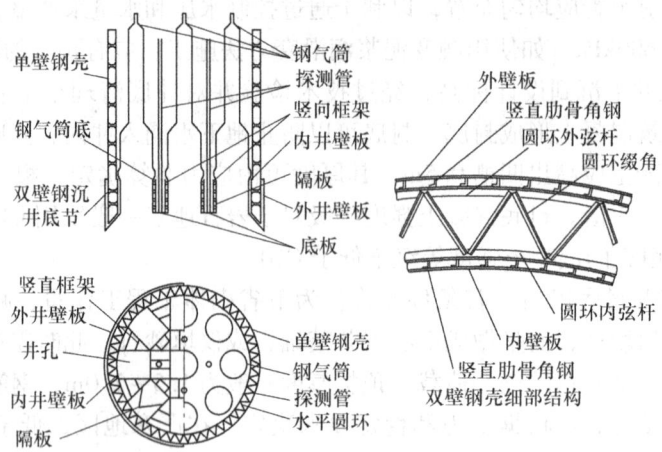

图 6-6 带钢气筒的浮运沉井

砂或砂砾垫层,防止沉井在混凝土浇筑之初因地面沉降不均而产生裂缝。为减少下沉速度,也可挖一浅坑,在坑底制作沉井,但坑底应高出地下水面 0.5～1.0m。

(2) 制造第一节沉井　制造沉井前,应先在刃脚处对称铺满垫木(垫木方法见图 6-7a),以支承第一节沉井的重量,并按垫木定位立模以绑扎钢筋。垫木数量可按垫木底面压力不大于 100kPa 计算,其布置应考虑抽垫方便。垫木一般为枕木或方木(200mm×200mm),其下垫一层厚约 300mm 的砂,垫木间隙用砂填实(填到半高即可)。然后在刃脚位置处放上刃脚角钢,竖立内模,绑扎钢筋,再立外模浇筑第一节沉井。模板应有较大的刚度,以免挠曲变形。当场地土质较好时也可采用无垫木方法(见图 6-7b)或土模法(见图 6-7c)。

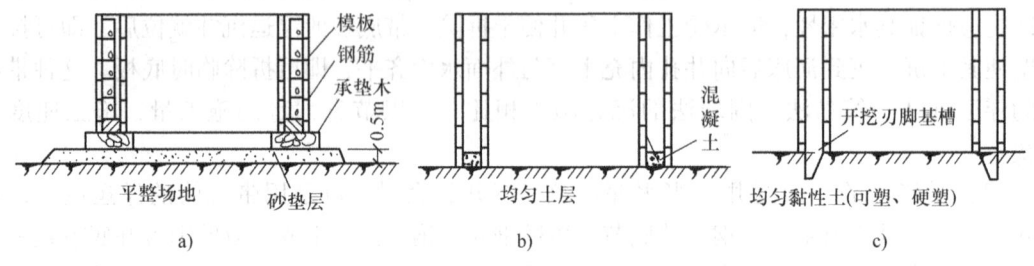

图 6-7 沉井的原位制作方法
a) 垫木方法　b) 无垫木方法　c) 土模法

(3) 拆模及抽垫　当沉井混凝土强度达到设计强度的 70% 时可拆除模板,达到设计强度后方可抽除垫木。拆模顺序是:井孔模板→外侧模板→隔墙支撑及模板→刃脚斜面支撑及模板。抽垫应分区、依次、对称、同步地向沉井外抽出。其顺序为:先内壁下,再短边,最后长边。长边下垫木隔一根抽一根,以固定垫木为中心,由远而近对称地抽除,最后抽除固定垫木,并随抽随用砂土回填捣实,以免沉井开裂、移动或偏斜。

(4) 挖土下沉　沉井宜采用不排水挖土下沉,在稳定的土层中也可采用排水挖土下沉。挖土方法可采用人工或机械,排水下沉常用人工挖土。人工挖土可使沉井均匀下沉并易于清除井内障碍物,但应有安全措施。不排水下沉时,可使用空气吸泥机、抓土斗、水力吸石筒、水力吸泥机等挖土。通过黏土、胶结层挖土困难时，可采用高压射水破坏土层。沉井正常下沉时，应自中间向刃脚处均匀挖土，排水下沉时应严格控制设计支承点土的挖除，并随时注意沉井正位，保持竖直下沉，无特殊情况不宜采用爆破施工。

（5）接高沉井　当第一节沉井下沉至一定深度（井顶露出地面不小于0.5m，或露出水面不小于1.5m）时，停止挖土，接筑下节沉井。接筑前刃脚不得掏空，并应尽量纠正上节沉井的倾斜，凿毛顶面，立模，然后对称均匀浇筑混凝土，待强度达到设计要求后再拆模继续下沉。

（6）筑井顶围堰　若沉井顶面低于地面或水面，应在井顶接筑临时性防水围堰，围堰的平面尺寸略小于沉井，其下端与井顶预埋锚杆相连。井顶防水围堰应因地制宜，合理选用，常见的有土围堰（见图6-8a）、砖围堰（见图6-8b）和钢板桩围堰（见图6-8c）。若水深流急，围堰高度大于5m时，宜采用钢板桩围堰。

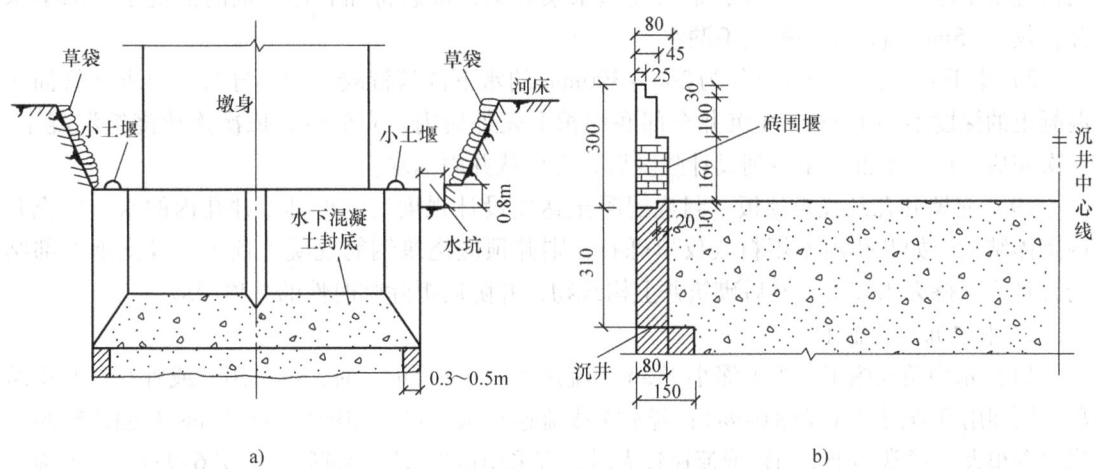

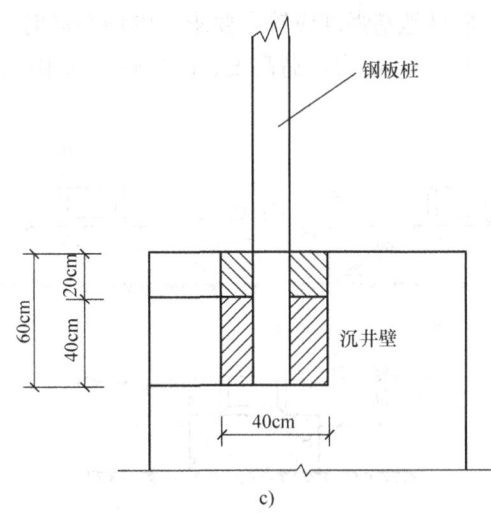

图6-8　井顶临时防水围堰

a）土围堰　b）砖砌围堰　c）钢板桩围堰

(7) 地基检验和处理 沉井下沉至设计标高后,应检验基底地质情况是否与设计相符。排水下沉时可直接检验;不排水下沉则应进行水下检验,必要时可用钻机取样进行检验。当基底达设计要求后,应对地基进行必要的处理。砂性土或黏性土地基,一般可在井底铺一层砾石或碎石至刃脚底面以上200mm。岩石地基,应凿出风化岩层,若岩层倾斜,还应凿成阶梯形。要确保井底浮土、软土清除干净,使封底混凝土与地基紧密结合。

(8) 沉井封底 基底检验合格后应及时封底。排水下沉时,如渗水上升速度不大于6mm/min,可采用普通混凝土封底(干封法);否则宜采用水下混凝土封底。若沉井面积大,可采用多导管先外后内、先低后高依次浇筑。封底一般为素混凝土,但必须与地基紧密结合,不可存在有害的夹层、夹缝。

1) 干封法。在井底挖一个0.5~1.0m深的坑,作为集水井;用水泵在集水井中抽水,使地下水面降至沉井底面以下;将集水井以外的全部底板一次浇筑掺入早强剂的混凝土,使底板混凝土尽快达到设计强度;最后提起水泵吸头,快速将加有速凝剂的混凝土填满集水井,仅3~5min混凝土即凝固不漏水。

2) 水下封底法。安装直径为200~300mm的水下浇筑混凝土的钢导管,要求导管插入混凝土的深度不小于1m,在沉井全部底面积上先外后内、先低后高依次连续浇筑混凝土,一次完成;待水下混凝土达到设计强度后,方可从井内抽水。

(9) 充填井孔及浇筑顶板 封底混凝土达到设计强度后,再排干井孔内的水,填充井内砌体结构。如井孔内不填料或仅填砾石,则井顶应浇筑钢筋混凝土顶板,以支承上部结构,且应保持无水施工。然后砌筑井上构筑物,并随后拆除临时性的井顶围堰。

2. 水中沉井的施工

(1) 水中筑岛施工 当水深小于3m、流速不大于1.5m/s时,可采用砂或砾石在水中筑岛,周围用草袋围护(见图6-9a);若水深或流速加大,可采用围堤防护筑岛(见图6-9b);当水深很大(通常小于15m)或流速较大时,宜采用钢板桩围堰筑岛(见图6-9c)。岛面应高出最高施工水位0.5m以上,砂岛地基强度应符合要求,围堰筑岛时,围堰距井壁外缘的距离 $b \geq H\tan(45° - \varphi/2)$,且不小于2m($H$为筑岛高度,$\varphi$为砂在水中的内摩擦角)。其余施工方法与旱地沉井相同。

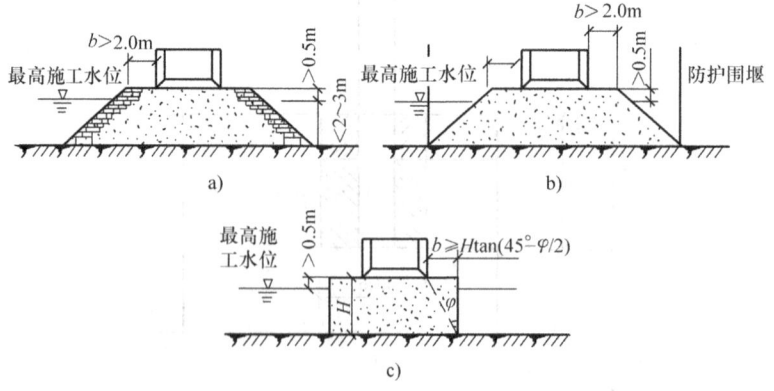

图6-9 水中筑岛下沉沉井
a) 无围堰防护土岛 b) 有围堰防护土岛 c) 钢板桩围堰筑岛

（2）浮运沉井施工 若水深（如大于 10m），人工筑岛困难或不经济时，可采用浮运法施工。将沉井在岸边制作成空体结构，或采用其他措施（如带钢气筒）使沉井浮于水上，利用在岸边铺成的滑道滑入水中（见图 6-10）；然后用绳索牵引至设计位置。在悬浮状态下，逐步将水或混凝土注入空体中，使沉井徐徐下沉至河底。若沉井较高，

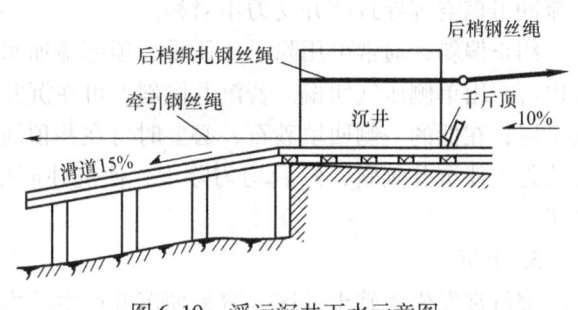

图 6-10 浮运沉井下水示意图

需分段制造，在悬浮状态下逐节接长下沉至河底，但整个过程应保证沉井本身稳定。当沉井刃脚切入河床一定深度后，即可按一般沉井下沉方法继续施工。

6.2.5 沉井下沉过程中可能遇到的问题及处理

1. 难沉

难沉是指沉井下沉过慢或者停沉。导致难沉得主要原因是：
1) 开挖面深度不够，正面阻力大。
2) 刃脚下遇到障碍物、坚硬的岩层和土层。
3) 井壁摩阻力大于沉井自重。
4) 偏斜。
5) 井壁无减阻措施或泥浆套，空气幕等遭到破坏。

解决难沉的措施主要有增加压重和减小井壁摩阻力。

增加压重的方法有：
1) 提前接筑下节沉井，增加沉井自重。
2) 在井顶加压砂袋、钢轨等重物迫使沉井下沉。
3) 不排水下沉时，可井内抽水，减少浮力，迫使下沉，但需保证土体不产生流砂现象。

减小井壁摩阻力的方法有：
1) 将沉井设计成阶梯形，或使外壁光滑。
2) 井壁内预埋高压射水管组，射水辅助下沉。
3) 利用泥浆套或空气幕辅助下沉。
4) 增大开挖深度和范围，必要时还可采用 0.1~0.2kg 炸药起爆助沉，但同一沉井每次只能起爆一次，且需适当控制爆破振动次数。

2. 沉井发生偏倾

沉井偏斜大多发生在下沉不深时。导致偏斜的主要原因有：
1) 土体表面松软，或制作场地或河谷高低不平、土质软硬不匀。
2) 刃脚制作质量差，井壁与刃脚中线不重合。
3) 抽垫方法欠妥，回填不及时。
4) 挖土不均匀对称，下沉时有突沉和停沉现象。
5) 刃脚遇到障碍物顶住而未及时发现，井内挖除的土堆压在沉井外一侧或沉井单侧受

水流冲击掏空等导致沉井受力不对称。

纠正偏斜，通常可用除土、压重、顶部施加水平力或刃脚下支垫等方法处理，空气幕沉井也可采用单侧压气纠偏。若沉井倾斜，可在沉井高的一侧集中除土，加重物或用高压水冲松土层；在低的一侧回填砂石，必要时可在井顶施加水平力扶正。纠正沉井中心位置偏移的方法是先使沉井倾斜，然后均匀除土，使沉井底中心线下沉至设计中心线后，再进行纠偏扶正。

3. 突沉

突沉常发生于软土地区，容易使沉井产生较大的倾斜或超沉。引起突沉的主要原因是井壁的摩阻力较小，当刃脚下的土被挖除时，沉井支承削弱，或排水过多、除土太深、出现塑流等。

防止突沉的措施一般是控制均匀除土，在刃脚处除土不宜过深；此外，在设计时可采用增大刃脚踏面宽度或增设底梁的措施提高刃脚阻力。

4. 流砂

在粉、细砂层中下沉沉井，经常出现流砂现象，若不采取适当措施，则会造成沉井严重倾斜。产生流砂的主要原因是土中动水压力的水头梯度大于临界值。故防止流砂的措施是：

1）排水下沉时发生流砂可向井内灌水，采取不排水除土，减少水头梯度。

2）采用井点、深井或深井泵降水，降低井外水位，改变水头梯度方向使土层稳定，防止流砂发生。

6.2.6 沉井的设计与计算

沉井的设计计算包括如下几部分：

1. 基础承载力计算

轴心荷载作用下的沉井，承载力应满足如下要求：

$$F_k + G_k - Q_s \leq R_a \tag{6-2}$$

式中 F_k——沉井顶面作用的竖向力；

G_k——沉井的自重；

Q_s——沉井侧壁的总摩阻力；

R_a——沉井底部地基土的承载力特征值。

可假定井壁的侧摩阻力呈梯形分布，距地面 5m 范围内按三角形分布，5m 以下为常数，如图 6-11 所示，则总摩阻力为

$$Q_s = u(h - 2.5)q_0 \tag{6-3}$$

式中 u——沉井的外井壁周长；

h——沉井的入土深度；

q_0——单位面积摩阻力的加权平均值，$q_0 = \dfrac{\sum q_i h_i}{\sum h_i}$，$h_i$ 为各土层厚度，q_i 为第 i 土层井壁单位面积摩阻力，根据实际资料或查表 6-1 选用。

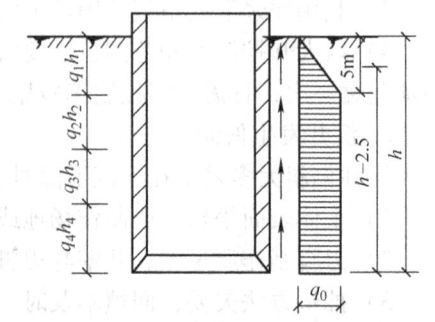

图 6-11 井壁侧摩阻力分布假定

2. 沉井下沉要求

为了保证沉井在施工时能顺利下沉，要求在整个施工阶段满足下沉力大于摩阻力，可用下沉系数 k 表示，下沉系数应满足下式要求：

$$k = G_k/Q_s \geq 1.15 \sim 1.25 \tag{6-4}$$

当不能满足上述要求时，可加大井壁厚度，调整井孔尺寸；若不排水下沉，达一定深度后可改用排水下沉；添加压重或射水助沉；采取泥浆套或空气幕等措施。土与井壁间的单位摩阻力取值参见表6-1。

表 6-1 土与井壁摩阻力经验值

土 的 名 称	土与井壁的摩阻力 q/kPa
砂卵石	18~30
砂砾石	15~20
砂土	12~25
流塑黏性土、粉土	10~12
软塑及可塑黏性土、粉土	12~25
硬塑黏性土、粉土	25~30
泥浆套	3~5

3. 井筒的内力计算

井筒的结构应满足在最不利条件下，能抵抗产生的内力。井筒内力计算最大的问题在于井筒上的水土压力的计算。根据井筒作用的水土压力计算井筒及刃脚上的内力，按照钢筋混凝土结构计算和设计确定其结构尺寸和配筋等。

4. 沉井抗浮验算

沉井封底以后，应按可能出现的地下水位验算抗浮稳定性。在不计井壁阻力的情况下抗浮安全系数可采用 1.05。不满足这一要求时，可加大沉井重量，设置抗浮桩和锚杆等。

6.3 地下连续墙深基础

6.3.1 地下连续墙的概念、特点及其应用

1. 地下连续墙的概念

地下连续墙是20世纪50年代由意大利米兰 ICOS 公司首先开发成功的一种新的支护形式，是在地面选定的位置采用抓斗式或回转式等成槽机械，沿着开挖工程的周边，在泥浆护壁的情况下，开挖一条狭长的深槽，形成一个单元槽段后，在槽内下放预先在地面上制作好的钢筋笼，然后用导管法浇筑混凝土，完成一个单元的墙段；在各单元墙段之间以特定的接头方式相互连接，形成一条地下连续墙壁。由于成槽机械的不断改进，精度逐渐提高，目前地下连续墙的深度已达100m。此外，随着地下连续墙技术的发展，也可在挖好深槽后直接放预制的钢筋混凝土或预应力钢筋混凝土墙板。

2. 地下连续墙的特点

（1）地下连续墙的优点　地下连续墙适用于各种复杂的地质条件，尤其便于在软土地

基中施工；施工中噪声小、振动小，可大大减小施工引起的公害，而且对临近建筑物几乎没有影响；地下连续墙施工速度快，可建造的深度深；地下连续墙具有结构刚度大，整体性、防渗性和耐久性好的特点；还具有用途多样化的优点，既能够在施工期间承担挡土、挡水、防渗和隔震墙的作用，又能够作为建筑物地下结构的一部分，因而可以节省造价。

（2）地下连续墙的缺点　地下连续墙的施工技术和工艺比较复杂，需要特殊的成槽设备，每平方米墙面的成本相对较高；施工过程中产生的废泥浆是又一污染源，需要特别处理。

3. 地下连续墙的应用

地下连续墙被广泛应用于市政工程的各种地下工程、房屋基础、竖井、船坞船闸、码头堤坝等。近30年来地下连续墙技术在我国有了较快的发展和广泛的应用。归纳起来，地下连续墙在工程中的应用主要有以下四种：

1）作为地下工程基坑的挡土墙、防渗墙，它是施工中的临时结构。

2）在开挖期间作为基坑施工的挡土防渗结构，以后与主体结构侧墙以某种形式结合，作为主体结构侧墙的一部分。

3）在开挖期间作为挡土防渗结构，以后单独作为主体结构侧墙使用。

4）作为建筑物的承重结构基础，如地下防渗墙、隔震墙等。

6.3.2　地下连续墙的常用类型

地下连续墙按照填筑材料可分为土质墙、混凝土墙、钢筋混凝土墙以及现浇和预制混凝土组合墙等类型；按照施工方式可分为现浇式和预制式两种；按成墙方式可分为桩排式、壁板式和桩壁组合式三种，如图6-12所示。

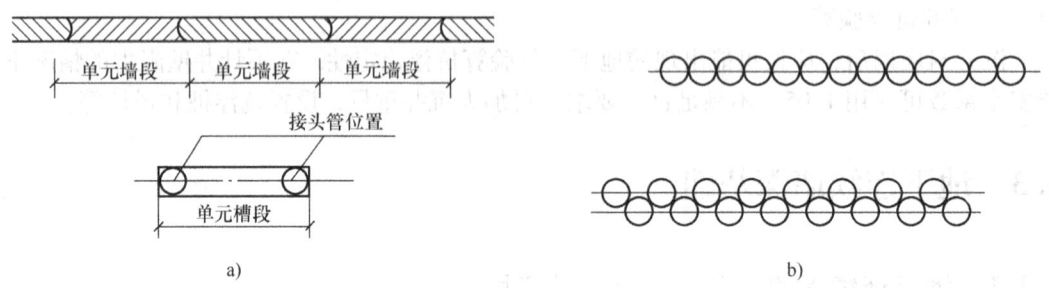

图6-12　壁板式与桩式地下连续墙平面图
a）壁板式　b）桩式（单排、双排）

目前我国应用较多的是现浇的钢筋混凝土壁板式地下连续墙，多用于防渗挡土墙结构，并常作为主体结构的一部分，这时按其支护结构方式又可分为以下四种：

（1）自立式地下墙挡土结构　在开挖修建墙体的过程中，不需设置锚杆或支撑系统。其应用范围受到基坑开挖深度的限制，最大的自立高度与墙体厚度、土质条件及地下水位有关。例如，对于软土地层采用600mm厚的地下连续墙，其自立高度的界限应控制在4～5m。这种挡土结构一般在基坑开挖深度较小的情况下使用。在开挖深度较大又难以采用支撑或锚杆支护的工程，可以考虑采用T形或I形墙体断面来提高墙体自立高度。

（2）锚碇式地下墙挡土结构　锚碇方式一般采用斜拉锚杆，如图6-13所示，锚杆的层数和位置取决于墙体的支点、墙后滑动棱体的条件及地质情况。在软弱土层或地下水位较高时，也可在地下墙顶附近设置拉杆和锚碇块体。

（3）支撑式地下墙挡土结构　这种类型地下墙在工程上应用广泛。与钢板桩挡土的支撑类似，常采用型钢、实腹梁、钢管等构件做支撑；有时也采用主体结构的钢筋混凝土梁兼做施工支撑结构。当基坑开挖较深时，则需要采用多层支撑方式。

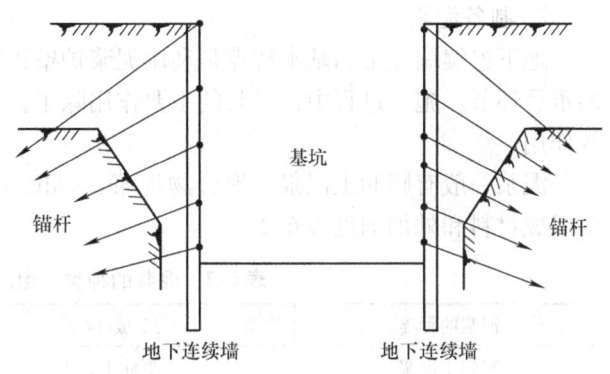

图 6-13　斜拉式锚杆地下连续墙示意图

（4）逆筑法地下墙挡土结构　常用于较深的多层地下室施工。逆筑法是利用地下主体结构梁板体系作为挡土结构的支撑结构，逐层进行开挖，逐层进行梁、板、柱体系的施工，形成地下墙挡土结构的一种方法。与此同时，以柱式承重基础承受上部结构重量，在基坑开挖过程中，可以同时进行上部结构的施工。

结合具体工程情况，上述各种类型支护结构可灵活地加以组合应用。

6.3.3　地下连续墙的施工

现浇钢筋混凝土壁板式连续墙的主要施工程序有修筑导墙、泥浆制备与处理、深槽挖掘、钢筋笼制备与吊装，最后是浇筑混凝土。

1. 修筑导墙

在开挖槽段之前，必须沿着地下墙的墙面线开挖导沟，修筑导墙。导墙是临时结构，主要作用是：开挖地下连续墙槽沟的导向作用，作为施工的基准；在槽沟表面起到挡土的作用，防止槽口发生坍塌；承受施工设备如挖槽机等的荷载；此外还能够在其中存储泥浆。

导墙可以现浇也可以预制，常用的钢筋混凝土导墙断面如图 6-14 所示。导墙埋深 1~2m，墙顶宜高出地面 0.1~0.2m，内墙面应垂直并与地下连续墙的轴线平行，内外导墙墙面的间距应为地下连续墙设计厚度加施工余量，一般施工余量为 40~60mm。

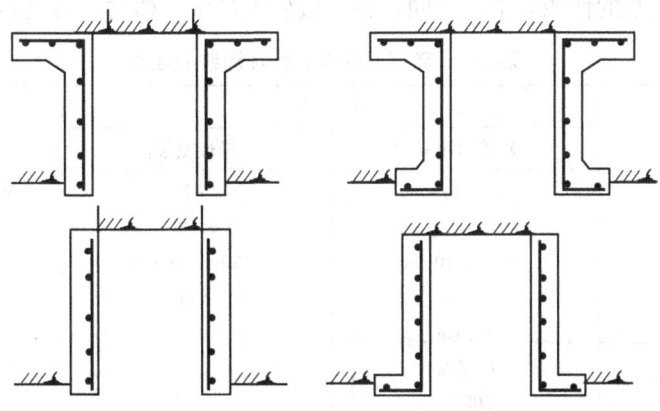

图 6-14　导墙的几种断面形式

2. 制备泥浆

地下连续墙施工的基本特点是利用泥浆护壁进行成槽，因此泥浆制备是地下连续墙施工的重要环节。施工过程中，泥浆的主要作用除了护壁以外，还有携渣、冷却钻具和切土润滑等作用。

泥浆一般有膨润土泥浆、聚合物泥浆、CMC（羧甲基纤维素）泥浆、盐水泥浆。其主要组成材料和外加剂见表6-2。

表6-2 泥浆的种类、组成材料和外加剂

泥浆的种类	组成材料	外加剂
膨润土泥浆	膨润土、水	分散剂、增黏剂、防漏剂、加重剂
聚合物泥浆	聚合物、水	一般不掺外加剂
CMC（羧甲基纤维素）泥浆	CMC、水	膨润土
盐水泥浆	膨润土、盐水	分散剂、特殊黏土
	特殊黏土（绿泥石、蛇纹石等）、盐水	防漏剂、分散剂、增黏剂

膨润土由原矿石经加热干燥和粉碎，其主要成分为蒙脱石，加入清水混合后，水很快进入蒙脱石晶格中，膨润土会很快湿胀。聚合物泥浆是代替膨润土泥浆的长链有机聚合物和无机硅酸盐组成的人造泥浆。羧甲基纤维素泥浆和盐水泥浆是在海岸附近特殊条件工程中使用的泥浆。

分散剂的作用是提高泥水分离性，防止和处理盐分或水泥对泥浆的污染。被水泥污染的泥浆选用碳酸钠和碳酸氢钠分散剂，分离效果较好。易被盐分污染的泥浆选用以腐植酸钠或纸浆废液为原料的铁硼木质素磺酸钠分散剂效果较好。

加重剂的作用是增加泥浆的密度，提高泥浆的稳定性。目前加重剂一般选用重晶石。在地下水位很高、地基土非常软弱或土压力非常大时，槽壁稳定受到威胁，应在泥浆中掺入加重剂，增加泥浆的密度。

防漏剂的作用是堵塞地基土中的孔隙，防止泥浆漏失。一般防漏剂的粒径相当于漏浆层土砂粒径的10%~15%时效果最好。

泥浆的质量对地下连续墙施工效率和成败具有重要意义，其性能指标应通过试验确定，不同地质条件对泥浆的性能要求也不同，在一般软土层中成槽时，可按表6-3采用。

表6-3 新拌制泥浆和循环泥浆的性能

项 目	指 标		测定方法
	新拌制泥浆	循环泥浆	
黏度	19~21s	19~25s	500mL/700mL 漏斗法
比重	<1.05	<1.20	泥浆比重计
失水量	<10mL/10min	<20mL/30min	失水量计
pH值	8~9	<11	pH试纸
泥皮	<1mm		失水量计
静切力	1~2Pa		静切力计
稳定性	100%		500mL量筒

施工期间槽内泥浆面必须高出地下水位。在施工过程中，泥浆会与地下水、砂、土、混凝土接触，膨润土等掺合成分有所损耗，混入土渣等会使泥浆质量恶化，需要随时根据泥浆质量变化对泥浆加以处理或废弃。处理后的泥浆经检验合格后方可重复使用。

3. 槽段开挖

槽段开挖是地下连续墙施工中的关键工序，工期占整个工期的一半左右。槽段开挖需使用专门的挖槽机来完成。挖槽机械应根据不同的地质条件、施工环境、地下连续墙的结构尺寸及质量要求等选用。目前国内外常用的挖槽机械按工作原理可以分为抓斗式、冲击式和回转式三大类。

挖槽时以单元槽段为单位逐个进行挖掘，单元槽段的长度除考虑设计要求和结构特点外，还应考虑地质、地面荷载、起重能力、混凝土供应能力及泥浆池容量等因素。施工时发生槽壁坍塌是严重的事故，当挖槽过程中出现如泥浆大量漏失、泥浆内有大量泡沫上冒或出现异常扰动、排土量超过设计断面方量、导墙及附近地面出现裂缝、沉陷等槽壁坍塌迹象时，应首先将成槽机械提到地面，然后迅速查清槽壁坍塌原因，采取抢救措施，控制事态发展。

挖槽方法大致可分为以下三种。

方法一 以一定的间隔挖掘导孔，再用蚌式抓斗将导孔间的地段挖掉整修成槽形，如图 6-15a 所示。导孔直径与墙厚相同，坚硬地基需挖导孔，软弱地基可以不挖导孔。导孔的作用是保证在坚硬的地基上，采用蚌式抓斗挖槽机挖除的槽段的垂直精度，使单元槽段的两端头垂直，便于接头施工。

方法二 先在施工槽段两端钻导孔到设计深度，从一个导孔向另一个导孔连续钻 0.5～0.8m（一次钻挖深度）深圆孔，再往下按同样方法钻挖，如图 6-15b 所示。此法缺点是钻挖工作重复，效率低。

方法三 从一开始，每次都将槽段挖到设计深度，连续钻挖，完成一个槽段开挖，如图 6-15c 所示。这是最理想的开挖方法。

4. 清底

挖槽过程中残留在槽内的土渣及吊放钢筋笼时从槽壁上刮落的泥皮等都要堆积在槽底。挖槽结束后，悬浮在泥浆中的土颗粒也将逐渐沉淀到槽底。浇筑地下连续墙之前，必须清除以沉渣为主的槽底沉淀物，这项工作称为清底。

清底的基本方法有置换法和沉淀法两种。置换法是在挖槽结束之后，立即对槽底进行认真清理，在土渣还没有沉淀之前就用新泥浆把槽内泥浆置换出槽外。沉淀法是在土渣沉淀到槽底之后进行清底，一般是在插入钢筋笼之前或之后清底，但后者受到钢筋笼妨碍，不可能完全清理干净。

清除槽底沉渣的方法有吸泥泵排泥法、空气升液排泥法、带搅动翼的潜水泥浆泵排泥法、水轮冲射排泥法、抓斗直接排泥法。其中，前三种是常用的方法，如图 6-16 所示。

5. 钢筋笼的制作与吊装

钢筋笼的尺寸应根据单元槽段、接头形式及现场起重能力确定，在横断面上应和设计槽段轮廓之间有一定的余量。考虑钢筋笼在制作后需起吊、拎直，在放入槽内时还可能和槽壁或接头构件发生摩擦，除配置受力钢筋以外，还可设纵向钢筋桁架及主筋平面的斜向拉条，以确保钢筋笼具有足够的刚度。为保证钢筋笼的制作精度和分节接头处搭接钢筋的密合，应尽量在制作台上装配成型，同时应预留插放浇筑混凝土的导管位置。

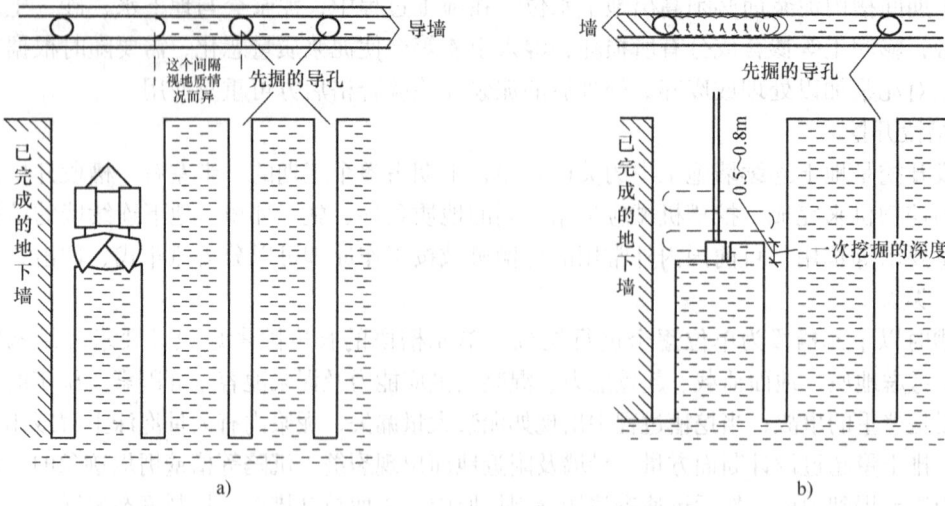

图 6-15 地下连续墙挖槽方法示意图

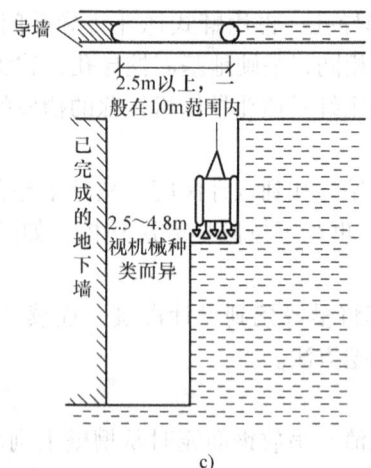

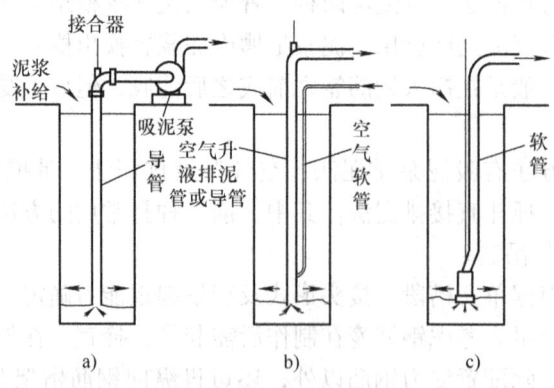

图 6-16 槽底沉渣清底方法
a) 吸泥泵方式 b) 空气升液方式 c) 泥浆泵方式

6. 混凝土浇筑和接头处理

混凝土水灰比不宜大于 0.6，水泥用量不少于 370kg/m³，坍落度宜为 18～20cm。混凝土集料宜选择中砂、粗砂及粒径不大于 40mm 的卵石或碎石。

地下连续墙混凝土的浇筑采用导管法。对于长度超过 4m 的槽段宜采用双导管同时浇筑，其间距根据混凝土和易性及其有效半径确定，一般为 2～3.5m，最大为 4.5m。每个槽段混凝土的浇筑速度一般为每小时上升 3～4m。

导管的底端埋入混凝土的深度必须在 1.5m 以上，否则混凝土流出时会把混凝土上升面附近的浮浆卷入混凝土内，但导管的埋入深度也不宜过大，否则混凝土不易从导管中流出，一般埋深不超过 6m。

浇筑混凝土时，要使导管做 30cm 左右的竖向运动，以利混凝土密实，尤其是混凝土不易流动的墙体部分更需如此。但上下运动不要过快，运动过快会增加混凝土与泥浆的接触机会，使泥浆卷入混凝土内而影响墙的质量，同时还会使泥浆的性能变坏。浇筑混凝土时，导管不能做横向运动，因为导管的横向运动会把沉渣和泥浆卷入混凝土中，影响混凝土质量。

在浇筑混凝土之前应考虑槽段墙体之间及墙体与内部结构之间的接头处理方式，前者称为墙段接头，后者称为墙面接头。墙面接头和墙段接头有多种方式，可根据工程要求和技术条件选用。常用的墙段接头有以下两种：

1) 接头管接头　接头管接头是目前应用最为普遍的墙段接头形式，其施工程序如图 6-17 所示。

2) 接头箱接头　这种接头形式可以使地下连续墙形成整体，接头的刚度较好，而且具有抗剪能力。其施工程序如图 6-18 所示。

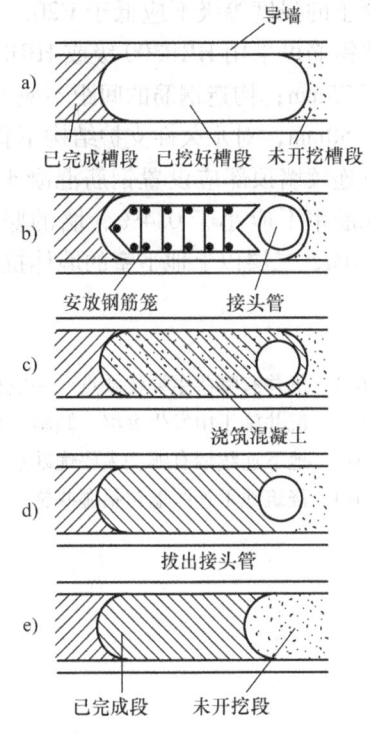

图 6-17　接头管接头的施工程序示意图
a) 开挖槽段　b) 吊放接头管和钢筋笼
c) 浇筑混凝土　d) 拔出接头管
e) 形成接头

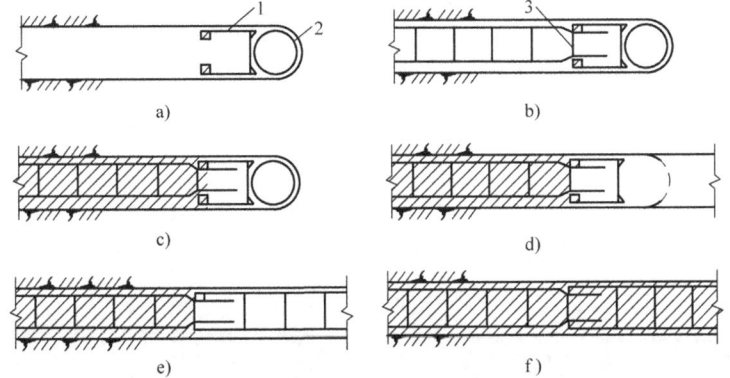

图 6-18　接头箱接头的施工程序示意图
a) 插入接头箱　b) 吊放钢筋笼　c) 浇筑混凝土　d) 吊出接头管　e) 吊放后槽段的钢筋笼　f) 浇筑后槽段的混凝土形成整体接头
1—接头箱　2—接头管　3—焊在钢筋笼上的钢板

6.3.4 地下连续墙构造基本要求

地下连续墙的墙厚应根据计算并结合成槽机械的规格确定，但不宜小于 600mm。墙体混凝土的强度等级不应低于 C20。受力钢筋应采用 HRB335 级钢筋，直径不宜小于 20mm；构造钢筋可采用 HRB300 级或 HRB335 级钢筋，直径不宜小于 14mm。竖向钢筋的净距不宜小于 75mm；构造钢筋的间距不应大于 300mm。钢筋的保护层厚度，对临时性支护工程不宜小于 50mm，对永久性支护结构不宜小于 70mm。竖向受力钢筋应有一半以上通长贯通配置。地下连续墙顶部应设置钢筋混凝土圈梁，梁宽不宜小于墙厚尺寸，梁高不宜小于 500mm，总配筋率不应小于 0.4%，墙的竖向主筋应锚入梁内。墙体的混凝土抗渗等级不得小于 0.6MPa，二层以上地下室的墙体抗渗等级不宜小于 0.8MPa。

思 考 题

6-1 沉井有哪些主要优缺点？一般在什么情况下可考虑采用沉井基础？
6-2 沉井施工中发生突沉、倾斜、难沉和井底流砂的原因是什么？各应如何处理？
6-3 地下连续墙有哪些主要优缺点？一般在哪些场合采用？
6-4 浇筑地下连续墙包括哪些施工工艺？

参 考 文 献

[1] 周景星,王洪瑾,虞石民,等. 基础工程[M]. 北京:清华大学出版社,1996.
[2] 赵明华,徐学燕. 基础工程[M]. 北京:高等教育出版社,2003.
[3] 王晓谋. 基础工程[M]. 3版,北京:人民交通出版社,2003.
[4] 王协群,章宣华,蒋刚,等. 基础工程[M]. 北京:北京大学出版社,2006.
[5] 金喜平,邓庆阳,卢延浩. 基础工程[M]. 北京:机械工业出版社,2006.
[6] 周景星. 基础工程[M]. 2版,北京:清华大学出版社,2007.
[7] 张建勋,代国忠,钱晓丽. 基础工程[M]. 北京:高等教育出版社,2009.
[8] 刘昌辉,时红莲. 基础工程学[M]. 武汉:中国地质大学出版社,2005.
[9] 赵树德. 土力学[M]. 北京:高等教育出版社,2003.
[10] 陈仲颐,周景星,王洪瑾. 土力学[M]. 北京:清华大学出版社,1997.
[11] 王奎华. 岩土工程勘察[M]. 北京:中国建筑工业出版社,2005.
[12] 中国建筑科学研究院. GB 50007—2011 建筑地基基础设计规范[S]. 北京:中国建筑工业出版社,2012.
[13] 陈青佳. 建筑地基基础设计规范中地基承载力若干问题的讨论[J]. 浙江建筑,2004,21(5):15-17.
[14] 姜安龙,郭云英,高大钊. 扩展基础高度确定的简化方法[J]. 建筑结构,2005,35(7):26-28.
[15] 中国建筑科学研究院. JGJ 94—2008 建筑桩基技术规范[S]. 北京:中国建筑工业出版社,2008.
[16] 中国建筑科学研究院. GB 50010—2010 混凝土结构设计规范[S]. 北京:中国建筑工业出版社,2011.
[17] 中国建筑科学研究院. JGJ 6—2011 高层建筑箱形与筏形基础技术规范[S]. 北京:中国建筑工业出版社,2011.
[18] 中国建筑科学研究院. GB 50009—2012 建筑结构荷载规范[S]. 北京:中国建筑工业出版社,2012.
[19] 中国建筑科学研究院. GB 50011—2010 建筑抗震设计规范[S]. 北京:中国建筑工业出版社,2010.
[20] 中国建筑科学研究院. GB 50003—2011 砌体结构设计规范[S]. 北京:中国建筑工业出版社,2012.